环境犯罪学与犯罪分析

（第2版）

Environmental Criminology and Crime Analysis,Second Edition

[英] **理查德·沃特利**（Richard Wortley）

[澳] **迈克尔·汤斯利**（Michael Townsley）　主编

董见萌　陈　鹏　侯冬尽　朱冠宇　郭雅琦　　译

清華大學出版社
北 京

内 容 简 介

本书为一本介绍环境犯罪学理论与研究方法的学术著作，是相较于传统犯罪学的新的研究领域。本书从分析犯罪人的成长环境、社会教育等因素转向分析犯罪事件的特征和趋势，为应对犯罪问题提供了新的思考方式和理论实践指导。该书共分为三个部分，分别介绍了环境视角下犯罪发生的原因和机制、犯罪分析的基本模式以及如何有效地开展和进行犯罪预防。各部分内容均由目前国际上该领域最具代表性的专家学者所撰写，理论性和学术性强，可读性较好。

北京市版权局著作权合同登记号 图字：01-2019-5888

Environmental Criminology and Crime Analysis 2nd Edition / by Richard Wortley and Michael Townsley / ISNB: 9781138891135

图书在版编目（CIP）数据

环境犯罪学与犯罪分析：第 2 版 /（英）理查德·沃特利（Richard Wortley），（澳）迈克尔·汤斯利（Michael Townsley）主编；董见萌等译. —北京：清华大学出版社，2021.1（2024.3重印）
书名原文：Environmental Criminology and Crime Analysis, Second Edition
ISBN 978-7-302-56209-2

Ⅰ. ①环⋯　Ⅱ. ①理⋯　②迈⋯　③董⋯　Ⅲ. ①破坏环境资源保护罪—研究　Ⅳ. ① D914.36

中国版本图书馆 CIP 数据核字（2020）第 148982 号

责任编辑：李俊颖
封面设计：刘　超
版式设计：文森时代
责任校对：马军令
责任印制：沈　露

出版发行：清华大学出版社
　　　网　　址：https://www.tup.com.cn, https://www.wqxuetang.com
　　　地　　址：北京清华大学学研大厦 A 座　　　　　邮　　编：100084
　　　社 总 机：010-83470000　　　　　　　　　　邮　　购：010-62786544
　　　投稿与读者服务：010-62776969，c-service@tup.tsinghua.edu.cn
　　　质量反馈：010-62772015，zhiliang@tup.tsinghua.edu.cn
印 装 者：三河市君旺印务有限公司
经　　销：全国新华书店
开　　本：170mm×240mm　　　印　　张：24.25　　　字　　数：432 千字
版　　次：2021 年 1 月第 1 版　　　印　　次：2024 年 3 月第 3 次印刷
定　　价：99.80 元

产品编号：082372-01

本 书 摘 要

环境犯罪学包含了一系列的观点，其核心是关注环境因素在犯罪中起到的直接作用，并坚信通过分析这些环境因素可以有效地控制和预防犯罪的发生。

在本书的第二版中汇集了该领域知名理论家和实践者的很多理论，并对环境犯罪学与犯罪分析内容进行了全面、综合地阐述。这本书按顺序分为三个部分。

（1）了解犯罪事件：包括了日常活动理论、犯罪模式理论、理性选择视角和犯罪情境触发因素。

（2）分析犯罪模式：包括了犯罪地图、犯罪人的流动性、重复受害、地理分析和犯罪脚本。

（3）预防和控制犯罪：包括了问题导向警务、情境犯罪预防和环境设计预防犯罪。

本书第二版增加了犯罪脚本和犯罪人的流动性两个章节，并概述了场景的设置，在每章最后设置了思考问题。希望本书能为环境犯罪学、犯罪分析和预防犯罪专业的学生和从业者提供基本且全面的资料。

Richard Wortley，英国伦敦大学学院犯罪科学教授，吉尔丹多安全和犯罪科学研究所所长（Crime Science，and Director of the Jill Dando Institute of Security and Crime Science at University College London，UK.）。

Michael Townsley，澳大利亚格里菲斯大学犯罪学和刑事司法学院副教授（Criminology and Criminal Justice，Griffith University，Australia.）。

撰稿人简介

Martin A. Andresen，西蒙·弗雷泽大学和加拿大城市研究所（the School of Criminology and Institute for Canadian Urban Research Studies，Simon Fraser University）犯罪学教授。他的研究领域包括了空间犯罪分析、犯罪与地点、犯罪地理学、环境犯罪学、应用空间统计学和地理信息分析等，在 *Applied Geography*，*British Journal of Criminology*，*Journal of Criminal Justice*，*Journal of Research in Crime and Delinquency* 以及 *Journal of Quantitative Criminology* 等期刊发表论文 100 余篇，出版专著 2 部。

Rachel Armitage，哈德斯菲尔德大学社会安全研究所（the Secure Societies Institute（SSI），Huddersfield University）担任教授及主任。自 1998 年以来，她一直在社区安全和犯罪学领域工作，并发表大量关于犯罪预防设计的主题文章。她在 2015—2016 年主持了通过住宅设计减少犯罪的内政部项目。Rachel 还与阿布扎比城市规划委员会合作，运用环境设计制定针对犯罪预防的指南。Rachel 与人合编了建筑环境杂志的特别版，内容是关于预防犯罪规划的国际观点，2013 年她出版了她的专著 *Crime Prevention through Housing Design*（Palgrave Macmillan，Crime Prevention and Security Management Series）。

Patricia L. Brantingham，文学硕士，理学硕士，博士，数学家和城市规划者。她是加拿大皇家骑警大学计算犯罪学（RCMP，University Professor of Computational Criminology）教授和西蒙弗雷泽大学加拿大城市研究所（the Institute for Canadian Urban Research Studies at Simon Fraser University）所长。20 世纪 80 年代中期，她曾担任加拿大司法部政策评估部门主任。Brantingham 博士参与撰写了 20 多部科学专著以及 100 多篇论文。她是环境犯罪学的创始人之一，推动了环境犯罪学的国际化，是计算机犯罪学国际合作的领导者。

Paul J. Brantingham，学士，法律博士，西蒙弗雷泽大学加拿大皇家骑警队教授（RCMP，University Professor of Crime at Simon Fraser University），同时也是一名律师和犯罪学家。在加入西蒙弗雷泽大学犯罪学学院之前，他曾在佛罗里达州立大学任教。20 世纪 80 年代中期，Brantingham 教授在加拿大公共服务委员会曾担任特别审查主任，自 1969 以来一直是加利福尼亚律师协会的成员。Brantingham 教授最著名的著作包括 *Juvenile Justice Philosophy*（West Pub. Co，1974；1978 年第二版），*Environmental Criminology*（Waveland Press，1981；1991 年第二版）和 *Patterns in Crime*（Collier Macmillan，1984），并且这些代表著作都与 Patricia Brantingham 共同创作完成。

Ronald V. Clarke，美国罗格斯大学（Rutgers University）教授，英国伦敦大学学院吉尔•丹多研究所（Jill Dando Institute，UCL）客座教授。他曾在英国内政部工作了 15 年，并在 1982—1984 年担任研究和规划部门的主管。在内政部工作期间，他发展了情境犯罪预防理论体系，并发起了英国犯罪调查工作。他有近 300 部代表作，包括 *Designing out Crime*（HMSO，1980）、*The Reasoning Criminal*（Springer-Verlag，1986），*Superhighway Robbery: Preventing E-commerce Crime*（Willan Publishing，2003），*Crime Analysis for Problem Solvers*（US Department of Justice，2005）和 *Outsmarting the Terrorists*（Praeger，2006）。他目前关注于野生动物犯罪。

Derek B. Cornish，1978 年加入伦敦经济学院社会科学与行政学系（the Department of Social Science and Administration at the London School of Economics），教授心理学和研究方法。在那里，他对犯罪决策的理性选择方法（参见 *The Reasoning Criminal*，SpringerVerlag，1986，与 R.V.Clarke 合著）和 Crime scripts 产生了兴趣。他在 2002 年提前退休，现居美国。他与 Martha Smith 博士合著了 *Theory for Practice and Situational Crime Prevention*（Criminal Justice Press，2003）和 *Safe and Tranquil Travel*: *Preventing Crime and Disorder on Public Transport*（Willan Publishing，2006）。

John E. Eck，辛辛那提大学（University of Cincinnati）刑事司法系教授。他在该校教授犯罪预防和警务方面的研究生课程。他的研究集中在以问题为导向的警务、警察职能、预防犯罪和高犯罪率等领域。他是美国国家科学院警察政策和研究委员会的成员，并参与了 Collaborative Agreement in Cincinnati 的谈判。Eck 博士在密歇根大学（University of Michigan）获得学士和硕士学位，在马里兰大学（University of Maryland）获得犯罪学博士学位。

Paul Ekblom，在英国内政部工作期间，参与了多个犯罪预防、犯罪防控设计课题。他曾参与过欧盟预防犯罪网络、欧洲刑警组织、欧洲理事会、澳大利亚犯罪学研究所、阿布扎比政府及联合国的多个合作项目。他目前是伦敦艺术大学犯罪预防设计研究中心（the Design Against Crime Research Centre, University of the Arts London）的教授助理，同时也是哈德斯菲尔德大学应用犯罪学中心（the Applied Criminology Centre，University of Huddersfield）和伦敦大学学院安全与犯罪科学系（the Department of Security and Crime Science，UCL）的客座教授。他的研究涵盖了设计、反恐、军备竞赛的进化方法以及实践知识结构的开发，这些研究开发可在 www.designagainstcrime.com/methodology-resources/crime-frameworks 和 http://5isframework.word press.com 网站上查看。

Graham Farrell，利兹大学（University of Leeds）国际法学院刑事司法研究中心和犯罪科学教授。此前，他曾在华盛顿特区警察基金会，拉夫堡大学（Loughborough University）和不列颠哥伦比亚省西蒙弗雷泽大学（Simon Fraser University，British Columbia）任职。他的大部分研究都集中在重复受害和情境犯罪预防领域，最近主要关注于安保在降低犯罪率中的作用。

Marcus Felson，德克萨斯州立大学（Texas State University）刑事司法专业的教授，也是"日常活动理论"的创始人。他是 *Crime and Nature*（Sage，2006）的作者，以及 *Crime and Everyday Life*（Sage，2009）（与 Mary A. Eckert 合著）的第五版的合著者。Felson 教授还与 Ronald V. Clarke 合著了 *Opportunity Makes the Thief*（Home Office，1998）一书。他的日常活动理念已扩展到共同犯罪、有组织犯罪、白领犯罪、公共交通犯罪、网络犯罪、毒品滥用等许多领域。

Herman Goldstein，威斯康辛大学法学院（University of Wisconsin Law School）的名誉教授，也是问题导向警务的最初设计者。他也是美国律师协会基金会刑事司法调查研究员。1960—1964 年，他担任曾芝加哥警察局局长 O.W. Wilson 的行政助理，是警察职业模式的设计者。Goldstein 发表了很多论著，涉及了问题导向警务、警察职能、警察的自由裁量权、警察的政治问责制和对警察不当行为的控制等多个方面。他是 *Association Standards Relating to the Urban Police Function*（American Bar Association，1972）的合著者，也是 *Policing a Free Society*（Ballinger，1977）和 *Problem-Oriented Policing*（McGraw Hill，1990）的作者。

Shane D. Johnson，伦敦大学学院安全和犯罪科学系（the UCL Department for Security and Crime Science）教授。Johnson 教授的研究方向集中在通过探索其他学科（如交叉科学）如何能更好地了解犯罪和安全问题，以及关于犯罪的理论在多大程度上可以用来解释暴乱、海盗和叛乱等更为极端的事件。他在 *Criminology*，*the Journal of Quantitative Criminology*，*Journal of Research in Crime and Delinquency*，*Criminology and Public Policy*，*the British Journal of Criminology*，*Law and Human Behavior* 等期刊上发表了 120 多篇犯罪学和犯罪心理方面的论文。他的成果被包括 *The Economist*、*New Scientist* 和 *The Guardian* 在内的多家媒体报道。他是 *Journal of Legal and Criminological Psychology* 的副主编，也是 *Journal of Research in Crime and Delinquency* 和 *the Journal of Quantitative Criminology* 的编委会成员。

George Kelling，曼哈顿研究所（Manhattan Institute）的一名高级研究员，罗格斯大学刑事司法学院（School of Criminal Justice at Rutgers University）的教授，哈佛大学肯尼迪政府学院（Kennedy School of Government at Harvard University）研究员。20 世纪 70 年代，他进行了几次大规模的警务实验，其中最著名的是堪萨斯城预先巡逻实验（Kansas City Preventive Patrol Experiment）和纽瓦克徒步巡逻实验（Newark Foot Patrol Experiment）。后者是他与 James Q. Wilson 合著的最广为人知的出版物'Broken Windows'的灵感来源。他在 1998 年出版的主要著作 *Fixing Broken Windows: Restoring Order and Reducing Crime in Our Communities*（Free Press，1998）是由他和妻子 Catherine M. Coles 共同完成的。

Johannes Knutsson 在斯德哥尔摩大学（Stockholm University）获得犯罪学博士学位。他在挪威警察大学学院（Police Research at the Norwegian Police University College）担任教授并兼职于瑞典国家警察学院（Swedish National Police Academy）。他同时还是伦敦大学学院犯罪科学吉尔丹多研究所（Jill Dando Institute of Crime Science，University College，London）和意大利米兰特伦托大学跨国犯罪联合研究中心（TRANSCRIME，Joint Research Centre on Transnational Crime，Universita di Trento-Universita Cattolica di Milano）的客座教授。Knutsson 发表了几份关于预防犯罪措施的评价报告，以及关于警察穿着制服巡逻、犯罪调查和警察的武器使用等方面的研究报告。

Benoit Leclerc，澳大利亚格里菲斯大学犯罪学和刑事司法（Criminology and Criminal Justice at Griffith University，Australia）的副教授。他的研究兴趣包括了犯罪脚本分析以及情境犯罪预防。他目前领导着由澳大利亚研究委员会资助的一个性侵预防项目——检验情境犯罪预防的有效性。他在 *British*

Journal of Criminology，*Child Abuse & Neglect*，*Criminal Justice and Behavior*，*Criminology*，*Journal of Research in Crime and Delinquency* 以及 *Sexual Abuse: A Journal of Research and Treatment* 等期刊发表多篇论文。他在 2013 年出版的著作为 *Cognition and Crime: Offender Decision-Making and Script Analyses*（与 Richard Wortley 合编，Routledge，2013）和 *Crime Prevention in the 21st Century: Insightful Approaches for Crime Prevention Initiatives*（与 Ernesto Savona 合编，Springer，2016）。

Ken Pease，伦敦大学学院吉尔丹多研究所（Crime Science at the Jill Dando Institute，University College London）犯罪科学客座教授。退休前，他曾领导过内政部的警察研究小组，并曾任曼彻斯特大学（Manchester University）犯罪学教授和萨斯喀彻温大学（University of Saskatchewan）精神病学副教授。他最初是一名持有执照的犯罪学心理学家，现在他的研究更专注于警务行动与应用研究之间的脱节问题。

Sacha Rombouts 是一名犯罪心理学家。他的研究兴趣集中在青少年性犯罪者的再犯罪、恐怖主义、犯罪剖绘和风险评估工具的开发。他是复杂统计技术领域包括时间序列、元分析和多级建模的专家。Rombouts 博士曾接受过犯罪现场重建和未破案件犯罪证据分析以及 GIS 软件方面的培训。

D.Kim Rossmo，德州州立大学刑事司法学院的犯罪学系主任和地理空间情报和调查中心主任（the Center for Geospatial Intelligence and Investigation in the School of Criminal Justice at Texas State University）。他曾任加拿大温哥华警察局的侦探督察。他的研究领域包括环境犯罪学、犯罪制图和犯罪调查等领域。Rossmo 博士是国际警察局长协会警察调查行动咨询委员会的成员，也是国际刑事调查分析研究金的正式成员。他曾著有关于犯罪调查失败和犯罪地理特征的相关专著。

Michael S. Scott，亚利桑那州立大学（the Center for Problem-Oriented Policing，Arizona State University）问题导向警务研究中心主任，亚利桑那州立大学犯罪学和刑事司法学院（Arizona State University's School of Criminology and Criminal Justice）临床教授。Scott 曾任佛罗里达州劳德希尔市警察局长，并在伊利诺伊州的圣路易斯、佛罗里达州的皮尔斯堡以及纽约市担任过各种行政职务，在此之前曾是威斯康辛州麦迪逊市的一名警官。他也曾担任华盛顿特区警察行政研究论坛的高级研究员。Scott 拥有哈佛大学法学院法学博士学位和威斯康星大学麦迪逊分校行为科学与法律学士学位。

William Sousa，拉斯维加斯内华达大学（University of Nevada）刑事司法系副教授。他在纽瓦克罗格斯大学（Rutgers University，Newark）获得博士学位，在波士顿东北大学（Northeastern University，Boston）获得刑事司法硕士学位，在马萨诸塞州伊斯顿斯通希尔学院（Stonehill College，Easton，MA.）获得刑事司法学士学位。他的研究项目包括警察秩序、警察管理和社区犯罪预防。

Michael Townsley，格里菲斯大学犯罪学和刑事司法学院（the School of Criminology and Criminal Justice，Griffith University）副教授。他以证明盗窃风险具有传染性而闻名，很多的犯罪类型和许多国家都重复验证了这一发现。这一发现为许多预测性警务和犯罪预测方法奠定了基础。他的研究兴趣集中在犯罪分析和犯罪预防。他曾在伦敦大学学院吉尔丹多犯罪科学研究所（the UCL Jill Dando Institute of Crime Science，University College London）和利物浦大学（University of Liverpool）担任研究职位。

Michael Wagers，亚马逊网络服务部（Amazon Web Services）的公共安全倡导人，他提倡采用技术推动警务工作的变革。在加入 AWS 之前，Michael 是西雅图警察局的首席指挥官。在技术部门工作期间，他设计了实时犯罪分析中心和 Compstat 警务模式，举办了首届"编程马拉松"，开发了人体摄像机视频模糊软件，创建了一个 YouTube 频道的警方视频。在去西雅图任职之前，Michael 曾在 IACP 担任执法运营和支持总监。他在罗格斯大学刑事司法学院（the Rutgers School of Criminal Justice）获得博士学位。

Richard Wortley，犯罪科学教授，伦敦大学学院犯罪科学吉尔丹多研究所所长（the Jill Dando Institute of Security and Crime Science at University College London）。他的研究兴趣集中在当下环境在犯罪行为中所起的作用及其对情境犯罪预防的影响。他的研究领域包括监狱官员的不当行为、告密、儿童性虐待和亲密伴侣杀人等。他还著有 *Situational Prison Control*: *Crime Prevention in Correctional Institutions*（Cambridge University Press，2002）、*Preventing Child Sexual Abuse*: *Evidence, Policy and Practice*（与 Stephen Smallbone 和 Bill Marshall 合著，Willan，2008）、*Internet Child Pornography*: *Causes, Investigation and Prevention*（与 Stephen Smallbone 合著，Praeger，2013）。

译 者 简 介

董见萌，美国马里兰大学刑事司法与犯罪学硕士，现为英国伦敦大学学院安全与犯罪科学专业博士研究生，亚洲犯罪学研究协会会员，中国青少年研究协会会员，国家三级心理咨询师。参与北京社会科学基金项目《北京轻微刑事速裁程序研究》、伦敦大学学院与牛津大学合作项目《21 世纪智慧课堂》，发表多篇学术文献，内容涉及犯罪科学、青少年犯罪、刑诉法学、犯罪学等领域。

陈鹏，清华大学公共安全研究院博士毕业，英国伦敦大学学院 Jill Dando 犯罪科学研究所访问学者。现任中国人民公安大学信息技术与网络安全学院副教授，硕士生导师，公共安全科学技术学会会员、青年工作委员会委员。主要从事犯罪分析与犯罪地理、智慧警务、非常规突发事件应急等方向研究。曾先后主持和参与国家自然科学基金、北京市自然科学基金、国家科技支撑计划项目、公安部科技强警基础工作专项等课题 20 余项，发表 SSCI、EI 检索论文、核心期刊论文 40 余篇，出版专（译）著 4 部。

侯冬尽，中国人民公安大学图书馆馆员，英国曼彻斯特大学信息管理专业硕士，编译发表多篇国外警察学术文献，公共安全智库报告，参与编著《环境设计预防犯罪（第 3 版）》。

朱冠宇，中国人民公安大学硕士研究生，安全防范工程专业，主要研究方向为犯罪网络分析、犯罪地理学。

郭雅琦，中国人民公安大学硕士研究生，安全防范工程专业，主要研究方向为犯罪地理学、文本挖掘。

序　言

　　我感到非常荣幸能够为中文版的《环境犯罪学与犯罪分析（第2版）》作序。这本书能够和中文读者见面使我感到由衷的喜悦。

　　本书从一个与众不同的角度对犯罪进行了研究，这一方法与相关领域专家学者们常用的方法截然不同。传统上，犯罪学家们注重于对人们为什么会变成"罪犯"进行解释。为此，学者们将目光放在罪犯的背景信息上——教养方式、受教育程度、所处的社会环境等。犯罪预防则被认为是通过干预和影响这些因素来降低个人发展成为罪犯的倾向。同时，刑事司法制度在处理犯罪问题时通常对罪犯进行认定和逮捕，并寄希望于通过刑罚的手段教化罪犯使其成为遵纪守法的公民。

　　环境犯罪学与犯罪分析则与之恰恰相反，将目光放在了解释和预防"犯罪"本身。环境犯罪学与犯罪分析认识到很多犯罪人实际上并不具备很强的犯罪倾向，而那些具有犯罪倾向的人也只有在特定环境下才会实施犯罪活动。犯罪活动并不是随机发生的，而是在一定的时间和空间内发生的（在"热点区"）。环境犯罪学家和犯罪分析师试图找出刺激犯罪活动在特定地点频繁发生背后的环境因素，而预防措施就是要改变这些环境因素，从而降低犯罪发生的可能性。

　　本书集结了多位知名学者，从不同的方面对这一方法进行了描述。很多情况下，各个章节的作者都是相应观点理论的提出者。本书分为三个部分。第一部分介绍了一些重要的基础理论，解释了为什么犯罪活动会发生在特定环境中。第二部分探讨了对犯罪模式检测的分析工具。第三部分的关注重点是预防和减少犯罪的具体方式。

　　从对中国的访问，以及与我的中国留学生的交流中，我了解到中国对环境犯罪学与犯罪分析研究的兴趣越来越浓厚。我希望这本书能够成为中国相关领域学者和学生们的重要资料，并且能够激发起其在这一领域开展深入研究的兴趣。

　　我想要向中国学者传达的一个观点是，不要尽信本书！这样说可能很奇怪，但是请听我解释。本书描述的所有方法都是建立在西方国家背景下。环境犯罪学与犯罪分析的关键点之一就是犯罪事件的发生对特定的环境有着强烈的依赖性。换言之，适用于一个地区的方法可能并不适用于另一个地区。每个国家都有自己独一无二的文化背景和环境因素，这些都会影响犯罪的发生，也会对犯罪的防控产生影响。举一个简单的例子，一个国家的房屋修建方式与别国不同，会显著影响到入室盗窃防控手段的实现效果。所以，本书不能作为"行动指南"简单地照搬到中国。除非对这些理论进行有效检验，尽可能地调整直至其适合于当地情况。我希望在未来能够看到越来越多来自中国的研究，为环境犯罪学和犯罪研究的发展和国际化添砖加瓦。

Richard Wortley
伦敦大学学院

第二版英文版序言

自《环境犯罪学与犯罪分析》第一版出版 8 年以来，该书受到了学者、政策制定者和实践工作者的广泛好评，在澳大利亚、欧洲和北美，它被用于大学课程的教科书，因此我们很高兴受邀出版这本书的第二版。

为了说明两个版本之间的改动，我们首先需要了解撰写第一版的出发点。在第一版出版之前，几乎没有人试图来对环境犯罪学与犯罪分析进行（支持者普遍称其为 ECCA）系统的总结，更不用说提供一些综合的思想和方法。在很大程度上该领域可以说是由相关概念拼凑而成的，整体概念缺乏连贯性。而编写第一版的目的就是将 ECCA 的主要贡献汇集在统一编辑过的书籍中，在此过程中也首次对该领域进行了全面的界定。

书中的章节均由该领域的杰出的理论家和实践者撰写，很多时候是由这些理论的提出者编写。每一章的设计都是"经典"的，但也与时俱进。这本书的创新之处不在于具体章节的内容，而在于这些章节和它们的作者第一次集中在同一本书中。其目的是突出每种理论方法之间的联系和对该领域所做出的独特贡献。同时，也使 ECCA 成为了一个逻辑清晰的学术体系。

2008—2016 年，发生了什么使得有必要出版第二版呢？主要还是源于环境犯罪学领域在过去 8 年经历了一系列变化。毫无疑问，最显著的变化是犯罪学家越来越认可环境犯罪学。曾经被边缘化的环境犯罪学现在被认为是主流方向。在顶级犯罪学期刊上，每一期都包括了至少一篇关于环境犯罪学研究的论文，而在 20 年前，这本书的许多作者都不会预料到这种情况的发生。

可以说，Frank Cullen 在 2010 年萨瑟兰的演讲[①]是环境犯罪学被人们接受的最重要的标志。他认为，许多被认为是经典犯罪学的东西已经过时，且不再符合研究目的。他提出了一个新的、有用的犯罪学的八步计划，其中之一就是强调环境视角。根据 Cullen 的观点，"犯罪学的未来将通过系统地探索行为倾向和机会之间的联系——或者说是犯罪人和环境之间的联系"（2010：315）。我们希望这本书能在某种程度上为环境视角提供一定的支持。

[①] Cullen, F（2011 年）。Beyond Adolescence-Limited Criminology: Choosing Our Future-The American Society of Criminology 2010 Sutherland Address. Criminology, 49(2): 287-330.

此外，根据我们使用第一版的直接经验，以及同事和读者的反馈，第一版基本上达到了我们的预期目标。然而，随着时间的推移，我们和其他同仁意识到了一些缺陷，而且这些缺陷是不容忽视的。我们觉得有些概念没有得到应有的重视，这也是在尝试发展新的学术领域时不可避免的。只有当原理论不断实践，缺陷才会变得明显。此外，个别章节虽然看起来内容丰富，但在细节层面和在大的方向上似乎都与本书的其他部分不太连贯。

在此背景下，本版书增加了几个新的章节（犯罪脚本和犯罪出行），从而详细地对环境犯罪学的重要概念进行了梳理。同时，我们很高兴邀请了几位新作者（Martin Andresen、Benoit Leclerc、Michael Townsley、Shane Johnson 和 Rachel Armitage）加入本书撰写，他们都对环境犯罪学做出了重要贡献，并正在成为他们各自领域上未来的领导者。

有哪些内容没有变呢？第一版的绝大多数作者都同意为第二版更新其所负责的章节，而且热情高涨。在准备第二版的过程中，我们征求了一些使用第一版作为教学资料的教授们的反馈。并将这些反馈意见提供给了作者本人，以帮助他们进一步发展和完善自己的观点。其中有些读者提出的一个具体建议是列入一些"批判性思考"的问题，在此我们十分感谢本书的撰稿人在他们各自的章节中编入了这些问题。

我们要感谢所有第二版的作者，以及 Lorraine Mazzerole（第一版的联合编辑），以及 Routledge 出版社的 Heidi Lee、Hannah Catterall 和 Thomas Sutton，是他们对我们始终如一的支持和耐心，使这份书稿得以与大家见面。

Richard Wortley 和 Michael Townsley

2016 年 3 月

目　　录

第一部分　犯罪事件解析

第二部分 犯罪模式分析

第三部分 犯罪预防与控制

第1章 环境犯罪学与犯罪分析：理论、分析方法与应用

Richard Wortley，Michael Townsley

1.1 引　言

　　环境犯罪学包含了一系列的犯罪基本理论，这些理论均关注于犯罪事件和犯罪发生时的当下的环境因素。根据 Brantingham 和 Brantingham（1991：2）的定义："环境犯罪学认为犯罪事件是犯罪人和犯罪对象聚集在特定的时间和地点发生的违法事件。"在过去的几十年间，环境犯罪学家们一直致力于分析犯罪的模式并试图解释环境因素对犯罪事件的影响，并且发现了一些犯罪的基本规律，然后利用这些规律来预防犯罪的发生。

　　犯罪分析是一项基本的研究工具，可定义为"系统地提供有关犯罪模式的适时信息和犯罪走势相关分析的过程"（Emig et al，1980），或者说利用犯罪数据和警务报告来研究犯罪问题，包括犯罪现场、犯罪人和受害者的特点。犯罪模式分析的是犯罪活动的社会人口特征、犯罪发生的时间和空间性质，然后用图形、表格和地图的形式表示出来，再根据这些结论为警方提供技术、发展规划、评估和预防犯罪等方面的建议。

　　犯罪分析的任务是对犯罪模式进行描述和解释，环境犯罪学的工作是发展理论认识，这两项任务相互依赖、相互影响。一方面，犯罪分析员提供关于环境犯罪学的事实依据，而环境犯罪学者则为犯罪分析提供理论依据。另一方面，环境犯罪学越来越需要犯罪分析员对环境犯罪学者的研究提供数据分析，以支持他们的结论。同时，环境犯罪学与犯罪分析（ECCA）则共同努力探索犯罪与环境因素之间的关系，为最终解决犯罪问题做出贡献。

　　环境犯罪学与犯罪分析的研究方法与其他犯罪学形成了鲜明的对比。传

统的犯罪学理论主要是研究犯罪行为（Criminality），试图解释犯罪人的生物、成长和/或社会影响性因素。他们从历史的角度来关注犯罪发生的原因：犯罪的发生很大程度上可以理解为异常行为的习惯性表现，也就是说案件的发生是多年前种下的结果。因此一旦种下了犯罪因子，犯罪的发生或多或少被视为不可避免的。而他们对犯罪行为发生的确切位置和时间兴趣不大。犯罪被认为可以通过弥补犯罪人的童年经历、完善社会制度福利等因素来预防，一旦犯罪人实施了犯罪就必须进入改造机构接受再教育。

环境犯罪学与犯罪分析提供了一个非常不同的视角，它是以犯罪活动（Crime）为研究对象的。犯罪人只是犯罪发生其中的一个要素，犯罪与犯罪人是如何成为这样的人没有直接关系。相反，犯罪的重点是当前的动态——它在哪里发生？何时发生？犯罪人做了什么？他们为什么这么做，又是怎么去做的？环境犯罪学与犯罪分析的目标是防止犯罪，不是改造犯罪人或改革社会。

环境犯罪学与犯罪分析基于以下三个主要的条件命题。

（1）犯罪行为发生时，犯罪人显然受到当时环境结构影响。从环境学的角度来看，所有行为都是个人和情境相互作用的结果。环境情境结构不仅仅是犯罪的背景，而是在犯罪发生的初始时刻就起到了塑造犯罪的基础性作用。犯罪事件不仅仅是由犯罪人的特质所引起的，同样也是由犯罪现场环境造成的。因此，环境犯罪学解释周围环境如何来影响行为，以及为什么一些特殊的环境因素会引发犯罪。

（2）犯罪在事件和空间上不是随机分布的。因为犯罪行为依赖于情境因素，因此犯罪是按照能够引发犯罪的环境位置分布的。犯罪主要集中在具有犯罪机会和其他能够促使犯罪活动的地方。每个地区、每个街头的犯罪率的峰值也不尽相同，可能在一天中的不同时刻、一星期中不同的天、一年中不同的星期等，而犯罪分析的主要目的是识别和描述这些犯罪模式。

（3）理解"环境是如何引发犯罪的"，意识到"犯罪是有规律的"是控制和预防犯罪的有力武器。这种观点可以使警察及其他犯罪预防组织专注于在特定位置发生的特定犯罪问题，改变引发犯罪的特定环境可以减少在此位置的犯罪率。环境犯罪学与犯罪分析相结合可以提供解决犯罪问题的实际方案。

从理论、分析和实践这三个领域来看，环境犯罪学与犯罪分析是以交叉学科为理论基础，以实证为研究方法，以实用主义为使命。环境犯罪学与犯罪分析吸收了心理学家、地理学家、建筑师、城市规划师、工业设计师、计算机科学家、人口学家、政治学家和经济学家的思想和专业知识，它包含了数据测量和科学研究方法，希望提供基于经过严谨分析的数据。最后，从实践层面，环境犯罪学家和犯罪分析人员均积极参与到执法人员和犯罪预防专业人员的工作中以帮助减少犯罪。

本节的目的是简述环境犯罪学与犯罪分析的主要组成部分，以全面地介绍该领域研究。尽管上文明确了环境犯罪学的定义和特征，但环境视角包含了各种各样的研究方法。可以说，犯罪模式和环境理论包含了不同层次的分析、调查方法和解释模型。在这一章中，我们介绍了环境犯罪学与犯罪分析的历史根源，并概述了该领域出现的基本概念。在这个过程中，我们介绍了环境犯罪学与犯罪分析的理论学家和研究人员的研究逻辑。首先，分析了环境结构对犯罪的早期影响；其次，描述了各时期对环境犯罪学与犯罪分析的理解；最后，总结了本书的章节概要，强调它们之间的联系，以便于将环境犯罪学与犯罪分析作为一个统一的研究领域提供给读者。

1.2 环境视角的历史起源

环境犯罪学与犯罪分析中的一些方法实际上反映出了不同观点的发展历程。总体来说，环境犯罪学有着不同的分析层次结构，Brantingham 和 Brantingham（1991）就提出了三个层次的分析视角，分别为宏观、中观和微观——根据这些分类可以有效理解犯罪环境学的一些基础领域。

1.2.1 宏观分析

宏观分析主要"涉及国家、省或州或城市在特定国家之间或州内的县或市之间的犯罪分布研究"（Brantingham and Brantingham，1991：21）。这种高度聚合的分析构成了环境影响犯罪概念的最早方式，而这类研究也代表了第一批犯罪学作为"科学"的研究基础。

19 世纪 20 年代末，Andre-Michel Guerry 和 Adolphe Quetelet 各自独立详细分析了法国的犯罪统计数据（Beirne，1993），开拓了这一领域的研究，并在这项研究中首次运用犯罪地图来描述法国各省的犯罪率以及各种社会人口的特性，如贫困和教育水平等。Guerry 和 Quetelet 发现，犯罪并不是均匀地分布在全国各地，而且不同的犯罪问题其分布也不一样。与预期相反，在贫穷的农村地区暴力犯罪率最高，而富裕、工业化地区的财产犯罪率最高。他们由此推断，贫穷并没有导致财产犯罪，而是机会造成了犯罪。富裕的省份发生的偷窃更多。他们关于"机会的作用"的观察一直是环境犯罪学原理发展至今的核心理念。同样，用地图表示犯罪趋势也成为了犯罪分析的标准技术。

类似的研究随后在其他国家得到发展，包括国家间犯罪率的比较研究（Brantingham and Brantingham，1991）。例如，在19世纪末英国开展的研究发现，各地的犯罪率差异很大，城市和工业化地区的犯罪报告率要显著高于农村地区。这种宏观层面的犯罪趋势分析一直延续到了20世纪。在美国，犯罪率在各城市和州之间有着显著而稳定的差异。

1.2.2 中观分析

相比于宏观层面的分析，中观分析主要为"涉及对城市或大都市分区内的犯罪的研究"（Brantingham and Brantingham，1991：21）。这些地区代表中观层次的空间聚合，具体包括从郊区和行政区到每个街道和地点。在此我们介绍两个早期对中观层面上环境犯罪学分析具有贡献的研究者，芝加哥学派和Jane Jacobs。

芝加哥学派开创了社会学和犯罪学中的人类生态学研究。生态学是生物学中的一个分支，研究植物和动物在其自然栖息地中的复杂平衡。生态学的基本前提是个体生物必须被当作复杂整体的一部分来研究。芝加哥大学的一组社会学家吸收了这个观点并将其应用于人类行为的研究。这个小组的成员包括Robert Park、Ernest Burgess、Clifford Shaw和Henry McKay等，这一群体以研究城市社区内的移民趋势以及对犯罪活动和其他形式的社会混乱的影响而著称。在芝加哥学派的研究中，城市被概念化为一个超级有机体，包括了基于种族背景、社会经济阶层、职业等各种亚群落的集合。这些亚群落中的成员通过共生关系结合在一起，而亚群落之间又相互形成共生关系（Park，1952）。然而，生态平衡是可以改变的。在自然界中，一种新的植物可以入侵和支配一个地区，直到它成为后继物种，同样，城市也有类似的模式。Burgess（1928）提出城市可分为五个同心环或区域。第一区在市中心，也是商业区；其次周围是第二区，居民主要为贫困阶层，住在破旧的房子里；然后是第三区，主要是产业工人，居住在简陋的房子里；第四区为过渡的社会阶层；最后，第五区为卫星郊区，也是相对富裕的通勤者居住的地方。随着人口的增长，人口的自然迁移、入侵、统治和继承也从中心向外逐渐扩散。

20世纪30年代，Shaw和McKay开始通过观察来研究邻里关系和犯罪之间的关系（Shaw and McKay，1969）。他们发现在第二区的犯罪率最高，因为第二区的居民最为贫困，而且缺少有效的社会和经济体系管理，给犯罪提供了最多机会。此外，这个区域也遭受了邻近地区的压力。首先，由于第二区与工业、商业区毗邻，一旦中心地区扩张并且能够提供的居住空间较少时，第二区的居民就会受到压力。其次，因为第二区拥有最便宜的住房，容易吸引新移民的涌入，而移民的涌入带来了许多移民问题和文化冲突，增加了社区的混乱。然而，随着第二区的居民经济有了保障，并逐渐进入外区，他们也就脱离了犯罪问题的困扰。也就是说，从环境的角度来看，第二区所展示的社会问题是邻里条件的特征，而不是居住在那里的个体的固有特征。

第二位对环境犯罪学中观层面有着重要影响的是 Jane Jacobs。Jacobs 是记者和活动家，而不是学者。事实上，她没有大学学位，然而她提出的一些重要的想法已被收录进环境犯罪学，并且提出了很多环境犯罪学的假设，成为该领域研究的催化剂。像芝加哥学派的成员一样，她对城市景观和建筑环境很感兴趣，但相比之下，她的兴趣点在更微观的街道层面上。此外，她的著作包含了明确的减少犯罪的措施。她特别致力于在二战后时期的美国和其他地方的旧城改造项目。1961 年，她出版了《美国大城市的生与死》（*The Death And Life Of Great American Cities*），其中她质疑了许多所谓正统观念认为不合理的城市的指标——工业、商业和居住区的混合；城市被十字路划分为小城市街坊；建筑物老旧；封闭的高密度的生活区；缺少绿地。然而实际上，这些指标并不能预测社会的混乱。以波士顿北区为例，她展示了许多被认为是贫民窟的地区实际上可以保持良好、充满活力和相对无犯罪的社区环境。这打破了公认的良好城市设计的原则，或者更准确地说，正是因为这些原则被打破了，北区的环境为居民提供了相互影响和支持的社会系统。基于这些观察，Jacobs 提出了对城市设计原则的彻底反思。

Jacobs 认为，当居民感到孤立和无助时，犯罪就可能发生，因为他们认为自己在邻里关系之间没有任何利害关系。因此，制定政策帮助人们团结起来并培养社区意识是重要的。Jacobs 提出了城市设计的四个条件以实施这些原则。第一，地区应满足多种用途。在住宅区包含商业、工业和娱乐区，这意味着街道和公园可不断地被使用，居民可以在一天中的任何时候相互交流。第二，分区应划分为小街角和相互连接的街道，允许居民方便地进入所有区域。这样的配置可以增加渗透性，使街区成为一体，确保没有废弃的后街和其他死区。第三，应该保存新旧建筑的混合区域，以确保该地区可以容纳多样性的企业和商业设施。虽然像银行、连锁店等这样的公司能负担得起新建筑的费用，但餐馆、书店、古玩店等该地区必不可少的文化生活设施通常还在老建筑里。第四，人口密度需要足够集中以支持多样性和促进居民之间的互动。她认为，高密度生活的问题是因为之前塔楼的建设没有特色，并不是人口密度本身的问题。总之，这些规划原则是为了让人们走上街头，这不仅有助于居民建立自己的社交网，而且还鼓励居民注意"居外人"，并提供非正式的邻里监视。她称之为"街道之眼"。因此，这样做的一个重要结果是提高了社区的安全性。在推进这些建议之后，Jacobs 也预示了环境视角犯罪预防的明确使命。

1.2.3 微观分析

微观层面分析研究的是特定的犯罪现场，集中在"建筑类型及其布局、景观和照明、内部设施和安全硬件"等方面（Brantingham and Brantingham，1991：21-22）。与生态学方法相比，微观层面的分析反映了一种越来越简化的哲学，其中整体被分解成其较小的组成部分。在这个层面上，重点是当下环境的特定元素对个体的特定决策和行为的影响。在这一分析过程中发展的关键是心理学关于行为原因轨迹的争论。

心理学历来受到人们的关注，尤其是对个体差异的研究。大量的心理学理论和研究致力于研究人的内在心理结构或特征，如人格、态度、信念等，这些特征被认为是驱使人的行为和区分不同人格的归因。经典的特质理论认为，每个个体的心理构成都包括不同的维度，而在每个维度上，个体都可能处在这个维度的某个点。例如，每个人都可以假定在外向/内向维度的某个点上。这个特征一旦获得，人的心理属性就会被视为或多或少的固定。每个人都可以根据他们的个性特征来定义，因此，在这个基础上他们的行为在新的情境下可以被准确地预测。被定义为外向的人在大多数情况下都会以外向的方式行事，并且可以很容易地与被定义为内向的人区别开来。人的心理构成很大程度上决定了他们的行为倾向。

这一理论关注人的性情类似于人类直观地解释事件。在我们的日常经验中，我们有一种自然的倾向，认为人的行为完全受内在因素影响。心理学家称这种认知偏差为基本归因错误（Fundamental attribution error）（Jones，1979；Ross，1977）。我们在评估其他人的不良行为的责任时，通常会高估其内在特质，同时也低估了当下环境因素的作用。也许不足为奇，当我们评估自己的不良行为时，却并非这样归因。我们在解释自己的情况时，常常归因于环境的状况。我们生气是因为我们所处的环境不好，他/她很生气，因为他/她本身就是个好斗的人。这种根深蒂固的信念（认为行为主要是由个人的心理倾向造成的）很难将环境观点应用于犯罪。

然而，在心理学界，这种意向模型虽然占主导地位，但从没有被普及。同时，行为方式与当下环境的影响的理论和研究却得以发展，这个过程被 Walter Mischel 清楚地阐明了。1968 年，Mischel 组织了行为跨情境是否具有一致性的辩论，讨论的中心是人拥有潜在特征并可以在不同情况下保持稳定。特别是在学习理论中的条件模型中，Mischel 提倡行为特异性的地位。根据 Mischel 的说法，个体行为的方式可以从一种情况到另一种情况发生显著变化，这取决于当时环境影响的性质。如果我们想一想自己的行为，我们会认识到，在不同的环境中我们有着不同的行为，例如，我们可以在单位和同事以工作方式相处，在家庭中和家人以生活方式相处。

行为差异性的原则具有重要意义，也同样适用于犯罪行为。首先，它表明犯罪行为并不局限于一小部分可定义的犯罪人群体所为，而是在适当的情况下大多数人都有实施违法行为的可能。例如，强奸罪在战争区域内经常发生，而士兵在和平生活中就不会考虑这种行为。而且，即使是惯犯，也并非总是不分青红皂白地犯罪。事实上，他们也不是经常犯罪，只有在相对有利的条件下才实施犯罪。了解犯罪发生的确切情境对于全面理解犯罪行为是至关重要的，传统的犯罪学理论把犯罪行为看作某些确定属性影响的结果，但这缺少一个关键要素。从环境犯罪学的角度来看，微观层面的分析对犯罪预防战略的发展具有特别重要的影响。

1.3　当代环境视角分析方法

从总体上说，现代犯罪学的诞生可以追溯到 1971 年。那一年，C. Ray Jeffery 利用环境设计思想提出了一些犯罪预防的措施，其中他研究了当下环境在犯罪中扮演的角色，并提出了通过改变当下环境来减少犯罪的一系列措施。他还创造了环境犯罪学这一术语。在 Jeffery 的书出版的 15 年来，大部分环境犯罪学与犯罪分析的方法论已经建立，并为后来的发展打下了坚实的基础。

环境犯罪学领域开创性的著作如表 1.1 所示。然而，仅仅追踪环境犯罪学与犯罪分析的理论发展还不够。环境犯罪学与犯罪分析包括多种相互关联的方法论，它们彼此或多或少地关联发展。在本节中，我们侧重描述每种分析方法的理论发展，并指出这些方法之间交叉影响的关键领域。我们按四个大的主题研究环境犯罪学与犯罪分析的发展：设计预防犯罪、情境犯罪预防、理解分析犯罪模式和犯罪预防警务。由于分析方法之间的重叠，我们也感谢，其他学者可能也在以不同的方式在该领域的贡献。

表 1.1　开创性环境犯罪学方法年表

年　份	概　念	主要相关人	开创性论文
1971	环境设计预防犯罪	C. Ray Jeffery	*Crime Prevention Through Environment Design* (Jeffery, 1971)
1972	可防卫空间	Oscar Newman	*Defensible Space: Crime Prevention Through Urban Design* (Newman, 1972)
1976	情境犯罪预防	Ronald Clarke	*Crime as Opportunity* (Mayhew, Clarke, Sturman and Hough, 1976)
1979	日常活动理论	Marcus Felson	*Social Change and Crime Rate Trends: A Routine Activity Approach* (Cohen and Felson, 1979)
1979	问题导向警务	Herman Goldstein	*Problem-Oriented Policing* (Goldstein, 1979)
1981	犯罪模式理论	Patricia and Paul Brantingham	*Environmental Criminology* (Brantingham and Brantingham, 1981)
1982	破窗理论	James Q. Wilson and George Kelling	*Broken Windows: The Policing and Neighborhood Safety* (Wilson and Kelling, 1982)
1985	理性选择视角	Derek Cornish and Ronald Clarke	*Modeling Offenders' Decisions: A Framework for Research and Policy* (Clarke and Cornish, 1985)

1.3.1　环境设计预防犯罪

Jeffery 的著作（1971）《环境设计犯罪预防》（*Crime Prevention Through Environmental Design*，CPTED）开启了环境犯罪学与犯罪分析的黄金时代。Jeffery 提出了一个广泛的犯罪控制观，涵盖了建筑设计、城市规划、法律制裁、社会制度甚至媒体报道等多个方面。Jeffery 深受 Skinner（1953）的操作条件化模型的深刻影响，为本章前面所概述的跨情境一致性的讨论中，情境影响行为一方提供了大量的理论和实证支持。Skinner 认为行为会受到后果的约束，而 Jeffery 在此基础上进一步认为控制犯罪的关键是通过物理环境的设计和社会政策的实施系统地减少犯罪行为的回报，增加其风险。他还意识到，犯罪行为的发生必然存在可犯罪的"机会"，他认为这是犯罪的必要条件，但不是充分条件。从环境的角度来看，Jeffery 的立场可能是最激进的，它的理论基于犯罪人的生物社会模型，相当于情境决定论。他认为，只有环境才会导致犯罪行为的发生。考虑到适当的环境结构，任何人都可能成为犯罪人（Jeffery，1977：177）。

Jeffery 的 CPTED 本质上是一篇理论性的著作，系统阐述了环境设计预防犯罪的原则，但在解决方案方面则提及较少。Jeffery 的基于生物学的论点在当时的学者中几乎没有吸引力，其书中所表达的观点影响有限。此外，这本书的观点很快被 Oscar Newman（1972）的观点所覆盖。Oscar Newman 的著作《防御空间：通过城市设计预防犯罪》在一年后出版，书中提出了一个更为细致的环境设计方案。Newman 是一个建筑师，专门专注于建筑环境的设计。他的防卫空间概念扩展了 Jacob 关于居民在其近邻中承担犯罪责任的想法（尽管在其他方面，他放弃了她的措施建议，尤其是在鼓励邻里渗透性方面），认为防御空间可以通过多种方式创建。首先，Newman 提出了通过更明确地界定地域边界来增加居民对私有和半公共空间的所有权感的策略。这可以通过建立真正的和象征性的标志物来改善，如栅栏和大门，或通过显示一个区域专属的明显迹象来实现。其次，他提出了增加自然监视机会的方法，可能会及早发现犯罪活动。这可以通过窗户的放置、行人交通的路线、盲点的消除等来实现。Newman 对于犯罪人的本性没有提及，因此他回避了 Jeffery 著作中的理论争议。总体来讲，可防卫的空间是基于一个简单的、常识性的威慑原则：主要的焦点是改变居民的行为，然后通过提高警惕，阻止潜在的入侵者。

Jeffery 的术语 CTPED 已经成为一个固定术语，现在是该领域的专有名词，但同时也吸收了 Newman 的建筑方法论，变得更加坚实。Newman 也将其关于领地性和监视的理论思考转化为了可以纳入建筑标准的实际建议。CPTED 经过多年的修改，至今仍被广泛使用，尤其是在建筑师和城市规划师之间（Armitage，本书第 12 章）。CPTED 的影响也可以在下面描述的其他环境方法中看到。

虽然 CPTED 仍然专注于建筑环境，但是环境设计预防犯罪也扩展到了其他领域，特别是产品的设计。产品设计预防犯罪的发展的动力实际上更多地归因于 Ron Clarke 的情境方法（见 1.3.2 节），而不是 Jeffery 或 Newman。Clarke 早期的观点是：有些产品让人看着就想偷，因为它们很诱人，而且易于被偷窃。基于这一观察，1979 年，Paul Ekblom（当时是英国内政部 Clarke's 研究小组的一名成员）撰写了一篇关于预防犯罪车辆设计的文章（EkBurm，1979），而 Clarke 在 1999 年发表了一篇颇有影响力的文章《热门产品：理解、预测和减少赃物需求》（Hot products: understanding, anticipating and reducing demand for stolen goods）。到目前为止，预防犯罪产品设计涉及了更多关于环境犯罪学家和设计师之间的合作（Ekblom，本书第 14 章），且预防犯罪设计也被用来作为一个通用的标签来涵盖 CPTED、产品设计和其他与犯罪预防措施有关的设计（如系统、程序、服务和通信的设计）。

1.3.2 情境犯罪预防

环境犯罪学与犯罪分析的另一个主要贡献产生于 20 世纪 70 年代中期，Ron Clarke 提出了情境预防犯罪理论（Situational Crime Prevention，SCP）（Clarke，第 13 章，本卷）。可以说，情境预防犯罪可以被认为是一种预防犯罪的设计，但是它有许多独特的特征使其以一种特殊且独立的方式来处理犯罪问题。情境预防犯罪代表了一种极端微观的环境视角，Clarke 认为，预防犯罪的关键是关注特定类型的犯罪，并了解它们清晰的动态特征。他的方法论结合了 Newman 的可防卫空间理论，同时也采用了 Jeffery 的心理学理论。与 Jeffery 一样，Clarke 也注意到减少机会和控制犯罪的成本与收益可以作为犯罪预防的基础。然而，Clarke 也提供了 Jeffery 所没有的一套全面且具体的技术来坚守他的犯罪预防原则。情境预防犯罪还涉及应用于现有（而不是预期的）犯罪问题的解决方法，以便用有效的方法来重新规划易引发犯罪的环境。

《犯罪的机会》（*Crime as Opportunity*）（Mayhew，Clarke，Sturman and Hough，1976）的出版标志着情境预防犯罪理论的正式提出（尽管直到 1980 年 Clarke 才使用"情境预防犯罪"这个术语），但是 Clarke 早期关于犯罪情境的著作早于 Jeffery 和 Newman 的著作。1967 年，Clarke 出版了一篇关于青少年逃学的研究论文（Clarke，1967）。他发现无法找到能够预测逃学学生的一致性个人变量，相反，逃学率会随着多种制度因素而发生变化。防止逃学的最好方法不是识别潜在的逃学者，而是改变学校机构建造和运行的方式。20 世纪 70 年代，英国内政部研究单位负责人 Clarke 开始把这一思想发展成综合性的情境预防犯罪模式，并把预防原则付诸于实践。

随着理性选择视角的发展，情境选择的心理基础变得更加清晰（Clarke and Cornish，1985；Cornish and Clarke，1986；Cornish and Clarke，本书第 2 章），更好地阐述了该模块的内涵。在理性选择的视角下，犯罪人被描绘成积极的决策者，他们会利用环境数据来做出针对特定犯罪的有目的的决定。这些决定可以被认为是理性的，因为在某种程度上犯罪人试图从预期的行为中获得收益。当他们感到收益可能会超过成本时，犯罪就会发生。理性选择视角的实际含义是：进行情境犯罪预防，可以通过减少犯罪机会来预防犯罪，在这种情况下，就需要从犯罪人的角度来构建一个缺乏犯罪吸引力的环境。

Clarke 和 Cornish 在 1985 年的一篇论文中进一步发展了理性选择视角。1994 年，Cornish 的一篇论文充分地阐述了犯罪脚本的概念。犯罪脚本代表了一种认识，即犯罪事件不是在时间和空间上的一个单一的点，而是要花费数天甚至几周的时间来完成，并且可以发生在多个地点。例如，入室盗窃可能始于犯罪人注意到潜在的目标，并在犯罪发生前的几天内开始准备必要的工具，并在犯罪结束后的几天内犯罪人会试图销赃来获利。这样一来，在犯罪开始和结束的过程之间就可能会有几十个单独的步骤（如开车到达目标点，闯入，决定偷什么，等等）。因此，对犯罪人来说，整个犯罪过程都存在多个需要做出理性选择的决策点，而对犯罪预防来说每个决策点也都提供了相应干预的机会（LeCelc，本书第 6 章）。

Clarke 提供了一套情境预防犯罪技术表格作为实践指南。多年来，该表格经过了多次演变和扩展，提供了很多关于犯罪人决策理论的见解。他最初的表格发表于 1992 年（Clarke，1992），具体涉及三项预防策略：减少收益、增加风险和增加努力，以及 12 个具体的预防技术。1997 年，Clarke 在与 Ross Homel 合作的过程中增加了第四项：消除借口，使该表格的预防技术总数达到 16 项（Clarke and Homel，1997）。这种策略的基础是：犯罪人可能会因为环境因素，降低自己对违法行为的抑制力。2003 年，Clarke 又额外增加一项：减少刺激，使表格的预防技术总数达到了 25 条。（Cornish and Clarke，2003；Clarke，本书第 13 章）。这一修订是对 Richard Wortley 的回应，因为 Wortley 认为有些情境可能会积极地促成犯罪行为的发生（Wortley，2001，2002）。Wortley 借鉴了一系列支持行为特异性原则的心理学理论，根据他的观点，情境因素（如同伙压力和环境压力）会诱使犯罪人犯下他们可能之前没有考虑过的罪行（Wortley，本书第 3 章）。

1.3.3　理解和分析犯罪模式

Jeffery、Newman、Clarke 和 Cornish 的兴趣在于为什么某些环境会促进犯罪的发生以及如何改正天然吸引犯罪的财产。与之相对应的是 Guerry 和 Quetelet 的研究于犯罪制图，以及芝加哥学派着力于城市犯罪模式的生态学分析，他们的关注点在于这些易发生犯罪的环境和犯罪事件在时间和空间上的分布等。

在 Clarke 把环境犯罪学不断微观化的同时，Cohen 和 Felson（1979）从更为宏观的层面开始研究犯罪的规律和一般化模式，并提出了经典的日常活动理论（Routine Activity theory，RA），Cohen 和 Felson 解释了"二战"后经济状况有所改善同时犯罪率却明显上升的悖论。传统的犯罪学理论认为犯罪与贫困有关，经济状况的改善应当导致犯罪率的下降。在此不得不向 Guerry、Quetelet 和芝加哥学派给予明确的敬意，因为他们认为犯罪率的升高可以从经济繁荣的日常活动的变化来进行解释。他们认为，犯罪是由"三个基本要素在空间和时间范围的聚合引起的，三个要素分别为有动机的犯罪人、合适的目标、缺乏有能力对抗违法行为的监护力量"（Cohen and Felson，1979：589）。经济条件的改善常常会带来这三个要素的并发效应。例如，随着妇女的社会参与度增加，在白天无人看管的空置房屋数量也随之增加。同时，生活的日益富裕和技术的不断进步意味着有更多有价值的个人财物可供偷窃，这些因素有助于解释为什么白天的入室盗窃率在 1960—1975 年翻了一番，而商业盗窃犯罪率却几乎减少了一半。

日常活动理论最初定位于犯罪的宏观分析层面，但在环境犯罪学与犯罪分析领域一直具有很大的影响力。Felson（1994，1998；本书第 4 章）的后续改进工作进一步探索了该方法在中观和微观层面的内涵，以及日常活动理论与理性选择视角和情境犯罪预防理论（Clarke and Felson，1993）的相容性。人们认识到，犯罪的三个必要要素——犯罪人、目标和监管缺失——为分析个体犯罪事件的行为动态以及确定犯罪预防的干预点提供了框架。例如，一些犯罪是由于目标容易接近，因此干预策略的重点在于目标的强化保护；一些犯罪的发生是设施管理的不善，因此需要加强监管。所以在实际警务工作中，日常活动理论和犯罪三角模型（犯罪人，地点，目标）非常重要（Clarke and Eck，2003；also Scott，Eck，Knutsson and Goldstein，本书第 11 章）。

很多人都知道日常活动理论的犯罪三要素，但 Cohen 和 Felson 认为这三个要素的聚合不是偶然的，而是在日常生活的节奏中自然形成的。日常活动理论认为犯罪在受害者和犯罪人的日常活动容易产生交集的地方发生的概率较高，尽管这些活动本身可能是与犯罪无关的合法活动。然而，日常活动理论很少提及这些元素是如何在时间和空间上聚合的。Paul 和 Patricia Brantingham 在 1981 年出版了《环境犯罪学》（*Environmental Criminodogv*），在"犯罪几何学笔记"章节中介绍了犯罪模式理论可以解释这点，该书的出版也标志着"环境犯罪学"首次作为一个独立的研究领域被提出。

犯罪模式理论试图解释在城市环境中犯罪事件特征的不均匀性和非随机性（Brantingham and Brantingham，1984，1993；Brantingham，Brantingham and Andresen，本书第 5 章）。该理论的核心观点是：犯罪人和普通人的日常活动都是由工作、学校和某些社区或娱乐场所等节点所构成的。在犯罪模式理论中，这些节点经常被称为个体关键区域，而连接这些关键区域的交通被称为路径。每个个体特别熟悉的节点和路径构成了他们经常访问的区域，也是他们的日常活动的主要区域。这些区域被称为个人的"认知空间"。犯罪便主要发生在由犯罪人的认知空间和犯罪机会的交集内。一般来说，犯罪人更倾向于在他们熟悉的认知空间内实施犯罪，因为在这些区域中，他们对可能的犯罪目标和可能的风险有着更为准确的认识。同时，一些潜在的犯罪人和受害者容易形成聚合的购物中心、体育场馆、交通枢纽等地区也提供了丰富的犯罪机会，成为了犯罪集中或呈现热点的地区。

Paul 和 Patricia 的研究为理解和预测犯罪模式提供了大量的理论依据，同时 20 世纪 90 年代后快速发展的地理信息系统（GIS）技术也带动了犯罪模式的实证分析发展。地图投影技术使得犯罪的空间和时间分布更容易建模，尤其是热点地位更容易识别。Sherman、Gartin 和 Bueger（1989）发表的关于抢夺犯罪热点的分析预示着犯罪制图研究新时代的到来，犯罪热点开始成为警务工作和犯罪预防的重要内容（Johnson，本书第 10 章）。

除了犯罪热点，一些特定的犯罪模式也引起了人们的关注，因为这些热点能够影响到犯罪的预防。与犯罪模式理论的预测相一致，犯罪分析揭示了犯罪人倾向于在离家近、沿着熟悉的路径作案，并遵循着距离衰减模式（Rengert and Wasilchick，2000；Townsley，本书第 7 章）。这种犯罪空间情报分析的技术被用来进行系列案件的建模并据此预测犯罪人可能在哪里落脚（Rossmo，2000；Rossmo and Rombouts，本书第 8 章）。最后是重复受害现象，即某些地方重复发生某一类案件或受害者在多个场合被害，该分析能够帮助确定犯罪预防资源的优先分配（Farrell and Pease，1993；Farrell and Pease，本书第 9 章）。

1.3.4 犯罪预防警务

到目前为止，本书所讨论的所有方法都在不同程度上对警务工作产生了一定的影响，其中，犯罪热点分析等也许是运用最广的，但单从对犯罪预防的职责来看，环境设计预防犯罪和情境犯罪预防也具有十分重要的作用。本章节将重点介绍两种警务策略。

第一个是 Herman Goldstein（1979）提出的问题导向警务（Problem Oriented Policing，POP）。与目前讨论的其他理论相比，问题导向警务没有提出任何特定的犯罪理论，也没有描述任何犯罪模式，它侧重于为警察提供以环境视角实施犯罪干预的必要方法和工具，而非具体说明干预措施的内容。问题导向警务强调治安工作需要从被动模式转向积极主动的模式。它为警方提供了问题解决框架，方便警方在问题失控前进行干预，以预防其管辖范围内的犯罪问题进一步恶化。但是 Goldstein（1990）坚持认为问题导向警务的作用并不止于此："从最广泛的角度来看，问题导向警务是一种全新的警务思维方式，深刻影响了治安组织、人员和运作的各个方面。"总体来说，问题导向警务致力于从根本上改变警务概念化的方式。

Goldstein 的同事 John Eck 和 Bill Spelman 制定了一套解决犯罪问题的行动模式以具体地实施问题导向警务。他们用缩写词 SARA 概括了该模型的步骤，其中每个字母分别代表扫描、分析、响应和评估（Scanning、Aanalysis、Response、Assessment）（Scott、Eck、Knutsson and Goldstein，本书第 11 章）。第一步是扫描（Scanning）重复出现的犯罪问题，并将类似事件归类为一个集群；然后分析（Aanalysis）与犯罪问题有关的信息，并查明其根本原因，根据该情报分析结果，制定专门的响应（Response）机制；最后评估（Assessment）响应机制的有效性，并在必要时（即响应无效）重新开始该过程。该框架并未硬性规定警方采用的实践措施，而是鼓励警员寻找新的解决方案以代替传统的治安响应方案，因此，方案的有效性将取决于警员积极性和创造性。就这点而言，问题导向警务和情境犯罪预防可以作为很好的选择。情境犯罪预防提供了问题导向警务中缺乏的理论框架及预防技术。反之，SARA 则提供了有用的行动研究模式，情境犯罪预防的实践者可以用它进行犯罪地点的情境分析，并讨论可能的情境干预措施。

James Q. Wilson 和 George L. Kelling（1982）在《"破窗理论"：警察和邻里安全》（*Broken windows: the police and neighborhood safety*）中提出了第二种治安模式。这篇关于"破窗理论"的文章源自 Kelling 及其同事在纽瓦克和休斯顿市进行的恐惧消除实验，该实验由美国司法部国家司法研究所资助。在纽瓦克市进行的徒步巡逻实验对破窗隐喻基础的建立有极大的影响力。与 Jacobs 和 Newman 一样，Wilson 和 Kelling 讨论了社区衰落在犯罪中的作用及其对治安的影响。他们认为，如果忽视轻度犯罪，则可能会引发更加严重的犯罪问题。修复破旧窗户象征着修复易引发犯罪的环境。与问题导向警务相反，"破窗理论"的中心思想建立在犯罪的因果关系上，并包含了明确的犯罪预防措施。理论上，通过对环境设计预防犯罪和心理学的研究，Wilson 和 Kelling 揭示了情境对行为的影响，并据此来解释破窗对犯罪行为的影响。20 世纪 90 年代，在纽约市 Rudolph Giuliani 市长的领导下，William Bratton 和 Howard Safir 等警察局长将该理论应用于治安管理，因此，作为一种实施性较强的警务战略，该方法已予以制度化了（Wagers、Sousa 和 Kelling，本书第 15 章）。最具争议的是，"破窗理论"是按照严格的法律规定执行的，可以有效打击无序行为和其他轻度犯罪行为，因此一些评论员认为，是"破窗理论"而非问题导向警务降低了纽约市的犯罪率。

1.4　本书的结论和组织结构

环境犯罪学与犯罪分析一度被许多犯罪学家视为晦涩并且不太重要的研究方向，但现在它已成为了犯罪学中发展最快的领域。在此之前，该领域内的研究人员数量相对较少且分布较为分散，但如今，来自世界各地的新一批学者和实践人员不断加入该领域，使得该领域真正实现了国际化。与其他犯罪学方法相比，21 世纪的环境犯罪学与犯罪分析具有应对全球化、组织化和技术辅助性犯罪的能力。近年来，应用环境犯罪学与犯罪分析解决的问题包括了有组织犯罪（Bullock，Clarke and Tilley，2010）、网络犯罪（Holt and Bossler，2016；McNally and Newman，2007；Newman and Clarke，2003）、未成年人网瘾（Wortley and Smallbone，2006，2012）、人口贩卖（Brayley，Cockbain and Laycock，2011；Cockbain and Wortley，2015；Savona，Giommoni and Mancuso，2013）、野生动物偷猎（Lemieux，2014；Moreto and Clarke，2013）、恐怖主义（Braithwaite and Johnson，2012；Freilic and Newman，2009；Clarke and Newman，2006；Townsley，Johnson and Ratcliffe，2008）和海盗犯罪（Marchione and Johnson，2013；Townsley，Leclerc and Tatham，2016；Townsley and Oliveira，2015）。

尽管如此，目前还几乎没有书能够把环境犯罪学与犯罪分析的各个方面进行系统的阐述。为此，我们编撰了本书以给予读者对该领域有全面的认识。本节除了基本内容介绍，我们在接下来的 14 章中系统地总结了环境犯罪学与犯罪分析的主要理论学者和实践者的工作。我们旨在提供一个全面的环境犯罪学与犯罪分析综述，并详细地介绍其中的关键思想及方法，以及这些思想和方法之间的相互联系，以形成一个有机的研究领域。为此，在章节的排序上我们颇废了一些心思，正如我们指出的那样，严格按照时间顺序的方法介绍这些内容是行不通的。为此，在本章的介绍中，我们概述了环境犯罪学与犯罪分析创立的三个主要命题——根据犯罪是最好可以理解为犯罪人与当下环境之间的相互作用的结果；犯罪是根据易引发犯罪的环境的分布而形成的；这些地点是预防和控制犯罪的关键。因此，围绕着这三个领域的理论、分析和实践应该是我们接下来介绍环境犯罪学与犯罪分析这一领域的最合理的方式。

1.4.1　犯罪事件解析（第一部分）

这一部分我们将详细介绍环境结构在犯罪中的关键作用，以便更好地理解犯罪事件发生的地点和时间因素。本部分共有四章，它们涉及犯罪与环境关系的两个不同方面。第2章和第3章介绍了犯罪人的心理特征。在之前，我们认为环境犯罪学与犯罪分析关心的是犯罪本身而非犯罪人行为。虽然这是事实，但只有搞明白犯罪人的心理模型，才能更好地理解当下环境和犯罪人相互作用的关系以及环境影响行为的基本原理。通过介绍犯罪人心理模式，第4章和第5章将重点放在解释犯罪在时间和空间环境中分布的规律。这四种模型均未直接提出犯罪与环境关系的观点，而是在不同层次的分析中给出了解释，它们共同为环境犯罪学提供了理论基础，以支持犯罪分析和预防犯罪地实践。

第2章介绍了 Derek Cornish 和 Ron Clarke 的"理性选择视角"（Ratiaonal Choice Perspective）。因为理性选择视角为理解情境犯罪人提供了基本模板，我们将从理性选择视角开始介绍。Cornish 和 Clarke 概述了理性选择视角的历史发展，指出它起源于学习理论，并解释了他们选择转向到一个包含认知过程角色模型的原因。理性选择视角的基本前提是，人们的目的是实现自我利益最大化，因此人们一直在做出效用最大化的选择。Cornish 和 Clarke 认为，犯罪行为是有目的性的，即犯罪人为了达到某种目的而实施犯罪，而且其行为具有一定的理性，他们的行为代表了一种简易的以达到预期目的策略。Cornish 和 Clarke 的理性选择视角并未对犯罪心理进行详细说明，他们的目的是描述一种基本决策机制，该机制决定了主动犯罪人如何与其所处的当下环境相互作用。因此，只需要一个"足够好"的理论，理性选择视角就可以促进相关研究并指导预防犯罪实践者。此外，该章也总结了一些人们对理性选择视角的批评以及 Cornish 和 Clarke 对这些批评的有力反驳。

在第3章中，通过"犯罪情境触发因素"，Richard Wortley 进一步分析了犯罪人的心理特征。前面章节中提到的关于对 Cornish 和 Clarke 的理性选择视角的批评就是由 Wortley 提出的。和其他对理性选择视角的批评不同，Wortley 的批评依然基于环境犯罪学与犯罪分析核心理论。他并不认为理性选择视角是错误的，只是认为其并不完整。他认为情境除了向有动机的犯罪人提供犯罪行为可能后果的信息外（理性选择视角的重点），也可以在创造或强化犯罪动机方面发挥作用。本章中，Wortley 提出了包括情境促进因素概念的案例，以扩大 Cornish 和 Clarke 提出的情境性犯罪人模型。他还指出，情境可以引发人们的行为，并导致人们做出其原本不会实施的一些行为，而且许多心理学理论均支持这一观点。从这一角度来看，Wortley 提出了诱发犯罪的四种主要情境：这些情境可以提示（ptompt）犯罪机会，将犯罪人置于压力之下（pressure），弱化平时的道德规范（permit），产生情绪刺激（provoke），从而导致犯罪。Wortley 认为，除机会减少外，诱发因素的概念可以提出新的预防技术，特别是对于所谓的表达性犯罪。

第 4 章介绍了 Marcus Felson 的"日常活动理论"。通过介绍该理论，我们的重心从犯罪人转变为犯罪模式。实际上，除了他/她"有动机"及最简单的"有可能"外，日常活动理论并没有对犯罪人进行任何论述。以日常活动理论为起点来研究犯罪模式是合适的，同时日常活动理论也是最简单、意义最深远的犯罪理论。奥卡姆剃刀定律就是一个典型案例，该定律指出："我们要承认，自然原因既真实又足以解释其表象。"日常活动理论的三个组成部分包括犯罪人、受害者和缺失的监护主体，这些要素构成了基本的"犯罪过程"。上述三个要素通过受害者及犯罪人的日常活动联系在一起，而该观点是随后所有关于犯罪人活动行为和犯罪模式解释的核心。在本章中，Felson 提供了关于日常活动理论的概述，并追溯了其发展历史，描述了明确的目的，使理论尽可能简单，并用清晰的语言表达了核心的观点。随后他又进一步概述了日常活动理论与环境犯罪学与犯罪分析中其他方法之间的关联性，并在随后的著作《犯罪与日常生活》（*Crime and Everyday Life*）与《犯罪与自然》（*Crime and Nature*）中拓宽了日常活动理论的适用范围。最后，Felson 从 15 个方面总结了日常活动理论的经验教训，包括"总结了过去三分之一世纪的日常活动思想的发展，并提醒我们基本原则保持不变"。

本节的最后一章，即 Paul、Patricia Brantingham 和 Martin Andresen 撰写的第 5 章"犯罪结构和犯罪模式理论"。本章从 Felson 的宏观层面分析中解读了社区和街道的犯罪模式。本章介绍了两个相关的理论观点，其中犯罪结构主要解释犯罪的基本模式，这些模式是由犯罪人的居住、工作和娱乐场所（他们的主要节点）及其在这些节点之间的交通路径所决定的。然后，犯罪模式理论将这些观点与日常活动理论和理性选择理论结合起来，形成了犯罪模式的基础理论。本章系统地确定了犯罪模式的 10 条规则，这些规则不仅适用于现实空间内的犯罪人，而且也适用于网络空间内的犯罪人。随着每个规则的提出，犯罪结构和犯罪模式理论的关键特征也逐步显现。总之，犯罪结构和犯罪模式理论提供了犯罪发生原因、时间和地点分布的解释，并为 1.4.2 节讨论的犯罪模式的预测和解释奠定了基础。

1.4.2 犯罪模式分析（第二部分）

这一部分，我们将介绍一些常见的犯罪模式以及一些主要的分析技术。虽然第一部分内容为犯罪模式分析提供了理论解释，但其重点在于应用。这一部分介绍了一些犯罪模式的分析经验，并着重介绍这些模式对警务实践的作用。根据犯罪三角形理论，这一部分章节中所涉及的分析主要侧重于犯罪人、受害者和犯罪地点。

在开始的第 6 章内容中将详细介绍 Benoit Leclerc 的"犯罪脚本"。犯罪脚本是一种犯罪分析技术，用于确定构成犯罪事件的一系列步骤。犯罪事件由许多子事件组成，而且每个子事件都可能需要独立的分析，所以我们将从主题开始进行介绍。犯罪脚本是理性选择理论的逻辑扩展。事实上，Cornish 和 Clarke 在本书第 2 章中介绍了这个概念。本章则以 Leclerc 从认知心理学中的图式概念来追溯犯罪脚本的起源。Leclerc 讨论了一些犯罪脚本的最新应用案例，特别是通过详细介绍儿童性虐待的案例来说明如何应用该技术来帮助实施犯罪干预措施。此外，本章还介绍了一些犯罪脚本的最新发展，包括犯罪人与受害者时空聚合的脚本等，以充分地反映犯罪研究的最新动态。

在第 7 章中，Michael Townsley 的"犯罪人出行路径"为犯罪模式理论中描述的一些犯罪模式提供了实证。特别是 Townsley 研究的涉及犯罪人路径的文献表明，犯罪人为实施犯罪而出行的距离不会太长，并且遵循一种距离衰减的函数。距离衰减模式体现了最小努力原则，及犯罪人寻找犯罪机会的路程，并不会远于实现其犯罪的目标的距离。Townsley 系统地对这项研究进行了总结回顾，并根据犯罪变量（如财产犯罪和暴力犯罪）及犯罪人变量（如年龄、性别和种族）来研究犯罪过程中的一些重要特征。随后，Townsley 进一步介绍了犯罪人出行分析的最新进展，主要研究个体犯罪人的犯罪出行路径而非研究群体犯罪人的聚合数据，并指出个体犯罪人的出行距离变化实际上比所有犯罪活动的分布的变化要小。此外，Townsley 还讨论了关于离散空间选择分析，包含更多变量（如犯罪人、受害者等）试图找到更复杂的路径模式。

在第 8 章"地理画像"分析中，Kim Rossmo 和 Sacha Rombouts 重点讨论了系列犯罪人的出行路径。基于犯罪模式理论中犯罪人的行为主要分布在其主要节点周围的认知空间内的原则，地理画像分析能够解决犯罪人落脚点预测的问题。通过分析个体犯罪人的多个犯罪地点可以估计犯罪人的可能居住区域或其他作为犯罪固定点的地方（如工作地点）。在本章中，Rossmo 和 Rombouts 首先介绍了地理画像技术在环境犯罪学理论方向中的重要性。然后，他们描述了地理画像的构建过程，并指出该分析方法需要考虑犯罪人的行为方式。例如，有些犯罪人习惯于在其落脚点附近寻找目标（狩猎模式），而有些则选择其他较远的社区为目标（通勤模式）。随后，Rossmo 和 Rombouts 又介绍了地理画像技术的应用范围，包括从最初的暴力犯罪到更多的犯罪类型（如入室盗窃、ATM 欺诈性取款、强奸、绑架、恐怖袭击等）。最后，他们基于一个案例对本章进行了总结，该案例为警方应用地理画像技术对一个 42 起系列案件的侦查分析过程，并成功预测了下一次入室盗窃的可能位置。

在 Ken Pease 和 Graham Farrell 撰写的第 9 章中，通过研究"重复受害"现象及其对犯罪预防的影响，我们将注意力转向了受害者。Pease 和 Farrell 的报告指出，多达 40% 的犯罪是重复受害的案例，其中包括盗窃、抢劫、商店盗窃、家庭暴力、性侵犯、虐待老人和儿童、种族攻击和欺凌等。重复受害可能是由同一犯罪人重复实施的一种犯罪策略（例如，盗窃犯因熟悉房屋布局而返回先前被盗房屋），或由不同犯罪人对高风险目标的有针对性的犯罪行为（例如，由于治安不佳，同一房屋多次被盗）。Pease 和 Farrell 认为，有针对性地管理重复受害目标是将犯罪防控资源应用于犯罪预防的有效方式。

Shane Johnson 撰写的第 10 章"犯罪地图与空间分析"是这一部分内容的总结。犯罪地图是一种直观表示空间犯罪模式的方法，通常被称为热点分析技术。在本章中，Johnson 系统介绍了关于创建犯罪地图的技术方面的知识。Johnson 强调，为了更好地反映犯罪的风险，最好采用犯罪率而不仅仅是犯罪活动的数量。Johnson 介绍了各种类型的犯罪地图，对比了网格分析和核密度估计两种方法的优缺点。Johnson 还进一步介绍了引入显著性检验后确定热点地区热度（即其统计意义）的方法。随后，Johnson 介绍了如何解决与地图相关的数据限制，他强调了需要注意可能出现的空间外溢效应，即某一区域发生的事件可能会受到邻接区域事件的影响。此外，Johnson 也介绍了一些分析不可测变量影响的解释方法以及在不同空间尺度（如家庭层面与街道层面）上一些因素的影响。最后，通过引入预测性地图技术介绍了关于预测未来犯罪地点的研究。

1.4.3 犯罪预防与控制（第三部分）

犯罪预防与控制为本书的第三部分内容，我们主要关注于环境犯罪学与犯罪分析的实际应用。通过了解和分析犯罪的模式，我们可以预测犯罪可能发生的时间和地点，但其并不足以实现有效的防范和预防。因此，这一部分内容将主要涉及与犯罪成因有关的内容。

Michael Scott、John Eck、Johannes Knutsson 和 Herman Goldstein 撰写的第 11 章系统地介绍了"问题导向警务"。正如我们前面提到的，问题导向警务没有基于任何特定的环境犯罪学理论，也没有给出任何特定的犯罪干预措施，但提出了解决犯罪问题的基本模型——SARA，该模型可应用于大多数犯罪预防工作。本章一开始就系统介绍了问题导向警务的定义，随后介绍了问题导向警务的实践应用。本章还介绍了从日常活动理论发展而来的 SARA 模型和犯罪三角形理论。在犯罪三角形理论中，日常活动理论的一个重要扩展是对不同类型的安防力量进行了区分。此外，对不同的人群也定义了不同的专门术语，例如，"监控主体"一词则被用于描述那些保护目标或受害者的力量，而"执法主体"则用于描述控制犯罪人的力量群体，而"管理人"则用来描述对犯罪地点拥有管辖权的人群主体。最后，在本章的结尾部分介绍了实施问题导向警务所面临的挑战，以北欧和美国的问题导向警务实施经验。

第 12 章对 Rachel Armitage 的"环境设计预防犯罪（CPTED）"进行了介绍。正如我们前面所阐述的，环境设计预防犯罪是历史上第一个完整提出的环境犯罪预防模型，因为该模型阐述了一些人们业已遵循的基本原则。本章将对这些内容进行系统地介绍。Armitage 首先定义了环境设计预防犯罪的概念，描述了其历史发展并概述了环境设计预防犯罪与其他环境犯罪学观点之间的联系。然后，Armitage 进一步解释并评估了环境设计预防犯罪的关键要素：防卫空间和领域性、活动限制、自然监控、物理安全、有效的管理和维护等。随后，针对每一个案例，Armitage 描述了各个要素的含义、运作方式及其有效性的经验证据，并介绍了在英格兰/威尔士、澳大利亚和荷兰的环境设计预防犯罪的经验。最后，Armitage 对环境设计预防犯罪的批评进行了反馈。

第 13 章介绍了 Ron Clarke 的"情境犯罪预防（SCP）"。本章一开始，Clarke 就概述了情境犯罪预防的理论背景，其中特别强调了犯罪是人与情境相互作用的产物的观点。Clarke 认为，没有犯罪机会就不会发生犯罪。因此，减少犯罪机会是预防犯罪的核心策略，也是情境犯罪预防的最为显著的特点，是解决犯罪问题、预防和防控犯罪的方法。对 Clark 来说，只有精确地描述犯罪问题，充分了解犯罪的动态，才能进行有效的预防，这是情境犯罪预防与问题导向警务共有的特征。情境犯罪预防是针对特定问题的定制化解决方案，虽然 Clark 在其设计的情境犯罪预防表格中提出了一系列的情境防控技术，但这些技术并不是现成的，而是根据环境结构和预防犯罪的需要进行动态地调整。Clark 指出，即便改变犯罪人的刑事惩罚，情境犯罪预防替代方案也可能很难被提出，但不管怎样，通过情境设计可以从很大程度上影响人的行为。Clark 回顾了情境犯罪预防的成功经验，认为没有其他形式的措施能够达到情境犯罪预防的犯罪减少程度。最后，Clark 提出并回应了针对情境犯罪预防的一些批评，尤其是情境犯罪预防只是转移而非根本上的防治犯罪的观点。Clark 认为，一些证据可以证明犯罪的转移是可以避免的，同时降低非犯罪目标地区的数量也是同样可以实现的。

第 14 章介绍了 Paul Ekblom 的"产品设计预防犯罪"。该方法的基本逻辑是某些产品并非有意成为诱发犯罪发生的因素，或成为犯罪的目标（如移动电话），或间接助长了犯罪的发生（如互联网）。实际上，在环境设计预防犯罪、日常活动理论、理性选择理论和情境犯罪预防中都可以找到产品设计预防犯罪的思想来源。Ekblom 通过一些精心设计的产品（从预防犯罪的角度）为本章做了内容上的铺垫。在本章，Ekblom 追溯了与产品设计预防犯罪有关的悠久历史，并指出产品设计对未来预防犯罪具有重要意义，其中最理想的情况就是在产品的设计阶段嵌入预防犯罪的理念。Ekblom 给出的事例是"物联网"的日益普及，如与互联网相关联的家用产品和控制系统的网络，这些似乎提供了许多可能的犯罪机会。对此 Ekblom 研究了哪些产品具有犯罪特征，以及产品设计在预防犯罪方面的作用。最后，Ekblom 阐述了产品设计预防犯罪所面临的挑战，如风格、性能、价格和防范犯罪质量之间的权衡，如何解决犯罪人的适应性问题，如何激发产品设计师的兴趣，等等。

在这一部分同时也是本书的最后，第 15 章介绍了 Michael Wagers、William Sousa 和 George Kelling 的"破窗理论"，该理论在某些方面——至少已经在纽约市广为人知——可以延伸至环境犯罪学与犯罪分析的领域，因此我们在本书的最后重点论述了"破窗理论"。从理论上讲，"破窗理论"借鉴了环境设计预防犯罪和社会心理学的观点，并在一定程度上提出了"传统的"环境犯罪学与犯罪分析论点，即犯罪预防能够影响环境设计并进而减少不文明行为。但在实践中，"破窗理论"还涉及如何处理轻度犯罪人（如逃票人和乞丐）以防止其发展为严重犯罪。本章首先阐述了"破窗理论"的基本原理，然后追溯了在纽约实施该方法的历史，并对其经验进行了评估，接着提出了"破窗理论"的八项核心原则：（1）社区的混乱与对犯罪的恐惧密切相关；（2）警察需要就街道的社会秩序进行沟通；（3）不同社区之间的规则是不同的；（4）被忽视的无序容易导致社区失控；（5）发生破窗现象的地方也可能发生刑事案件；（6）警察应加强非正式的社区控制；（7）犯罪问题源于各种混乱的集中；
（8）不同的社区具备不同的混乱管理能力。同时，本章的作者也回应了一些批
评，包括有观点认为破窗等于对治安的零容忍，认为是警察在破窗中行使自由
裁量权而对最终的结果产生了影响。然而通过本章，我们将重新认识到逮捕犯
罪人仍然是打击犯罪的重要组成部分。

参 考 文 献

Beirne, P. (1993). *Inventing Criminology* . Albany, NY: SUNY Press.

Braithwaite, A. and Johnson, S.D. (2012). Space-time modeling of insurgency and counterinsurgency in Iraq. *Journal of Quantitative Criminology,* 28 (1): 31-48.

Brayley , H., Cockbain, E. and Laycock, G. (2011). The value of crime scripting: Deconstructing internal child sex trafficking. *Policing,* 5 (2): 132-143.

Brantingham, P.J. and Brantingham, P.L. (eds) (1981). *Environmental Criminology*. Beverly Hills, CA: Sage.

Brantingham, P.L. and Brantingham, P.J. (1981). Notes on the geometry of crime. In P.J. Brantingham and P.L. Brantingham (eds), *Environmental Criminology*, 27-54. Beverly Hills, CA: Sage.

Brantingham, P.J. and Brantingham, P.L. (1984). *Patterns in Crime*. New York: Macmillan.

Brantingham, P.J. and Brantingham, P.L. (1991). Introduction: The dimensions of crime. In P. Brantingham and P. Brantingham (eds), *Environmental Criminology* (2nd edn), 7-26. Prospect Heights, IL: Waveland Press.

Brantingham, P.L. and Brantingham, P.J. (1993). Environment, routine and situation: Towards a pattern theory of crime. In R.V. Clarke and M. Felson (eds), *Routine Activity and Rational Choice: Advances in Criminological Theory, Vol. 5* , 259-294. New Brunswick, NJ: Transaction.

Bullock, K., Clarke, R.V. and Tilley, N. (eds) (2010). *Situational Crime Prevention of Organised Crimes*. Cullompton, UK: Willan.

Burgess, E.W. (1928). The growth of the city. In R.E. Park, E.W. Burgess and R.D. McKenzie (eds), *The City*, 47-62. Chicago, IL: University of Chicago Press.

Clarke, R.V. (1967). Seasonal and other environmental aspects of abscondings by approved school boys. *British Journal of Criminology, 7* : 195-206.

Clarke, R.V. (1980). 'Situational' crime prevention: Theory and practice. *British Journal of Criminology, 20*: 136-147.

Clarke, R.V. (ed.) (1992). *Situational Crime Prevention: Successful Case Studies*. Albany, NY: Harrow & Heston.

Clarke, R.V. (ed.) (1997). *Situational Crime Prevention: Successful Case Studies*. (2nd edn). Albany, NY: Harrow & Heston.

Clarke, R.V. (1999) *Hot Products: Understanding, Anticipating and Reducing Demand for Stolen Goods*, Police Research Series Papers 112. London: Home Office.

Clarke, R.V. and Cornish, Derek B. (1985). Modeling offenders' decisions: A framework for research and policy. In M. Tonry and N. Morris (eds), *Crime and Justice: An Annual Review of Research , Vol. 6*, 147-185. Chicago, IL: University of Chicago Press.

Clarke, R.V. and Eck, J. (2003). *Become a Problem-solving Crime Analyst*. London: Jill Dando Institute of Crime Science.

Clarke, R.V. and Felson, M. (eds) (1993). *Routine Activity and Rational Choice: Advances in Criminological Theory, Vol. 5*. New Brunswick, NJ: Transaction Publishers.

Clarke, R.V. and R. Homel (1997). A revised classification of situational crime prevention techniques. In S.P. Lab (ed.) *Crime Prevention at the Crossroads*, 17-27. Cincinnati, OH: Anderson.

Clarke, R.V. and Newman, G.R. (2006). *Outsmarting the Terrorists*. Santa Barbara, CA: Praeger.

Cockbain, E. and Wortley, R. (2015). Everyday atrocities: Does internal (domestic) sex trafficking of British children satisfy the expectations of opportunity theories of crime? *Crime Science, 4:* 35.

Cohen, L.E. and Felson, M. (1979). Social change and crime rate trends: A routine activity approach. *American Sociological Review, 44:* 588-608.

Cornish, D.B. (1994). The procedural analysis of offending and its relevance for situational prevention. In R.V. Clarke (ed.) *Crime Prevention Studies, Vol. 3*, 151-196. Monsey, NY: Criminal Justice Press.

Cornish, D.B. and R.V. Clarke (eds) (1986). *The Reasoning Criminal. Rational*

Choice Perspectives on Offending. New York: Springer-Verlag.

Cornish, D.B. and Clarke, R.V. (2003). Opportunities, precipitators and criminal dispositions: A reply to Wortley's critique of situational crime prevention. In M.J. Smith and D.B. Cornish (eds), *Theory for Practice in Situational Crime Prevention. Crime Prevention Studies, Vol. 16*, 41-96. Monsey, NY: Criminal Justice Press.

Ekblom, P. (1979). A crime free car? *Home Office Research Bulletin 7*. London: Home Office.

Emig, M., Heck, R. and Kravitz, M. (1980). *Crime Analysis: A Selected Bibliography*. W ashington, DC: US National Criminal Justice Reference Service.

Farrell, G. and Pease, K. (1993). Once bitten, twice bitten: Repeat victimisation and its implications for crime prevention. *Crime Prevention Unit Paper 46*. London: Home Office.

Felson, M. (1994). *Crime and Everyday Life: Insights and Implications for Society*. Thousand Oaks, CA: Pine Forge.

Felson, M. (1998). *Crime and Everyday Life (2nd edn)*. Thousand Oaks, CA: Pine Forge.

Freilich, J.D. and Newman, G.R. (eds) (2009). *Reducing Terrorism through Situational Crime Prevention, Crime Prevention Studies, Vol. 25*. Monsey, NY: Criminal justice Press.

Goldstein, H. (1979). Improving policing: A problem-oriented approach. *Crime and Delinquency, 25* : 236-258.

Goldstein, H. (1990). *Problem-Oriented Policing*. New York: McGraw Hill.

Holt, T.J. and Bossler, A.M. (2016). *Cybercrime in Pr ogress: Theory and Prevention of Technology-Enabled Offenses*. Abingdon, UK: Routledge.

Jacobs, J. (1961). *The Death and Life of Great American Cities*. New York: Random House.

Jeffery, C.R. (1971). *Crime Prevention Through Environmental Design*. Beverly Hills, CA: Sage.

Jeffery, C.R. (1977). *Crime Prevention Through Environmental Design* (2nd edn). Beverly Hill, CA: Sage.

Jones, E.E. (1979). The rocky road from acts to dispositions. *American Psychologist 34:* 107-117.

Lemieux, A.M. (ed.) (2014). *Situational Pr evention of Poaching*. Abingdon, UK: Routledge.

McNally, M.M. and Newman, G.R. (eds) (2007). Perspectives on identity theft. *Crime Prevention Studies, Vol. 23*. Monsey, NY: Criminal Justice Press.

Marchione, E., and Johnson, S.D. (2013). Spatial, temporal and spatio-temporal patterns of maritime piracy. *Journal of Research in Crime and Delinquency, 50* (4): 504-524.

Mayhew, P., Clarke, R. V., Sturman, A. and Hough, J.M. (1976). Crime as opportunity. *Home Office Research Study. No. 34*. London: Home Office.

Mischel, W. (1968). *Personality and Assessment*. New York: Wiley.

Moreto, W.D. and Clarke, R.V. (2013). Script analysis of the transnational illegal market in endangered species: Dream and reality. In B. Leclerc, and R. Wortley (eds), *Cognition and Crime: Offender Decision-Making and Script Analyses*, 209-220. London: Routledge.

Newman, G.R. and Clarke, R.V. (2003). *Superhighway Robbery: Preventing E-commerce Crime*. Cullompton, UK: Willan.

Newman, O. (1972). *Defensible Space: Crime Prevention Through Urban Design*. New York: Macmillan.

Park, R.E. (1952). *Human Communities*. Glencoe, IL: The Free Press.

Rengert, G. and Wasilchick, J. (2000). *Suburban Burglary: A Tale of T wo Suburbs* (2nd edn). Springfield, IL: Charles C. Thomas.

Ross, L. (1977). The intuitive psychologist and his shortcomings: Distortions in the attribution process. In L. Berkowitz (ed.), *Advances in Experimental Psychology, Vol. 10*, 173-220. New Y ork: Academic Press.

Rossmo, D.K. (2000). *Geographic Profiling*. Boca Raton, FL: CRC Press.

Savona, E.U., Giommoni, L. and Mancus, M. (2013). Human trafficking for sexual exploitation in Italy. In B. Leclerc, and R. Wortley (eds), *Cognition and Crime: Offender DecisionMaking and Script Analyses,* 140-163. London: Routledge.

Shaw, C.R. and McKay, H.D. (1969). *Juvenile Delinquency and Urban Areas*. Chicago, IL: University of Chicago Press.

Sherman, L., Gartin, P. and Bueger, M. (1989). Hot spots of predatory crime: Routine activities and the criminology of place. *Criminology, 27:* 27-55.

Skinner, B.F. (1953). *Science and Human Behavior*. New York: Macmillan.

Townsley, M. and Oliveira, A. (2015). Space-time dynamics of maritime piracy. *Security Journal, 28:* 217-229.

Townsley, M., Johnson, S.D. and Ratcliffe, J.H. (2008). Space-time dynamics of insurgent activity in Iraq. *Security Journal, 21* (3): 139-146.

Townsley, M., Leclerc, B. and Tatham, P. (2016). How super controllers prevent crimes: Learning from modern maritime piracy. *British Journal of Criminology, 56* (3): 537-557.

Wilson, J.Q. and Kelling, G.L. (1982). Broken windows: The police and neighborhood safety. *The Atlantic Monthly*, (March): 29-38.

Wortley, R. (2001). A classification of techniques for controlling situational precipitators of crime. *Security Journal, 14* (4): 63-82.

Wortley, R. (2002). *Situational Prison Control: Crime Prevention in Correctional Institutions*. Cambridge: Cambridge University Press.

Wortley, R. and Smallbone, S. (2006). *Child Pornography on the Internet: Problem-Oriented Guides for Police Series*. Washington, DC: US Department of Justice.

Wortley, R. and Smallbone, S. (2012). *Internet Child Pornography: Causes, Investigation and Prevention*. Santa Barbara, CA: Praeger.

第一部分

犯罪事件解析

第 2 章　理性选择视角

Derek B. Cornish，Ronald V. Clarke

2.1　引　　言

当我们询问一位臭名昭著的抢劫犯 Willie Sutton 为什么要抢劫银行时，他给出的答案是"因为那里有钱"（Cocheo，1997）。从问题和答案中，可以清晰地看到传统犯罪学的目标（重点关注犯罪行为的发展和假定犯罪的根源）与新发展出来的犯罪学理论（更关注于如何理解犯罪的发展和制止犯罪）之间的脱节。如果有一条关于犯罪学的萨顿定律，那么可能是："如果你想找到切实可行的预防犯罪的方法，那么就以犯罪人的角度思考问题。"可以说理性选择的视角为犯罪预防实践提供了这样一种基础理论。它没有把犯罪行为视为稳定的犯罪动机的输出结果，而是把犯罪人和潜在犯罪人的欲望、偏好和动机视为同其他正常人一样，即在与直接的犯罪机会和犯罪限制的相互作用下，犯罪人会有产生、加强，甚至打消犯罪和非犯罪的行为。理性选择视角的核心在于犯罪人的选择和决策，以及犯罪事件对持续性犯罪活动的重要影响：犯罪完成可能会推动犯罪人的犯罪生涯，而犯罪失败则可能会减少甚至终止犯罪人此后的犯罪行为。

理性选择视角的历史发展

理性选择观点是 20 世纪 70 年代英国犯罪学研究焦点全面转移的一个结果（Clark and Cornish，1983）。20 世纪 60 年代，犯罪行为被认为主要是个人长期犯罪倾向和精神心理病态所导致的结果。因此，研究人员在防止犯罪发展上做了大量工作，主要是试图通过适当的处理办法改变犯罪行为的发展过程。

研究人员对当时的各种方案进行评估后未能找到令人信服的证据证明其

有效性，从而引起了学者们对犯罪原因这一流行的医学心理学派别的质疑。其中有许多方案，包括我们曾经研究过的方案（Cornish and Clarke，1975），往往寻求在研究机构中改造犯罪人，然后在不同矫正阶段释放他们，使他们回归到最初的生活环境中去。但一经释放，犯罪人重新犯罪的几率还是很高，而未能成功矫正的一个困惑点在于，犯罪人在研究机构内的矫正期间显然受到其治疗环境的影响。无论是由于矫正项目中的奖惩措施，还是矫正环境中的其他特点（例如，可能产生误导行为），矫正期间建立的一系列制度体系对犯罪人的行为产生的影响各不相同。

不过由此可见，犯罪人矫正的失败证明了矫正的效果不是永久性的（犯罪人脱离实验环境后会再次犯案，矫正效果没有维持），只有在治疗环境下才会对犯罪人的行为产生影响。例如，Sinclair（1971）对缓刑管教所的研究表明，管教所能够对逃学或因为其他不端行为而被学校开除的男孩的行为产生巨大改变；而 Clarke 和 Martin（1975）则发现，失足青年在不同寄宿学校的逃学率存在较大差别。总之，上述研究为环境对犯罪人行为产生影响提供了直接的证据。

然而上述这些发现并不能支持医学心理学的矫正理论。相反地，研究人员在考虑到环境对行为的影响后提出了新的理论，他们由此提出了"环境/学习理论"（Clarke and Martin，1975；Cornish and Clarke，1975）的四个主要元素（Clarke and Cornish，1983：37-38）。

（1）个人情感上的遗传因素和后天所受的教养在犯罪中起着一定的作用，但主要的决定因素是当前的环境。

（2）当前的环境为犯罪提供了线索、刺激因素和物质支持。因此，由于近期发生的危机或遇到的事情而产生的暂时的情绪上的不快乐、焦虑或者愉快的情绪可能使某人处于一种情绪上准备好实施违法行为的状态。事实上，他是否最终会实施违法行为在很大程度上取决于犯罪机会和其他人的行为。一旦这个人违法，那么就像其他任何行为一样，都将成为这个人全部行为的一部分。此后，强化的外界刺激和合适的机会都将会触发其再次犯罪。

（3）由于违法行为是在特定的环境中发生的，因此该行为只会在非常相似的条件下再次发生。所以随着时间的推移，犯罪行为的重复发生取决于环境的一致性。

（4）不同种类的违法行为对行为人来说具有不同的功能。每个行为都是由其特定的情境变量触发和保持的，而且每种行为相对独立。然而，这并不是要否认某些人由于其特殊的情况可能会从其他渠道从事违法行为。

环境/学习理论的具体设计是为了解释医学心理学理论的缺陷，并重新引导以后的研究方向。虽然该理论尚不成熟，但它指出了一直以来被忽略的犯罪行为影响因素具有的重要性，揭示了其具有更强的可塑性，并且依赖于环境突发事件。同时，该理论为当下环境如何影响犯罪发生的可能性以及如何操作才能预防或减少犯罪提供了初步的思路（Clarke，第 13 章）。

即便如此，该理论还是因为采用了从激进行为主义中吸取的概念而遭到质疑，这种理论由于不愿意调查行为的认知性从而在心理学领域迅速失去了吸引力。实际上，环境预防犯罪实践的迅速发展需要有一个经得起推敲的解释框架，而这个框架要能包括情境犯罪预防的发展情况和众人对其产生的质疑。对此，情境犯罪预防从选择和决策的角度，以一种简单的选择模型（Clarke，1980）作为该理论的基本框架来解释关于情境预防犯罪方法的种种质疑和批判。该理论认为，如果犯罪人未能实施某一特定的罪行，那么他就会通过选择其他时间、地点、不同的目标、不同的作案手段或不同形式的犯罪（Reppetto，1974）来达成另一次犯罪的目的（Reppetto，1974）。选择和决策方式的应用使研究人员得以在更为细致的层面讨论在何种情况下可能发生或不会发生犯罪行为。

从激进的行为主义向理性选择的转变也是出于实际考虑。意图和选择是刑事司法制度中和生活中都会用到的表达方式，而从犯罪人的角度去审视他们的犯罪时的决策，与激进行为主义所采取的黑箱方法相去甚远。但是，20世纪 80 年代初采用新的概念框架来进行的关于犯罪人观念和决策方面的研究（Bennett and Wright，1984；Maguire and Bennett，1982；Walsh，1980）越来越多，特别是其与情境犯罪预防的联系。

在这一时期，选择模型正逐渐成为理性选择的一种方式（Clarke and Cornish，1983：50）。Cornish 在 1978 年对投机行为的研究为这一领域的发展提供了支持。传统上，精神病学家将投机行为描述为病理上的动机，而经济学家和决策理论家则常常发现，从经济学角度来看，如果以结果来衡量，投机者的选择显然是非理性的。然而，从投机者的真实动机、需求和选择来看，同时考虑到投机事件的不同形式及其存在的各种不确定性，这种活动会变得比人们想象的更为复杂和理性。在不确定的条件下做出决定的困难程度只会在某些投机情况下由于出现蓄意误导的信息而增加。

一份对当时犯罪学文献总结的报告中提到："各种学科（横跨社会学、犯罪学、经济学和认知心理学）都趋向于将犯罪的概念定义为犯罪人是一种理性选择的结果。"（Clarke and Cornish，1985：149）这一观点在后期理性选择的研究中也得到了发展（Cornish and Clarke，1986b），研究人将犯罪人视为推理型犯罪主体，并且认为潜在的犯罪环境中可能存在着线索来诱导其是否实施特定犯罪。如果这一过程成立，那么犯罪人是如何实施犯罪的呢？

2.2　理性选择的核心思想

理性选择是一种探索式的方法或工具，而非传统意义上的犯罪学理论。其目的是提供一种观察犯罪的方式，特别是强调环境对犯罪行为的直接影响作用。这种环境既是日常生活的环境（生活方式的动机、需求和诱因），也是实现特定目标的特殊环境。根据目前的理论发展，理性选择由六个核心观点和四个决策模型组成。

（1）犯罪行为是有目的的。

（2）犯罪人的犯罪行为是理性的。

（3）犯罪人的决策有着明确犯罪特性。

（4）对犯罪人的参与犯罪和计划犯罪应当区别对待。

（5）犯罪人实施犯罪的每个阶段应当区分出来。

（6）犯罪过程是根据犯罪人的决策和具体行为依次展开的。

2.2.1　犯罪行为是有目的的

当我们试图理解人的行为时，我们似乎采用了一个相当简单的行为理论。人们有需求和欲望，以及满足这些欲望的信念。在这些信念的指导下，人们会采取特定的行动来实现特定的目标。欲望、信念和行动之间的这种关系使人们的行为具有很强的目的性，我们努力去了解人们的行为，努力搞清楚行为的目的，并逐渐认清诱发和牵引这些目的的欲望和信念的本质。

然而，在犯罪问题上，我们往往忽视了许多行为的实际意义。当媒体在报道破坏公物、飙车、家庭暴力、打架、强奸、足球流氓和恐怖主义等暴力犯罪时常常用"毫无意义""不可理喻""不合理"或"凶残"等字眼。虽然这些描述可能会直观地反映人们的恐惧和愤怒的情感，但它们所引起的情绪并不能帮助我们了解和制止犯罪行为的发生。理性选择视角认为，犯罪是具有明确的目的性和意图的行为，其目的是使犯罪人获得收益。这些收益包括满足人的正常需求，如对性生活的渴望、兴奋、自由、受到赞美、报复、控制、减少紧张、物质需求等。金钱作为最基本的载体，可以实现其中的很多种目标，所以凭借这种性质，金钱在犯罪中成为了一个最为容易实现和最为重要的目标。

2.2.2　犯罪行为是理性的

在日常生活中，我们假设人们的行为不仅是有目的的和可理解的，而且还是理性的。在考虑到动机和目标的前提下，人们会通过努力选择实现目标的最佳方法，这个推论是理性对人类行为的解释。正如 Herrnstein（1990：356）所评论的："这一推论可以说是行为科学的基本原则，在众多理论中，没有哪一种行为理论能够影响一大批后来的研究者。"Karl Popper 也强调了使用合理性假设作为基本原则的优势（Knepper，2007）。正如 Popper 在伦敦政治经济学院的一位同事指出的：

"理性原则应用在遇到难以解决的情况时（如用于难以决断的案例，或者解释不合理、疯狂的行为时）能使研究人员得到很大启发。可以说越是难以解决的问题，该原则就越有可能发挥作用。"

（Watkins，1970：167）

然而，假定的理性并不等于绝对的理性。正是在这一点上，理性选择背离了现代经济学和决策理论中理性选择的规范模式。相反，在实践中这种观点却提供了一种更为细致入微的理性观，它借鉴了 Herbert Simon（1990）的观点，即一种具有限定条件或边界的理性概念。这一理论认为，在现实世界中人们往往不得不在不太完美的条件下做出决定并采取行动。犯罪是一项风险很大的行为，而且可能发生的成本和产生的收益难以事先估计。除了不确定的因素外，还有额外的时间压力以及犯罪人的个体犯罪技巧和经验差异。在这些远非完美的条件下，如果犯罪人做出了最大的努力，犯罪决策还是会产生令犯罪人"满意"的犯罪结果（即满意和充分的结果），而不是大多数情况下的最优结果。

有目的性和（有限）理性的假设将犯罪行为视为与人类的其他行为具有相同的性质。当然，犯罪人个体的技能、经验和智力各不相同。他们有时会出纰漏、行动鲁莽、考虑问题不周全、忽视或淡化风险，或者在毒品和酒精的影响下采取行动，但这种对理性的背离更容易使犯罪人犯错。而就其性质而言，犯罪的决策很可能也会由于某些限制而出错。

2.2.3　犯罪决策是有明确犯罪特性的

犯罪通常被视为一种单一的现象，而不是一系列高度多样化行为的总和。犯罪率就是概括为总体犯罪情况的指标，所有的犯罪顾名思义都是因为违反了法律，所以犯罪率可以作为衡量社会稳定的指标。但是另一方面，将犯罪视为一个单一的现象往往会导致解释犯罪的理论发展得过于简单化，并最终形成的打击犯罪的政策也很笼统。然而在实际的防控犯罪的工作中，执法机构往往需要聚焦在特定的犯罪类型中。当需要对犯罪活动采取行动时，执法机关在一开始就会在一般犯罪类型内对犯罪进行类别、程度和后果的区分。人们需要的是免于变到特定类型犯罪的侵害。在地方层面上，如果警方想要维护当地治安，那么打击违法犯罪最为行之有效的方法就是列一个人们最希望解决的详细的犯罪列表。

事实上，犯罪人实施具体的每一种犯罪都有其特定的动机、目的和收益。比如强奸可以满足性方面的需要和对女性的支配地位以及控制和羞辱他人的渴望；盗窃可以满足犯罪人对现金或物质的需求，也可以满足对"偷窃快感"的追求（Katz，1988）。换言之，每一种犯罪给犯罪人都会带来特殊的收益，而且是出于特定动机实施的。由于犯罪类型各不相同，犯罪人考虑的因素以及影响其决定的变量也会因不同类型犯罪的性质而大不相同，在考虑犯罪本身的选择和决定时这一点尤其明显。比如诈骗犯罪在风险性质、收益、具体行为及发生的地点与策划就和恐怖袭击犯罪事件大不相同。

这意味着，不同的犯罪行为之间存在细微的差别，用相同的犯罪决策理论去进行解释会不太合适，这是因为这些犯罪行为的犯罪动机不同、实施方式不同、使用技巧程度也不同。即使是看似普通的犯罪行为（如偷车）也会由于犯罪的目的和实施方式的不同而存在区别。

因此，必须在犯罪选择和决策上对偷车和以贩卖车辆零部件为目的的偷盗行为进行区分。一个人从普通人最终发展成为犯罪人是其基于自身目的的务实的决策过程。虽然在理论上有必要做出更细致的区分，但就实际预防犯罪的目的而言，制止犯罪的原则很可能在很大程度上能够帮助有关部门设计出更有效的预防犯罪的具体措施。

与犯罪具体化的需要并不冲突的是，许多犯罪人都是"通才"，即他们在犯罪生涯中可能会犯下多种罪行。的确，为了支撑一种犯罪的生活方式，有经验的犯罪人会在任何特定的时间内参与许多不同类型的犯罪。例如，他们在某段时间内，主要从事入室盗窃，但在机会合适时，也会参与赃物销赃、金融欺诈、毒品交易、暴力犯罪等犯罪活动。尽管这些犯罪的类型不同，但均能够维持犯罪人的生计和生活方式等多方面的需求。

2.2.4　区别参与犯罪和计划犯罪

犯罪人和潜在犯罪人做出的犯罪决定可分为两种：参与犯罪决定和计划犯罪决定。计划犯罪决定以犯罪活动为中心，主要涉及犯罪的实施过程。如前所述，犯罪人的决定会针对具体的犯罪类型，在犯罪的准备、实施和结束等不同环节上针对某一特定类型的犯罪做出相应的选择和决策。尽管这些犯罪决定的时间跨度因不同类型的犯罪而有所差异，但它们只需要在规定计划时间内完成犯罪的全部过程即可。犯罪人考虑的因素也是有限的，首先考虑的是一些棘手的问题，例如选择潜在的抢劫目标或为强奸受害者选择安全的地点。另一方面，参与犯罪决定则关系到犯罪人的犯罪生涯，包括初次参与（入门）、持续参与（习惯化）和中断犯罪的决定。正因为如此，参与犯罪决定的时间跨度更长，并且同时包含了犯罪相关的决定和反应以及更多的变数。

参与犯罪决定与犯罪计划决定一样都是针对具体犯罪事件的，必须针对不同类型的犯罪分别进行研究。例如在地铁列车上参与实施恐怖袭击显然与伪造报税单在犯罪实施的相对复杂性、犯罪目的、所涉及的风险、所需技能、突发意外的预案、所涉及的道德考量和侦查成本等方面存在很大的不同。类似的情况也适用于继续还是终止某一特定犯罪行为的决定。有的犯罪形式（如违章停车）在维持犯罪人的基本生活方面几乎没有任何影响，而有的犯罪形式（如毒品交易）在改善犯罪人的经济生活上则可能起到至关重要的作用。此外，在犯罪的核心问题上，有的犯罪行为（如恋童癖）在其他方面上的重要性可能会对一个人的生活具有特殊的意义，也会影响其是否继续或终止犯罪行为。

2.2.5　区分参与犯罪的每个阶段

使犯罪人参与某一特定犯罪形式可以分成三个阶段，即起始阶段、习惯阶段和终止阶段，这就强调了这样一个事实，即在每一阶段，不同因素会影响犯罪人的决定。例如，首次参与某种犯罪形式的决定可能会受到先前实施其他犯罪的经验和一系列背景因素的影响，例如个性和教养、目前的情况（如个人的生活方式及犯罪所产生的需求和动机）以及可利用的机会和诱因。

另一方面，继续犯罪或停止犯罪的决定主要受到犯罪人继续犯罪的成功率以及犯罪对其生活方式两方面的影响。从开始到停止犯罪的过渡在现实生活中也不是不可能发生，过渡或平稳或持续，因为犯罪本身的节奏和间歇也可能受到外部因素的影响，如身体疾病、婚姻状况、家庭成员死亡和其他生活中的发生事件和危机。

在实践中，犯罪人也可能在不同程度上参与多种不同形式的犯罪。在这种情况下，他们会同时做出许多不同的选择和决定，而实施某种犯罪的经验可能会影响到其他类型犯罪的实施。关于停止作案的决定为这些问题提供了很好的例子。从事某种犯罪，例如汽车盗窃，如果不成功，就会导致犯罪频率下降，甚至停止犯罪。但是，如果犯罪人已经掌握了某种犯罪的经验和技能，犯罪人也可能会继续在不同时间、地点，针对不同的目标实施同一类型的犯罪。或者，特别是如果犯罪人掌握了大量犯罪技能，他们会使用其他方法，比如从简单的汽车盗窃到关键盗窃（Copes and Cherbonneau，2006）或直接劫持汽车（其中可能会使用新的犯罪技能）。最后，有些犯罪人可能会转去实施完全不同的其他犯罪形式，特别当这些犯罪具有某些共同特点时。

2.2.6 犯罪决定计划：犯罪脚本

查明犯罪人为实施某一特定犯罪而采用的作案手段长期以来一直是犯罪侦查和犯罪预防研究领域的重要问题，但通常研究人员只是注意到与犯罪事件的中心阶段有关的犯罪人决策，而忽视了犯罪的开始和结束阶段。为了更彻底地分析这一过程，Cornish（1994a，1994b）提出了犯罪脚本的概念来对实施特定犯罪的程序做出逐步的说明（Leclerc，第 6 章）。犯罪脚本的设计旨在识别犯罪过程的每个阶段、每个阶段必须做出的决定和采取的行动以及在每个步骤的行动中所需的资源（如犯罪人同伙的分工、犯罪工具准备和犯罪地点的选择）。犯罪脚本通过提供一个模板，概述在任何类型的犯罪中所涉及的必要步骤，它可以揭示看起来表面上"毫无意义"的犯罪的合理性，以及简单犯罪中的复杂性。

犯罪脚本的应用范围囊括了从相对简单的犯罪到涉及参与者众多、跨地区的复杂犯罪活动，其中更有由多个犯罪脚本构成的复杂犯罪脚本（例如，车辆和枪支因抢劫被盗，证人受伤或被杀害，而赃物随后被出售）。在这种情况下，使用脚本分析可能有着更大的启发性。例如，专业汽车盗窃的犯罪脚本，或者由 Clarke 和 Newman 设计用于自杀爆炸的犯罪脚本（2006，表 5.3，第

64-68 页）等。随着新型犯罪数据的挖掘，现有的犯罪脚本理论也在不断地进步和发展。Nee 和 Meenaghan（2006）在研究中介绍了针对住宅内盗窃案件的分析方法；Cherbonneau 和 Copes（2006）详细描述了在汽车盗窃案件中犯罪人反侦查的策略（"藏匿于户外"），而后一项研究不仅为具体了解汽车盗窃的犯罪脚本做出了重要贡献，而且还表明有必要更加注意犯罪人在实施其他类型犯罪之前、期间和之后为确立和保持合理性而采用的类似策略。

犯罪脚本的概念有助于进一步证明犯罪人决策的重要性，以及犯罪决策在犯罪活动中存在的普遍性、合理性和目的性。同时它还详细介绍了犯罪活动的工作过程，分析了过程之间的转换，这方面有很多案例，如将事故车辆车牌号变更为被盗车辆的车牌号（Tremblay et al，2001），对一系列性犯罪人追捕过程的有关调查（Beauregard et al，2007），青少年性犯罪人的犯罪手法等（Leclerc 和 Tremblay，2007）。

2.3　犯罪决策模型

我们绘制了一套简单的流程图来说明犯罪参与的三个阶段和犯罪事件的决策过程。在制作图表时，我们做出了理论上和实践上双重的考虑。我们希望在现有知识的支撑下能够对特殊犯罪进行描述，但更需要其能够对一般性的犯罪进行描述，以为犯罪预防提供相应的支持。因此，在 Clarke 和 Cornish（1985）的研究中，我们选择了公众关注度高、发案率高、现有研究也相对充分的盗窃犯罪作为研究对象。就犯罪的特殊性而言，我们选择郊区的入室盗窃案件，而不是城市住宅区盗窃或单纯的入室盗窃，因为我们认为发生在郊区的盗窃案件和发生在市中心的盗窃案件大不相同。Poyner 和 Webb（1991）后来证实了这一点，他们发现城市内的盗窃行为往往是犯罪人步行来寻找偷盗目标，且目标比较具体，而郊区的犯罪人更多的是驾驶机动车并且有针对性地对电子产品进行盗窃。研究人员还发现，犯罪人进入被盗住宅的路径和方法也有所不同。在英国，由于老城房屋的侧面和后面的通道是限制进入的，所以犯罪人往往是从房屋的前门或窗户进入房屋。然而在郊区，犯罪人从房屋的后面或侧面进入的可能性相对更高。

2.3.1　起始犯罪

图 2.1 说明了影响郊区入室盗窃犯罪的决定因素。其中框 1 列出了犯罪人

的各种心理和社会背景因素。传统上,这些因素被认为在价值观、态度和个性特征上会影响人们是否选择犯罪。从理性选择的角度来看,这些因素更多地被认为具有导向性功能。一方面,它们会促进学习和经验积累(框2),影响到个人对犯罪活动的吸引力和可行性的认识和判断;另一方面,背景因素也会影响到个人的物质条件以及他们将来面临的特殊问题和机会。框3表示的是犯罪人当前的生活状况,如朋友圈、就业情况、住房条件、婚姻状况、生活方式等。这些因素也会影响个人当前的需求和动机的形成(框4),以及满足这些需求的机会和可能触发或增加需求的诱因(框5)。其他框则说明了犯罪人如何根据其积累的经验和知识,通过对其他行动方案的研判(框6和框7),将单纯的犯罪需求转化为准备参与和实施犯罪的意愿(框8)。在这一阶段,背景因素具有最大的影响力,因为它们决定了个人积累的知识和经验的性质,以及当前的生活状况。

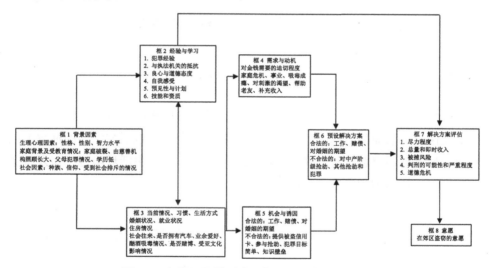

图 2.1　起始犯罪模型(以郊区入室盗窃为例)

资料来源:Clarke and Cornish,1985.

2.3.2　习惯犯罪

在犯罪的习惯化过程中(见图2.2),背景因素在决策中起着较小的作用。取而代之的是当前的因素发挥了决定性作用,即犯罪回报和犯罪人处境发生了相应变化,如结交了新朋友、犯罪专业性增强、生活方式和相关价值观的变化等。

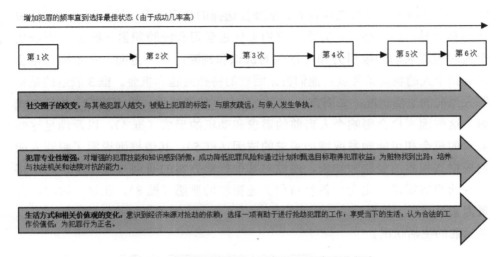

图 2.2　犯罪习惯模型（以郊区入室盗窃为例）

资料来源：Clarke and Cornish，1985.

2.3.3　终止犯罪

在犯罪的终止阶段（见图 2.3），犯罪人的背景因素已不再在决策中发挥任何重要作用。取而代之的是，很难达成圆满完成犯罪（包括与法律的冲突）的期望，越来越不愿意冒险，在决定终止犯罪方面，当前生活环境进一步发挥了重要作用（如婚姻和家庭责任的增加）。

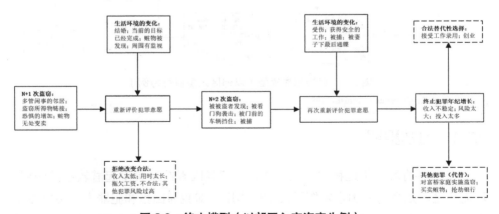

图 2.3　终止模型（以郊区入室盗窃为例）

资料来源：Clarke and Cornish，1985.

2.3.4 犯罪活动

对于有经验的犯罪人，在做有关犯罪事件的决策时（见图 2.4）往往会集中考虑其实现犯罪目标的工具性或情境因素。由于犯罪需求、动机和道德上的问题已经无法阻止其实施犯罪行为，因此他们现在不太可能介入决策过程，除非犯罪人没有经验，或者行动在某种程度上受到干扰（可能会受到计划外的阻碍或遇到了计划外的更好的犯罪机会）。虽然犯罪过程中考虑的变量不多，但决策过程并不简单。

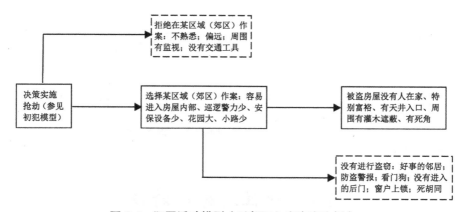

图 2.4 犯罪活动模型（以郊区入室盗窃为例）

资料来源：Clarke and Cornish，1985.

在图 2.4 中，由于只关注了所涉及的两个步骤，即区域和目标房屋的选择，但正如前面提到的，犯罪人的决策顺序远比这个要复杂得多。图 2.5 简要地勾画了一个可能的郊区盗窃犯罪脚本顺序。需要注意的是，犯罪脚本的各个阶段是相对统一的，而其内容（犯案人员、道具、地点和行动）则是针对被描述犯罪的。

对现金的需求、盗窃犯之间的偶然相遇，或者一个关于合适作案目标的热门提示都可能触发犯罪事件。准备工作可能包括制作破门工具，以及偷一辆作案用车。接下来的步骤包括进入社区，为进入被盗房间找一个合理的理由，选择一所房子进入，理想的情况下，应当是偷盗所得尽可能高且进入的难度和风险很低。下面的阶段包括进入目标房屋、系统寻找被盗物品、迅速选择要偷窃的物品。然后，被盗物品必须被快速搬运到客货车或汽车上，且没有旁人或过路人看见。随后，在找到买主之前，必须将赃物存放在某个安全的地方。最后，盗窃者将赃物交付给买方以换取现金。图 2.5 中提到的"进一步的阶段"常常构成了它们自己的犯罪脚本。

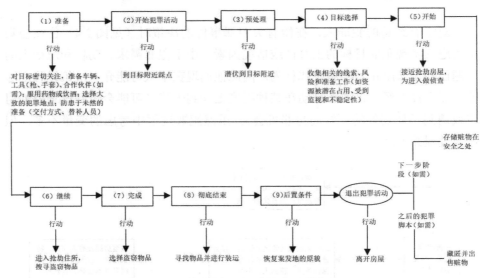

图 2.5　犯罪脚本举例（以郊区入室盗窃为例）
资料来源：Clarke and Cornish，1985.

2.4　理性选择的特征

在本节中，我们描述了理性选择和传统犯罪学理论的区别特征。日常活动理论（Felson，第 4 章）和犯罪模式理论（Brantingham and Brantingham，第 5 章）也与此有许多相同的特点。

2.4.1　为实践而理论

发生在 20 世纪 60 年代至 20 世纪 70 年代的犯罪改造方案的失败，既是理论上的失败也是实践上的失败，为了寻找减少犯罪的新方法，这就需要以新的思路来思考犯罪问题。最终形成的理性选择旨在为新的预防犯罪实践提供理论框架——情境犯罪预防（Clarke，第 10 章）。特别是在情境预防犯罪方面，以下四点贡献是应当提及的。

（1）当思考犯罪预防问题时，我们认为它是制定法律禁令的来源，它从犯罪人的角度来审视犯罪活动，一系列的犯罪决策点都可能会因为犯罪环境的变化而变化。Ekblom（1995）提出的术语"盗贼思路"有助于使这一过程更加具象，而犯罪脚本的提出（见之前所讨论）是为了使情境犯罪预防理论能够尽可能多地在多个犯罪阶段减少犯罪机会和决策点。

（2）理性选择将 25 项情境干预措施细分为五个主要类型，即增加犯罪所需工作、增加风险、减少收益、消除借口和减少刺激（Cornish and Clarke，2003）。

（3）尽管缺乏相关的经验证据（Cornish and Clarke，1986），但是理性选择解释了从一开始就针对情境犯罪预防理论提出的种种质疑。这些质疑一般是根据对犯罪动机性质的简单假设提出，这可以用更为现实的犯罪决策假设加以反驳。不同犯罪的选择结构属性概念（见 2.4.2 节）也有助于确定任何特定案件中不清楚的界限。这些理论上的贡献也得到了后来经验证据的研究支持（Guerette and Bowers，2009），并且研究也表明犯罪人往往不愿意在多种犯罪之间转换（Tunnell，1992），甚至不愿意改变犯罪地点（Weisburd et al，2006）。

（4）研究人员注意到情境预防犯罪的另外两种效果：一是干预效果的扩散，即有效干预结果的扩散超出了干预本身的意义（Clarke and Weisburd，1994）；二是干预前置效益，指在犯罪情境干预之前犯罪往往就已经开始减少（Smith et al，2002）。这两种情况都是从理性选择的角度出发的，情境干预扩散效果的作用范围是不确定的，同时干预前置效益的作用性也是不确定的。

2.4.2　"足够好的理论"

理性选择不是要试图对犯罪行为做出全面的解释，而是着重关注如何防止或中断犯罪行为。就像情境策略以实用的方式发展一样（Smith and Clarke，2012），基础理论也是以一种务实和模块化的方式发展起来的。我们将这种方法称为"足够好的理论"，以强调其与政策相关的理论与实践的导向。我们选择了清晰和简单的假设，只在必要时做出区分。这也意味着只在需要时才详细阐述新概念。例如，我们引入了选择结构的概念以解释犯罪转移的可能限制（Cornish and Clarke，1987，1989）。这个概念指的是不同类型的犯罪活动在各种特征和需求方面的差异化。对于潜在的犯罪人，这些可能包括目标的可利用性和可获取性、进行犯罪所必需的知识、技能、道德评估、所需资源等。对不同类型犯罪的选择结构的理解有助于解释为什么犯罪在某些时候对某些人来说具有不同的可实践性和吸引力，以及为什么在有新的情境措施增加了犯罪难度时，犯罪人转而实施另一种犯罪不是一件简单的事情。这一概念还提供了一个有效的框架，以便更详细地思考某种特定犯罪的特征和要求，如目标吸引力、潜在受害者的弱点、适用的工具和犯罪地点。

2.4.3 强调人与情境的互动

传统的犯罪行为理论倾向于将犯罪行为视为由长期稳定的犯罪倾向所驱动的。根据这一观点，犯罪人当前的生活方式、需求和动机是受到这些因素影响后的长期表现，当前的机会和诱因是引发长期犯罪动机的导火索。因此，处理犯罪行为的主要方法包括了防止犯罪意向的发展、重新规划人生或使其失去犯罪能力等。相比之下，理性选择关注的是理解、预防和中止犯罪行为。由于行动既是一种机会，也是一种动力，因此理性选择侧重于个人为实现其近期目标而必须与当前的环境发生交互。所以，在犯罪的过程中要认识到机会在其中的作用。理性选择对情境因素的作用进行了详细分析，并使用了选择、决定和行动的概念，突出表明了犯罪人与情境因素相互作用的方式。

2.4.4 以现有的生活方式和所处环境为核心

决策模型集中考虑的是犯罪活动的直接前兆。在事件模式和犯罪脚本中，犯罪时间跨度较短且行动迅速；在习惯化方面，犯罪人当前生活方式的某些方面是通过持续不断地实施某种犯罪来发展和维持的。犯罪终止描述了这种稳定犯罪状态的瓦解，因为犯罪活动的不稳定性，再加之各种其他压力，使得犯罪生活方式难以维持，并最终导致其重新评估继续实施特定类型犯罪的意愿。

即使在初犯模式中，犯罪人当前的生活方式和所处环境对可能引起犯罪的"初犯边际"在需求、动机、诱因和机会等方面也产生了最重要的作用（Matza，1964），犯罪意愿产生阶段是某一特定犯罪活动进行的初步尝试之前的准备状态。我们还强调当前环境的作用，因为我们认为这是犯罪行为和犯罪事件直接和最容易发生的原因产生变化的因素。正如 Laub 和 Sampson（2003：34-35）提出的，与传统的犯罪行为发展模型相比，理性选择以犯罪人当前所处环境和生活方式为研究的中心，使模型更贴近犯罪人的人生观。由于强调转折点以及人们生活的不可预见性和社会可塑性，这一方法与犯罪决策在参与模式中的作用比较类似。

2.4.5 犯罪人的性质

理性选择对犯罪人的性质几乎没有评述。根据"足够好的理论"对犯罪人的最初描述：犯罪人应当是一个丧失道德无所顾忌的人，并且无任何其他缺陷（如缺乏理性行动的自制力）。人们一般会假设犯罪人具有犯罪背景，并且在实施有关犯罪方面具有一定的动机和经验，能够根据所提供的可能获益、所需准备、可能涉及的风险来评估犯罪的机会。在多数情况下，情境预防犯罪对犯罪活动实际上知之甚少，它只能试图阻止、减少或中断犯罪人的活动。在这种情况下，最有效的办法或许是将尚未确认的犯罪人视为非理性特性。

2.5　评　　论

一方面因为认知与经济学相关，另一方面因为它不符合犯罪学理论的传统观点，理性选择视角面临着一系列的质疑和批评，其中多数是针对其后设性假设（Cornish，1993）和对实际目标的误解。心理学家批评它没有对犯罪人犯罪动机的发展和重要性以及犯罪早期预防的优势给予足够的重视；社会学家批评其理论总是把犯罪行为的背景和意义与犯罪人员的复杂背景放在一起讨论，并且批评它过于注重政策，即过于关注犯罪预防。必须承认的是，理性选择视角和传统理论在侧重点、理论目标和实践方向上的差异是存在的。以下简要介绍其中几个方面。

2.5.1　违法者行为的理性程度要比理论上描述的少

如前所述，由于犯罪人在做出犯罪决策时受到约束的限制，他们的决策结果不是完全理性的，但是犯罪人会尽力做出最合适的决定。例如，一项对汽车盗窃、偷窃和抢劫等侵财类犯罪人的研究证实了这一观点并得到了相当多的支持（Gibbons，1994）。然而，在很多情况下，犯罪人在作案前其实并没有做周全的考虑（没有做太多的规划、冲动行事、忽视后果、容易犯低级错误）。相关研究表明，在毒品或酒精的作用下或者受到了同伴的刺激，犯罪人也容易做出轻率的行为（见 Wright et al 的观点，2006）。

通常很难衡量非理性行为与有限理性准则之间存在多少偏差，也很难确定应在多大程度上允许它们归结为一般情况。既然抛弃了犯罪人绝对理性行为的观点，就会引发重新思考，以及重新开始讨论犯罪人和普通人的不同之处，这是社会科学家需要严肃思考的问题。在此之前，需要先考虑以下问题。

　　❑　被调查者是否为有代表性的犯罪人群体？

❑ 他们有隐瞒审慎行为证据的理由吗？例如，他们是否试图去隐瞒自发性、大胆和粗心带来的后果，并以此试图来欺骗调查者？

❑ 故意忽视后果的证据一定是证明了犯罪人的非理性？

❑ 缺乏计划的证据还是缺乏证据的计划？缺乏证据的原因可能是研究人员未能在实施这类犯罪的具体细节中找到相关凭证吗？

❑ 有经验的犯罪人明显缺乏计划性是否说明他们缺乏理性？或者是否意味着该犯罪脚本的大部分内容都相对常规化？

❑ 证明犯罪人犯罪是寻求刺激或乐趣的证据或者犯罪是犯罪人某种生活方式的证据，还是证明犯罪人非理性的证据？

这些问题很难解决，因为它们不仅关系到经验数据的质量，而且还涉及合理性、动机和目的的正确定义，被访者答案的真实性、研究人员对犯罪行为的认知和专业知识，以及他们在将社会科学理论化时在多大程度上将合理性认定为必要的学科。目前，除作者之外，Cullen 等人在对 Wright 和 Decker（1997）所做的一项早期研究中也指出了劫匪者的动机和理性问题。

"特别是 Wright 和 Decker 提出了犯罪人对抢劫目标做出犯罪决定思考时的一些细节。他们提出的有关抢劫决策图的内容很好地体现了 Cornish 和 Clarke 所阐述的理性选择框架。具体而言，Wright 和 Decker 提及的内容、数据关于影响抢劫决定的因素，对应了在实际犯罪事件过程中抢劫者做出的各种决定。"

（Cullen et al，2014：443）

这并不是要否定人类学研究的价值和目标，只是建议人们其实也可以从此类研究工作中提取出以犯罪预防、保护人身和财产安全为实际目的的数据，这也是我们自 20 世纪 80 年代中期以来就一直提倡的（Cornish and Clarke，1986b：15）。不过具有讽刺意味的是，整个讨论对理性选择视角本身来说意义甚微。这是因为其研究价值更多的是在于情境预防犯罪（即能否从犯罪人对其犯罪活动的叙述中收集到关于如何成功实施特定犯罪的可靠信息并加以重构），而不是在于犯罪人在多大程度上进行理性犯罪和判断。如果能够实现这一点，那么就很有可能根据犯罪人提供的信息或者从其失败的犯罪过程中得到的有关信息来设计情境性预防措施，以成功防止或干扰有关的犯罪事件的发生。不言而明的一点是旨在防止或干扰有目的的理性行动的措施，将很有可能用来防止或破坏不符合这种程度的有目的行动。的确，不符合情境逻辑的行动往往会自行失败。

2.5.2　某些犯罪是不理性的

掠夺性侵财犯罪、有组织犯罪和白领犯罪一般都认为是理性的、有目的性的犯罪活动，具有普遍的、易于理解的动机和明确的物质目的。而涉及性和暴力的犯罪就有所存疑。与我们希望与这些犯罪人保持距离的意愿相一致的是，我们往往不愿意将实现犯罪目的的手段视为理性和能够满足犯罪人利益的手段。在暴力犯罪方面尤其如此，尽管在学习和工作中暴力是可能达到目的的重要手段，但这种观念着实令人不悦。

这种不愿意正视实现犯罪手段的原因来自三个方面。第一是认为只有出于经济动机的犯罪才应该被认为是合理的。这一观点显然是荒谬的，因为它排除了由于人类欲望和动机所引发的大量犯罪活动（Clarke and Cornish，2001：33，表 1）。例如，维护统治或控制、报复侮辱、伤害或恐吓、证明自身坚韧和勇气、娱乐、获得地位和崇拜等。第二，当正确识别并被贴上固有标签（毫无意义、不可想象、不人道）的动机，就会产生另一个不情愿的原因。既然动机不能被理解，研究者就不必再去判断动机是否可理解，或者去判断为了保证动机的实现而采取的手段是否合理。第三个原因是未能区分手段、目的和动机。在系列谋杀案中，如果犯罪的某些要素是病态的（例如，犯罪人犯罪动机本身以及实施犯罪采用的是过度暴力的手段），即便有证据表明犯罪是经历过计划、目标选择、证据处置和其他隐藏作案事实的过程，那么整个犯罪过程可能被认为是非理性的。

判断某一犯罪行为的合理性，只能在犯罪动机被正确认定之后才能进行。一旦犯罪动机被正确地认定，一个"毫无意义的"抢劫也可能会被认为是可以理解的，甚至是合理的，之后就可以对其所使用方法的合理性进行评估。再举一个例子，许多研究人员仍然认为缺乏蓄意计划是证明犯罪人非理性决策的证据，尽管有充分的证据表明，特别是在犯罪习惯化阶段（犯罪脚本最成熟阶段）有经验的犯罪人可能会在很多方面使用简单的启发式方法改进和加快决策过程（Garcia-Retamero and Dhami，2011）。其他受用的经验法则包括采用固定的决策实施犯罪、时常装备武器作为犯罪生活的一种方式来实现自我保护、在适宜的情境下随时准备犯罪以及模式化犯罪。正如 Sommers 和 Baskin 所说：

"随着女性犯罪人生活环境的改变，她们越来越不可能积极思考犯罪的替代办法。实施暴力犯罪的决定成为例行公事或'模式化'，这主要取决于她们识别和抓住情境机会的能力。"

（Sommers and Baskin，1993：157）

对犯罪过程细节和对犯罪人生活方式多任务性的缺乏关注，通常可能是研究人员不能认定理性犯罪决策的原因。然而，在我们看来，犯罪合理性的最强和最有说服力的证据来自于许多对特定犯罪的人种学研究，为什么这一领域的研究人员经常得出与我们的结论如此不一致，特别是在他们的数据似乎与理性选择观点的所有假设十分接近时？上面讨论的问题在某种程度上解释了这一点，但最终它们很可能反映了在犯罪学等跨学科研究领域中不可避免的各学科之间的相互关系。在这些学科中，概念框架的相互冲突、学科的关注点和研究重点也各不相同。各学科就犯罪控制、刑事司法政策问题、政策导向的理论和实践上的地位和价值存在根本上的意见分歧，都可能会降低相互交融的倾向（Clarke，2004）。下面我们将对其中的一些问题进行简要探讨。

2.5.3 "理性选择是平淡乏味、毫无生气、发展缓慢的理论"

这一评论是"资源与紧张犯罪学"宣言中的一段描述（John Jay College，2007），这也是长期以来很多关于理性选择视角的社会评论的潜台词，更为广泛地说是以政策为导向研究的潜台词。它强调了一系列彼此关联的重点差异，即什么是对犯罪活动和犯罪行为的"肯定"立场，正如 Clarke 和 Felson 所评论的，人们必须尝试：

"要时刻牢记犯罪学理论的最终目的，不是停留在理论上的'理解'，而是真正理解、帮助、控制各种有害社会的自私行为，虽然有害行为往往也伤害到犯罪人本身。"

（Clarke and Felson，1993：13）

与对犯罪生活方式及其文化背景的生动而鲜明的描述相比，理性选择视角对预防犯罪和对受害者伤害甚少的关注，以及对犯罪手段和目的的关注，不可避免地略显苍白一些，但是这些差异也有合理的原因。

事实上，无论从犯罪动机还是犯罪本身来看，很多犯罪都是常规性的。理性选择视角早期将注意力集中在诸如盗窃和破坏公物等一般性犯罪活动上，而没有更多地关注与人身伤害有关的犯罪（强奸、谋杀、儿童性虐待、恐怖主义等），其本身更多的是一种实用主义的做法。但是，这样一来可能就助长了这样一种观点，即理性选择视角要么对所有的犯罪活动都不感兴趣，要么无法解决所有的问题。这个看法在理性选择的应用范围进一步扩展后仍然存在，而事实证明其并非如此。另一个对该理论持批评态度的主要来源是理性选择对犯罪人犯罪动机问题的分析。同样，为了防止犯罪事件的发生，理性选择观点更感兴趣的是正确地识别犯罪人的动机和偏好，即特定犯罪事件背后存在的犯罪人的需求或欲望，而不是进一步解释它们。追溯这种动机和偏好起源的任务应当留给社会学家和心理学家来做。虽然理性选择视角的初始模型将犯罪人的犯罪动机定位在犯罪人当前生活方式的背景下，但它又一次把描述生活方式的任务留给了其他学派。

这样看来，理性选择视角确实有些令人感到倦怠。然而，为什么理性选择视角不断发展并且在其他学科领域越来越受到欢迎，但是在犯罪学的某些领域却如此受人轻视呢？也许这是因为持不同观点的理论学家们过分执着于他们乌托邦式的愿景，并且强加在更为务实的中间层。从理性选择视角来看，其他方法往往非常危险地忽视了全面解决方案的无意识性后果。有道德的动机毕竟并不能保证带来正面的积极的结果。虽然对社会结构的分析是必要和有启发性的，但如何进行改变尚不清楚。理性选择视角对许多问题都持有谨慎态度，如自由意志与决定论、人性的本性、先天与后天等。所有这些不确定因素都倾向于一种谨慎地不断完善的政策和一种可操纵的环境（如进行奖励和惩罚），而不是仅仅关注于潜在的、身份不明的犯罪人。

理性选择视角被描绘成一种倦怠的、毫无生气的理论方向，并且它的政策导向性和情境预防犯罪目标也一直备受争议。诸如"行政犯罪学""政府性质""管理主义"等术语经常用于其面向政策的研究，给人一种只注重限制和规定的官僚控制体制，而不是丰富和解放民众生活的印象，这种误解的表达有不同程度的微妙之处。例如，Garland 在《控制的文化》（*The Culture of Control*）一书中评价了 Rumgay（2003，443）的相关论述，他认为 Rumgay 对理性选择这种观点存在着"惊人的不公平表述"。文化犯罪学家的批评似乎也误解了理性选择视角的本质（参见 Hayward，2007，更为尖刻的评论请参见 Farrell，2010）。

这些批评中似乎忽略了非常重要的一点，即行政犯罪学在协助刑事司法系统维护公民社会方面发挥着至关重要的作用，尽管这一作用略显单薄，但却可以调节人与人、人与环境之间的相互作用，以保护所有民众免受伤害。在理性选择视角和情境预防犯罪中，都强调需要校准犯罪机会，这是因为二者都认识到犯罪人的利益总是会由受害者承担，而犯罪科学可以在某种程度上纠正这种失衡。

2.5.4 "足够好的理论"的简单性令人不悦

这种观点与上面讨论的其他批评有很大的不同。它不是由反对理性选择视角的人提出的，而是由环境犯罪学家提出的。他们利用这一观点试图根据当前的环境犯罪学发展在更广的领域中对决策理论进行纠正。他们认为忽视这些发展不仅会过度简化决策过程中的复杂影响，还会不必要地激怒更多的社会和行为学家，而这些科学家本可以对环境犯罪学做出真正的贡献。例如，许多人认为理性选择视角忽略了 Tversky 和 Kahneman 等人（1974）发现的思维偏差。Van Gelder 等人（2013）提出最新的证据表明决策会受到情感和认知很大的影响，应当将二者纳入理性选择视角的体系中。Pease 和 Laycock（2012）对这一领域做出了重大贡献，他们指出功能可见性概念（Gibson，1977）和最近发表的"推进"学术论文（Thaler and Sunstein，2008）可以进一步丰富理论和实践。在所有这些讨论的初期阶段，我们只能做以下简短的回应。

- ❏ 理性选择不是一种理论（尽管我们很高兴地看到，自20世纪80年代以来，它可能一直在朝着正确的方向发展 [Loughran et al，2016]），它是一个指导思考的基本假设的框架。它的重点是机会在犯罪中的作用，以及通过减少犯罪发生的机会来预防具体的犯罪。也许将其描述为元理论（Cornish，1993），即它是诸多具有类似假设的机会理论的总体集合可能会更合适一些。

- ❏ 尽管非常了解 Tversky、Kahnemann et al 的认知偏差（Cornish，1978；Clarke and Cornish，1985），但应当更多地关注于适应性启发在成功犯罪决策中的作用（Gigerenzer et al，2011）。如果确实是通过这些启发式情境（即有经验的犯罪人主动选择和寻找犯罪机会），那么这可能对情境预防犯罪的设计具有直接的实用价值。

- ❏ Clarke（2014）提出了情感和认知在决策中的作用观点。人们对情感的作用其实还有更深层次的关注，包括将犯罪分为目的性或表现性，犯罪的倾向是假定的犯罪人一时冲动，还是更糟糕地伴随着机会主义？自我控制的模糊作用似乎是个人道德的倾向，与社会和经济条件无关，或可能无明显作用。在这些问题和其他问题（如对神经科学的研究）的背后，存在着两个基本问题：第一，我们避开了急于将犯罪行为重新归为病态的风险，而不是继续假定其有限的理性；第二，在寻找新方向的过程中，我们可能会忽略将相关性测试应用于犯罪科学的必要性。

或许最综合的批判来自于 Wortley（2014），他曾任 Jill Dand 犯罪科学研究所的所长，对环境犯罪学做出了开创性的贡献。在他的批判中，他清楚地认识到理性选择既是一种犯罪决策的一般性理论，也是一种主要用于指导情境预防犯罪应用的政策理论。他解释了为什么他认为理性选择不再能够成功地达到其原始目的的原因，并给出了三个理由，解释了为什么它可能不再充分地服务于情境犯罪预防的目标：

"第一，'足够好的理论'为情境犯罪预防的批评者提供了一个较小的目标。在当前被忽视和未做详细阐述的状态下，理性选择视角为想要批判情境预防犯罪的人们提供了一个容易攻击的目标；第二，借鉴认知科学的最新发展，可以更好地将情境犯罪预防与心理学、经济学等其他学科结合起来……第三，我们可能会发现目前的理性选择模型毕竟还'不够好'、不适合实践，需要发展新的犯罪预防策略，或者可以更细致、更有针对性地实施当前的策略。"

（Wortley，2014：250）

对我们来说，Wortley 的第三个理由最为重要，但我们的立场会更加保守。我们拒绝修改理性选择视角，除非直到能够清楚地证明新纳入的有关决策的知识在实际上能更有利于情境犯罪预防的实践。毕竟，现有的决策模型已经总结了理性选择视角的核心内容，也涉及了大量关于犯罪决策可能因素的知识。每一个都可以根据新的知识进行扩展，其结果可能使理论拥有更全面的解释。但是，在理论更新迭代的过程中，新知识的竞争范围是巨大的（Bouhana，2013），如果不加以严格甄选，这种知识融合的过程可能会导致理性选择视角的应用性和理解性降低，换句话说，它可能会在自我演进中毁灭。

相反，我们刻意将理性选择视角的复杂性（我们认为该理论比大多数犯罪学理论要复杂得多）控制在作为一个解释犯罪决策理论框架和协助犯罪政策所需的最低限度。因为我们在犯罪预防的实际工作中一贯追求理论的简约性而不是全面性。另一方面我们始终认识到该方法需要不断修改完善的必然性，所以我们明智地将其称为"视角"而不是"理论"。事实上，它的确被修改过，其中最重要的是加入了犯罪脚本的概念，它将情境干预点扩展到了犯罪的每个阶段。如果可以证明新概念或新知识具有类似的优势，我们愿意将其纳入理性选择视角当中。

2.6 结 论

本章所述的理性选择视角的核心概念是一组可行性假设，而视角本身则是一组相较于传统犯罪学理论更敏感的概念。它的主要目的是提供一种启发式的方法来分析导致犯罪事件发生的条件。因此，它的主要目标是结果而不是经验主义的真理。将犯罪"像对待理性行为一样"，就是把犯罪人视为理性的犯罪人。这说明了这一决策方法的效用和决策模型的发展方向，并进一步探讨了理性推定在犯罪事件和犯罪行为中的影响。该模型提供了一个框架，在这个框架内综合了人种学关于犯罪问题的研究结果，并提供了一个视角，通过这个视角可以确定新的研究方向。特别是通过提供一种确定犯罪发生条件的方法，基于此可以进一步发展出预防或破坏犯罪活动的新方法。

理性选择视角最初是为了帮助情境预防犯罪的发展而设立的，而它同样对犯罪学做出了其他贡献。因此，它能够在经验数据的支持下为诸如重复诈骗（Farrell et al，1995）、盗窃犯对特定类型物品的盗窃偏好（Clarke，1999）、英国天然气替代煤气后自杀率的大幅下降（Clarke，1988）等现象提供合理的解释。部分由于情境犯罪预防的需要，我们在事件模型的开发上做了大量工作，目前已经收集了关于各类犯罪是如何发生的大量信息。然而，到目前为止，还没有对具体犯罪在初始、习惯和终止模型方面的研究。Cusson 和 Pinsonneault（1986b）关于武装抢劫犯为何终止犯罪的研究以及 Shukla（2006）关于决策和停止使用大麻的研究则属于例外。同样，某些犯罪如果经常重复性发生可能会对习惯模型起到基础支撑作用。例如，关于汽车盗窃的研究（Copes and Cherbonneau，2014）强调了这类犯罪在犯罪人生活方式等多方面的中心地位。

一般意义上，理性选择视角本身和同类方法（如犯罪模式分析）已逐渐扩展了其分析范围，包括侵犯财产类犯罪如盗窃、汽车盗窃、区域性有组织犯罪（Bullock et al，2010）、分析和破坏犯罪网络（Bichler and Malm，2015）、电子商务类型犯罪（Newman and Clarke，2003）、身份信息盗用（McNally and Newman，2008）以及野生动物犯罪（Lemieux，2014）等。在分析表现型犯罪时，通常认为此类犯罪很难用理性选择来分析，因为存在非理性、冲动或病态的动机。酒吧暴力犯罪（Graham and Homel，2012）、系列谋杀（Beauregard et al，2007）、儿童性虐待（Wortley and Smallbone，2006）和恐怖主义（Clarke and Newman，2006；Freilich and Newman，2006）以及其他内容的非理性犯罪扩展了 Bennett（1986）的早期研究（如对鸦片类药物成瘾）。

目前来说，理性选择视角是一种已经是足够好的观点，但在很大程度上仍然需要不断发展。它是为实践服务的观点，一旦被动地满足最初假设，伴随着情境犯罪预防的发展和更好地理解犯罪学现象的迫切需要，理论本身在犯罪过程细节和犯罪决策等不同方面的分析方式也会不断地演进。为了回应对犯罪人极简主义观点的批评，该观点一直在持续完善（Wortley，2001；Cornish and Clarke，2003；Ekblom，2007）。当前人们认识到，预防犯罪不仅含蓄地假定了反社会掠夺者的存在，而且还假定了意志力低或较少顾虑道德的犯罪人的存在，这导致越来越多研究人员把情境压力和挑衅作为做出犯罪决定的托词。我们相信，我们将一如既往地对新的想法和概念保持开放态度。无论如何，正如我们在 1985 年所总结的那样，我们期待着理性选择观点可以有助于提出更富有实际意义的犯罪预防策略：

"像所有优秀的理论一样，理性选择视角应当包含对自身不足的认定，并且不断地将实践中积累的新知识随时补充到理论体系中。"

（Cornish and Clarke，1985a：16）

内 容 回 顾

1. 犯罪人是（有限度地）理性吗？
2. 为什么要假定犯罪人是有限理性的？
3. 理性选择视角同样适用于获取性犯罪和所谓表达性犯罪吗？
4. 除了有形的报酬外，犯罪还有什么收益？
5. "足够好的理论"足够好吗？
6. 机会是犯罪的"原因"吗？
7. 为什么特定犯罪的概念对理性选择如此重要？

参 考 文 献

Beauregard, F., Proulx, J., Rossmo, K., Leclerc, B. and Allaire, J.-F. (2007) 'Script Analysis of the Hunting Process of Serial Sex Offenders', *Criminal Justice and*

Behavior, 34: 1069-1084.

Bennett, T. (1986) 'A Decision-Making Approach to Opioid Addiction', in D.B. Cornish and R.V. Clarke (eds) *The Reasoning Criminal: Rational Choice Perspectives on Offending*. New York: Springer-Verlag, pp. 83-102.

Bennett, T. and Wright, R. (1984) *Burglars on Burglary: Prevention and the Offender*. Aldershot, UK: Gower.

Bichler, G. and Malm, A.E. (eds) (2015) *Disrupting Criminal Networks: Network Analysis in Crime Prevention. Crime Prevention Studies, Vol. 28*. Boulder, CO and London: First Forum Press.

Bouhana, N. (2013) 'The Reasoning Criminal vs. Homer Simpson: Conceptual Challenges for Crime Science. *Frontiers in Human Neuroscience*, 7: 1-6.

Bullock, K., Clarke, R.V. and Tilley, N. (eds) (2010) *Situational Prevention of Organised Crimes*. Devon, UK and Portland, OR: Willan Publishing.

Cherbonneau, M. and Copes, H. (2006) 'Drive it Like You Stole it: Auto Theft and the Illusion of Normalcy', *British Journal of Criminology*, 46: 193-211.

Clarke, R.V. (1980) ' "Situational" Crime Prevention: Theory and Practice', *British Journal of Criminology*, 20: 136-147.

Clarke, R.V. (1999) *Hot Products: Understanding, Anticipating and Reducing Demand for Stolen Goods*. Police Research Series, Paper 112. London: Home Office.

Clarke, R.V (2004) 'Technology, Criminology and Crime Science', European Journal on *Criminal Policy and Research*, 10: 55-63.

Clarke, R.V. (2014) 'Affect and the Reasoning Criminal: Past and Future', in J-L.Van Gelder, H. Elffers, D. Nagin and D. Reynald (eds) *Affect and Cognition in Criminal Decision-Making: Between Rational Choices and Lapses of Self-Control*. London and New York: Routledge, pp. 20-41.

Clarke, R.V. and Cornish, D.B. (1983) 'Editorial Introduction', in R.V. Clarke and D.B. Cornish (eds) *Crime Control in Britain*. Albany, NY: State University of New York Press, pp. 3-54.

Clarke, R.V. and Cornish, D.B. (1985) 'Modeling Offenders' Decisions: A Framework for Research and Policy', in M. Tonry and N. Morris (eds) *Crime and Justice: An Annual Review of Research, Vol. 6*. Chicago, IL: University of Chicago Press, pp. 147-185.

Clarke, R.V. and Cornish, D.B. (2001) 'Rational Choice', in R. Paternoster and R. Bachman (eds) *Explaining Criminals and Crime: Essays in Contemporary Criminological Theory*. Los Angeles, CA: Roxbury, pp. 23-42.

Clarke, R.V. and Felson, M. (1993) 'Introduction', in R.V. Clarke and M. Felson (eds) *Routine Activity and Rational Choice. Advances in Criminological Theory, Vol. 5*. New Brunswick, NJ and London: Transaction Publishers, pp. 1-14.

Clarke, R.V. and Martin, D.N. (1975) 'A Study of Absconding and its Implications for the Residential Treatment of Delinquents', in J. Tizard, I.A. Sinclair and R.V. Clarke (eds) *Varieties of Residential Experience*. London: Routledge & Kegan Paul, pp. 249-274.

Clarke, R.V. and Mayhew, P. (1988) The British Gas Suicide Story and its Criminological Implications', in M. Tonry and N. Morris (eds) *Crime and Justice: An Annual Review of Research, Vol. 10*. Chicago, IL: University of Chicago Press, pp. 79-116.

Clarke, R.V. and Newman, G.R. (2006) *Outsmarting the Terrorists*. Westport, CT: Praeger Security International.

Clarke, R.V. and Weisburd, D. (1994) 'Diffusion of Crime Control Benefits: Observations on the Reverse of Displacement', in R.V. Clarke (ed.) *Crime Prevention Studies, Vol. 2*. Monsey, NY: Criminal justice Press, pp. 165-187.

Cocheo, S. (1997) 'The Bank Robber, the Quote and the Final Irony', *ABA Banking Journal*, 89(3): 71.

Copes, H. and Cherbonneau, M. (2006) 'The Key to Auto Theft: Emerging Methods of Auto Theft from the Offenders' Perspective', *British Journal of Criminology*, 46: 917-934.

Copes, H. and Cherbonneau, M. (2014) 'The Risks and Rewards of Motor Vehicle Theft: Implications for Criminal Persistence', in B. Leclerc and R. Wortley (eds) *Cognition and Crime: Offender Decision Making and Script Analyses*. London and New York: Routledge, pp. 48-69.

Cornish, D.B. (1978) Gambling: *A Review of the Literatur e and Its Implications for Policy and Research*. Home Office Research Studies 42. London: HMSO.

Cornish, D.B. (1993) 'Theories of Action in Criminology: Learning Theory and Rational Choice Approaches', in R.V. Clarke and M. Felson (eds) *Routine Activity and Rational Choice. Advances in Criminological Theory, Vol. 5*. New Brunswick,

NJ and London: T ransaction Publishers, pp. 351-382.

Cornish, D.B. (1994a) 'Crimes as Scripts', in D. Zahm and P. Cromwell (eds), *Proceedings of the International Seminar on Environmental Criminology and Crime Analysis, University of Miami, Coral Gables, Florida, 1993*. Tallahassee, FL: Florida Statistical Analysis Center, Florida Criminal Justice Executive Institute, Florida Department of Law Enforcement, pp. 30-45.

Cornish, D.B. (1994b) 'The Procedural Analysis of Offending, and its Relevance for Situational Prevention', in R.V. Clarke (ed.) *Crime Prevention Studies, Vol. 3*. Monsey, NY: Criminal Justice Press, pp. 151-196.

Cornish, D.B. and Clarke, R.V. (1975) *Residential Treatment and its Effects on Delinquency*. Home Office Research Studies 32. London: HMSO.

Cornish, D.B. and Clarke, R.V. (1986a) Situational Crime Prevention, Displacement of Crime and Rational Choice Theory', in K. Heal and G. Laycock (eds) *Situational Crime Prevention: From Theory into Practice*. Home Office Research and Planning Unit. London: Her Majesty's Stationery Office, pp. 1-24.

Cornish, D.B. and Clarke, R.V. (eds) (1986b) *The Reasoning Criminal: Rational Choice Perspectives on Offending*. New York: Springer-Verlag.

Cornish, D. B. and Clarke, R.V. (1987) 'Understanding Crime Displacement: An Application of Rational Choice Theory', *Criminology* 25(4): 933-947.

Cornish, D.B. and Clarke, R.V. (1989) 'Crime Specialisation, Crime Displacement and Rational Choice Theory', in H. Wegener, F. Lösel and J. Haisch (eds) *Criminal Behavior and the Justice System: Psychological Perspectives*. New York: SpringerVerlag, pp. 103-117.

Cornish, D.B. and Clarke, R.V. (2002) 'Analyzing Organized Crimes', in A.R. Piquero and S.G. Tibbetts (eds) *Rational Choice and Criminal Behavior: Recent Research and Future Challenges*. New York: Routledge, 41-63.

Cornish, D.B. and Clarke, R.V. (2003) 'Opportunities, Precipitators and Criminal Deci - sions: A Reply to Wortley's Critique of Situational Crime Prevention', in M.J. Smith and D.B. Cornish (eds) *Theory for Practice in Situational Crime Prevention. Crime Prevention Studies, Vol. 16*. Monsey, NY: Criminal Justice Press, pp. 41-96.

Cornish, D.B. and Clarke, R.V. (2006) 'The Rational Choice Perspective', in S. Henry and M.M. Lanier (eds) *The Essential Criminology/Reader*. Boulder, CO: West

View Press, pp. 18-29.

Cullen, F., Agnew, R. and Wilcox, P. (eds) (2014) *Criminological Theory: Past to Present. Essential Readings, 5th Edition*. New York and Oxford: Oxford University Press.

Cusson, M. and Pinsonneault, P. (1986b) 'The Decision to Give Up Crime,' in D.B. Cornish and R.V. Clarke (eds) *The Reasoning Criminal: Rational Choice Perspectives on Offending*. New York: Springer-Verlag, pp. 71-82.

Ekblom, P. (1995) 'Less Crime, by Design', *Annals of the American Academy of Political and Social Science*, 539: 114-119.

Ekblom, P. (2007) 'Making Offenders Richer', in G. Farrell, K. Bowers, S. Johnson and M. Townsley (eds) *Imagination for Crime Prevention: Essays in Honour of Ken Pease. Crime Prevention Studies, Vol. 21*. Monsey, NY: Criminal Justice Press, pp. 41-57.

Farrell, G. (2010) 'Situational Crime Prevention and Its Discontents: Rational Choice and Harm Reduction versus "Cultural Criminology" '. *Social Policy and Administration*, 44(1): 40-66.

Farrell, G., Phillips, C. and Pease, K. (1995) 'Like Taking Candy. Why Does Repeat Vic - timization Occur?', *British Journal of Criminology*, 35: 384-399.

Freilich, J.D. and Newman, G.R. (eds) (2006). *Reducing Terrorism Through Situational Crime Prevention. Crime Prevention Studies, Vol. 25*. Monsey, NY and Devon, UK: Criminal Justice Press and Willan Publishing.

Garcia-Retamero, R. and Dhami, M.K. (2011) 'Take-the-Best in Expert-Novice Decision Strategies for Residential Burglary', in G. Gigerenzer, R. Hertwig and T. Pachur (eds) *Heuristics: The Foundations of Adaptive Behavior.* Oxford and New York: Oxford University Press, pp. 603-609.

Gigerenzer, G., Hertwig, R. and Pachur, T. (eds) (2011) *Heuristics: The Foundations of Adaptive Behavior*. Oxford and New York: Oxford University Press.

Gibbons, D. (1994) *Talking About Crime and Criminals: Problems and Issues in Theory Development in Criminology*. Englewood Cliffs, NJ: Prentice-Hall.

Gibson, J.J. (1977) 'The Theory of Affordances', in R. Shaw and J. Bransford (eds), *Perceiving, Acting and Knowing: Toward an Ecological Psychology*. Hillsdale, NJ: Lawrence Erlbaum, pp. 67-82.

Graham, K. and Homel, R. (2012) *Raising the Bar: Preventing Aggression In and Around Bars, Pubs and Clubs*. London and New York: Routledge.

Guerette, R.T. and Bowers, K.J. (2009). 'Assessing the Extent of Crime Displacement and Diffusion of Benefits: A Review of Situational Crime Prevention Evaluations'. *Criminology*, 47(4): 1331-1368.

Hayward, K. (2007), 'Situational Crime Prevention and its Discontents: Rational Choice Theory versus the "Culture of Now" ', *Social Policy and Administration*, 41(3): 232-250.

Herrnstein, R.J. (1990) 'Rational Choice Theory: Necessary but not Sufficient', *American Psychologist*, 45(3): 356-367.

John Jay College (2007) 'On the Edge: Transgression and the Dangerous Other: A Celebratory Exploration of Intellectual and Artistic Transgression'. *Conference, 9-10 August, New York City* , http://wayback.archive.org/web/20150118044418/http://www.jjay.cuny. edu/ontheedge/(accessed 9 June 2016).

Katz, J. (1988) *Seductions of Crime*. New York: Basic Books.

Knepper, P. (2007) 'Situational Logic in Social Science Inquiry: From Economics to Criminology', *Review of Austrian Economics*, 20(1): 25-41.

Laub, J.H. and Sampson, R.J. (2003) *Shared Beginnings, Divergent Lives: Delinquent Boys to Age 70*. Cambridge, MA: Harvard University Press.

Leclerc, B. and Tremblay, P. (2007) 'Strategic Behavior in Adolescent Sexual Offenses Against Children: Linking Modus Operandi to Sexual Behaviors', *Sexual Abuse: A Journal of Research and Treatment*, 19: 23-41.

Lemieux, A.M. (ed.) (2014) *Situational Prevention of Poaching*. Crime Science Series. Oxford and New York: Routledge.

Loughran, T., Paternoster, R., Chalfin, A. and Wilson, T. (2016) 'Can Rational Choice be Considered a General Theory of Crime? Evidence from Individual-Level Panel Data', *Criminology*, 54(1): 86-112.

McNally, M.M. and Newman, G.R. (2008) *Perspectives on Identity Theft* . *Crime Prevention Studies, Vol. 23* . Monsey, NY and Devon, UK: Criminal Justice Press and Willan Publishing.

Maguire, M. and Bennett, T. (1982) *Burglary in a Dwelling*. London: Heinemann.

Matza, D. (1964) *Delinquency and Drift.* New York: Wiley.

Nee, C. and Meenaghan, A. (2006) 'Expert Decision Making in Burglars', *British Journal of Criminology*, 46: 935-949.

Newman, G.R. and Clarke, R.V. (eds) (2003), *Superhighway Robbery: Preventing e-Commerce Crime.* Crime Science Series. Devon, UK and Portland, OR: Willan Publishing.

Pease, K. and Laycock, G. (2012) 'Ron and the Schiphol Fly', in N. Tilley and G. Farrell (eds), *The Reasoning Criminologist: Essays in Honour of Ronald V. Clarke.* London and New York: Routledge, pp. 172-183.

Poyner, B. and Webb, B. (1991) *Crime Free Housing.* Oxford: Butterworth Architecture.

Reppetto, T.A. (1974) *Residential Crime.* Cambridge, MA: Ballinger.

Rumgay, J. (2003) 'Review of David Garland, The Culture of Control: Crime and Social Order in Contemporary Society', *Journal of Forensic Psychiatry and Psychology*, 14(2): 439-444.

Shukla, R.K. (2006) 'An Examination of Decision-Making and Desistance from Marijuana Use', in P. Cromwell (ed.), *In Their Own Words: Criminals on Crime* (4th edn). Los Angeles, CA: Roxbury, pp. 330-340.

Simon, H.A. (1990) 'Invariants of Human Behavior', *Annual Review of Psychology*, 41: 1-19.

Sinclair, I.A.C. (1971) *Hostels for Probationers.* Home Office Research Studies No. 6. London: HMSO.

Smith, M.J. and Clarke, R.V. (2012) 'Situational Crime Prevention: Classifying Tech - niques Using "Good Enough" Theory', in B.C. Welsh and D.P. Farrington (eds), *The Oxford Handbook of Crime Prevention.* Oxford: Oxford University Press, pp. 291-315.

Smith, M.J., Clarke, R.V. and Pease, K. (2002) 'Anticipatory Benefits in Crime Preven - tion', in N. Tilley (ed.) *Analysis for Crime Prevention. Crime Prevention Studies, Vol. 13 .* Monsey, NY: Criminal Justice Press, pp. 77-88.

Sommers, J. and Baskin, D.R. (1993) 'The Situational Context of Violent Female Offend - ing', *Journal of Research in Crime and Delinquency* , 30(2): 136- 162.

Thaler, R. and Sunstein, C.R. (2008) *Nudge .* London: Penguin. Tremblay,

P., Talon, B. and Hurley, D. (2001) 'Body Switching and Related Adaptations in the Resale of Stolen Vehicles: Script Elaborations and Aggregate Crime Learning Curves', *British Journal of Criminology*, 41: 561-579.

Tunnell, K.D. (1992) *Choosing Crime: The Criminal Calculus of Property Offenders*. Chicago, IL: Nelson-Hall.

Tversky, A. and Kahneman, D. (1974) 'Judgment Under Uncertainty: Heuristics and Biases', *Science*, 185 (4157): 1124-1131.

Van Gelder, J-L., Elffers, H., Nagin, D. and Reynald, D. (eds) *Affect and Cognition in Criminal Decision-Making: Between Rational Choices and Lapses of Self-Control* . London and New York: Routledge.

Walsh, D.P. (1980) *Break-Ins: Burglary from Private Houses*. London: Constable.

Watkins, J. (1970) 'Imperfect Rationality', in Borger, R. and F. Cioffi (eds) *Explanation in the Behavioural Sciences* . Cambridge, UK: Cambridge University Press, pp. 167-217.

Weisburd, D., Wyckoff, L.A., Ready, J., Eck, J.E., Hinkle, J.C. and Gajewski, F. (2006) 'Does Crime Just Move Around the Corner? A Controlled Study of Spatial Displacement and Diffusion of Crime Control Benefits', *Criminology* , 44(3): 549-592.

Wortley. R. (2001) 'A Classification of Techniques for Controlling Situational Precipitators of Crime', *Security Journal*, 14: 63-82.

Wortley, R. (2014) 'Rational Choice and Offender Decision Making: Lessons From the Cognitive Sciences', in B. Leclerc and R. Wortley (eds), *Cognition and Crime: Offender Decision-Making and Script Analyses*. Crime Science Series. Abingdon, UK and New York: Routledge, pp. 237-252.

Wortley. R. and Smallbone, S. (eds) (2006) *Situational Prevention of Child Sexual Abuse. Crime Prevention Studies, Vol. 19*. Cullompton, UK: Willan Publishing.

Wright, R. and Decker, S. (1997) *Armed Robbers in Action: Stickups and Street Culture*. Boston, MA: Northeastern University Press.

Wright, R., Brookman, F. and Bennett, T. (2006) The Foreground Dynamics of Street Robbery in Britain', *British Journal of Criminology*, 46: 1-15.

第 3 章 犯罪的情境触发因素

Richard Wortley

3.1 引　　言

正如我们在第 2 章所看到的，理性选择是环境犯罪学中分析解释个人应对和根据当下环境所提供的信息做出犯罪行动的一种理论视角。根据理性选择的观点，当下环境是个体用来决定是否实施预期犯罪的信息数据来源。潜在犯罪人会权衡违法行为可能带来的后果，如果认为收益大于成本，他们就会实施犯罪行为。在这一章中，理性选择视角只能对当下环境做出一半的解释。直接的环境也可以积极促使或诱导个人做出当时可能没有预想的犯罪行为。例如在以下场景中：

"Jim 准备晚上在当地的一家夜总会与朋友们聚会。当晚他怀着愉快的心情来到俱乐部期待度过一个愉快的夜晚。但到达后门口时，保安对他粗暴无理百般阻挠后才允许他进入。当他进入夜总会时已经人满为患，室内黑暗且闷热，他在拥挤的人群中终于找到了朋友们，但是已经没有座位了，他们被迫站在角落里，周围十分拥挤。音乐音量一直很大，朋友之间无法对话。Jim 和他的朋友们不停地喝酒，然而，去吧台点酒也是一种折磨，需要等半个小时才有人服务。当 Jim 从吧台挣扎着喝完最后一轮酒回来时，另一位顾客不小心撞了他一下，把他手里的酒泼了一地。Jim 的朋友们便挑唆他报复那位客人。"

Jim 是否决定实施攻击当然可以从理性选择的角度进行分析。也许此时 Jim 用眼角余光瞥见了酒吧里有一名保安，因此他认为打架太危险了；或者这位客人可能比 Jim 高大很多，或带了很多朋友，Jim 认为自己可能会吃亏；亦或是 Jim 可能认为自尊比其他风险更重要，于是他选择挥了一拳。然而，理性选择并不能解释导致这个决定的所有情境事件。自从 Jim 来到夜总会后，他就经历了一系列不愉快，这些都使他变得暴躁。更糟糕的是酒精的摄入降低了他的自制力，还有在朋友面前不想丢人的压力，被撞洒酒是致命的一击。如果所有这些事件都没有发生，那么就不会发生与其他人的对抗，也就没有必要对是否进行攻击做出理性的选择。即使有人把 Jim 的酒打翻，如果心情好，他也会更愿意把打翻看作意外事件。事实上，各种情境因素即"触发因素"已经为 Jim 的暴力行为做好了准备，增加了他在当晚做出暴力反应的可能性。

因此，犯罪情境触发因素可以定义为在任何方面创造、触发或强化犯罪动机的现场环境。在本章中，我们将研究当下环境在促成犯罪方面的作用。本章将首先回顾情境影响在心理学中的特征，并将触发因素的概念与理性选择观点进行对比，并给出触发因素的分类。在此之后，我们将分析触发因素对不同类型的犯罪人、在不同类型的犯罪中、对不同环境中的犯罪行为分别所起到的作用。最后，考虑触发因素对预防犯罪的影响。

3.2 对人与情境互动更广泛的看法

大约在开创性的环境犯罪学观点首次提出的同时，心理学家对当下环境在犯罪行为中扮演的角色也重新产生了兴趣（Wortley，2011；Wortley and Townsley，本书第 1 章）。个体在不同情况下做出不同的行为举动这一观点根植于许多主要的心理学理论中，尤其是行为主义（或学习理论）、认知心理学、社会心理学和环境心理学。由此出现了两大研究方向，其中一种作为传统的理性选择视角提出了当下环境是促使或阻碍行为的分配器；另一种更为偏重于"生态学"的观点，认为个人当前的心理作用和周围环境存在着密切的联系。触发因素的概念正是源于第二种观点（尽管术语"触发因素"最初可能并没有用于描述所涉及的过程）。

许多著名的甚至是臭名昭著的实验都证明了情境的力量，它可以改变个体的心理并诱发反社会行为。自 1963 年起，Stanley Milgram 开始了一系列服从权威的实验（Milgram，1963，1974）。在原型实验中，被分配为"老师"角色的参与者被告知他们正在参加一个学习实验，并根据实验指示对绑在椅子上的另一位参与者（"学习者"）进行电击。事实上这台电击设备是假的，而这名学习者也是假装在进行电击时做出痛苦的反应。Milgram 发现在实验人员的指示下，当学习者给出错误的答案时，三分之二的"教师"参与者在清楚标有"危险严重电击"指示的设备上依然发出了最高 450 伏特的电压。Milgram 认为，参与者能够将其行为的道德罪责转嫁给第三方，使他们能够做出通常会受到谴责的行为。在随后的研究中，Milgram（1974）发现参与者服从的压力可以通过多种方式操纵，例如，服从性越强，学习者越接近老师，反之，学习者越远离老师。

1971 年，Philip Zimbardo 和同事（Haney，Banks and Zimbardo，1973）一起进行了同样臭名昭著的斯坦福监狱实验。24 名男性大学生被随机分配到斯坦福大学地下室的模拟监狱中分别扮演狱警和囚犯的角色。这个实验原本计划进行两周，但由于参与者的行为变得越来越病态，实验被迫在 6 天后终止。狱警的扮演者变得非常残暴和专制，对囚犯进行了严酷和肆意的惩罚。例如，每小时强制叫醒他们做俯卧撑。与此同时，许多囚犯变得被动和卑躬屈膝，其中一名学生因情绪崩溃在 36 小时后立即退出实验。Zimbardo 认为，狱警和囚犯的扮演者在实验过程专注于各自的角色，隐藏了自身个性特征（即去个性化）。在后来的论文中，Zimbardo 将斯坦福监狱的实验与 2003 年伊拉克战争期间阿布格莱布监狱（Abu Ghraib Prison）的虐囚事件进行了比较（Zimbardo，2007）。他提出了"路西法效应"（Lucifer Effect），这个词原意指堕落的天使变成魔鬼，用以描述情境过程的集合，比如服从权威和去个性化，这类情境过程有能力让好人做坏事。

在 Zimbardo 和 Milgram 的两个实验中，情境的作用与理性选择中所描述的截然不同。在理性选择中，情境仅仅是潜在犯罪人可能接受或拒绝的信息来源，这是一个仍然处于理性控制之下的过程。潜在的犯罪倾向被描述成具有固定的属性，且不受情境因素影响，只有犯罪倾向改变，犯罪人才可能采取行动。与此相比，斯坦福监狱实验对参与者产生了深远的心理影响，参与者的自我意识被重新定义。Zimbardo 和 Milgram 等的研究表明，犯罪的欲望在何种特定时间可能取决于当时的情境。因此，虽然理性选择视角解释了为什么有犯罪动机的个人可能会在某些情况下进行犯罪，而不是在其他情况下，但去个性化和服从权威等心理过程可以帮助解释个人犯罪倾向的变化，例如为什么通常守法公民有时也可能会犯罪。

表 3.1 从几个方面对比了犯罪理性选择和情境触发因素两种方法。第一，触发因素关注跨越道德、情感、感知和认知等多个心理领域的情境效应，理性选择只涉及个人的"冷"认知。回到 Jim 在夜总会的例子，随着当晚发生的事件，Jim 经历了一系列的心理状态变化，包括开心、沮丧和羞辱，在这个过程中理性选择只关心是否要采取暴力行动的决定。第二，触发因素是发生在预期行为之前的事件和影响，理性选择涉及的是预期行为之后发生的事件。Jim 所经历的外部压力和内在压力是行动的前驱，如果他使用暴力，保安是否会制

止？这与该行动的后果相关。第三，情境触发因素的作用是引发行为，而在理性选择中，当时的环境只需要支持行为的执行。压力和挫折激发了 Jim 的攻击性，他是否采取积极的行动取决于机会。第四，触发事件可以提供或强化个人的犯罪动机，而理性选择则假设个人已经拥有了犯罪动机。Jim 在夜总会的经历直接导致了他变得好斗，理性选择只有在攻击动机出现时才会被激活。第五，触发因素经常（尽管不总是）在有意识的情况下工作，而理性选择是有意识的过程。Jim 不断上升的攻击性与环境压力所产生的生理反应相关，而 Jim 可能并没有完全意识到，但另一方面 Jim 可能很清楚打架造成的后果。第六，个人对触发因素的影响控制有限，而理性选择则被视为深思熟虑的行为。Jim 可能能够感受到压力增大，但没有能力克服其对生理上的影响，其是否继续暴力行为的决定被视为一种主动的选择。

表 3.1　理性选择与触发因素方法在犯罪分析上的对比

维　　度	情境触发因素	理 性 选 择
心理方面	情感、道德、认识、想法	"冷"决策
分析重点	行为经历	行为的结果
当下环境作用	引发行为	能够支持行为
犯罪人动机	根据情境而定	已经具有的动机
意识的水平	可能意识不到	可意识到
犯罪人控制能力	可能无法控制	谨慎控制

需要强调的是，Cornish 和 Clarke 从未将理性选择视角作为对犯罪人决策的完整理论性的严谨描述（Wortley，2013；Cornish and Clarke，本书第 2 章）。他们提出理性选择的观点仅仅是因为它能"足够好"地为预防犯罪政策和实践提供信息，对犯罪人心理能够进行直接细致的描写（Cornish and Clarke，本书第 2 章）。然而，一些环境犯罪学领域的作者认为是时候超越"足够好"的理论来提供一个更完整的犯罪人描述了（Bouhana，2013；Ekblom，2007；Laycock and Pease，2012；Nee and Ward，2014；Sidebottom and Tilley，2017；van Gelder，Elffers，Reynald and Nagin，2014；Wortley，1997，2001，2012，2013）。基于此，情境犯罪触发因素的概念被提出。情境触发因素与理性选择在解释犯罪问题上其实并不矛盾，而且在犯罪的各个阶段相互补充（Wortley，1998，2001，2002）。例如，犯罪的第一阶段包括了情境力量，为潜在的犯罪人进行犯罪做好准备（触发因素）；第二阶段涉及对犯罪机会的评估（理性选择）（见图 3.1）。如果没有必要的触发因素或机会，在这两个阶段都可以避免犯罪。情境模型中包含的触发因素为犯罪行为提供了更为动态化的描述，能够更加全面地捕捉到心理学中所理解的人—情境交互的复杂性和微妙之处。

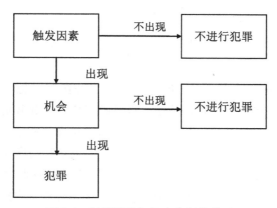

图 3.1　触发因素与机会之间的关系

3.3　情境犯罪触发因素的分类

Wortley（1997，1998，2001）回顾了心理学中情境影响个人动机从而导致其以某种特定方式行事的观点。基于这一观点，他提出了情境诱发犯罪的四种基本方式：情境为犯罪反应提供线索；情境对个人施加社会压力使其犯罪；情境削弱通常的道德禁忌鼓励个人犯罪；情境产生情感觉醒并激发犯罪反应。在这些类别中，每一个类别都包含了四个子类别。触发因素的完整分类如表 3.2 所示。

表 3.2　犯罪情境触发因素的分类

提　示	压　力	许　可	激　发
触发器： 例如武器效应	从众： 例如团伙犯罪	最小化合法性的道德准则： 例如组织腐败气氛	挫折： 例如路怒症
信号： 例如展示自身同性恋倾向	服从： 例如权利犯罪	最小化个人行为责任的程度： 例如酗酒等相关犯罪	加重： 例如夜总会暴力
模仿： 例如模仿他人的犯罪行为	顺从/挑衅 例如挑衅安保人员	最小化行为的负面影响： 例如公司盗窃	领地性： 例如地盘之争
期望： 例如被标榜为暴力场所的酒吧	匿名： 私自行刑	最小化受害者的价值： 例如报复雇主	环境刺激因素： 热浪引发的骚乱

3.3.1 提示

提示指的是犯罪发生时当下的环境能够将潜在的思想、情感和欲望带到表象的某些方面。提示在日常语境中可以诱惑我们、唤起我们的记忆从而产生期望、激发情绪，刺激、警告我们，为我们树立榜样。在学习和认知理论中均描述了提示在触发行为中的作用，但是这些观点的解释有所不同。学习理论认为，行为在任何特定情境内发生需要有适当的环境刺激来激发，使 Pavlov 的狗流口水的铃声就是学习理论的典型例子。在认知心理学中提示的对等概念是启动，启动所指的是环境中的刺激物，它有助于从内在记忆（潜意识）中检索已存储的信息。启动使我们能够在最少的信息基础上不需深思熟虑立即对情况做出反应。例如，当我们遇到熟人时做出反应就是基于一个已经存储的原型。下面将讨论与犯罪行为相关的四种环境提示——触发器、信号、模仿和期望。

1. 触发器

一些环境因素会引起无意识性或反射性的生理反应。Pavlov 关于狗分泌唾液的实验就是反射性反应的一个例子。人类也会有类似的反应，当人们看到食物会产生饥饿感，观看情色图像可以产生性兴奋，看到血液可能会觉得恶心，香烟的味道可以让吸烟者犯烟瘾，听到熟悉的音乐可以唤起怀旧的感觉等，这些生理反应可能会导致犯罪行为。例如，Carlson、Marcus-Newham 和 Miller（1990）发现与暴力有关的物品或图像（如枪、刀、暴力图片、复仇主题的汽车贴纸、3k 党服装、侵略性电影等）可能会激发人的侵略性和引发暴力行为，这种现象通常称为武器效应。在诸如性侵犯、吸毒和酗酒等重复性犯罪行为中，触发器尤其重要。例如，Marshall（1988）在对强奸犯和儿童性骚扰者的调查中发现，有三分之一的人表示他们在犯罪之前观看过淫秽色情作品并引发犯罪冲动。

2. 信号

环境线索可以在特定环境中提供做出适当行为的信息。例如，当交通灯是绿色时车辆通行是允许的，但当交通灯变红，车辆就不能通行了。犯罪人总是依赖信号的提示来确定"适当的"犯罪时机。门前草坪上未及时收走的报纸是给盗窃犯室内无人的信号，展示自己的同性恋倾向是给"同性恋攻击者"的信号，拉开的窗帘是对偷窥者鼓励的信号等。通过不断地重复，这样的信号可以在犯罪人不需要有意识主动思考的前提下自动反应。例如，对盗窃犯决策的研究表明，相较于经验不足的盗窃犯，经验丰富的犯罪人能够根据某些明显的线索对可能实施犯罪的目标做出快速判断（Garcia-Retamero and Dhami，2009；Nee and Meenaghan，2006）。Nee 和 Meenaghan（2006）指出，四分之三的有经验盗窃犯在描述他们的盗窃策略时，使用了"无意识""常规""老习惯""本能"等词语。

3. 模仿

观察另一个人的行为容易引起对这一行为的模仿。例如观察其他孩子有攻击性的行为，有的小孩也会对攻击性行为进行模仿（Bandura，1965）；如果有一个行人闯红灯过马路，其他人也会跟着闯红灯（Lefkowitz，Blake and Mouton，1955）；学生会模仿教师的网络攻击行为（Skinner and Fream，1997）；如果员工观察到他们的上级有偷盗行为，他们更有可能从公司偷窃物品（Hollinger，1989；Snyder et al，1991）。模仿的行为不一定是亲眼所见的，也可以通过媒体等渠道象征性地表现出来。在热门电视节目中出现对自杀的描述报道后，自杀率会立即上升（Phillips，1989；Phillips and Carstein，1990）；儿童在看到电视上的暴力画面后会立即变得更具攻击性（Leyens et al，1975；Rosenthal，1990）；还有就是在重要的拳击比赛的电视转播之后，杀人案件会明显激增（Phillips，1983）。

4. 期望

期望是指个人对他们预先设想的情况做出反应的倾向。在期望效应的典型证明中，受试者被告知他们喝的是伏特加与奎宁水的混合物但实际上只有奎宁水，比实际上喝了伏特加和奎宁水但被告知只有奎宁水的人会变得更具有攻击性（Lang et al，1975）。个体可以从情境线索中获得期望。例如，Graham 和 Homel（2008）认为，夜总会之所以被标榜为暴力或非暴力场所是因为它们的物理特征，如清洁程度、内部陈设摆设标准等。人们去某个夜总会，期望他们有机会施展暴力，这种期望就像一个自我实现的预言。同样，在更大的社区范围内，无人管理的整体环境现象（如垃圾堆放、被破坏的公物、破旧的房屋等）传达了一种不受法律约束的信息，这容易引发犯罪活动（Wagers，Sousa and Kelling；Wilson and Kelling，1982）。城区改造和其他环境美化项目可以通过改变潜在犯罪人的预期来减少犯罪。

3.3.2　压力

情境可能会对个人施加社会压力迫使其做出不当的行为。社会心理学关注的是其他人在对个体内在的心理过程和外在行为上的影响。人类是一种社会性动物，在与其他人互动和联系的过程中其期望和要求都会被他人深深地影响。社会的影响在个人主要观点、信仰和价值观的发展中起着至关重要的作用。更重要的是许多犯罪行为在很大程度上是受到即时社会环境的控制。当我们和别人在一起时，我们的行为和独自一人时是不一样的。特别是，个人必须遵守群体规范，服从权利方要求，并将个人身份隐形在群体中。

1. 从众

从众是个体在群体中接受群体规范和行为标准的一种倾向，即使这些规范和标准与个人的信念和价值观相抵触。我们都经历过随波逐流的压力，犯罪人可能会为了避免周围人的反对和获得群体的认同而犯罪。特别是大多数犯罪行为都是团伙作案，这种屈从于同伙压力的亚文化原则通常被认为是一个重要因素（Harkins and Dixon，2010；McGloin and Piquero，2009）。犯罪团伙的内部一致性通常特别强，使用统一的帮派徽章可能会加强这种一致性（Quinn and Forsyth，2009）。同样，组织内部的腐败也会显示出从众的力量，可以诱使遵纪守法的成年人做出违法行为。新员工进入一个腐败的组织也会面临来自同事的社会压力，迫使他们共同参与腐败行为（Clark and Hollinger，1983）。

2. 服从

服从是追随拥有权力的人所发出的命令。在心理学中有意思的是，在服从命令的过程中，个体倾向于服从不合理的命令，并犯下各种形式的暴行，这一点在前面描述的 Milgram（1974）研究中得到了证明。服从权威被广泛用于解释军事政权犯下的暴行，例如纳粹对犹太人的灭绝屠杀（Milgram，1974）和越南战争期间的美莱大屠杀（Kelman and Hamilton，1989）。同样，政府机构内部的腐败通常涉及下级官员，他们在上级的命令下非法行事，动机是出于对组织的错误忠诚。权力犯罪的例子包括政府滥用职权（Kelman and Hamilton，1989）、企业犯罪（Kelman and Hamilton，1989）、警察腐败（Fitzgerald，1989）和狱警虐囚（Nagle，1978）等。

3. 顺从/挑衅

顺从是指默许他人的直接要求。顺从是潜在犯罪人与安保人员（如警察、保安和惩教人员）面对面接触时很重要的一点。如果来自他人的要求和命令被认为是公平、一致和合法的，就更有可能被服从和执行（Bottoms et al，1995；Lombardo，1989；Sparks et al，1996）。然而，当控制行为的尝试被认为是严苛、操纵性强或不合理的，人们可能会不遵守，甚至可能会在相反的方向上进行挑衅（Brehm，1966；Goodstein et al，1984；Sherman，1993）。例如，

Bensley 和 Wu（1991）发现高威胁性反酒精饮料消费的信息反而会导致酒精消费的增加，故意破坏公物的警告（如"禁止滑板"）也会被认为是一种典型的挑衅行为。

4. 匿名

匿名有降低抑制作用的效果，容易导致个人在其他情况下做出不加思考的行为，匿名可以有多种实现方式。Silke（2003）发现，在北爱尔兰共和军发动的攻击事件中，如果袭击者戴有某种形式的伪装会表现得更加暴力。匿名也可以解释为什么个人在网上的行为可能比线下更肆无忌惮（Joinson，2007）。匿名可以激发与组织或群体成员相关的去个性化效应，正如前所述的斯坦福监狱实验（Zimbardo，2007）。大多数人都有过融入集体后控制自身行为能力下降的感觉。去个性化并不一定导致反社会行为，它还取决于群体整体的气氛和目的。去个性化释放暴力的一个极端例子是"私自行刑"成员表现出的从众心理和疯狂行为（Colman，1991）。对抗匿名效应是人群管理的一个重要考虑因素。刺激性的控制方法则会刺激群体成员和导致集体的混乱（Reicher，1991；Shellow and Roemer，1987）。

3.3.3　许可

情境因素可以帮助形成扭曲的道德推理，从而允许个人做出通常被禁止的行为。社会认知理论（Bandura，1977；Bandura et al.，1996）认为行为最有力的约束之一是自我谴责。然而，有时个人可能会为自己的不良行为找借口，并成功地说服自己。这一过程类似于犯罪学中的中和理论（Sykes and Matza，1957）。根据中和理论，许多犯罪人并不持有反社会的价值观，而是通过周期性地重新定义自己的行为使罪恶感最小化，从而游走在犯罪的边缘。社会认知理论扩展了中和理论，提出情境条件可能会促使这类犯罪的发生。人类的道德感对来自环境和直接社会群体的反馈是敏感的，扭曲的反馈可能会帮助犯罪人找出犯罪托词。Bandura（1977）表明，中和可以分为四大类，即最小化合法性的道德准则、最小化个人行为责任的程度、最小化行为的负面影响和最小化受害者的价值（Wortley，1996）。

1. 最小化合法性的道德准则

犯罪人可以通过否认他们行为的本质错误来逃避对自己行为的自责感。个人依赖于从同伴的反馈中获得正确行为的指导原则，并可能从中得到中立化思想的支持。例如，一个人在腐败的组织文化中工作，就会从思想上认为腐败行为是正常的，就会认为"每个人都这样做"和"腐败与工作息息相关"
（Clark and Hollinger，1983；Greenberg，1997）。当规则不明确时（如"我不
知道这是错的"），人们也会善于利用模棱两可的准则来为自己开脱。一般来
说，正式规范行为准则的存在可以减少公司的盗窃行为（Parilla et al，1988）、
校园霸凌（Elliot，1991）事件和职场霸凌（Randall，1997）事件的发生。

2. 最小化个人行为责任的程度

犯罪人可能会否认自己在犯罪行为中扮演的角色，或者归责于他人。有
些人可能正是为了给故意的反社会行为提供借口才喝酒（"我忍不住"）（Lang
et al，1975）。Clarke 和 Homel（1997）认为，图书馆的盗窃行为可能与低效
的图书借还系统有关，这种系统让小偷可以指责图书馆是导致他们的偷窃行
为的原因（"如果借还系统反应快，我就不用去偷书了"）。Bandura（1977）认
为，组织内部的劳动分工允许个人隐藏在集体责任的背后，这就助长了腐败行
为。在纽伦堡审判中，纳粹囚犯的一个常见辩护理由是，尽管他们在将犹太人
驱逐到集中营的过程中可能扮演了一个较为重要的角色，但他们本人认为他们
不应当对任何人的死亡负责。

3. 最小化行为的负面影响

违法者会否认自己造成了任何的不良后果。Greenberg（1997）指出，人
们往往无法认识到轻微犯罪的累积效应。例如，当他们从雇主那里偷东西时，
他们可能会找借口安慰自己说"公司负担得起"或"他们永远不缺少某某物
品"。Carter et al（1988）发现，在员工餐厅张贴盗窃损失的等级说明能够使员
工认识到盗窃行为对公司的影响，从而减少偷窃行为。有时，人们完全不知道
自己行为的全部影响。Oliver 等人（1985）发现，向露营者提供有关露营行为
对生态影响的信息可以减少 50% 的破坏行为。同样，Vander Stoep 和 Gramann
（1988）表示，通过提供关于破坏性行为对环境影响的宣传资料能够大大减少
人们对历史遗址的破坏行为。

4. 最小化受害者的价值

犯罪人更容易对底层群体或无价值的人实施犯罪行为。Silbert 和 Pines
（1984）发现，强奸犯会以受害女性本身就是妓女为理由来开脱自己的罪行，
甚至会实施更为残忍的暴力。Indermaur（1996）发现，在抢劫过程中受害者的
抵抗往往会激起犯罪人"理直气壮的施暴"，从而使暴力升级。Olweus（1978）
发现，在学校被霸凌的受害者往往有明显的软弱或古怪特征（如身高、个人卫
生和衣着等方面）。当员工认为自己受到了公司的不公平对待时，他们可能会

将偷窃变得具有侵略性，采取一些破坏性的行为加以报复（Greenberg，1990）。

3.3.4 激发

环境会产生压力进而引发反社会反应（特别是某些暴力行为）。环境心理学研究了情境压力和犯罪之间的联系。环境心理学关注的是自然环境和建筑环境对行为的影响。一些环境因素如极端气候和城市化相关因素可能是压力的来源。根据环境应激模型（Baum et al，1981），当一个有机体处于应激状态下，它会以主导或适应的方式来应对令人厌恶的条件和事件，即所谓的"战斗或逃跑反应"。对环境压力源的反应可能是生理上的（如觉醒、肾上腺素活动增加、身体疾病）、情绪上的（如易怒、焦虑、抑郁）和行为上的（如攻击、退缩、自杀）。与压力有关的罪行可由环境挫折、拥挤、侵犯领地边界和环境刺激（如恶劣天气条件）等因素造成。

1. 挫折

挫折是个人在追求目标的过程中受挫时产生的一种情绪状态。Harding et al（1998）发现由路怒症引发的交通事故与交通流量相关（路怒症通常是由于遇到慢速司机、插队和争夺停车位等事件引发的）。工作中的挫折和压力通常与破败的工作场所和增加的消极怠工情绪有关（Spector，1997）。夜店暴力被发现与顾客的厌倦程度、缺乏座位、餐食供应不足、保安人员的挑衅行为和排队有关（Cozens and Grieve，2014；Graham and Homel，2008；Homel and Clark，1994）。Boulton（1994）发现，在潮湿的环境下校园霸凌事件会增加，因此其建议改善娱乐设施的质量以减少学生的挫败感。

2. 拥挤

拥挤是高密度环境条件下的心理体验，高密度环境可以分为外部密度和内部密度。外部密度指的是城市或社区层面的人口趋势。研究表明，城市人口密度与一系列的生理、心理和行为问题有关，包括上升的犯罪率（Gove，hughes and Galle，1977）。内部密度指的是主要生活区的被占用情况。同样的，特定环境的拥挤与反社会行为的发生有着密不可分的关系，如监狱（Paulus，1988；Steiner and Wooldredge，2008）、大学宿舍（Baum and Valins，1977）、海军舰艇（Dean，Pugh and Gunderson，1978）、室内经营性场所（Graham and Homel，2008；Macintyre and Homel，1997）、室外经营性场所（Townsley and Grimshaw，2013）等。通常内部密度的影响比外部密度的影响更明显。

3. 领地性

领地性是指对某一地区宣示所有权并保护其不受外来者侵犯的倾向。领地性有两种与反社会行为相关的形式。一种是入侵领地引发的侵略反应。例如，帮派斗争往往是由对领地入侵的侵略反应引起的（Ley and Cybriwsky，1974）。另一种是拥有领地对侵略的抑制，这是一种亲社会行为。"家庭领地"是人们可以放松和感觉自己掌控生活的地方。O'Neill 和 Paluck（1973）的报告称，当被收容的智障男孩被给予了可识别的领地范围，他们的攻击性会有所下降。当住户能够更多地参与社区管理时，他们会更小心地管理社区环境（Foster and Hope，1993）。

4. 环境刺激

环境中的许多因素由于具有令人厌恶的性质和对人类幸福构成威胁从而影响着人们的行为。据报道，温度与暴力犯罪之间存在相关性（Harries and Stadler，1988）。Goranson 和 King（1970）的研究表明，骚乱更有可能发生在炎热的天气里。LeBeau（1994）报道了家庭纠纷与温湿度指数的关系。Atlas（1982，1984）的报告称，监狱中有空调的区域和有淋浴设施的区域的攻击事件发生率要明显低于没有防暑降温设施的区域。Rotton 和 Frey（1985）报道了空气污染水平和暴力犯罪之间的联系。Banzinger 和 Owens（1978）发现了风速和犯罪率之间的关系。实验研究也表明，令人厌恶的噪声也会增强人们的攻击性（Donnerstein and Wilson，1976）。

3.4　触发因素在什么情况下起作用

可以说在每一种犯罪中的触发因素和理性选择都扮演着相应的角色。然而，每种方法的相对重要性可能因情况而异。在这一节中，我们将从犯罪人的类型、犯罪的类型和犯罪环境的类型来说明触发因素所起的作用，并指出触发因素可能在某些情况下尤其重要。

3.4.1　犯罪人的类型

虽然情境方法在概念上以行为心理学理论为基础，但犯罪人之间的个体差异在环境犯罪学中通常很少发挥作用。然而，犯罪触发因素的概念表明犯罪人作为掠夺者在理性选择视角中的违约定位需要重新考虑。Cornish 和 Clarke

（2003）基于犯罪人的犯罪倾向的强度以及触发因素和理性选择在其犯罪中所起的作用提出了一种犯罪人类型学，并提出了三种犯罪人类型：反社会掠夺者、普通犯罪人和挑衅型犯罪人。

- ❑ 反社会掠夺者是传统、谨慎型犯罪人。这些犯罪人有着根深蒂固的犯罪倾向，他们对犯罪行为有着预先的设想或者至少有初步的计划。他们通常会以预先存在的犯罪动机进入犯罪现场，并且他们的犯罪是目的明确且有意为之的。他们犯罪的动机源于其犯罪行为固有的本质收益。他们会利用情境数据对参与犯罪的相对成本和收益做出合理选择，并积极寻求或创造犯罪机会。反社会掠夺者可能会专攻特定类型的犯罪，并在此类犯罪中成为多面手，但无论如何，所有的犯罪人都具备"足够的犯罪知识、技能和经验，努力将风险和付出降至最低，并将收益最大化"（Cornish and Clarke，2003：57）。

- ❑ 普通犯罪人在刑事责任上是矛盾的，在犯罪行为上是机会主义的。他们偶尔会有轻微的犯罪行为，可能普遍会有冲动控制的问题。一般来说，他们或多或少会一时冲动而不加思索地犯罪。就像反社会掠夺者一样，他们试图从自己的罪行中获取利益，但他们的从众心理更强，因此行为会受到更多的个人和社会约束。然而，这些限制会不时地减弱，普通犯罪人很容易受到激发其犯罪动机的突发事件的影响，特别是为了执行道德上受禁止的行为，他们可能会中立化自己的犯罪行为，特别是在情境因素能够掩盖个人责任的情况下。普通犯罪人易受诱导的程度有所不同，因而犯罪的程度也不同，但总体而言，他们犯罪的严重程度和频率都低于掠夺性犯罪人。

- ❑ 挑衅型犯罪人会对特定的环境（如情境挫折、愤怒、社会压力等）做出反应后进行犯罪，这些环境会诱使他们犯下原本不会犯的罪行。他们的罪行包括"一时冲动所犯的暴力罪行或者是暂时失控所犯的罪行"（Cornish and Clarke，2003：70）。被激怒的犯罪人可能有传统的价值观，过着守法的生活，他们参与犯罪可能是一种反常的行为，如果不是突然受到挑衅就不会犯罪。

犯罪人的类型研究表明，不同类型的犯罪人可能需要不同的防范策略。根据各种类型犯罪人的特征，个人的反社会性越强，就越有可能成为犯罪情境的主动操纵者，而不是被动响应者（见表 3.3）。对掠夺性犯罪人来说，环境情境数据主要是为选择犯罪目标提供信息。他们是犯罪机会的寻求者，如果有必要也是犯罪机会的创造者。犯罪的障碍是需要克服的挑战，对此预防策略就是需要减少犯罪机会。对普通犯罪人来说，情境则提供了诱导因素，他们善于抓住机会。由于普通犯罪人矛盾的道德心理，在缺乏直接犯罪机会的情况下，他们可能没有足够的动机去寻找犯罪目标。对于挑衅型犯罪人，情境为犯罪提供了动力，他们能够对当前环境做出反应。他们进行犯罪活动需要迅速的刺激，而削弱诱发犯罪的条件可以在某种程度上防止该类型的犯罪发生。

表 3.3　犯罪人的行为基于犯罪人类型与情境特征的相互作用

情　　境	犯罪人类型		
	反社会掠夺者	普通犯罪人	挑衅型犯罪人
挑战	主导		
诱惑	利用	利用	
激发	反应	反应	反应

在解释犯罪人类型和情境影响之间的相互作用时需要注意一点，就是必须要区分掠夺性机会主义犯罪人和挑衅型犯罪人。不能认为触发因素只与挑衅型犯罪人有关，掠夺性机会主义犯罪人也会在有挑衅的情境下犯罪。事实上，个人的犯罪倾向越强，他们就越容易被激怒（Wortley，2012）。因此，如表 3.3 所示，犯罪人类型包含下面所列出的犯罪模式。

3.4.2　犯罪的类型

对理性选择视角经常批判的内容之一是它只适用于谨慎型犯罪，即犯罪人能够明确计算出收益的犯罪（Hayward，2007；Tunnell，2002）。批评者认为，它不太适用于分析情感型或病态型犯罪，如暴力犯罪和性犯罪，这类犯罪被广泛认为是由心理缺陷导致的行为，而不是情境类因素。虽然这种对理性选择视角的批评也受到了质疑（Hayward，2007；Tunnell，2002），但事实上在传统的情境研究文献中，侵财类犯罪确实比人际犯罪更受关注，而触发因素的补充扩大了情境方法的分析范围，为更全面地分析所谓的"非理性"犯罪提供了依据。以下将讨论两个案例：人际间暴力犯罪和儿童性虐待。

1. 人际间暴力犯罪

研究人员对工具型暴力和表现型暴力进行了区分。工具型暴力是一种有计划的攻击，具有明确的犯罪目的（如经济收益）；表现型暴力是一种冲动反应，发生在一时冲动之下（Bowker，1985）。理性选择视角可以清楚地帮助解释工具型暴力，但在表现型暴力的案例中，理性选择能够起到的作用较小（Lowenstein and Lerner，2003；van Gelder et al，2014）。虽然已经证明类工具型和表现型暴力之间的区别并不明显，Tedeschi 和 Felson（1994）仍然认为表现型暴力也涉及某些理性的元素，大量的暴力事件存在人际冲突因素和其他环境触发因素并有所预谋。例如，在对澳大利亚凶杀案统计数据的分析中，只有19% 的案件被归结为工具型案件（Davies and Mousas，2007）。总体来说，60% 的受害者和犯罪人彼此认识。大约一半的犯罪人在作案时会受到酒精的影响；35% 涉及男性犯罪人的案件和 58% 涉及女性犯罪人的案件发生在家庭纠纷或其他争执过程中。即使在这些案件中用理性选择视角进行分析，在导致杀人的情境犯罪事件中犯罪人的决策能力也明显偏弱。

2. 儿童性虐待

儿童性犯罪人的典型形象是狡猾的掠夺者，他们被不可抗拒的心理冲动驱使着去犯罪。事实上研究表明，对多数儿童性犯罪人而言儿童并没有根深蒂固的性吸引力。儿童性犯罪人的再犯罪率出奇的低，在 5 年危险期后只有13% 的再发案率（Hanson and Bussiere，1998）。Smallbone 和 Wortley（2001）发现在他们的调查样本中，绝大多数（94%）的儿童性犯罪人明确知晓被害者的儿童身份，不到四分之一的人有过性犯罪前科，几乎一半的人只虐待过一名受害者。同时，非恋童癖成年男性偶尔被唤起对儿童的性冲动比预想的情况更多（Barbaree and Marshall，1989；Law and Marshall，1990），而 Wortley 和Smallbone（2014）发现，在被定罪的儿童性犯罪人中，只有 40% 的犯罪人表示儿童对自己有性吸引力。在没有强烈扭曲动机的情况下，当时的环境在引发儿童性侵犯罪中发挥着重要的作用（Smallbone，Marshall and Wortley，2008；Wortley and Smallbone，2006；Wortley and Smallbone，2014）。性冲动通常在亲密的照顾活动（如洗澡、穿衣、安慰、上床睡觉、打闹等）中被触发使犯罪人感到刺激。在性犯罪人的治疗领域中，这种情境触发因素的作用已经得到认可。在预防复发的工作中，犯罪人被教导要尽可能避免或限制自己进入性刺激的情境中，这样可能会形成一个犯罪周期效应（Pithers，Marques，Gibat and Marlatt，1983）。

3.4.3　犯罪环境的类型

在"胶囊"环境中，触发因素可能具有特殊的显著性。"胶囊"环境是指人们聚集在某一具有特定目的的场所，例如监狱、孤儿院和寄宿学校等住宿机构，以及夜总会和运动场等娱乐场所。人们所受压力与环境的封闭性质结合在一起，可以创造高压的条件。由于逃离"胶囊"环境的选择有限，情境触发因素产生异常行为的可能性加大。以下将以夜店和监狱为例对触发因素的作用进行详细描述。

1. 夜店

本章所涉及的夜店暴力情境与想象中的存在差距。对夜店和酒吧暴力的研究清楚地指出了情境因素所起的关键作用。Homel 及其同事（Homel and Clark，1994；Homel，Hauritz，Wortley，McIlwain and Carvolth，1997；Macintyre and Homel，1997）调查了澳大利亚一个著名旅游胜地夜店区域的暴力情况，发现暴力行为与夜店房屋的物理结构和餐饮供应管理政策有关。Homel 和 Clark（1994）发现暴力行为与一系列容易激怒情绪的环境特征相关，如吸烟量大、缺乏通风、照明差以及保安人员的挑衅行为。Macintyre 和 Homel（1997）分析了部分经营场所的平面图，他们发现，厕所通道与吧台之间交叉通道的不合理设计增加了人群拥挤程度，这与暴力程度显著增加有关。Homel 等人（1997）发现缺乏规范的酒水服务（如过度打折、举行饮酒比赛、为醉酒顾客继续提供服务、无法提供酒精替代品等）极大地助长了顾客的暴力倾向。而经营场所持照经营并严格执行行业服务准则、增强服务意识、加强外部监管以及严格执行酒牌法例则能够使各夜总会与酗酒相关的暴力事件大幅减少。

2. 监狱

诸如监狱等"完全封闭"的场所使被关押犯人产生病态行为的能力已得到了充分的证明（Goffman，1961）。监狱环境处处充斥着令人沮丧和厌恶的地方（Wortley，2002）。监狱里通常较为拥挤，犯人被迫与他们在其他情况下永远没有交集的人生活在一起。监狱的建筑通常是无趣和单一的，日常生活单调且重复，政府控制着一切，有时甚至是带有压迫性的。在大多数监狱中，被关押的犯人无法控制环境中最简单的因素，如打开或关闭牢房的灯和调节暖气。不足为奇的是，囚犯在监狱里实施攻击的次数是在监狱外的2倍（Cooley，1993），自杀的可能性是在监狱外的4倍（Ramsay，Tanney and Searle，1987）。控制囚犯行为的传统方法是通过监狱管理中的安全措施，这是一种符合理性选择的策略。然而，需要注意的是这显然不是监狱混乱的唯一决定因素。例如，Allard，Wortley 和 Stewart（2008）发现，监狱中监控系统（CCTV）能够减少工具型攻击行为的发生，但不能减少表现性攻击行为的发生。相比之下，另一种策略是减少诱发监狱混乱的情境压力。

3.5 启示与结论

　　这一章中所说明的情境在犯罪中的作用与环境犯罪学中将情境概念化的方式有所不同。有人认为情境不仅为有动机的犯罪人提供了机会，还可以在提供犯罪动机方面发挥作用。此外，与理性选择视角中所描述的谨慎过程不同，犯罪人可能完全没有意识到环境对自身的影响。有学者认为在犯罪人行为的情境模型中纳入触发因素的作用能够更加充分地说明犯罪是由人与情境相互作用产生的，这是环境犯罪学的一个基本假设。

　　环境犯罪学家秉持实用主义精神避免单纯的理论化目的。这种观点认为情境可能会诱使个人犯下他们原本没有设想的罪行。触发因素的重要性表现在以下五点：

- ❑ 对情境触发因素的考虑扩大了情境预防犯罪理论的适用范围。情境预防犯罪的传统任务是减少犯罪机会。情境触发因素分析方法的提出扩展了减少犯罪机会的概念。Wortley（2001；2002）阐述了情境触发因素的犯罪预防内涵，并提出了犯罪预防方法建议，情境触发因素的概念也被纳入 Clarke 的情境犯罪预防模型中，其主要目的是减少挑衅（Cornish and Clarke，2003；Clarke and Eck，2003；Clarke，本书第 13 章）。

- ❑ 在情境模型中纳入触发因素的概念有助于分析非理性行为或迄今为止被情境预防研究人员所忽略的犯罪行为。批评者认为，诸如人际暴力和性侵犯等行为超出了情境预防的范围。虽然这种批评一直存有争议，但如果把触发因素作为情境分析的一部分考虑进去，这种批评就会不那么正确了。

- ❑ 情境触发因素提出了许多"柔性"的预防措施。例如，减少环境中的压力和欠缺人性化的因素（Wortley，2002）。对理性选择的批评之一是它过度将目标强化作为预防策略。批评者将情境预防等同于"硬"防守。虽然这种批评可能并不公平（Clarke，1997），但触发因素有助于提供一个更加平衡的情境预防形象。

- ❑ 触发因素有助于消除人们对犯罪转移的怀疑。人们对情境犯罪预防的一个常见批评观点是："如果一个犯罪机会被阻断，有犯罪动机的人就容易转移到另一个地点或目标继续作案。"从经验上看，预防犯罪的数量总是超过犯罪转移的数量（Clarke，1997）。触发因素对此提供了一种解释：如果某一情境能够触发潜在犯罪人的犯罪动机，那么触发因素将减少其寻找其他犯罪机会的动机的可能性。

☐ 触发因素有助于解释和防范适得其反的情境干预措施。有时，减少机会策略的效果是增加而不是减少犯罪（Wortley，1998；2002）。例如，对过于严格行为的限制条例（如过于严格的监狱制度）会产生挫折感和引起反抗，并增加暴力的表现力（如监狱暴乱）。也就是说，在极端情况下，一些机会减少策略可以转化为触发因素。犯罪预防参与人员必须在"紧固"与"松弛"之间找到适当的平衡。

内 容 回 顾

1. 回想一件你做过但不符合自己性格且并不引以为傲的事情，并分析当时是什么情境因素导致了个人准则的下降？

2. 如果你是米尔格拉姆服从权威实验的参与者，你会怎么做？在适当的情况下，我们是否都有能力做出本应受谴责的行为？

3. 当人们被高度的情绪所左右或性冲动被唤起时，是否会完全失去自我控制？触发因素的概念是否威胁到人们对自身行为负责的原则？

4. 回看本章开头 Jim 的夜店案例，并参照表 3.2 中的触发因素进行分类。

（1）说明作用于 Jim 触发因素的种类并将其列入分类表。

（2）对于每一个触发因素，提出可以采取的干预措施，以减少其对夜店顾客的影响。

5. 列出三种减少犯罪触发因素可能会增加犯罪机会和/或减少犯罪机会可能会增加犯罪触发因素。在这些情况下应该达到什么样的平衡？

参 考 文 献

Allard, T., Wortley, R. and Stewart, A. (2008). 'The Effect of CCTV on Prisoner Misbehav - iour', *Prison Journal*, 88, 404-442.

Atlas, R. (1982). *Violence in Prison: Architectural Determinism*, Unpublished doctoral thesis, School of Criminology, Florida State University.

Atlas, R. (1984). 'Violence in Prison: Environmental Influences', *Environment and Behavior*, 16, 275-306.

Bandura, A. (1965). 'Influence of Models' Reinforcement Contingencies on the Acquisi - tion of Imitative Responses', *Journal of Personality and Social Psychology*, 1, 589-595.

Bandura, A. (1977). *Social Learning Theory*. Englewood Cliffs, NJ: Prentice-Hall. Bandura, A., Barbaranelli, C., Capara, G.V. and Pastorelli, C. (1996). 'Mechanisms of Moral Disengagement in the Exercise of Moral Agency', *Journal of Personality and Social Psychology*, 71, 364-374.

Banzinger, G. and Owens, K. (1978). 'Geophysical Variables and Behavior: Weather Fac - tors as Predictors of Local Social Indicators of Maladaptation in Two Non-Urban Areas', *Psychological Reports*, 43, 427-434.

Barbaree, H.E. and Marshall, W.L. (1989). 'Erectile Responses Amongst Heterosexual Child Molestors, Father-Daughter Incest Offenders and Matched Nonoffenders: Five Distinct Age Preference Profiles', *Canadian Journal of Behavioral Science*, 21, 70-82.

Baum, A. and Valins, S. (1977). *Architecture and Social Behavior: Psychological Studies of Social Density* . Hillsdale, NJ: Erlbaum.

Baum, A., Singer, J.E. and Baum, C.S. (1981). 'Stress and the Environment', *Journal of Social Issues*, 37, 4-35.

Bensley, L.S. and Wu, R. (1991). 'The Role of Psychological Reactance in Drinking Following Alcohol Prevention Messages', *Journal of Applied Social Psychology*, 2, 1111-1124.

Bottoms, A.E., Hay, W. and Sparks, J.R. (1995). 'Situational and Social Approaches to the Prevention of Disorder in Long-Term Prisons'. In T.J Flanagan (ed.), *Long-Term Imprisonment*. Thousand Oaks, CA: Sage, pp. 186-196.

Bouhana, N. (2013). 'The Reasoning Criminal vs. Homer Simpson: Conceptual Chal - lenges for Crime Science.' *Frontiers in Human Neuroscience*, 7, 682.

Boulton, M. J. (1994). 'Understanding and Preventing Bullying in the Junior School Playground'. In P.K. Smith and S. Sharp (eds), *School Bullying: Insights and Perspectives*. London: Routledge, pp. 132-159.

Bowker, L.H. (1985). 'An Essay on Prison Violence'. In M. Braswell, S. Dilligham and R. Montgomery, (eds) *Prison Violence in America*. Cincinnati, OH:

Anderson, 7-17.

Brehm, J.W. (1966). *A Theory of Psychological Reactance*. New York: Academic Press.

Carlson, M., Marcus-Newhall, A. and Miller, N. (1990). 'Effects of Situational Aggressive Cues: A Quantitative Review', *Journal of Personality and Social Psychology*, 58, 622-633.

Carter, N., Holström, A., Simpanen, M. and Melin, K. (1988). 'Theft Reduction in a Grocery Store Through Product Identification and Graphing of Losses for Employees', *Journal of Applied Behavioral Analysis*, 21, 385-389.

Clark, J.B. and Hollinger, R.C. (1983). *Theft by Employees in Work Organizations*. Washington, DC: US Department of Justice.

Clarke, R.V. (1997). 'Introduction'. In R.V. Clarke (ed.), *Situational Crime Prevention: Successful Case Studies* (2nd edn), Albany NY: Harrow & Heston, 2-43.

Clarke, R.V. and Eck, J. (2003). *Become a Problem-Solving Crime Analyst*. Cullompton, UK: Willan.

Clarke, R.V. and Homel, R. (1997). 'A Revised Classification of Situational Crime Preven - tion Techniques'. In S.P. Lab (ed.), *Crime Prevention at the Crossroads*. Cincinnati, OH: Anderson, pp. 21-35.

Colman, A. (1991). 'Psychological Evidence in South African Murder Trials', *The Psychologist* , 46(10), 482-486.

Cooley, D. (1993). 'Criminal Victimization in Male Federal Prisons'. *Canadian Journal of Criminology*, 35, 479-495.

Cornish, D.B. and Clarke, R.V. (2003). 'Opportunities, Precipitators and Criminal Disposi - tions: A Reply to Wortley's Critique of Situational Crime Prevention'. In M.J. Smith and D.B. Cornish (eds), *Theory for Practice in Situational Crime Prevention: Crime Prevention Studies, Vol. 16* . Monsey, NY: Criminal Justice Press, pp. 41-96.

Cozens, P. and Grieve, S. (2014). 'Situational Crime Prevention at Nightclub Entrances in Perth, Western Australia; Exploring Micro-Level Crime Precipitators', *Crime Prevention and Community Safety*, 16, 54-70.

Davies, M. and Mousas, J. (2007). *Homicide in Australia: 2005-2006 National Homicide Monitoring Program Annual Report. Research and Public Policies Series No. 77*. Canberra: Australian Institute of Criminology.

Dean, L.M., Pugh, W.M. and Gunderson, E.K. (1978). 'The Behavioral Effects of Crowding: Definitions and Methods, *Environment and Behavior*, 10, 413-431.

Donnerstein, E. and Wilson, D.W. (1976). 'Effects of Noise and Perceived Control on Ongoing and Subsequent Aggressive Behavior', *Journal of Personality and Social Psychology*, 34, 774-781.

Ekblom, P. (2007). 'Making Offenders Richer'. In G. Farrell, K. Bowers, S. Johnson and M. Townsley (eds), *Imagination for Crime Prevention: Essays in Honour of Ken Pease. Crime Prevention Studies, Vol. 21* . Devon, UK: Willan Publishing, pp. 21-41.

Elliot, M., ed. (1991). *Bullying: A Practical Guide to Coping for Schools* . Harlow, UK: Longman.

Fitzgerald, G. (1989). *Commission of Inquiry into Possible Illegal Activities and Associated Police Misconduct*. Brisbane: Queensland Government Printer.

Foster, J. and Hope, T. (1993). *Housing, Community and Crime: The Impact of the Priority Estates Project*. Home Office Research Study No. 131. London: HM Stationery Office.

Garcia-Retamero, R. and Dhami, M.K. (2009) 'Take-The-Best In Expert-Novice Decision Strategies For Residential Burglary', *Psychomonic Bulletin and Review*, 16, 163-169.

Goffman, E. (1961). *Asylums* . Garden City, NY: Anchor Books.

Goodstein, L., MacKenzie, D.L. and Shotland, R.L. (1984). 'Personal Control and Inmate Adjustment to Prison', *Criminology: An Interdisciplinary Journal*, 22, 343-369.

Goranson, R.E. and King, D. (1970). *Rioting and Daily Temperature: Analysis of the U.S. Riots in 1967*. Toronto, ON: York University.

Gove, W.R., Hughs, M. and Galle, O.R. (1977). 'Overcrowding in the Home: An Empirical Investigation of its Possible Pathological Consequences', *American Sociological Review*, 44, 59-80.

Graham, K. and Homel, R. (2008). *Raising the Bar* . Abingdon, UK: Routledge.

Greenberg, J. (1990). 'Employee Theft as a Reaction to Underpayment Inequity: The Hidden Cost of Pay Cuts', *Journal of Applied Psychology*, 75, 561-568.

Greenberg, J. (1997). 'The STEAL Motive. Managing the Social Determinants of Employee Theft'. In R.A. Giacalone and J. Greenberg (eds), *Antisocial Behavior in Organisations* . Thousand Oaks, CA: Sage, 85-108.

Haney, C., Banks, C. and Zimbardo, P. (1973). 'Interpersonal Dynamics in a Simulated Prison', *International Journal of Criminology and Penology*, 1, 69-97.

Hanson, R.K. and Bussiere, M.T. (1998). 'Predicting Relapse: A Meta-analysis of Sexual Offender Recidivism Studies', *Journal of Consulting and Clinical Psychology, 66*, 348-362.

Harding, R.W., Morgan, F.H., Indermaur, D., Ferrante, A.M. and Blagg, H. (1998). 'Road Rage and the Epidemiology of Violence: Something Old, Something New', *Studies on Crime and Crime Prevention*, 7, 221-238.

Harkins, L. and Dixon, L. (2010). 'Sexual Offending in Groups: An Evaluation', *Aggression and Violent Behavior*, 15, 87-99.

Harries, K.D. and Stadler, S.J. (1988). 'Heat and Violence: New Findings From the Dallas Field Data, 1980-1981', *Journal of Applied Social Psychology*, 18, 129-138.

Hayward, K. (2007). 'Situational Crime Prevention and its Discontents: Rational Choice Theory Versus the "Culture of Now" ', *Social Policy and Administration*, 41, 232-250.

Hollinger, R. C. (1989). *Dishonesty in the Workplace: A Manager's Guide to Preventing Employee Theft* . Park Ridge, IL: London House.

Homel, R. and Clark, J. (1994). 'The Prediction and Prevention of Violence in Pubs and Clubs', in R.V. Clarke (ed.), *Crime Prevention Studies, Vol., 3* . Monsey, NY: Criminal Justice Press, pp. 1-46.

Homel, R., Hauritz, M., Wortley, R., McIlwain, G. and Carvolth, R. (1997). 'Preventing Alcohol-Related Crime Through Community Action: The Surfers Paradise Safety Action Project'. In R. Homel (ed.), *Policing for Prevention. Crime Prevention Studies, Vol. 7* . Monsey, NY: Criminal Justice Press, pp. 35-90.

Indermaur, D. (1996). 'Reducing Opportunities for Violence in Robbery and Property Crime: The Perspectives of Offenders and Victims'. In R. Homel (ed.), *The Politics and Practice of Situational Crime Prevention. Crime Prevention Studies, Vol. 5*. Monsey, NY: Criminal Justice Press, pp. 133-157.

Joinson, A.N., (2007). 'Disinhibition and the Internet'. In J. Gackenbach (ed.), *Psychology and the Internet: Intrapersonal , Interpersonal and Transpersonal Implications*. Burlington, MA: Academic Press, pp. 75-92.

Kelman, H.C. and Hamilton, V.L. (1989). *Crimes of Obedience* . Binghamton,

NY: Yale University Press.

Lang, A.R., Goeckner, D.J., Adesso, V.G. and Marlatt, G.A. (1975). 'Effects of Alco - hol on Aggression in Male Social Drinkers', *Journal of Abnormal Psychology*, 84, 508-518.

Laws, D.R. and Marshall, W.L. (1990). 'A Conditioning Theory of the Eitiology and Maintenance of Deviant Sexual Preferences and Behavior'. In W.L. Marshall, D.R. Laws and H.E. Barbaree (eds), *Handbook of Sexual Assault: Issues, Theories and Treatment of the Offender*. New York: Plenum, pp. 209-229.

Laycock, G. and Pease, K. (2012). 'Ron and the Schiphol Fly'. In N. Tilley and G. Farrell (eds), *The Reasoning Criminologist: Essays in Honour of Ronald V. Clarke*. London: Routledge, pp. 172-183.

LeBeau, J. L. (1994). 'The Oscillation of Police Calls to Domestic Disputes with Time and the Temperature Humidity Index', *Journal of Crime and Justice*, 17, 149-161.

Lefkowitz, M., Blake, R.R. and Mouton, J.S. (1955). 'Status Factors in Pedestrian Viola - tion of Traffic Signals', *Journal of Abnormal and Social Psychology*, 51, 704-705.

Ley, D. and Cybriwsky, R. (1974). 'Urban Graffiti as Territorial Markers', *Annals of the Association of American Geographers*, 64, 491-505.

Leyens, J.P., Camino, L., Parke, R.D. and Bekowitz, L. (1975). 'Effects of Movie Violence on Aggression in a Field Setting as a Function of Group Dominance and Cohesion', *Journal of Personality and Social Psychology*, 32, 346-360.

Lombardo, L.X. (1989). *Guards Imprisoned: Correctional Officers at Work*, 2nd edn. Cincinnati, OH: Anderson.

Lowenstein, G. and Lerner, J.S. (2003). 'The Role of Affect in Decision Making'. In R.J. Davidson, K.R. Scherer and H.H. Goldsmith (eds), Handbook of Affective Sciences. Oxford: Oxford University Press, pp. 619-642.

McGloin, J.M. and Piquero, A.R. (2009). 'I Wasn't Alone: Collective Behaviour and Violent Delinquency', *The Australian and New Zealand Journal of Criminology*, 42, 336-353.

Macintyre, S. and Homel, R. (1997). 'Danger on the Dance Floor: A Study on Interior Design, Crowding and Aggression in Nightclubs'. In R. Homel (ed.), *Policing for Prevention: Reducing Crime, Public Intoxication and Injury. Crime*

Prevention Studies, Vol. 7. Monsey, NY: Criminal Justice Press, pp. 91-113.

Marshall, W.L. (1988). 'The Use of Explicit Sexual Stimuli by Rapists, Child Molestors and Non-Offender Males', *Journal of Sex Research*, 25, 267-288.

Milgram, S., (1963). 'Behavioral Study of Obedience', *The Journal of Abnormal and Social Psychology*, 67(4), 371.

Milgram, S. (1974). *Obedience to Authority: An Experimental View*. New York: Harper & Row.

Nagle, J.F. (1978). *Report of the Royal Commission into New South Wales Prisons*. Sydney: NSW Government Printer.

Nee, C. and Meenaghan, A. (2006) Expert Decision-Making in Burglars, *British Journal of Criminology*, 46, 935-949.

Nee, C. and Ward, T. (2014). 'Review of Expertise and its General Implications for Correctional Psychology and Criminology', *Aggression and Violent Behavior*, 20, 1-9.

Oliver, S.S., Roggenbuck, J.W. and Watson, A.E. (1985). 'Education to Reduce Impacts in Forest Campgrounds', *Journal of Forestry*, 83, 234-236.

Olweus, D. (1978). *Aggression in Schools*. Washington, DC: Hemisphere.

O'Neill, S.M. and Paluck, B.J. (1973). 'Altering Territoriality Through Reinforcement'. In *Proceedings of the 81st Annual Convention of the American Psychological Association*. Montreal, Canada, 901-902.

Parilla, P.F., Hollinger, R.C. and Clark, J.P. (1988). 'Organizational Control of Deviant Behavior: The Case of Employee Theft', *Social Science Quarterly*, 69, 261-280.

Paulus, P. (1988). *Prison Crowding: A Psychological Perspective*. New York: Springer-Verlag.

Phillips, D.P. (1983). 'The Impact of Mass Media Violence on US Homicides', *American Sociological Review*, 48, 560-568.

Phillips, D.P. (1989). 'Recent Advances in Suicidology: The Study of Imitative Suicide'. In R.F.W. Diekstra, R. Maris, S. Platt, A. Schmidtke and G. Sonneck (eds), *Suicide and its Prevention*. New York: E.J. Brill, pp. 299-312.

Phillips, D.P. and Carstensen, L.L. (1990). 'The Effects of Suicide Stories on Various Demographic Groups 1968-1985'. In R. Surette (ed.), *The Media and Criminal Justice Policy*. Springfield, IL: Charles C. Thomas, pp. 63-72.

Pithers, W.D., Marques, J.K., Gibat, C.C. and Marlatt, G.A. (1983). 'Relapse

Preven - tion with Sexual Aggressives: A Self-control Model of Treatment and Maintenance of Change'. In J.G. Greer and I.R. Stuart (eds), *The Sexual Aggressor: Current Perspectives on Treatment*. New York: Von Nostrand Reinhold, pp. 214- 239.

Quinn, J.F. and Forsyth, C.J. (2009). 'Leathers and Rolexs: The Symbolism and Values of the Motorcycle Club', *Deviant Behavior*, 30, 235-265.

Ramsay, R.F., Tanney, B.L. and Searle, C.A. (1987). 'Suicide Prevention in High-Risk Prison Populations', *Criminology*, 21, 213-232.

Randall, P. (1997). *Adult Bullying*. London: Routledge.

Reicher, S. (1991). 'Politics of Crowd Psychology', *The Psychologist*. November, 487-491.

Rosenthal, R. (1990). 'Media Violence, Antisocial Behavior and the Social Consequences of Small Effects'. In R. Surette (ed.), *The Media and Criminal Justice Policy*. Springfield, IL: Charles C Thomas, pp. 53-61.

Rotton, J. and Frey, J. (1985). 'Air Pollution, Weather and Violent Crimes: Concomitant Time-Series Analysis of Archival Data', *Journal of Personality and Social Psychology*, 49, 1207-1220.

Shellow, R. and Roemer, D.V. (1987). 'No Heaven for "Hell's Angels"'. In R.H. Turner and L.M. Killian (eds), *Collective Behavior*, 3rd edn. Englewood Cliffs, NJ: Prentice-Hall, pp. 115-123.

Sherman, L. (1993). 'Defiance, Deterrence and Irrelevance: A Theory of the Criminal Sanction', *Journal of Research in Crime and Delinquency*, 30, 445-473.

Sidebottom, A. and Tilley, N. (in press). 'Situational Prevention and Offender Decision Making'. In W. Bernasco, H. Elffers and J.L. Van Gelder (eds), *Oxford Handbook of Offender Decision Making*. Oxford: Oxford University Press.

Silbert, M.H. and Pines, A.M. (1984). 'Pornography and Sexual Abuse of Women', *Sex Roles,* 10, 857-888.

Silke, A. (2003). 'Deindividuation, Anonymity and Violence: Findings from Northern Ireland,. *The Journal of Social Psychology*, 143(4), 493-499.

Skinner, W.F. and Fream, A.M. (1997). 'A Social Learning Theory Analysis of Computer Crime Among College Students', *Journal of Research in Crime and Delinquency*, 34, 495-518.

Smallbone, S.W. and Wortley, R.K. (2001). 'Child Sexual Abuse: Offender

Characteristics and Modus Operandi', *Australian Institute of Criminology Trends and Issues in Crime and Criminal Justice*, No. 193.

Smallbone, S., Marshall, W., Kehoe, W.J., McIntyre, J.T. and Blair, K.E. (1991). *Reducing Employee Theft: A Guide to Financial and Organisational Controls*. New York: Quorum.

Sparks, R., Bottoms, A. and Hay, W. (1996). *Prison and the Problem of Order*. Oxford: Clarendon.

Spector, P.E. (1997). 'The Role of Frustration in Antisocial Behavior at Work'. In R.A. Giacalone and J. Greenberg (eds), *Antisocial Behavior in Organisations*. Thousand Oaks, CA: Sage, pp. 1-17.

Steiner, B. and Wooldredge, J. (2008). 'Inmate Versus Environmental Effects on Prison Rule Violations', *Criminal Justice and Behavior*, 35, 438-456.

Sykes, G. and Matza, D. (1957). 'Techniques of Neutralization: A Theory of Delinquency', *American Journal of Sociology*, 22, 664-670.

Tedeschi, J. and Felson, R.B. (1994). *Violence, Aggression and Coercive Action*. Washington, DC: American Psychological Association Books.

Townsley, M. and Grimshaw, R., (2013). 'The Consequences of Queueing: Crowding, Situational Features and Aggression in Entertainment Precincts', *Cime Prevention and Community Safety*, 15(1), 23-47.

Tunnell, K.D. (2002). 'The Impulsiveness and Routinization of Decision-Making'. In A.R. Piquero and S.G. Tibbetts (eds), *Rational Choice and Criminal Behavior: Recent Research and Future Challenges*. New York: Routledge, pp. 265-278.

Van Gelder, J.L., Elffers, H., Reynald, D. and Nagin, D. (2014). 'Affect and Cognition in Criminal Decision-Making: Between Rational Choice and Lapses of Self Control'. In J.L. Van Gelder, H. Elffers, D. Reynald and D.S. Nagin (eds), *Affect and Cognition in Criminal Decision-Making*. London: Routledge, pp. 1-19.

Vander Stoep, G. and Gramann, J. (1987). 'The Effect of Verbal Appeals and Incentives on Depreciative Behavior Among Youthful Park Visitors', Journal of Leisure Research, 19, 69-83.

Wilson, J.Q. and Kelling, G. (1982). 'The Police and Neighborhood Safety: Broken Windows'. *Atlantic*. 127, 29-38.

Wortley, R.(1996). 'Guilt, Shame and Situational Crime Prevention'. In R. Homel, (ed.), *The Politics and Practice of Situation Crime Prevention Crime*

Prevention Studies, Vol. 5. Monsey, NY: Criminal Justice Press, pp. 115-132.

Wortley, R. (1997). 'Reconsidering the Role of Opportunity in Situational Crime Prevention'. In G. Newman, R.V. Clarke and S.G. Shohan (eds), *Rational Choice and Situational Crime Prevention*. Aldershot: Ashgate, pp. 65-81.

Wortley, R. (1998). 'A Two-stage Model of Situational Crime Prevention', *Studies on Crime and Crime Prevention*. 7, 173-188.

Wortley, R. (2001). 'A Classification of Techniques for Controlling Situational Precipitators of Crime', *Security Journal*, 14(4),63-82.

Wortley, R. (2002). *Situational Prison Control: Crime Prevention in Correctional Institutions*. Cambridge: Cambridge University Press.

Wortley, R. (2011). *Psychological Criminology: An Integrative Approach*. London: Routledge.

Wortley, R (2012). 'Exploring the Person-Situation Interaction in Situational Crime Prevention'. In N. Tilley and G. Farrell (eds) *The Reasoning Criminologist: Essays in Honour of Ronald V. Clarke*, London: Routledge, pp. 184-193.

Wortley, R. (2013). 'Rational Choice and Offender Decision Making: Lessons from the Cognitive Sciences'. In B. Leclerc and R. Wortley (eds), *Cognition and Crime: Offender Decision-making and Script Analyses*. London: Routledge, pp. 237-252.

Wortley, R. and Smallbone, S. (2006). 'Applying Situational Principles to Sexual Offending Against Children'. In R. Wortley and S. Smallbone (eds), *Situational Prevention of Child Sexual Abuse. Crime Prevention Studies*. Monsey, NY: Criminal Justice Press, pp. 7-35.

Wortley, R. and Smallbone, S.(2014). 'Emotional Arousal and Child Sex Offending: A Situational Perspective'. In J.L. van Gelder, H. Elffers, D. Nagin and D. Reynald (eds), *Affect and Cognition Affect and Cognition in Criminal Decision-making: Between Rational Choices and Lapses of self-control*. London: Routledge, pp. 119-139.

Zimbardo, P. (2007). The Lucifer Effect. New York: Random House.

第 4 章　日常活动理论

Marcus Felson

4.1　什么是日常活动理论

日常活动理论提出于 20 世纪 70 年代，当时主要用来解释二战后美国犯罪率大幅上升的原因。犯罪的增长尤其始于 1963 年人口出生高峰的到来时期，但这并不能用单纯的人口增长来进行解释。传统社会变量（如贫困）的变化也不符合犯罪率大幅上升的趋势，这便促使 Felson 进行了深入思考。

第一，Felson 意识到有必要关注犯罪问题而不是犯罪人。传统的理论倾向于关注人而不是事件。为了解决这个问题必须从研究的视角进行改变。

第二，Felson 提出了犯罪分析的三要素法，即每一个犯罪事件都需要三个要素的聚合：一个潜在的犯罪人、一个合适的目标以及一个能够制止犯罪发生的监控主体的缺失。这意味着两个要素的存在和一个要素的缺失对于了解犯罪事件及其发生的概率是至关重要的。

第三，Felson 从受害者调查分析（该工作自 20 世纪 70 年代起越来越普遍）中认识到，犯罪事件与人们的日常活动密切相关，包括工作、学校和家庭生活。

第四，很明显地，警察和保安在以防止犯罪为目的对人和事的监督上远没有普通公民重要。

第五，在 Felson 看来，商品的重量越来越轻，而单位价值越来越高，所以有更容易被盗的趋势。因此，对犯罪的预防最好是从犯罪目标对犯罪人的价值、物品的重量、物品的可见性以及犯罪人是否能够实际接触到目标等方面做出努力。此外，这一思路也有助于理解暴力犯罪的发生。

因此，日常活动理论既强调社会现实世界，也重视物理特征的社会环境，从而将犯罪分析发展成为了一个科学的方法体系。它不再只从犯罪人的角度来理解犯罪，而是同时考虑人们在哪里、他们在做什么、他们的财产在哪里、他们和谁在一起，以及是否有可能犯罪和受害等问题。这样，犯罪学变得更加具象而非形而上、哲学化或触不可及。

4.2　日常活动理论的发展

自日常活动理论出现以来，它逐渐发展并与犯罪分析的其他方法相融合。从 20 世纪 70 年代末开始，日常活动理论就一直是一种兼顾微观与宏观的犯罪形成理论。在微观层面上，该理论认为在缺乏有能力防范犯罪的安保人的情况下，当犯罪嫌疑人与合适的犯罪目标相遇时便可能产生犯罪。在宏观层面上，该理论认为更大的社会和更大社区的某些特征可以促使犯罪要素的融合。

日常活动力量之所以以最简单明了的形式进行表述，其目的是为模糊的犯罪理论提供了另一种解释方式（Cohen and Felson，1979；Felson and Cohen，1980）。它的出现也是为了避免理论自身的毁灭。许多犯罪学理论存在优秀的思想，但随着时间的推移，该思想却在发展和演变中逐渐凋零。就好比在儿童的电话游戏中，一群孩子围成一个圆圈，逐个以耳语的方式传递消息，从第一个传递到最后一个时，往往消息的内容已经是面目全非。犯罪学理论也是如此。日常活动理论在很大程度上避免了这一过程，因为它确实简洁而不容易篡改。另一方面，日常活动理论有时也会被断章取义的人误解或轻视，或者被没有阅读后续文章和书籍的人忽视。

1979 年发表的《日常活动理论》一文既是一般性的知识陈述，也是中等级别的犯罪学理论的发表。在一般的知识陈述中，犯罪被认为与广义的法律活动有关。但是在日常活动理论看来，犯罪被视为日常生活广泛生态系统中的一部分。Amos Hawley 在 1950 年提出的人类生态学理论是日常活动理论的基础。

4.3　日常活动理论的说明和产生

部分引用过日常活动理论的研究人员似乎完全没有意识到这一理论的普遍性基础，也没有意识到这篇论文对社会技术和组织在防控犯罪工作上提出了非常新颖的观点。虽然引用日常活动理论的人众多，但仅有少部分人了解到远比犯罪人、犯罪目标、安保人更多的理论内涵。事实上许多学者甚至不知道日常活动理论将美国的大规模犯罪增长归因于犯罪人远离家庭生活和家人以及商品和服务技术的转变。很少有人意识到它与数十年乃至数百年都在适用的一般生态理论之间存在的联系。

即使在微观层面上，并不是所有引用这一理论的人都能正确理解其内涵。安保力量通常不是指警察或保安，一般来说，安保力量是指在案发现场或附近能够制止犯罪的人。通常人们都是在不经意间保护着自己的财产，而且有时人们也会同样不经意地保护亲戚、朋友甚至陌生人的财产。但在日常活动理论中，"Guardian（安保人）"一词其实并不是"Guard（保护）"的意思，而用"Supervision（监管）"这个词就更清楚一些，所以现在更多地在使用这个词。但是在英语中"Supervisor"有"Boss（老板）"的意思，所以在词汇的选择上也总是存在一定的争议。

4.4　词语的选择

在词语的选择上，决定使用"Target（目标）"而不是"Victim（受害者）"也是一个有意思的决定。受害者学在当时非常流行，关于受害者的研究与日俱增。但是，"Victim（受害者）"一词并没有把直接遭受人身攻击的受害者与当事人不在的情况下家庭财产受到侵犯的受害者区分开来。日常活动理论关注的是犯罪人，而不是受害者和社会。从侵财犯罪人的角度来看，他们的兴趣点在于财产，与财产所有人无关。诚然，一部分侵财犯罪也带有故意的人身攻击，但直接的身体接触是在犯罪人和犯罪目标之间，而犯罪目标有时是人，有时是物品。

对于"Routine activity approach（日常活动理论）"一词的遴选也是必要的，因为一些普通的词汇在犯罪学中具有特有的含义。"Opportunity（机会）"一词早已被占用，意为"Economic opportunity（经济的机会）"。"Control（控制）"也被用以表达其他含义。"Ecology（社会生态）"已经被用来表示局部区域的生态而不是相互依赖关系。于是就选定了"Routine activity（日常活动）"这个词。这是一个幸运的选择，因为它赋予了这个理论的独特性，同时也带有了一点讽刺意味。据统计，犯罪是相对罕见的事件，一个罕见的事件可能是常规事件的结果，这就无形当中增加了转折和挑战，这一解释正符合理论提出者的设想。

人现在称其为"日常活动理论"，但理论提出者 Felson 更喜欢称之为"日

常活动方法"，称之为"理论"是出于实质性原因，而称之为"方法"是出于
战术性考虑。实质性原因是指它尚且不是一个成熟的理论。战术原因是指该想
法对传统的犯罪学家来说已经颇具挑战，称其为理论就像在公牛面前挥舞红色
斗篷一样，因此称其为一种方法是更谦虚的表述。这个方法是对传统犯罪学公
然的挑战，但必须坚持发表出来，这就需要持续的努力以克服来自期刊审稿人
的巨大阻力。

4.4.1　日常活动理论论文发表的阻力

在论文正式发表的 3 年前 Felson 就已经完成了初稿。在这个过程中，
Lawrence Cohen 加入了他的团队，并重新梳理了稿件使之更容易被理解和接
受。但在一开始还是失败的，尽管日常活动理论现在是犯罪学领域中被引用最
多的理论之一，而且最初这篇文章的原稿还是被 6 家主流期刊拒绝过，其中
就包括了排名前三的社会学期刊《美国社会学评论（*the American Sociological
Review*)》《美国社会学（*American Journal of sociology*)》《社会力量（*Social
Forces*)》。这些期刊的审稿人评论包括：

"令人印象深刻的经验主义"

"在证据部分出现了问题"

"牵强附会"

"人类生态学的方法……行不通"

"高度怀疑"

"重新包装的旧理论……是 Cloward and Ohlin 的翻版。"

"提出的问题比答案多"

"一篇匪夷所思的文章"

"非常模糊……可疑的油嘴滑舌"

"一堆悖论"

"冗长而无聊"

"这些分析是否值得保存？我对此表示怀疑。"

"（我）建议这位才华横溢的社会学家转向一个更有意义的问题。"

在投稿过程中的某天，《美国社会学评论》搬到了 Felson 团队所就职的伊
利诺伊大学厄本那 - 香槟分校。期刊主编毫不掩饰地表示不喜欢 Felson 的团队
和他们的理论。尽管这本期刊拒绝了他们的稿件，但副主编非常喜欢这篇文
章，并且（在没有经过主编同意的情况下）允许他们重新提交。副主编把文章

分配给了态度坚定但非常有声望的审稿人，所以主编别无选择只能将其出版。

在正式发表之前，该论文的另一个版本还曾经被提交给 1978 年在新奥尔良举行的美国刑事司法科学院（Academy of Criminal Justice Sciences，ACJS）年会。当时的 ACJS 曾准备将学会的某一奖项颁给这篇论文，其理由是它将会是一篇具有长期影响力的文章，但遗憾的是这篇论文被一个更高权威的委员会否决了，并将奖项转授给了前一年的一篇论文。

4.4.2　没有与"社会失序"理论融合

该理论最终在 1979 年正式发表，一些学者建议 Felson 等人将日常活动理论纳入传统的犯罪学中。但要做到这一点，最好的方法是将其与 Shaw 和 McKay 的社会失序理论"整合"起来。当时 Felson 和他的合作者已经结束了合作，合作者重新回到了传统社会学研究领域，而 Felson 则越来越远离自己最开始的研究领域，开始尝试新的方法并结识了新的合作伙伴。

4.5　日常活动理论的演化

多年来，日常活动理论已经在若干个方面得到了发展。首先，它与打击犯罪的实际政策紧密结合（Felson and Clarke，1998）。其次，它比最初的方法涵盖了更多的基础支撑。

4.5.1　与 Clarke 和 Brantinghams 思想的融合

最初的研究明确指出，犯罪具有使社会基本结构发生重大变化的功能，在当今社会中高犯罪率几乎是不可避免的。20 世纪 80 年代初，Felson 在伦敦第一次见到了 Ronald V. Clarke，但是他对这一观点提出了质疑。Felson 认为，如果犯罪机会的增加导致犯罪率上升，与之相对的则是犯罪机会的减少必然会使犯罪率下降。总之，那次见面 Clarke 使 Felson 相信情境预防犯罪和日常活动理论之间是有交集的。在那次见面大约一年之前，Felson 在温哥华拜访了 Brantingham 夫妇，当时 Felson 就意识到，其实他们三个人实际从不同的方向、使用不同术语阐述了同一个理论（注意本卷中的其他章节，包括 Clarke 和 Brantinghams）。

要使理论具有普遍性，就必须涵盖多种基础性的支撑条件。最初的日常活动理论适用于"直接接触式的掠夺性犯罪"，即一个人通过直接身体接触伤害另一个人的人身或侵犯其财产。虽然这已经是一个非常广泛的应用，但是也有例外，比如电信诈骗犯罪就不需要进行身体接触。更重要的是，最初的日常活动理论考虑了微观和宏观层面，但没有涉及介于两者之间的层面，即某种情况下虽然具备了相应的条件，但犯罪人没有实施犯罪，受害者也没有被害。此外，日常活动理论虽然能够指出犯罪人的决策倾向，但并没有指出其决策过程。因此，必须将日常活动理论与犯罪地理学、环境犯罪学、情境预防和犯罪人选择模型相结合。

4.5.2　更广泛的理论应用范围

随着时间的推移，人们也逐渐认识到日常活动理论对理解非常规性犯罪也有帮助，包括系列谋杀和性虐待（Rossmo，1995）。同样，也有诸多质疑认为日常活动理论涉及的基础性支撑还是太少。

此外，现有的犯罪数据和分析技术大大提高了研究和理解犯罪的能力，日常活动理论在这个过程中也得到了完善。日常活动理论在这个过程中是否或在多大程度上有影响尚不可知，但越来越多的犯罪数据开始基于犯罪事件和地理编码。犯罪学家可能还没有意识到以往侧重于对社区、周边环境和普查片区的理论和实证研究已经有些过时。21 世纪的一些研究数据显示，在所谓的高犯罪率社区内，犯罪情况和以往已经有了很大的不同，没有一种普适性的方法能够分析和解决所有地区的犯罪问题。此外，犯罪人和犯罪目标在各个区域之间的出行大大加强，使旧有的理论和犯罪防范措施也不再适用。

现今的日常活动理论比最初更侧重于对犯罪人进行解释。犯罪人经常共同谋划犯罪活动，共同犯罪成为了日常活动理论的一个重要话题。犯罪人集聚的环境（"据点"）是犯罪人结识同伙的地方，他们不仅在这里实施犯罪，而且在附近的时间和地点都有可能实施过犯罪（Felson，2003）。有许多学者过去曾讨论过共同犯罪，但通常讨论的都是一般方面，而不是具体方面。

最初的日常活动理论与控制理论并不一致，但是后来，日常活动理论逐渐承认控制有其自身适用的条件（Felson，1997）。它没有将控制视为一种内在化的东西，而是强调了外部监督者的存在或缺席。因此，父母可以影响他们的孩子成为好人，但当父母不在时，这种监督或控制就变得没有那么有效了。在日常活动理论中，"处置者"的概念被补充为了第四个要素。犯罪人如果作奸犯科必须首先逃脱处置者（如他的父母），然后找到一个没有安保人覆盖的目标，在这个过程中具象的环境再次成为理解犯罪过程的中心。

4.5.3　Eck 的犯罪三角模型

John Eck 设计了"犯罪三角形"（见图 4.1）来阐述犯罪的要素（也称为"问题三角形"，将在本书第 12 章中进行介绍）。该模型事实上由两个相互包含的三角形组成。这里仅列举简洁版作为参考。

图 4.1　Eck 犯罪三角形

内三角有三个要素，它们必须汇聚在一起才能发生犯罪：潜在的犯罪人、犯罪目标、犯罪的地点或背景。要使犯罪发生，犯罪人需要在适当的地方找到目标。

外三角形描述了三种类型的监管者角色：处置者、安保人和管理者。处置者监督犯罪人，安保人监管目标，管理者监控环境。这几个要素的缺失也有可能使犯罪发生。当犯罪人从管理者手中逃脱且在没有监控的环境下找到没有安保人覆盖的犯罪目标时，犯罪就发生。这是日常活动理论的又一次发展。

4.5.4　犯罪与日常生活

在《犯罪与日常生活》（Felson，2002）一书中，Felson 从多个方面扩展了日常活动理论。最重要的是其中包括了人们对犯罪问题的批判。以下是五大错误观点。

❑　戏剧性谬论：重点关注吸引大众眼球的犯罪，而忽略普通犯罪。

❑　警察与法院谬论：夸大刑事司法系统对犯罪管控的权力。

- 非我谬论：认为好人就不会犯罪，相信犯罪人来自与自己不同的群体。
- 独创性谬论：夸大犯罪所需的技能。
- 议程谬论：将减少的犯罪与自身认可的意识形态、宗教或政治议程联系起来。

这些谬论对许多传统的犯罪学方法提出了普遍的批判，并解释了为什么当代犯罪分析必须采取不同的研究方法。

日常生活中的犯罪被解释为一种社会化学反应，取决于哪些人在何时何地、在何种情况下聚集在一起。犯罪三角模型概括了几种可能性。在另一种普遍形式中，当争论者聚集在一起时人际暴力发生在有煽动者在场且没有调停人的情况下。这种聚集有时会产生某种化学反应，引发争端甚至最终导致犯罪行为发生。这种想法是从 Richard Felson（Tedeschi and Felson，1994）那里借鉴来的，并在社会化学领域得到了简化和修改。

4.5.5　犯罪与自然科学

自然科学有两大分支：自然科学和生命科学。有一段时间，Felson 曾从自然科学的角度理解犯罪，认为犯罪人和其他犯罪参与者聚集在某一空间内制造违法行为的化学反应。

后来他意识到，包括化学在内的自然科学对理解犯罪行为来说太过机械，当然这并不意味着应该放弃自然科学的观点。不过这确实意味着应该在犯罪问题上考虑更复杂的生命过程。

在自然科学中，每个电子都是一样的，都是在同样的环境下做同样的事情。在生命科学中，并不是每个变形虫在各个方面都是一样的。生命科学允许更多的变化，因此更加适合研究犯罪问题，任何刺激都可能会产生不同的反应。这并不意味着物理过程不再是中心，或者生物体可以随心所欲地行事。但它确实允许了选择和替代，这是我们对生命概念认识的基础。在《犯罪与自然》（Felson，2006）一书中，Felson 将犯罪与各种生活过程联系起来。他利用生命科学的概念来组织人们所知道的和需要了解的关于犯罪的各种知识。他发现生命科学中的许多概念在研究犯罪时都具有应用价值。

4.6　日常活动理论的 15 个要点

希望使用日常活动理论的研究人员不必纠结于细节上过分的细化，可以随时回归到"犯罪人、犯罪目标和安保人"三要素上来探讨犯罪人是如何在没有安保人的情况下找到犯罪目标的。事实上，掌握以下15个基本点就可以很容易理解日常活动理论的思想。

（1）大多数犯罪是普通犯罪。主要是简单的偷窃、入室盗窃、两三个犯罪人手持工具对一个受害者进行暴力抢劫。大多数犯罪发生迅速且作案方式简单。

（2）犯罪源于日常生活。当家里空无一人时就容易发生入室盗窃，商店或办公室下班时就容易发生商业盗窃，在人群密集的地方扒窃更容易发生，对抗性抢劫更容易发生在落单的受害者身上，通勤车辆盗窃取决于运营时间和停车的地点。

（3）违法行为受到政策的严格限制。通过设计和维护环境或进行其他规划可以有效提高街道和聚集场所的可视性。为了提高安全性，街道可以重新规划，交通可以有效组织，工作场所、学校的活动可以通过合理安排来提高活动场所与活动本身的安全性。

（4）从犯罪人、犯罪目标和安保人的角度思考。犯罪人不仅限于极端犯罪人，而且它也只是犯罪发生的其中一项要素。简单的犯罪目标最有可能被侵害，而难度大的目标则不太可能遭受侵害。安保人一般不单指警察或保安人员，还包括普通公民，他们的存在和缺失能够分散犯罪的空间和时间风险。

（5）小颗粒度下的时间和空间切片更为重要。犯罪活动、人群和日常活动在每时每刻都发生着快速的变化，犯罪风险会从一个地方迅速转移到另一个地方，从一个街区转移到另一个街区。

（6）日常活动和犯罪风险之间存在着高度的统计学相关性。要看到这一结论，需要将日常活动与高度相关的犯罪的精确测量结果关联起来。例如，晚上在娱乐区聚集的人们容易在这一时间段内产生较高的犯罪风险。

（7）高质量的数据有助于找到强有力的关系。大规模数据库可以让人们按类型和时间划分犯罪子集，更好的软件能够绘制更精准的犯罪地图。随着这些分析的进行，犯罪在时间和空间会出现明显的聚合。

（8）有些人单独作案的次数多，多人共同作案也可以制造多起犯罪。非常活跃的惯犯值得关注，但偶尔的单个犯罪人因为作案数量众多也需要给予高度关注，总之两种情况的犯罪都必须予以考虑。

（9）某些房屋有着较高的被盗风险。某些物品被盗的次数可能是其他物品的100或1 000倍。当犯罪类型明确时，某些类型的企业受到犯罪攻击的风险相对要高得多。

（10）并非所有的犯罪分析都需要高性能计算机。小型计算机甚至手工计算也可以得出犯罪活动的高度集中性及其与日常活动之间的联系。无论计算机的性能有多好，研究人员都应该从细小处着眼。犯罪发生在有形的世界中，犯罪分子会利用日常活动来追求私利。

（11）日常活动理论未来会继续发展。目前人们为该理论已经补充了几个要素，包括 John Eck 的 "Place manager（地区管理者）"。他的 "犯罪三角模型" 包括了六个要素，如前文所述。

（12）日常活动理论的思想也可以应用于网络空间。计算机依赖于复杂的时间结构，包括代码序列和数据流。计算机程序以极快的速度运行，那么犯罪人就会试图利用计算机程序的优势，找出程序的弱点和漏洞。

（13）日常活动理论适用于共同犯罪和有组织犯罪。潜在犯罪人在特定的地点和时间上聚集，这通常取决于聚集的具体要求（据点）。在解释青少年如何卷入无计划的犯罪情境时，对犯罪据点的考虑尤为重要。

（14）日常活动理论需要与其他理论和实践的发展相融合。包括犯罪模式分析与环境犯罪学、情境犯罪预防、问题导向警务、犯罪地理与犯罪人地理分析。

（15）以上所列各项原则不受国家、文化和社会阶层的限制。针对于应对贫困社区犯罪问题的设计方法同样适用于富裕社区。通常情况下，犯罪人在徒步、乘车、骑车和乘坐公共交通工具时都会找到犯罪机会。

以上这十五点总结了自日常活动理论提出以来的全部发展内容，同时也提醒了研究人员日常活动理论的基本原则是不变的。

4.7　日常活动理论的教学

日常活动理论可以进行初级、中级和高级的分级教学。从最初的三个要素开始到最终构建犯罪三角模型的全部六个要素，从微观层面开始到宏观社会的变化，以及后续对犯罪要素如何聚合或发散的研究，并利用这些信息进行犯罪预防。

考虑到情境犯罪预防、环境犯罪学、犯罪地理学和犯罪人选择的各自的特点以及这些特点之间的关系，开展特定类型的犯罪研究是非常富有挑战性的。许多犯罪的种类和过程都存在于日常生活中，这些都值得开展相应的研究。

内 容 回 顾

1. 描述你在17岁时的学校生活和周末安排的日常活动模式，并指出在何时何地参与犯罪的风险最大？

2. 为什么警察和私人保安在预防犯罪方面不如普通公民重要？

3. 为什么积极参与犯罪的人也更容易成为犯罪的受害者？

4. 在酒吧、住宅、汽车和非正式的聚会场所中，哪个环境最容易产生与酒精有关的犯罪？

5. 青少年在达到法定饮酒年龄之前，有哪些非正式的活动据点？这些据点在引发犯罪上会起到哪些作用？

参 考 文 献

Cohen, L.E. and Felson, M. (1979) 'Social Change and Crime Rate Trends: A Routine Activity Approach', *American Sociological Review*, 44: 588-608.

Felson, M. (1997) 'Reconciling Hirschi's 1969 Control Theory with the General Theory of Crime', in S.P. Lab (ed.) *Crime Prevention at a Crossroads*, 31-42.

Cincinnati, OH: Anderson. Felson, M. (2002) *Crime and Everyday Life, 3rd edition*. Thousand Oaks, CA: Sage & Pine Forge Press.

Felson, M. (2003) 'The Process of Co-offending', in M.J. Smith and D.B. Cornish, (eds) *Theory for Practice in Situational Crime Prevention. Crime Prevention Studies, Vol. 16*, 149-167. Monsey, NY: Criminal Justice Press.

Felson, M. (2006) *Crime and Nature*. Thousand Oaks, CA: Sage.

Felson, M. and Clarke, R.V. (1998) *Opportunity Makes the Thief*. Monograph. London: Home Office, Police Research Group.

Felson, M. and Cohen, L.E. (1980) 'Human Ecology and Crime: A Routine Activity Approach', *Human Ecology*, 8: 398-405.

Rossmo, D.K. (1995) 'Place, Space, and Police Investigations: Hunting Serial Violent Criminals', in J.E. Eck and D.L. Weisburd (eds) *Crime and Place: Crime Prevention Studies, Vol. 4*, 217-235. Monsey, NY: Criminal Justice Press.

Tedeschi, J. and Felson, R.B. (1994) *Violence, Aggression and Coercive Action*. Washington, DC: APA Books.

第5章　犯罪几何学与犯罪模式理论

Paul J. Brantingham，Patricia L. Brantingham，Martin A. Andresen

5.1　引　　言

犯罪学试图解释犯罪和犯罪行为，这就提出了一个长期存在的问题：为什么只有一些人犯罪？为什么有些人会经常再次成为受害者，而另一些人很少成为受害者？为什么有些地方犯罪率很高，而有些地方几乎没有？在我们看来，这些问题要求我们理解由某种规律形成的复杂犯罪事件、犯罪人动机和环境背景下呈现出的目标特征所组成的犯罪模式。犯罪事件中的每一个要素都有一个历史轨迹，它由过去的经验和未来的目的、日常活动和生活节奏以及环境的约束共同构成。由大量犯罪事件总结出的复杂模式会引导我们对犯罪有一个整体的理解。

犯罪不会在时间、空间或社会环境中随机或均匀地发生。犯罪也不会随机或均匀地发生在社区、社会团体、个人日常活动或个人的一生中。事实上，认为犯罪的发生具有普遍性的观点曾经很流行，但现在似乎站不住脚。犯罪存在所谓的热点和冷点，存在高重复犯罪人和高重复被害者，事实上，这两组术语经常联系在一起。虽然这些结论将会因为定义的问题和人口样本的不同被质疑，但只有很小比例的人犯下已知的这些犯罪（Carrington，Matarazzo and de Souza 2005；Farrington，Lambert and West 1998；Wolfgang，Figlio and Sellin，1972），也只有很小比例的受害者占到大部分的受害比例（Fattah，1991）。关于目标和受害者完全随机性的观点已不再可信。与工作日下午相比，周五或周六晚上酒吧的暴力事件发生频率更高；在一天中的特定时间内发生商店盗窃事件的概率要比其他时间多；在某些商店中发生盗窃事件的次数要比其他商店多；在纳税截止日期前后发生逃税的行为要比其他时间更多。总之，理解犯罪需要相应的概念和模型，这些概念和模型可以用来解释真实犯罪事件的非均匀性和非随机性的模式。

　　理解复杂的模式需要一种形式体系，体系中需要能够提出简单的规则，并描述组合规则的方法。复杂的理论犯罪模式是由规则的迭代和组合构成的。由于复杂的理论模式的建立，因此需要不断将其与通过各种信息来源得出的实际犯罪模式进行比较。对实际犯罪模式的观察经常会包含有干扰因素，这些干扰因素一般来自于数据收集的过程和日常生活中持续的微小变化。将这些规则组合成一种正式结构的模型作为基本理论规则和定义过程（参考对实际犯罪的观察），为更清楚地理解这些犯罪模式以及对犯罪的防控提供了一种全新的认知结构。

　　犯罪几何学和犯罪模式理论这两个理论视角对规则的构建具有重要的指导意义。犯罪几何学包含了人们出现的地点以及地点之间的通路与犯罪和受害之间的关系。犯罪模式理论则是将环境犯罪学的三个主要理论视角整合在一起的元理论。犯罪几何学和犯罪模式理论都把犯罪看作一种复杂的现象，但是，即使假设有高度的复杂性，在犯罪事件和犯罪行为中也会发现理论模型所无法概括的模式。也就是说，在详细的和简述的分析级别上都可以找到犯罪模式背后的规则。模式是用来描述对象、规则和流程之间可以识别的相互连接关系的术语。这种相互连接或联系可能是物理上的也可能是概念上的，但可以识别的相互连接要能够"看到"相似性的认知过程，即在混乱的案例中可以识别相互连接的原型或范例（Churchland，1989）。模式有时是明显的，但有时只能通过大概的观察来识别，特别是将观察放在整体环境下进行。犯罪是模式化的，犯罪的决定是模式化的，犯罪的过程也是模式化的。

　　本章是对犯罪几何学和犯罪模式理论的总结，提出了以下几个重要的指导原则：（1）独立犯罪人；（2）网络犯罪人；（3）犯罪人个体的聚合。这些规则会放置在时间和空间背景中进行讨论。将这些规则置于时间和空间背景下得出的结论将会有助于解释：（1）犯罪范本反映了对目标/受害者的评估；（2）时空中的犯罪活动地点的基础是基于日常活动地理学；（3）在通往主要节点的道路上会发现犯罪的集中区域；（4）犯罪诱因和犯罪制造者。犯罪模式理论的基础后来也用于研究犯罪人的适应性、犯罪替代和犯罪减少。

5.2　犯罪几何学

　　犯罪几何学是环境犯罪学的三大基本理论（日常活动理论、犯罪几何理论和理性选择视角）之一。犯罪几何学是由 Paul Brantingham 和 Patricia Brantingham（1981，1993a）提出的，他们利用了 Kevin Lynch（1960）关于城市结构的理论来理解犯罪模式。基于对城市的这种理解，可以认为人们在建筑和社会环境中不断地流动着，这个环境深刻影响着人们的行为，由此产生了规则一。

规则一：背景环境至关重要。人们所有的活动（包括犯罪活动）都是在由社会、经济、政治和物理维度组成的背景中进行的。

规则一简单地指出，人类社会的社会、经济、政治和物理方面对环境中（通常指城市环境）人的运动造成了重要影响。社会规范、经济现实和政治自由都会影响人们的选择。此外，在所有的社会中，物理环境和建筑环境都会影响人们如何从一个地方迁移到另一个地方。由于公路网络和（大众）运输系统的存在，人们在不同的环境之间迁移往往会受到限制。即使我们可以选择如何在环境中流动，这些选择也会受到环境中不同方面的使用方式的限制。例如，人们可以选择走小街小巷，也可以直接开车到另一个地方，但即使在交通拥堵的情况下，交通干道往往也会更快和更直接。

这就引出了规则二。日常移动模式包括了嵌入的移动模式。也就是说，在更具体的日常活动时间和活动节点的区域集合中（如工作时间的核心商务区），人们的微观活动和移动模式会受到更多的限制。例如，在家里，人们在不同的时间呆在不同房间里，在某些房间花的时间比在其他房间要多。这些房间之间通过一般性的通道相连接。在任何一个房间内都会有一个人运动的子模式。例如，在厨房准备一顿饭时，冰箱、灶台和水槽之间可能存在一种微小的移动模式。在一天的其他时间里，去厨房的目的可能就是去泡茶或煮咖啡，与做饭时的运动路径在某种程度上是重叠的，但两者在较大程度上还是不一样的。类似的微观模式也存在于人们在工作场所、学校和杂货店之间的目标节点中。

规则二：在更大的背景下，每个人都有一系列的日常活动。通常日常活动会发生在不同的活动节点，如家庭、工作单位、学校、购物场所、娱乐场所、朋友的家或自己喜欢的其他地方，以及连接这些活动节点的常规路径上。

在更大的层面上，人们养成了正常的日常习惯。对一个人来说，这可能包括去健身房、去工作、午餐时间去附近的商店、下班后直接回家，然后晚上和朋友们在附近的酒吧聚会。对另一个人来说，这可能包括了去大学上课、去图书馆学习、下午约会见朋友、在学校附近的餐厅吃饭和晚上回家学习。对每个人来说，其日常活动均不相同，但都有其相似的地方，比如都有活动的起点，在哪里过夜、白天的常规活动、偶尔的购物或看朋友、出去玩、晚上回家等。

在另一个层面上，人们的工作时间是一种活动模式，而休闲时间则是另一种活动模式，周末和假期的模式可能是不同的，但对很多人来说很大程度上是重复的。事实上，很多人有固定的度假地点或节点，甚至还有度假屋[1]。

这种重复性的活动模式包括人们在活动节点之间的路线和持续的使用情况。对大多数人来讲，这条路线的使用是一个不需要考虑太多的常规决策。当然，当人们在遵循常规路线遇到困难时，也会尝试其他选择路线。譬如道路施工、交通事故或交通异常繁忙等都会使人们在可能的情况下调整路线选择或调整出行时间。可供选择的范围取决于一个人对某一地区的了解和日常安排的灵活性。

图 5.1 展示了一个人典型的日常活动主要节点和道路选择模式。对本例来说，节点是家庭、工作地点、购物场所和娱乐场所。其他个体可能有不同的主要节点集合，包括但不限于学校、体育馆或办公室等活动场所。一般节点及其之间的路径通常被称为活动空间，通常在活动空间可视范围内的区域被称为感知空间。

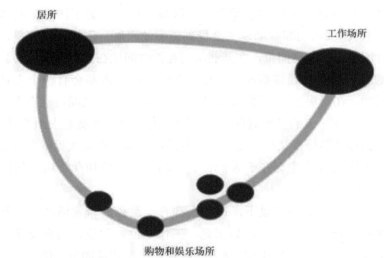

图 5.1　一组典型的主节点和路由选择模式

犯罪人可能会在了解路径、活动节点、关联节点或路径后进行初次的犯罪[2]，在这些活动空间附近有可能聚集着犯罪活动，在活动节点附近可能会有较高的集中度。图 5.2 显示了一个人的假设犯罪模式。

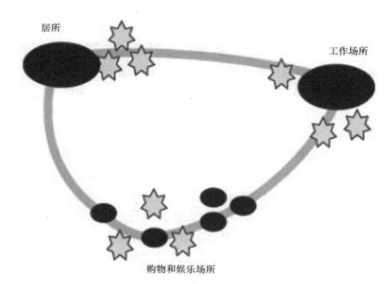

图 5.2　个人的假设犯罪模式

规则三：犯罪人和其他人一样，都有正常的时空运动模式。犯罪的可能地点就在这个正常活动和感知空间附近。

重要的是要认识到在大多数情况下，犯罪人的行为就像没有犯罪的人群一样。犯罪人会觉得在他们熟悉的区域内进行犯罪活动是最适宜的。这种情况最常出现在犯罪出行的相关文献中（Townsley，本书第 7 章）。在至少可以追溯到 20 世纪 30 年代的犯罪出行文献中（White，1932），犯罪出行距离通常都比较短（一般少于 2 千米），暴力犯罪比侵财类犯罪的犯罪出行距离更短（Andresen，Frank and Felson，2014）。虽然研究人员在犯罪出行的方法论上给予了大量的关注，但仍存在较大的争议（Rengert，2004；Rengert，Piquero and Jones，1999；Townsley and Sidebottom，2010；van Koppen and De Keijser 1997）。从经验和理论的角度来看，结果通常都是一致的：犯罪人为什么要走得比既定路线更远（Rhodes 和 Conly，1991）？实际上，街区和道路网络的结构决定了犯罪出行的方向（Frank，Andresen and Brantingham，2012），并在犯罪人和目标之间建立了可达性通道，以及限制犯罪集中地点的社会和物理障碍。不同功能地区之间的边缘尤其如此（Brantingham and Brantingham，2015；Clare，Fernandez and Morgan 2009；Song，Spicer and Brantingham 2013；Song，et al 2015）。

5.2.1　个人犯罪模式

下面将以规则一至三所讨论的个人活动为基础来了解复杂的犯罪模式。

首先讨论一般人的个人活动，再讨论犯罪人的特殊活动。应该明确的是犯罪人也会把大部分时间花在犯罪以外的活动上，因此影响犯罪人犯罪以外活动的因素也会从很大程度上影响犯罪活动，这也是我们首先要探讨的问题。

规则四：当个体经历一系列活动时，他们会做出相应的决定。当活动频繁的复现时，其决策的过程就会变得非常规则化。这种规则化形成了一个抽象的行为指导模板，对犯罪决策而言可称之为犯罪模板。

图5.3对规则四进行了总结。每个人都有自己的行为规律，一旦建立起来，这个规律就会有一定的稳定性。这个行为规律可以从多个维度来观察，但规律形成的本质与维度无关。可以说，一个人生活习惯的养成是伴随着早上醒来后泡早茶或咖啡、安排好生活去上班或做其他日常活动这个过程形成的。人们在家庭、工作/学校场所、娱乐场所、购物场所甚至是特殊活动场所之间均会探索出常规的活动路线。形成日常习惯的过程也是一步接着一步，并不断重复一系列小决定的综合。当人们搬家、换工作、换学校，或者生活中有其他重大变化时，日常生活就会被打乱，但是日常生活会在新的地点和环境中被重新建立起来，同时新的日常生活也受到原有的日常生活习惯的影响。

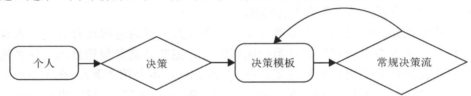

图5.3 抽象的指导模板创建

常规决策流（包括犯罪和非犯罪）的养成涉及一系列有效决策的识别。起作用的决策识别可能不一定要达到客观的最优标准，但一定要满足人们的基本需要（Brantingham and Brantingham，1978；Clarke and Cornish，1985；Cornish and Clarke，1986；Cromwell，Olson and Avary，1991）。

在图5.3中，"个人"一词可以替换为"有动机的犯罪人"，"决策"一词可以扩展为"犯罪决策"。"决策模板"一词可以替换为"犯罪模板"。

决策过程可以扩展。犯罪是指具有一定犯罪准备基础的个人在足以激活犯罪潜在意愿的情况下遇到合适的目标并发现预期的利益，满足预期的成本或风险时所发生的事件或一系列行为。在使用这类词汇时，重要的是与传统经济学有所区分。犯罪或企图犯罪是有一系列原因的。Cusson（1983）以明确的方式描述了犯罪可以由愤怒、报复或对刺激的渴望以及经济或情感利益所引发。特别重要的是要能够区分工具犯罪和情感犯罪。在某些情况下，例如对吸毒成瘾者所犯的贪婪性犯罪，表现为以筹集毒资为目的的获取立即性、短期性资金需要，在工具性和情感性方面可能会综合考虑。

5.2.2　个人网络

个人的活动空间和决策模板可以被社交网络改变，因为目标的位置可以被社交网络的活动空间和感知空间改变，这其中包含了两个部分。个人的每日和每周的活动模式和主要活动节点都是由其社交网络塑造或改变的。这个网络会随着时间而变化，就像学校或工作地点这样的主要活动节点一样，伴随着活动变化和感知空间的变化而变化。犯罪发生的地点会聚集在多个活动空间的重叠部分。例如，同校而非朋友关系的年轻人仍然有重叠的活动空间，包括学校、学校附近的其他地点或社区的其他地方。同样，一个区域性的购物中心吸引了来自四面八方的人们，他们的活动和感知空间的重叠定义了一个主要的活动节点。

规则五：大多数人不是以个人的身份发生作用，而是通过一个由家人、朋友和熟人所组成的网络发生效能。这些联系具有不同的属性，并影响着网络中其他人的决策。

图 5.4（a）表示了在社交网络的交互中发生的知识和活动空间的交换。应该指出的是，活动空间和搜索目标位置的信息交换可能来自与社交网络之外的其他来源，例如媒体的广告、熟人之间的口头交流和二手信息就是典型例子。

图 5.4（b）展示了三个人之间类似的假设关系，以及这种关系是如何影响犯罪人的决策过程和犯罪模板的。朋友可以影响个人犯罪机会的识别，这个简单的基本规则如图 5.4 所示，而在实际应用中会变得更加复杂，因为所有元素都是可变的，网络中的人数不同，成员间关系强度不同，做出犯罪决定的准备也因人而异，因此每个人的行为和关系并不是一成不变的，而是随着背景或环境的变化在不同的时间和空间中有不同的表现。

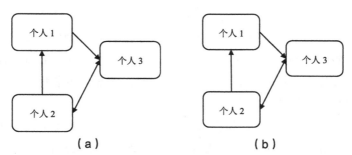

图 5.4　在朋友交互网络之间的活动空间和犯罪模板变化

成员之间相互关联的联系网络一直是犯罪学的研究热点之一。极端情况下网络可以是犯罪团伙。另一方面，网络也可以主要由守法公民组成，他们作为同一时空的守护者、保卫者和管理者能够形成强有力的联系。社会失序理论（Shaw and McKay，1942）、差异化接触理论（Sutherland，1937）与集体效能运动理论（Bursik and Grasmick，1993；Sampson and Groves，1989；Sampson，Raudenbush and Earls，1997）都是建立在加强社交网络连接以抑制犯罪的基础上，并且都试图从空间和时间上与其他犯罪人的网络联系来解释犯罪的形成。

本章的最后将补充相应的规则，将简单的个人和网络模型放在日常移动模式的环境下进行考量，并解释不同类型的城市环境如何影响个人的常规活动模式。也正是有了这些规则和相关规则的组合过程，每个人的日常活动模式才开始出现，这与实际的犯罪模式是相似的。

5.2.3 结合目标与受害者地点

到目前为止，本书对有动机的犯罪人和合适的犯罪目标/受害者进行了单独的讨论。然而，犯罪几何学的一个主要意义是把有动机的犯罪人的各个方面和合适的犯罪目标结合起来，以便更加充分地理解犯罪模式。受害者和犯罪目标的时空运动与犯罪人的时空运动模式相似。受害者是移动的，通常在自己的活动节点或附近受害。移动的目标（如汽车或自行车）遵循其使用者的移动模式，因此犯罪往往发生在被害者活动空间与犯罪人活动空间相交的节点上。商业或住宅等目标是固定的，但是它属于能够吸引人的人员聚集区，因此大概率属于犯罪人的活动空间，因为这一类型的区域位于大多数人的活动节点，或者活动节点之间的路径上，适合犯罪人将其纳入犯罪模板中。因此，犯罪模式会在具有潜在犯罪动机的犯罪人的活动空间和合适的犯罪目标重叠的地方和时间节点出现。

规则六：潜在的犯罪目标和受害者都有被动或主动的位置或活动空间，并且与潜在犯罪人的活动空间产生交集。当潜在犯罪人的犯罪意愿被触发，且潜在的目标或被害者符合犯罪人的犯罪模板时，潜在的犯罪目标和被害者就成为了实际的犯罪目标或被害者。

犯罪的发生需要受害者和犯罪人在时间和空间上聚合。在某些情况下，犯罪人可能会寻找特定的受害者或目标[3]，但是与犯罪人具有交集的生活方式、时空运动模式、共同节点活动区域更有可能是导致一个人成为犯罪受害者的原因。当单个受害者是犯罪人的家庭成员或熟人（或犯罪人的家人或朋友网络中的成果）时，这种活动的交集是明显的，这种交集存在于犯罪被害者和犯罪人在同一时间并处在同一活动节点或他们的日常路径相交的时刻。

犯罪目标和犯罪人需要在空间和时间相遇，这一点更容易理解，因为目标通常固定在一个位置（如住宅或办公场所）。在这种情况下，目标的位置必须在犯罪人的感知空间内才会导致犯罪的发生，即犯罪人必须能够接触到目标，并通过额外的决策步骤在犯罪模板中找到匹配的目标。

正如犯罪人可能犯下多种罪行一样，个人和目标也可能是多种犯罪和多种犯罪类型的受害者。这反映了一系列犯罪人在总结路径和节点活动位置以及社交网络的互动活动空间方面存在交集的情况。

5.2.4　城市背景环境

如上所述，背景环境对人们所有的活动（包括犯罪和非犯罪活动）构成了重要影响，因此，犯罪就会在由城市形态构成的背景环境下发生。道路、土地利用、推动城市建设的经济因素、居民和劳动力的社会经济地位以及城市的等级都是背景环境的要素。城市背景环境不是静态的，白天的城市不同于夜间的城市。娱乐场所在白天歇业，而晚上（尤其是在周末）才活跃起来（Bromley，Tallon and Thomas，2003；Felson and Poulsen，2003）。购物区也有营业的高峰和低谷期，同样，大多数居民区白天也有活动低谷的时间段。

在所有类型的城市发展形式中，都有一些共同的组成部分：基础的街道网络（通常由步行道和交通路线构成）、由城市规划原则和分区细则规划的沿公路网排列的各类用地、商业区域内的各类企业、工业区内的各类工厂和仓库、各类功能性的住宅小区。这些基本要素、土地类型和交通路径网络构成了城市的结构，并对人们的活动节点和可能发生犯罪集中的地点产生了影响[4]。

规则七：犯罪的产生是源于不同活动节点之间大量的动态人流。当犯罪目标位于犯罪意愿较高的活动节点时，犯罪吸引区域便会产生。

犯罪活动的聚集与城市的基础道路结构有关。在数学中有一个方向叫作网络分析，它提供了一种分析基础道路结构影响的原理和方法。网络和网络分析理论驱动着现实中各类网络的发展，包括人员（或消息）如何沿着特定的路径流动以更快地到达终端或节点。在交通网络中，人们一般乘坐汽车、卡车和公共汽车沿着主要道路行驶，交通流由许多独立的分支组成，可以使用汇入主干道的支流模型建模。道路网络和河流系统一样，也有水流顺畅的平缓区域和水流滞留的拥堵点。

图 5.5 描述了各种路径网络的示例。所有的网络集中在一起时有可能会产生高活跃区域，这类区域适合建造商业设施，通常也是非商业企业和政府职能部门集中的领域，因为它们的可达性更强。城市规划的重心往往集中在这些高活跃度节点附近。

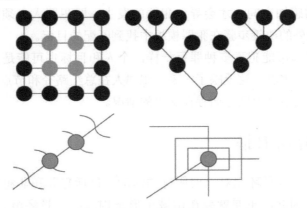

图 5.5　路径网络实例

犯罪的实际分布模式取决于潜在犯罪人的位置。有犯罪前科的犯罪人会在其居住地附近产生一种存在潜在犯罪目标的假设（Block、Galary and Brice，2007）。在犯罪与商业活动的有关情境中，犯罪有可能在该地区发生。例如，将图 5.5 中四个假设的街道网络中显示的中心位置考虑为商业中心，那么商业犯罪将发生在高度活动区域内。

换句话说，根据目标选择、犯罪人和人口运动相关的规则，假设两个城市有相同数量的有动机的犯罪人，如果只是作为空间地点来看，两个城市的犯罪模式可能会有很大的不同。当人们在城市中运动的方式、犯罪吸引区域和诱因产生位置以及潜在犯罪人决策方式相似时，犯罪模式才会有相似的可能。

犯罪产生地和犯罪吸引区域遵循规则一至规则八。犯罪的产生地点是在日常生活中大量的人的意识和活动空间的综合。犯罪吸引区域是犯罪经验和网络传播累积影响的结果。

犯罪产生地点是特定的节点区域，大量的人被吸引到这些区域的原因与他们可能具有的任何特定的犯罪动机或他们最终可能犯下的特定罪行无关。典型的例子包括购物区、娱乐地区、办公集中区域或者体育场馆。犯罪产生地点产生犯罪是通过创造特定的时间和地点，在有利于特定类型犯罪行为的环境中提供适当的聚集人群和目标。混入人员聚集的犯罪产生地点中是有经验的犯罪人的惯用手段，虽然他们不一定有明确的犯罪意图，但他们善于伺机寻找适当的犯罪机会。当地人和外地人都可能被诱导到在犯罪产生地点进行犯罪。

犯罪吸引区域是指能够制造出众所周知的犯罪机会的特定地点、区域、社区和地区,潜在的犯罪分子之所以被吸引到这些地方是因为这些地方存在着已知的特定类型的犯罪机会。它们成为惯犯的活动节点。例如酒吧区、红灯区、毒品交易区、大型购物中心(特别是大型公共交通枢纽附近的购物中心)、在商务区或商业区域的大型、有安全隐患的停车场等。这类地区中的犯罪人可能是当地人也可能是外地人。当他们碰到一个新的地区可能会使犯罪人从更远的地方来到这里。有犯罪意图的人也愿意去犯罪目标多但更远的地方来寻找目标从而实施犯罪。(当地人在这些区域犯罪时,他们可能是由于犯罪的吸引而从其他地方转移到这些区域的;或者就像在许多城市一样,因为贫困地区往往位于商业区附近,因此在居住地附近就有很多容易接触的犯罪目标。)

值得注意的是,大多数城市也有犯罪中性区。犯罪中性地区既不吸引有意图实施犯罪的人,也不会产生诱人的犯罪机会。当地人可能偶尔会在这类区域中实施犯罪行为。简单的距离衰减和路径模型可以描述这类地区的犯罪地理情形。这类地区的犯罪组合不同于犯罪产生地点或犯罪吸引区域的犯罪组合(Brantingham and Brantingham,1994;Curman、Andresen and Brantingham,2015)。

需要注意的是,某一地区不太可能是单纯的犯罪产生地区、犯罪吸引区域或犯罪中性区。从某种意义上说,大多数地区是混合的,它们可能是某类犯罪或某犯罪人的犯罪引诱区,其他类犯罪或犯罪人的犯罪发生地区,或者其他类型犯罪的犯罪中性区。

5.2.5　热点与转移

在以上所讨论的几个犯罪几何规则的相互作用下,对犯罪热点的一般形成(Brantingham and Brantingham,1999)可以做出大致性描述,在热点进行犯罪控制干预时也可以预测犯罪转移的可能(Brantingham and Brantingham 2003a)。[5]

综合考虑犯罪模式理论中的八个关键要素可以预测某一地区的犯罪热点:有犯罪倾向人群的居住地点和活动地点、潜在犯罪目标的居住地和活动地点、其他类型犯罪目标的时空分布、不同形式的安保监控的时空分布、城市范围内的住宅和活动结构、活动类型与土地利用的组合、交通方式和交通网络结构;

城市空间和时间维度中的实际交通流量。

犯罪转移取决于采取干预措施地点的热点类型。在犯罪发生热点进行干预不太可能导致犯罪转移，因为那里发生的犯罪是随机的。在犯罪吸引区的转移则有可能会实现，其原因可以概括为以下三点：第一，如果犯罪吸引区附近存在有吸引力的目标或受害者，犯罪吸引区的犯罪活动很可能被转移到附近区域；第二，不能转移到原始犯罪吸引区附近的犯罪活动很可能转移到其他重要的吸引节点上；第三，如果犯罪活动不能转移到原犯罪吸引区周围的地区，或者没有转移到其他重要的犯罪吸引地区周围，就有可能被转移回犯罪人居住地附近，而不是转移到邻近和类似的犯罪吸引区。这是认知空间与城市形态相互作用的结果，其结果很可能是导致犯罪数量的下降或将其分散到其他不同的位置。与产生主要活动节点的重点感知空间相反的是，对于高频活动节点的转移研究需要考虑嵌入目标的附近区域、附近相似的活动区域，或者期望转移可以延续到比原犯罪吸引区域更为广阔的地区。

5.3 犯罪模式理论

决策规则

决策规则是环境犯罪学理论构建和研究的重点，但是这一章不会深入讨论决策规则，因为这属于理性选择视角的研究领域（Cornish and Clarke，本书第 2 章）。然而，由于犯罪模式理论的目的是展示环境犯罪学理论中的联系或模式，因此决策规则在这里是一个十分重要的概念。基本上，在犯罪人的犯罪动机和参与不同类型犯罪的意愿上可以划分为多个层级。很少有犯罪人只犯一种罪行，实际上，经常犯罪的人会参与各种犯罪活动。因此，理解一个人（或一个群体）如何决定通过犯罪获得某种价值就变得十分重要。而其中特别重要的是要注意到犯罪机会的中心性并且它对犯罪人的行为没有任何正式或非正式的限制。《机会造就小偷》（Felson and Clarke，1998）一书很好地总结了潜在目标和受害者的相对存在性。正如 Marcus Felson 所指出的："在某些情况下，总会存在合适的目标、没有能力的安保人和有动机的犯罪人。"

规则八：当触发事件和随后的过程发生时，个人或个人的社交网络就会实施犯罪行为，通过这一过程，犯罪人可以找到符合犯罪模板的目标或受害者。

综合考虑规则八，个体只是在执行他们当下的行为，通常是日常活动中遇到触发事件,而触发事件将导致其对某种形式的目标进行最小成本或更广泛的搜索。如果是最小成本搜索,触发事件很可能是一个人或一组人遇到了合适的机会,而更广泛的搜索可能是在一个人或一组人决定开始搜索目标之后进行。

就犯罪模式理论而言,需要增加一条规则来反映犯罪过程的周期性以及犯罪模式和日常活动的重点。

规则九:当触发事件发生在个人进行当前(通常是日常活动)的行为时,犯罪事件的结果会影响着随后的犯罪模式和人们的日常活动,即犯罪行为会改变累积的犯罪经验,也会对今后人们的行为产生影响。

规则九表明,每个人都有一个不断变化的知识库。成功的犯罪经验会强化犯罪人现有的犯罪模板和犯罪模式,而没有成功的经验对犯罪人第一次犯罪来说影响不大,但如果犯罪人的犯罪行为一直没有成功,那么犯罪人的经验就会产生变化。在此情况下,个人会以多种方式进行适应,例如改变犯罪方式以克服阻碍犯罪的因素,修改犯罪模板中犯罪的地点或时间的因素,或以犯罪以外的活动来代替。同样,在日常活动中成功的犯罪行为会强化这类日常行为,而有助于实现成功犯罪的非日常活动也很有可能会转换为活动的一部分。图 5.6 表示的是犯罪未遂后这种强化或转变的模式。

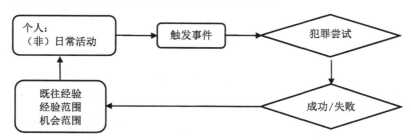

图 5.6　犯罪模板和日常活动的强化过程

最后一条规则是在犯罪活动的背景下对规则一的总结。

规则十(对规则一的总结):结构化背景会影响个人的日常活动和犯罪决定。

如上所述,大的背景环境一般指的是建筑环境,因为它限制了人们的活动但同时也为人们提供了机会。因为它的本质,背景环境深刻刻画了人们的日常和非日常活动,而人们所有的活动都是在背景环境的框架下进行的,犯罪活动亦是如此。

考虑图 5.7 中的四种布局。左上角显示的是随机布局的主要街道,在这种布局下,犯罪事件发生的地点分布也是随机的。在右上角的布局中,有两个基于道路机构的犯罪事件集合。左下方的布局显示的是被一条河流分开的两个犯罪团伙，这种犯罪模式很可能是犯罪人的活动范围分别位于河流一侧的结果，这与右上角图中显示的犯罪模式非常的不同。右下角的布局显示的是网状道路结构中的犯罪模式，鉴于这种路网的性质，研究人员可以就图上所示两个地区的犯罪吸引力展开研究，也许在这一地区存在着影响犯罪机会的住宅布局或其他土地使用模式（背景环境的全方位考虑）。

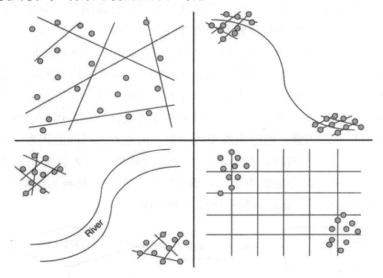

图 5.7　道路网络与犯罪

这个基于道路网络的简单例子也可以扩展到与建筑环境相适应的社会和/或心理背景上。不同的社会背景提供了不同的机会，这可能导致有动机的犯罪人做出不同的选择，这也就再次引出了理性选择视角。

理解背景环境的性质对分析各种犯罪的模式尤为重要。例如，暴力犯罪（因为需要至少两个个体的同时存在）频繁发生在人口较多的区域（Andresen，2011；Andresen and Jenion，2010；Boggs，1965），这同样适用于高密度住宅和住宅盗窃频发的地区。此外，在汽车消费文化的大背景下，人的存在意味着汽车的存在，也意味着汽车相关犯罪的存在。商业盗窃只能发生在有商业规划区或某种形式的混合用地区域。如果这些因素集中在某一空间和/或时间点上，就必须利用这些分布来对犯罪做出预测。因此，环境犯罪学家的任务不是识别犯罪模式本身，而是理解它们产生的原因。或者换句话说，辨别以上所讨论的规则哪一条是最为相关的。

5.4 结 论

犯罪在时间和空间上不是随机分布的。它有一定的聚集规律，但是聚集的状况很大程度上受到人们在城市中的居住位置、在城市中运动的原因和方式以及朋友网络的影响。在某种情况下，活动节点重叠的地方会成为犯罪产生地点和犯罪吸引区域。

在研究犯罪地点的代表性时，需要考虑犯罪人及其日常活动空间、参与犯罪活动的朋友网络及其共同活动空间、固定目标的位置、移动受害者和移动目标的活动空间、固定目标的集中地区。模式是动态的，研究人员需要时刻铭记这一点以便能够设计出行之有效的预防犯罪的干预措施。

内 容 回 顾

1．为什么人们比较耗费时间的地点会影响犯罪模式？

2．思考自己所有的主要活动节点和路径，为你的感知空间创建一张地图。使用较粗的线来标识出花费较多时间的路径和节点。你的活动有多大程度的可预见性？

3．什么是环境背景？它的意义是什么？为什么会改变？

4．描述你居住地附近高犯罪率地区的环境背景。哪些方面是静态的？哪些方面是动态的？

5．当有动机的犯罪人在寻找目标时，为什么距离是一个重要的变量？

注 释

1．Wiles、Costello（2000）对谢菲尔德盗窃犯和汽车盗窃的研究清楚地说明了这一点在犯罪学上的潜力。他们以一个新建郊区购物中心和一个受欢迎的海滨度假胜地为例分析了日常活动和犯罪地点的影响。参见 Bromley and Nelson（2002）。

2．Shaw、Moore（1931）在《犯罪生涯自然史》一书中有一项较早的研究可以说明这一点。该研究顺便说明了随着犯罪主体的活动、感知空间、朋友网络的扩大，其犯罪地点也在不断变化。

3．关于一般目标搜索模式，参见 Brantinghams（1978）。关于时间因素如何对犯罪人目标的搜索施加空间约束的研究，参见 Ratcliffe（2006）。

4．在所谓的"新城市主义"中出现了一种用地混合使用的新模式。这种规划会增加某些节点的活动，并可能产生密集的犯罪集合。

5．关于犯罪替代的更详细的内容请参见 Brantingham and Brantingham（2003a，2003b），Guerette（2009），关于替代存在的实证文献参见 Guerette and Bowers（2009）。

参 考 文 献

Andresen, M.A. (2011) 'The ambient population and crime analysis', *Professional Geographer*, 63: 193-212.

Andresen, M.A. And Jenion, G.W. (2010) 'Ambient populations and the calculation of crime rates and risk', *Security Journal*, 23: 114-133.

Andresen, M.A., Frank, R. and Felson, M. (2014) 'Age and the distance to crime', *Criminology and Criminal Justice*, 14: 314-333.

Block, R., Galary, A. and Brice, D. (2007) 'The journey to crime: victims and offenders converge in violent index offences in Chicago', *Security Journal*, 20: 123-137.

Boggs, S.L. (1965) 'Urban crime patterns', *American Sociological Review*, 30: 899-908.

Brantingham, P.J. and Brantingham, P.L. (1978) 'A theoretical model of crime site selection', in M. Krohn and R. Akers (eds) *Crime, Law and Sanctions*, 105-118. Beverly Hills, CA: Sage.

Brantingham, P.L. and Brantingham, P.J. (1981) 'Notes on the geometry of crime', in P.J. Brantingham and P.L. Brantingham (eds) *Environmental Criminology*, 27-54. Prospect Heights IL: Waveland Press.

Brantingham, P.J. and Brantingham, P.L. (1984) Patterns in Crime. New York: Macmillan.

Brantingham, P.J. and Brantingham, P.L. (1991) *Environmental Criminology*.

Prospect Heights, IL: Waveland Press.

Brantingham, P.L. and Brantingham, P.J. (1993a) 'Nodes, paths and edges: considerations on the complexity of crime and the physical environment', *Journal of Environmental Psychology*, 13: 3-28.

Brantingham, P.L. and Brantingham, P.J. (1993b) 'Environment, routine and situation: toward a pattern theory of crime', *Advances in Criminological Theory*, 5: 259-294.

Brantingham, P.L. and Brantingham, P.J. (1994) 'La concentration spatiale relative de la criminalité et son analyse: vers un renouvellement de la criminologie environmentale' ['The spatial concentration of crime and its analysis: toward a renewal of environmental criminology'], *Criminologie*, 27: 81-97.

Brantingham, P.L. and Brantingham, P.J. (1999) 'A theoretical model of crime hotspot generation', *Studies on Crime and Crime Prevention*, 8: 7-26.

Brantingham, P.J. and Brantingham, P.L. (2003a) 'Anticipating the displacement of crime using the principles of environmental criminology', *Crime Prevention Studies*, 16: 119-148.

Brantingham, P.L. and Brantingham, P.J. (2003b) 'Crime prevention and the problem of crime displacement: estimating quantum of displacement using a cohort component approach', in H. Kury and J. Obergfell-Fuchs (eds) *Crime Prevention: New Approaches*, 356-369. Mainz, Germany: Weisser Ring, Gemeinnützige Verlags-GmbH.

Brantingham, P.L. and Brantingham, P.J. (2015). 'Understanding crime with computational topology', in M.A. Andresen and G. Farrell (eds) *The Criminal Act: The Role and Influence of Routine Activity Theory*. New York: Palgrave Macmillan.

Bromley, R.D.F. and Nelson, A.L. (2002) 'Alcohol-related crime and disorder across urban space and time: evidence from a British city', *Geoforum*, 33: 239-254.

Bromley, R.D.F., Tallon, A.R. and Thomas, C.J. (2003) 'Disaggregating the space-time layers of city-centre activities and their users', *Environment and Planning A*, 35: 1831-1851.

Bursik, R.J. and Grasmick, H.G. (1993) *Neighborhoods and Crime: The Dimensions of Effective Community Control*. New York: Lexington Books.

Carrington, P.J., Matarazzo, A. and de Souza, P. (2005) *Court Careers of a Canadian Birth Cohort*. Ottawa, ON: Statistics Canada.

Churchland, P.M. (1989) *A Neurocomputational Perspective on the Nature of Mind and the Structure of Science*. Cambridge, MA: MIT Press.

Clare, J., Fernandez, J. and Morgan, F. (2009) 'Formal evaluation of the impact of barriers and connectors on residential burglars' macro-level offending location choices', *Australia and New Zealand Journal of Criminology*, 42: 139-158.

Clarke, R.V. and Cornish, D.B. (1985) 'Modeling offenders' decisions: a framework for research and policy', *Crime and Justice: An Annual Review of Research*, 6: 147-185.

Cohen, L.E. and Felson, M. (1979) 'Social change and crime rate trends: a routine activity approach', *American Sociological Review*, 44: 588-605.

Cornish, D. and Clarke, R.V. (1986) *The Reasoning Criminal*. New York: Springer-Verlag.

Cromwell, P.F., Olson, J.N. and Avary, D.W. (1991) *Breaking and Entering: An Ethnographic Analysis of Burglary*. Newbury Park, CA: Sage.

Curman, A.S.N., Andresen, M.A. and Brantingham, P.J. (2015) 'Crime and place: a longitudinal examination of street segment patterns in Vancouver, BC', *Journal of Quantitative Criminology*, 31: 127-147.

Cusson, M. (1983) *Why Delinquency?* Toronto, ON: University of Toronto Press.

Farrington, D.P., Lambert, S. and West, D.J. (1998) 'Criminal careers of two generations of family members in the Cambridge Study in Delinquent Development', *Studies on Crime and Crime Prevention*, 7: 85-106.

Fattah, E.A. (1991) *Understanding Criminal Victimization: An Introduction to Theoretical Victimology*. Scarborough, ON: Prentice-Hall.

Felson, M. and Clarke, R.V. (1998) *Opportunity Makes the Thief: Practical Theory for Crime Prevention*. London: Home Office. Police Research Series Paper 98.

Felson, M. and Poulsen, E. (2003) 'Simple indicators of crime by time of day', *International Journal of Forecasting*, 19: 595-601.

Frank, R., Andresen, M.A. and Brantingham, P.L. (2012) 'Criminal directionality and the structure of urban form', *Journal of Environmental Psychology*, 32: 37-42.

Guerette, R.T. (2009) *Analyzing Crime Displacement and Diffusion, Tool Guide No. 10*. Washington, DC: Center for Problem-Oriented Policing.

Guerette, R.T. and Bowers, K.J. (2009) 'Assessing the extent of crime displacement and diffusion of benefits: a review of situational crime prevention evaluations', *Criminology*, 47: 1331-1368.

Lynch, K. (1960) *The Image of the City*. Cambridge, MA: MIT Press.

Ratcliffe, J.H. (2006) 'A temporal constraint theory to explain opportunity-based spatial offending patterns', *Journal of Research in Crime and Delinquency*, 43: 261- 291.

Rengert, G.F. (2004) 'The journey to crime', in G.J.N. Bruinsma, H. Elffers and J. de Keijser (eds) *Punishment, Places and Perpetrators: Developments in Criminology and* Crimin*al Justice Research*, 169-181. Devon, UK: Willan.

Rengert, G.F., Piquero, A. and Jones, P. (1999) 'Distance decay re-examined', *Criminology*, 37: 427-445.

Rhodes, W.M. and Conly, C. (1991) 'Crime and mobility: an empirical study', in P.J. Brantingham and P.L. Brantingham (eds) *Environmental Criminology*. Prospect Heights, IL: Waveland Press.

Sampson, R.J. and Groves, W.B. (1989) 'Community structure and crime: testing social disorganization theory', *American Journal of Sociolo gy*, 94: 774-802.

Sampson, R.J., Raudenbush, S.W. and Earls. F. (1997) 'Neighborhoods and violent crime: a multilevel study of collective efficacy', *Science*, 277: 918-924.

Shaw, C.R. and McKay, H.D. (1942) *Delinquency and Urban Areas*. Chicago, IL: University of Chicago Press.

Shaw, C.R. and Moore, M.E. (1931) *The Natural History of a Delinquent Career*. Chicago, IL: University of Chicago Press.

Song, J., Spicer, V. and Brantingham P.L. (2013) 'The edge effect: exploring high crime zones near residential neighbourhoods', *Proceedings of the 2013 IEEE International Conference on Intelligence and Security Informatics [ISI]*, 245-250.

Song, J., Andresen, M.A., Brantingham, P.L. and Spicer, V. (2015) 'Crime on the edges: patterns of crime and land use change', *Cartography and Geographic Information Science*, doi: 10.1080/15230406.2015.108918.

Sutherland, E. (1937) *Principles of Criminology*, 3rd edn. Philadelphia, PA: Lippincott.

Townsley, M. and Sidebottom, A. (2010) 'All offenders are equal, but some are more equal than others: variation in journeys to crime between offenders', *Criminology*, 48: 897-917.

van Koppen, P.J. and de Keijser, J.W. (1997) 'Desisting distance decay: on the aggregation of individual crime trips', *Criminology*, 35: 505-515.

White, R. C. (1932) 'The relation of felonies to environmental factors in Indianapolis', *Social Forces*, 10: 498-509.

Wiles, P. and Costello, A. (2000) *The 'Road to Nowhere': The Evidence for Travelling Criminals*. Home Office Research Study No. 207. London: Policing and Reducing Crime Unit, Home Office Research, Development and Statistics Directorate.

Wolfgang, M.E., Figlio, R.M. and Sellin, T. (1972) *Delinquency in a Birth Cohort*. Chicago, IL: University of Chicago Press.

第二部分
犯罪模式分析

第6章 犯罪脚本

Benoit Leclerc

6.1 引　言

犯罪脚本的概念出现于20世纪90年代中期，当时Derek Cornioh（1994a；b）从认知心理学中借用了脚本的概念，并将其应用于犯罪学领域。当时，犯罪人决策的模式已经初步建立，能够帮助人们在理性选择视角下进一步了解犯罪事件（Clarke and Cornish，1985）。这种模式代表了最初形式的脚本，但它只限定在关注犯罪人做出犯罪行为的目标选择方面。而脚本的概念则提供了一个框架，着重说明犯罪人在实施特定类型犯罪之前、期间和之后做出的选择和决定。

犯罪脚本的概念分享了理性选择视角的基本观点，其中包括犯罪是有目的的、犯罪人的决策是在分析特定的犯罪之后做出的（尽管理性受到限制）（Cornish and Clarke，本书第2章）。犯罪脚本旨在提供对犯罪实施过程的标准化、系统化和全面的理解。正如我们将要讨论的，犯罪脚本的最终目的是通过确定犯罪过程的每个阶段，最大限度地发挥情境预防犯罪的潜在效力，以增加预防、减少或阻止犯罪的机会。

在这一章中，首先我们将简要地概述脚本概念的起源，并强调为什么这个概念在环境犯罪学中如此重要。然后，重点介绍犯罪脚本研究的最新进展，特别是在性犯罪和有组织犯罪这两种犯罪方面，可以说这两种犯罪现象的研究从脚本概念中受益匪浅。此外，我们还讨论了关系模式（或人际脚本），它可以帮助理解暴力犯罪的动态和新近出现的新形式脚本，如受害者脚本和监管人脚本。最后，我们将简单地讨论犯罪脚本的构造。本章的主要目的是向读者介绍犯罪脚本的概念及其主要目的，并回顾其发展过程和最新进展。

6.2　脚本的概念与犯罪脚本的贡献

　　人们的大脑中存在着不同形式的基模（Augoustinos，Walker and Donaghue，2006）。基模是一种认知结构，是指基于过去的行为经验产生的对社会规则的假设和期望。人们会在一生中发展出大量的基模。其主要目标是帮助人们应对他们所处的世界。例如，每个人都已经积累了关于他/她自己、其他人以及为实现预期目标而要遵循的行为规则的理解。人们也用基模来指导自己与他人的社交。因此，存在很多不同形式的基模（如自我基模、他人基模、关系基模、事件基模等）（Augoustinos et al，2006；Baldwin，1992；Fiske and Taylor，1991）。例如，自我基模指的是人们对自己的认知结构，它与一个人的个性和过去的行为相联系，使其产生自我认同感。他人基模指通过自己的认识或他人的名声所了解的他人的人格的认知结构。这种结构有助于人们根据自己的支配性人格的特征对他人进行分类，然后根据自己的人格与他人进行互动。关系基模，也被称为人际脚本，是指帮助自己与他人建立相互关系的认知结构（Baldwin，1992；1995）。人际脚本是一种刻板的关系模式，在特定的环境中，人们会发现哪些行为倾向于遵循哪些反应，并用来解释社会状况和他人的行为，并引导他们实施相应的行为。最后，事件基模（通常称为脚本），是指在特定的环境中采取的一系列有次序的行为。关于脚本起源的更详细的说明，请读者阅读康沃尔 1994 年发表在《预防犯罪研究》上的文章（康沃尔，1994a）。

　　脚本方便于人们思考在某种情况下如何做出某种行为以实现某种目标的过程，这个过程是自动的进行，直到新的事件发生阻碍或干扰到脚本的执行为止。Schank 和 Abelson（1977）通过在餐馆吃饭的经典例子来说明脚本的概念（和过程）以及餐馆顾客一般会进行的行为顺序。顾客必须首先进入餐厅、等待就座、拿到菜单、点餐、吃饭、核对账单、结账、离开餐馆。将脚本概念应用于犯罪，可以使犯罪实施的过程更容易识别和理解。Cornish（1994a；b）最初使用了脚本概念以便提供框架来系统地调查和确定特定犯罪过程中的所有步骤，以及每个步骤必须做出的决定和行动以及成功完成犯罪所需的资源。这一模式可以用来预防犯罪，因为它为犯罪学家提供了干预犯罪的机会。除了那些与犯罪实际发生的步骤相关的干预点外，还可以确定其他干预点以预防犯罪。图 6.1 提供了犯罪脚本的示例。这张图显示了在郊区实施入室盗窃所需要的必要犯罪步骤。

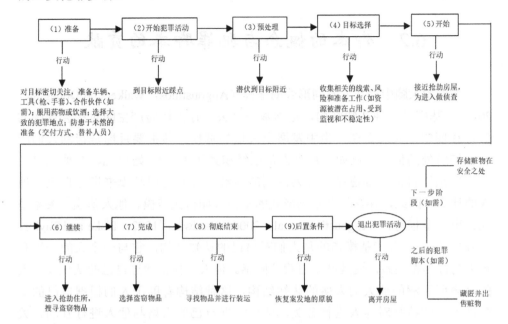

图 6.1　郊区入室盗窃的犯罪脚本案例

资料来源：摘自 Cornish and Clarke，2006

　　进行犯罪脚本分析有两个主要目的。首先，犯罪脚本分析为分解和识别犯罪过程的每个步骤提供了模板。犯罪行为是犯罪人为实施特定犯罪而做出决策的过程。因此，犯罪脚本分析不仅仅是揭示犯罪过程的工具，它还提供了对犯罪人想法的洞察分析，并有助于理解犯罪人行为的基本原理。毕竟，脚本源出于认知心理学的概念，阅读这方面的内容应该使读者了解脚本不仅仅是一种分析方法，而且是洞悉人类行为的重要概念（Baldwin，1992）。其次，犯罪脚本分析为情境预防犯罪提供了新的思路。通过将犯罪过程分解为一系列的步骤，我们可以发现一些可干预的点，而若将犯罪视为时间和空间上的单一事件，那么这些可干预点可能不会被发现，其中每一步都代表着一个可干预点，可以为其设计和应用情境预防技术，以破坏脚本的继续执行，从而制止犯罪发生。图 6.1 以盗窃作为案例，图 6.2 则显示为了达到预防目的可以将防控重点放在脚本的某一个特定步骤上，如完成目标选择。如果在这一步骤中干预措施达到了效果，那么入室盗窃行为将在那时被终止。当然人们也可以选择专注于另一个特定的步骤——从犯罪人的角度寻找犯罪脚本的薄弱点，以最大限度地破坏犯罪的发生。

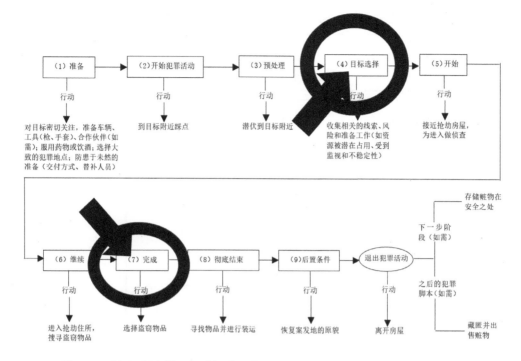

图 6.2　破坏犯罪人的目标选择或完成阶段的行为来制止郊区入室盗窃的发生

根据 Leclerc、Wortley 和 Smallbone（2011）研究的儿童性虐待脚本（见图 6.3），表 6.1 展示了脚本分析的主要结果，即确定可应用情境预防措施的所有潜在干预点（即使一些步骤未被发现，如脚本准备和前提条件）。表 6.1 涵盖了图 6.3 中脚本的每一个步骤，展示了犯罪人在每个步骤中的行为，以及犯罪人的便利条件和阻止他们的潜在情境预防措施。每一步都可以作为一个潜在的干预点来考虑预防措施。这次尝试中所包括的措施旨在探究人们可以采取哪些措施来预防犯罪（或可能已经做了哪些尝试），首先是激发预防思维，并在犯罪发生之前最大程度地破坏犯罪的机会（Clarke and Newman，2006，对自杀式爆炸的讨论，不失为一个很好的例子）。例如，在第五步中，犯罪人经常单独与儿童进行接触。这种犯罪人与受害者接触的便利条件实质上是受害者缺乏监督，以及在这一步存在可利用的物理空间。一些潜在的犯罪人发现自己与一个孩子单独在一起，可能一开始并没有明确的意图想要虐待孩子，但有利的条件提供了一个性侵的机会。例如，一个人在给孩子洗澡时，可能会受到孩子视觉感官的刺激。潜在犯罪人可能会主动寻求当保姆或带孩子去某些地方的机会。因此给父母的建议是，当他们不在时，要把孩子慎重地交给其他人来看护；父母也应该多花些时间陪伴孩子，以减少他人看管孩子的时间，或者建立一些规则来约束儿童看护机构的工作人员以防止儿童性虐事件的发生。

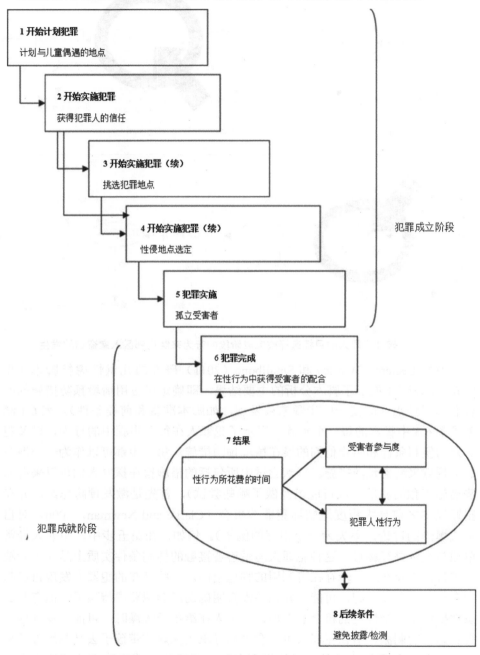

图 6.3　儿童性虐待犯罪脚本

资料来源：Leclerc，Wortley and Smallbone，2011

表 6.1　儿童性虐待犯罪脚本与情境干预点

步骤次序	犯罪人行为	促进条件	干预措施
犯罪分解			
1. 开始计划犯罪计划与儿童偶遇的地点	● 在家中注意/发展与儿童的关系 ● 在机构环境中注意/发展与儿童的关系（如体育俱乐部、学校、教会学校等） ● 在儿童聚集的公共区域（如游乐场、公园、电子游戏厅）观察/引诱儿童	● 缺失或缺乏有效的监护 ● 缺失或缺乏筛选监护机构的过程 ● 在机构内和高危家庭中有弱势的儿童	● 在儿童相关组织中实施情境风险审查制度 ● 加强儿童聚集地的监控（如设立场所经理） ● 留意家中新来者（如单身母亲的新男朋友） ● 留意儿童机构的工作人员，审查其工作动机以及以往的儿童工作经验
2. 开始实施犯罪获得犯罪人的信任	● 给予爱和关注 ● 赠送礼物和特惠	● 父母和有能力的监护人对犯罪人采取的惯用伎俩缺乏了解 ● 缺乏对儿童的监护 ● 不愿意干预机构和家庭环境中潜在的不当行为	● 为家长提供有关犯罪人惯常做法和性侵方式的课程培训 ● 向教师开展如何发现家庭内部虐待的信息会议 ● 加强对儿童的监护（例如，留意儿童的朋友和熟人，尤其是年龄较大的朋友和熟人） ● 让员工参与制定规范员工和儿童互动的规则 ● 为员工/教师/家庭提供讨论潜在不当行为的渠道
3. 开始实施犯罪（续）挑选犯罪地点	● 赠与礼物和特惠 ● 暴力	● 缺乏或缺失有效的儿童监护 ● 在机构中缺乏明确和正式的规则 ● 父母和雇主信任犯罪人	● 留意孩子的礼物和特权（父母） ● 要求看护者提供有关活动的计划/与儿童讨论活动 ● 避免让儿童与成人单独过夜 ● 规范员工（或家庭中的新员工）和儿童互动的规则（例如，要求在无监控的区域由两名员工同时监管）
4. 开始实施犯罪（续）性侵地点选定	● 在家中选择一个安全的性侵场所 ● 在机构设置中选择适当的性侵场所 ● 选择有利的公共场所进行性侵	● 缺乏对儿童的监护 ● 缺乏或缺失有效的管理 ● 有利的物理环境（如无监控的环境）	● 改变设置（如浴室和卧室门锁）限制进入儿童所在区域 ● 通过修改设置（卧室闭路电视）来协助监控 ● 遵循在无监控区域需要两名工作人员同时监护的规则 ● 规定使用时锁上浴室门 ● 规定使用时不要进入儿童卧室 ● 限制进入公园和机构环境中的无人监管区域 ● 加强儿童聚集地的监控（如闭路电视、场所管理者）

续表

步 骤 次 序	犯罪人行为	促 进 条 件	干 预 措 施
犯罪分解			
5. 犯罪实施孤立受害者	• 创造或利用允许单独与受害者接触的机会进行性接触	• 缺乏对儿童的监护 • 有利的物理环境（如无监控区域）	• 避免在没有监督的情况下将有私密性质的空间或家庭活动委托给他人（父母） • 限制孩子一个人的时间 • 规定不允许员工带孩子回家 • 通过修改场所设施（例如，门上有玻璃板的房间），以加强对儿童的监护
6. 犯罪完成在性行为中获得受害者的配合	• 使受害者对性接触不敏感 • 赠送礼物和特惠 • 使用暴力	• 儿童很难区分适当和不当的身体接触 • 缺乏有效的儿童监护 • 有利的物理环境（如无监控区域） • 性接触激起了犯意	• 针对父母和儿童进行防性侵的培训课程 • 向教师开展如何发现家庭内部虐待的信息会议 • 为儿童建立反抗力（例如，增强孩子的自信和自尊水平） • 留意孩子的礼物和特惠（父母） • 修改设施（如浴室和卧室门锁，卧室闭路电视） • 禁止在家中出现色情内容 • 熟识性虐待预防热线（"立即停止"热线）
7. 结果 （1）近期结果（花时间进行性活动） （2）最终结果（受害者参与以及犯罪人的性行为）	• 花时间与受害者进行性活动 • 让受害者表演性行为，对受害者进行性行为	• 父母和有能力的监护人缺乏关于儿童性虐伎俩的知识 • 缺乏有效的儿童监护 • 儿童性侵本身不起眼	• 为家长提供防儿童性侵的惯用伎俩的培训课程 • 向教师开展如何发现家庭内部虐待的信息会议 • 限制长期和重复接触儿童 • 跟进活动信息（询问明确的活动信息/与儿童讨论活动） • 为儿童建立反抗力（如增强自信、自尊水平） • 在学校设立心理医生和看护，对儿童进行全面检查（心理和身体检查） • 要求老师强制报告疑似性侵的情况
8. 后续条件避免披露/检测	• 利用情感绑架	• 家庭中缺乏沟通 • 缺乏揭露儿童性虐待的沟通渠道 • 孩子感到羞耻/内疚	• 采用开放、温暖、支持的育儿方式 • 在机构中鼓励儿童说出事情，并提供渠道 • 教师开展信息会议，交流如何鼓励揭露家庭内部虐待 • 提供受害者匿名热线

资料来源：Lecl.erc，Wortley and Smallbone，2011.

6.3 犯罪脚本的应用

犯罪脚本分析现在已经在一些犯罪分析领域得到了应用。在这一节中，我们将运用犯罪脚本的概念研究性犯罪和有组织犯罪。首先，犯罪脚本分析在性犯罪和有组织犯罪的研究中取得了很好的效果。其次，这两种犯罪现象的动态分析比较复杂，犯罪脚本分析能帮助我们充分了解这些犯罪以达到预防的目的。

6.3.1 性犯罪

Cornish's（1998）在 20 世纪 90 年代末一年一度的环境犯罪学与犯罪分析研讨会上提出了关于儿童性虐待犯罪脚本的理论，成为了环境犯罪学的一个重大突破。这项研究表明，一些犯罪学家认为在非理性的犯罪中所谓的"表现性犯罪"可以通过情境预防的角度进行检查。换句话说，这项研究除了发展了脚本分析概念以外，同时意味着环境犯罪学也可以用来指导情境预防行动，以解决人与人之间的犯罪。

针对儿童和妇女的性侵可能是最具争议的犯罪形式。儿童和妇女的性侵害是一个充满情感的话题，它引起了大多数人的厌恶、愤怒和不解。尽管有些学者不愿意在犯罪学科中研究性犯罪，但他们还是采用了环境犯罪学的观点，并且特别是使用理性选择视角来解释性犯罪人的犯罪过程。1995 年，Proulx及其同事（Proulx，Ouimet and Lachaine，1995）首次尝试通过理性选择视角来了解儿童性犯罪人的决策过程。这篇论文表明，儿童性犯罪人的认知过程包括了关于选择接近潜在受害者的地点等一系列决定以及针对特定儿童的性侵所采取的手段。

继 Proulx 之后，Beauregard 和 Leclerc 同样采用理性选择视角作为研究性犯罪的切入点，并引起了人们对犯罪脚本的关注。迄今为止，犯罪脚本分析在性犯罪的研究领域取得了较多成果。关于性犯罪的脚本分析的最新进展如图 6.4 所示。Beauredge、Proulx、Rossmo、Leclerc 和 Allaire（2007）将脚本分析应用于陌生人连续性犯罪的案例中，重点关注犯罪人的出行。这项研究表明，性犯罪人可能遵循三个基础的原则来实施其犯罪行为：胁迫性、操纵性和强制性（coercive，manipulative and non-persuasive），但在犯罪人整个犯罪实施的过程中其犯罪的地点可能是不同的。在同一个案例中，Deslauriers-Varin 和 Beauregard（2010）使用脚本分析受害者的日常活动行为，希望了解犯罪人通常如何标记潜在受害者。Leclerc et al（2011）研究了儿童性侵的犯罪人的脚本，并针对脚本的每个阶段制定了情境预防措施。这项研究表明，脚本分析可以从情境的角度帮助人们思考如何预防儿童性侵。Brayley、Cockbain和Laycock（2011）以预防为目的在英国编写了儿童性拐卖脚本，而Leclerc、Smallbone和Wortley（2013）则应用脚本研究了儿童性侵中的犯罪人与受害者的交互影响（见图6.3）。最近，Chiu和Leclerc（2015）使用脚本分析了熟人对女性的性犯罪行为。Chiu和Leclerc采用了Clarke和Eck（2005）提出的问题三角形模型对情境预防措施进行了分类，其中犯罪人、地点和受害者三个要素构成了内三角形，并由外三角形中的相应要素（处置者、管理者和安保人）进行调整来进行情境预防的措施。

6.3.2 有组织犯罪

犯罪脚本应用的另一个重要领域是有组织犯罪（见图6.4）。由于犯罪人和受害者之间可能存在相互影响及重复性犯罪现象，类似于性犯罪这样的人与人之间的犯罪对脚本分析来说是个难点，但脚本分析应用于有组织犯罪也有其特殊的复杂性。有组织犯罪不仅意味着大量犯罪人参与，而且可能涉及若干个犯罪组织或网络，其活动甚至可能涉及若干个国家，并且一些犯罪网络也可能无法被研究到（Moreto and Clarke，2013）。尽管存在种种困难，但依然有许多学者通过脚本分析对有组织犯罪研究做出了巨大的贡献。

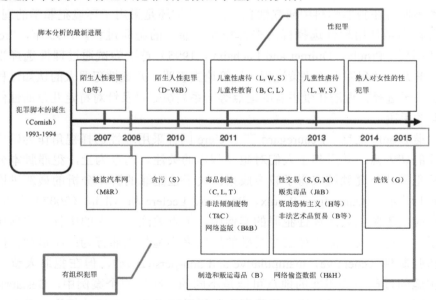

图6.4 关于犯罪脚本分析的最新进展

Morselli 和 Roy（2008）通过脚本理论分析了机动车盗窃的犯罪人网络。这项研究表明，控制网络中的某个特定参与者（如中间人）可能会导致整个网络的中断。Savona（2010）编写了意大利三起腐败案件（即意大利有组织犯罪在公共建筑行业的贪腐）的犯罪过程，提出了如何预防腐败的措施。Tompson 和 Chainey（2011）利用脚本分析了违法浪费的数据，专注于了解违法浪费活动。Chiu、Leclerc 和 Townsley（2011）利用法院的数据分析了参与毒品制造的犯罪过程，并通过问题分析三角形来制定预防措施。Savona、Giommoni 和 Mancuso（2013）利用两份性奴贩运案件卷宗，编写了两部关于跨国性奴贩运的犯罪脚本，其中一部为从尼日利亚到意大利，另一部为从东欧到意大利，他们均提出了针对性的情境预防策略。

研究人员应用脚本分析的其他类型的有组织犯罪还包括网络盗版（Basamanowicz and Bouchard，2011）、毒品交易（Jacques and Bernasco，2013）、资助恐怖主义的香烟禁运（Hiropoulos，Freilich，Chermak and Newman，2013）、公共采购中的腐败案（Zanella，2013）、洗钱（GilmouR，2014）和盗窃公民隐私数据（Hutchings and Holt，2015）。脚本分析还与社会网络分析一起用于在整个犯罪过程中对犯罪网络进行系统调查。除 Morselli 和 Roy（2008）外，其他研究还包括了 Bright（2015）关于甲基苯丙胺制造和贩运案以及 Bichler、Bush 和 Malm（2013）关于非法艺术品贸易的研究。Bichler、Bush 和 Malm（2015）也采用了 Morselli 和 Roy 的混合脚本来研究跨国非法交易市场的网络系统。

6.3.3　致命车祸

Blais、Leclerc、Roy 和 Porier 最近使用脚本分析方法检查了与年轻司机有关的致命车祸案。该研究根据公共卫生学者提出的建议，在研究视角上从以驾驶员为中心转向以情境为中心以确定与致命车祸风险相关的因素类别。该研究采用了官方调查和车祸报告来构建脚本，从中可获得所有场景的位置、驾驶行为和损伤水平、第三方及其与驾驶员、车辆和道路环境的相关关系数据。此外，事故前、事故中和事故后的数据也被保存下来以丰富脚本内容。该脚本一般分为八个阶段：（1）初始背景；（2）准备；（3）进入；（4）先决条件；（5）工具先决条件；（6）实施和工具启动；（7）崩溃；（8）后果。将脚本应用于公共卫生领域反映了犯罪脚本的另一个发展方向，意味着犯罪脚本分析具有提供信息和预防事故发生的功能。

6.4 犯罪脚本关系模式

犯罪人与受害者相互作用的"新"模式

犯罪人与受害者相互作用的想法可以追溯到40多年前卢肯比尔（1977）出版的关于凶杀案的著作。这一概念的实质是犯罪人在犯罪过程中对受害者实施的行为将影响受害者的反应，反过来又会激起犯罪人的相应的反应，再反之亦然，直到犯罪完成或被终止为止。犯罪人与受害者之间的相互作用可以进一步扩大到包括第三方，如旁观者（或监管人）。换言之，潜在的监管人在干预时将以何种方式行事将由犯罪人和受害者的行为决定，同时第三方的行为也会影响犯罪人和受害者在应对这种干预时可能采取的下一步行动。

在认知心理学领域，犯罪人与受害者相互影响的动态本质可以通过人际关系脚本的概念来解释（Baldwin，1992；1995）。个体通过经历类似的交互模式，发展了为达到某个目标而采取的行动顺序的认知，同时也发展了如何与他人交互的认知（Baldwin，1992）。这种认知是在被称为关系脚本的认知结构下组织起来的，包含了特定情况下个体之间相互作用的实质。具体来说，人际关系脚本是一种定性的关系模式，是关于行为类型以及该行为所对应的反应，以自己的认知来解释社会关系和其他人的行为。正如人们所期望的那样，这种脚本包括了一系列复杂的行为，其中一个人的行为选择取决于另一个人的行为方式。该脚本可用于设计与他人交互时的行为。虽然传统的犯罪脚本一般是单向顺序结构的，但人际关系脚本一般包含了多个循环，因此是一个迭代过程。

Baldwin（1992）用一个十几岁的男孩向他的母亲借车钥匙为例阐述了人际关系脚本：

"他的目的是借钥匙，他也知道母亲希望确保汽车和儿子安全返回。因此他知道，如果母亲不情愿的话，那么他所要采取的必要行为就是让他母亲放心，所以他会给出一些保证，如'我11点前到家'和'我会小心开车'。他的期望是，他的母亲会将他视为负责的孩子来回应这些行为，觉得他会很谨慎，最后给他钥匙。如果没有，他可能会采取其他做法，比如强调他急需交通工具，抱怨她不公平等。"

Baldwin（1992）补充说，这种人际之间的相互影响可能发生在两名以上的个体之间，这种情况下所有个体之间的相互影响都是动态变化的。例如，有些情况可能会涉及三名个体的脚本，当这些脚本之间发生冲突时最终可能会使人做出最合理或最理想的行为（Baldwin，1992）。在上面的例子中，我们可以想象一下，如果父亲也参与到这种情况中男孩和母亲之间的交流会怎样进行。

在犯罪学中，Ekblom（2007）提到了犯罪人与受害者两个脚本的相互冲突和影响作用。Wortley（2012）将其看作人与情境之间反复地相互作用的过程并进行了讨论。最近，Leclerc、Smallbone 和 Wortley（2013）使用人际脚本框架研究了儿童性虐待中的犯罪人与受害者相互作用关系。具体来说，他们分析了犯罪人与受害者的互动形式，重点关注了犯罪人寻找合适的受害目标进行性活动的阶段。图 6.5 描述了这一场景的模式。这一阶段分为了四个步骤：（1）犯罪人为寻求受害者在性活动中的合作而采取的行动；（2）受害者的反应；（3）犯罪人对受害者反应的反应；（4）性行为。Leclerc 和他的同事发现受害者对犯罪人的反应会影响性侵的严重程度。例如，如果受害者顺从，则犯罪人和受害者的性行为的侵入性可能会增加。这一发现表明，如果受害者采取某种特定的行为，犯罪人的脚本可能会相应地发生变化，并导致另一个结果的发生。

首先，人际关系脚本给我们提供了一种可能，即在性犯罪等犯罪中犯罪人与受害者之间的交互性。这一重点使研究能够准确地反映正在研究的犯罪的实际情况，因此也增加了应用情境预防犯罪提供措施的可能性，尤其是在潜在目标强化（或受害者自我保护）方面。也就是说，我们必须牢记一点：受害者的反应和犯罪人对受害者反应的反应在本质上是灵活多变的，这可能会导致许多犯罪行为的排列或子脚本。其次，人际关系脚本使我们能够跟踪人类交互行为的复杂性。事实上，这一框架有助于我们研究人与人之间的犯罪，因为它"迫使"我们在分析过程中扮演不同的角色（或站在不同的立场），因为犯罪人和受害者之间的交互作用在不断进行（例如，犯罪人行为—受害者反应—犯罪人反应等）。检视犯罪人与受害者之间的相互作用关系也带来了另一个有趣的问题：从犯罪人与受害者或安保人以外的其他行为人的角度来编制脚本是否可能并且是否有意义？

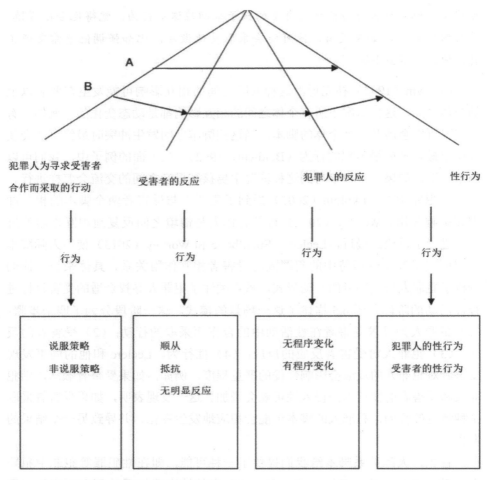

注：A= 无交互的脚本；B= 有交互的脚本

图 6.5　儿童性虐待犯罪中的犯罪人—受害者关系

6.5　犯罪脚本的新方向

犯罪脚本新的研究方向可以从不同角度来进行（Leclerc，2013a；b）。脚本分析的一个优势是它与所有行为人（而非仅犯罪人）的视角相兼容，（Leclerc，2015）。与其只从犯罪人的角度来思考犯罪的行为过程，不如从受害者和/或安保力量的角度来思考，这样可以大大提高我们预防犯罪的能力。事实上，这一发展也为我们提供了受害者和安保力量两个额外的视角，从中可以通过情境预防来了解和定位犯罪事件。

表 6.2 揭示了脚本应用的三个过程。第一，确定犯罪人脚本（通常称为犯罪脚本）的重点是确定犯罪实施过程的所有行为阶段，以便获得更广泛的干预点，因为最终的预防目标是在脚本完成之前中断脚本。第二，潜在的受害者显然试图做出与犯罪人想要完成的事相反的事情，即避免受害。因此，从潜在受害者的角度分析脚本的重点是打破受害者自我预设的过程，以避免受害。第三，潜在的安保人希望能够控制和预防犯罪。从安保人的视角来看，脚本分析的重点是识别犯罪过程中所有可能成功中断犯罪的阶段，其最终目的是要阻止脚本过程的完成。

表 6.2　在犯罪行为中对主要个体的脚本分析应用

维　　　度	犯 罪 人	受 害 者	监 护 者
犯罪活动中相应角色所追求的目标	实施犯罪	避免受害	干预
脚本分析的目标	犯罪实施过程	自我防范过程	干预过程
预防目标	扰乱脚本实施	促进脚本实施	促进脚本实施

资料来源：Leclerc（2013a）.

Smith 通过询问威尔士加的夫的出租车司机关于经历的抢劫犯罪未遂的情况，将脚本分析应用于出租车司机抢劫预防中（2010，2015）。他研究了三种主要类型的脚本，其中包括了犯罪人脚本和受害者脚本：（1）传统犯罪人脚本；（2）潜在受害者脚本；（3）实际受害者脚本。这些数据由出租车司机提供，包括司机在这些事件发生期间对犯罪人行为的反应，因此可以利用人际关系脚本来实现。Smith 发现，出租车司机的反应集中在避免两个潜在的后果上，即金钱损失和人身伤害。一些成功的策略包括隐藏或隐瞒司机的收入，让犯罪人相信没有更多的钱可以通过抢劫来获取，从而能够避免司机进一步的伤害。Smith 还应用了 Cornish 和 Clarke（2003）开发的 25 种情境预防技术，探索出租车司机成功避免受害的潜在途径。

Leclerc 和 Reynald（2015）还将脚本分析与监管概念进行了合并。具体来说，他们将脚本作为一种设计理论模型的方法，以帮助安保人在公共场所对犯罪的干预。为此，他们制定了一个由 12 个部分组成的干预脚本：（1）干预的可能性；（2）干预的能力；（3）注意到犯罪；（4）监视情形；（5）承担责任；（6）决定干预；（7）提醒路人或潜在的安保人；（8）靠近犯罪设备/接近犯罪人；（9）制止犯罪分子；（10）使犯罪人孤立；（11）协助受害者；（12）检举犯罪行为。在传统的情境预防脚本中，干预脚本随后被用以潜在的情境预防措施中，以帮助干预犯罪。该脚本显示，直接和间接措施都可以成功干预犯罪，但也可能增加其变数。干预脚本提供了在可能发生犯罪的情况下采取的安保人行动的第一个框架。

6.6　犯罪脚本的构建

如果我们想从犯罪脚本中考虑和设计潜在有效的预防措施，就需要构建经验脚本。Bullock、Clarke 和 Tilley（2010）提出了一些可用的数据来源，这些数据来源有助于构建以预防为目的的经验驱动犯罪脚本，例如犯罪人供述（Leclerc et al，2011；Leclerc et al，2013）、受害这陈述（Smith，2010；2016）、法院判决（Chiu and Leclerc，2019；Chiu et al，2011）和警方调查文件等（Savona et al，2013）。其中一些资源很难得到，但另一些相对容易些。

法院的笔录数据可能是构建犯罪脚本最容易访问的数据源。Chiu 等人（2011）曾经使用 23 份法庭笔录得出了制毒犯罪的脚本。这些数据在互联网上是公开的。首先收集法院笔录并进行分析，然后对法院笔录中的每个脚本进行识别并将其输入数据库中，以创建最终的"主"脚本（有关该方法的更多信息，请参见 Chiu et al，2011）。这种方法其实很费时费力，需要有系统的方法和研究人员对细节的关注。另一方面，法院判决文书的获取又几乎是直接的，根据笔录中所含信息的质量，相对较少的案件也足以构建犯罪的脚本。

犯罪人笔录可以说是构建犯罪实施过程脚本的首选方法，原因很简单，就是犯罪人是犯罪过程的实施者，是我们寻求分析的行为人（同样的逻辑也适用于受害者或安保人的情况，为构建受害者脚本需要收集受害者笔录；目击者笔录用于编写安保人的脚本）。我们只有通过犯罪人才能了解犯罪事实的整个过程。受害者可以提供关于犯罪进行中与犯罪人进行行为交互的步骤的信息，但不能提供关于准备或启动犯罪的任何信息。同样，通过警察笔录（或法院笔录）也可以提供相关信息，但关于犯罪实施过程的特定步骤的信息可能会缺失。在这种情况下，最艰巨的任务是获取犯罪人数据以构建犯罪脚本。因此尽管在监狱中接触犯罪人也可能涉及一些行政障碍，但采访犯罪人似乎是收集犯罪人供述样本数据的直接办法。未逮捕归案的犯罪人是犯罪脚本的另一个潜在来源，但在这种情况下也可能会出现其他问题（如研究人员的安全）。为了更好的结果，一些学者已经使用了一系列的方法来构建犯罪脚本（如上所述）。

此外，犯罪人以前也被用来推导经验犯罪脚本，事实上，基于犯罪人供述数据的脚本在研究性犯罪领域已得到了广泛应用。

6.7 结 论

近年来，犯罪脚本已经可以用来识别历史上可能被认为是非理性的犯罪过程，因此，利用情境预防犯罪的手段也应运而生。"有组织"犯罪的脚本研究也正在兴起，这不仅有助于打击犯罪，而且有助于破坏这些犯罪组织的其他活动。此外，以情境预防为目的而进行的脚本编写也更为常见。这项工作符合 Cornish 等人的最终目标，即增加使用情境预防犯罪举措来减少犯罪。最后，犯罪脚本分析的理论研究也越来越受欢迎（Borrion，2013；Ekblom and Gill，2015；Leclerc，2013a，b；Leclerc and Reynald，2015）。这一新的研究领域有一个终极目标，即鼓励和促进使用脚本分析来理解和预防犯罪。到目前为止犯罪脚本分析还没有充分发挥其潜力，因此这一领域对犯罪预防来说是新希望所在。

内 容 回 顾

1. 你会如何阐述脚本的概念？你能提供一个脚本的例子吗？
2. 犯罪脚本分析的两个主要目标是什么？
3. 什么是人际关系脚本？编写人际犯罪脚本有什么好处？
4. 脚本的概念是否适用于犯罪人以外的行为人？如果可以，请解释原因。
5. 什么是编写犯罪脚本的最佳数据源？请解释原因。

致 谢

在此，作者感谢 Derek Cornish 和 Martha Smith 对本手稿的建议。

参 考 文 献

Augoustinos, M., Walker, I., and Donaghue, N. (2006). *Social cognition: An integrated introduction* (2nd edition). London: Sage.

Baldwin, M.W. (1992). Relational schemas and the processing of social information. *Psychological Bulletin*, 112, 461-484.

Baldwin, M.W. (1995). Relational schemas and cognition in close relationships. *Journal of Social and Personal Relationships, 12*, 547-552.

Basamanowicz, J. and Bouchard, M. (2011). Overcoming the Warez paradox: Online piracy groups and situational crime prevention. *Policy and Internet, 3*(5), 1-25.

Beauregard, E, Proulx, J., Rossmo, D.K., Leclerc, B., and Allaire, J.-F. (2007). Script analyses of the hunting process of serial sex offenders. *Criminal Justice and Behavior, 34*, 1069-1084.

Bichler, G., Bush, S., and Malm, A. (2013). Bad actors and faulty props: Unlocking legal and illicit art trade. *Global Crime, 14*, 359-385.

Bichler, G., Bush, S., and Malm, A. (2015). Regulatory foresight: Estimating policy effects on transactional illicit markets. *Journal of Contemporary Criminal Justice, 31*, 297-318.

Blais, E., Leclerc, B., Roy, S., and Poirier, B. (in preparation). Fatal collisions involving young drivers and implications for situational prevention: A script analysis.

Borrion, H. (2013). Quality assurance in crime scripting. *Crime Science, 2*, 6.

Brayley, H., Cockbain, E., and Laycock, G. (2011). The value of crime scripting: Deconstructing internal child sex trafficking. *Policing, 5,* 132-143.

Bright, D. (in press, 2015). Using social network analysis to design crime prevention strategies: A case study of methamphetamine manufacture and trafficking. In B. Leclerc and E.U. Savona (Eds.), *Crime prevention in the 21st century: Insightful approaches for crime prevention initiatives*. New York, NY: Springer.

Bullock, K., Clarke, R.V. and Tilley, N. (2010). Introduction. In K. Bullok, R.V. Clarke, and N. Tilley (Eds.), *Situational prevention of organized crimes* (pp. 1-16). Devon, UK: Willan Publishing.

Chiu, Y-N. and Leclerc, B. (in press, 2015). An examination of sexual offenses against women by acquaintances: The utility of a script framework for prevention purposes. In B. Leclerc and E.U. Savona (Eds.), *Crime prevention in the 21st century: Insightful approaches for crime prevention initiatives*. New York, NY:

Springer.

Chiu, Y-N., Leclerc, B., and Townsley, M. (2011). Crime script analysis of drug manufacturing in clandestine laboratories: Implications for strategic intervention. *British Journal of Criminology, 51*, 355-374.

Clarke, R.V. and Cornish, D.B. (1985). Modeling offenders' decisions: A framework for research and policy. In M. Tonry and N. Morris (Eds.), *Crime and justice: An annual review of research, Vol. 6* (pp. 147-185). Chicago, IL: University of Chicago Press.

Clarke, R.V., and Eck, J.E. (2005). *Crime analysis for problem solvers in 60 small steps*. Washington, DC: Office of Community Orientated Policing Services, US Department of Justice.

Clarke, R.V. and Newman, G.R. (2006). *Outsmarting the terrorist*. Westport CT: Praeger Security International.

Cornish, D.B. (1994a). The procedural analysis of offending, and its relevance for situational prevention. In R.V. Clarke (Ed.), *Crime Prevention Studies, Vol. 3* (pp. 151-196). Monsey, NY: Criminal Justice Press.

Cornish, D.B. (1994b). Crimes as scripts. In D. Zahm and P. Cromwell (Eds.). *Proceedings of the International Seminar on Environmental Criminology and Crime Analysis, University of Miami, Coral Gables, Florida, 1993*. Tallahassee, FL: Florida Statistical Analysis Center, Florida Criminal Justice Executive Institute, Florida Department of Law Enforcement.

Cornish, D.B. (1998). Regulating lifestyles: A rational choice perspective. Paper presented at the *7th International Seminar on Environmental Criminology and Crime Analysis*, Barcelona.

Cornish, D.B. and Clarke, R.V. (2003). Opportunities, precipitators and criminal decisions: A reply to Wortley's critique of situational crime prevention. In M.J. Smith and D.B.Cornish (Eds.), *Crime Prevention Studies, Vol. 16. Theory for Practice in Situational Crime Prevention* (pp. 41-96). Monsey, NY: Criminal Justice Press.

Cornish, D.B. and Clarke, R.V. (2006). The rational choice perspective. In S. Henry and M.M. Lanier (Eds.), *The Essential Criminology Reader* (pp. 18-29). Boulder, CO: Westview Press.

Deslauriers-Varin, N. and Beauregard, E. (2010). Victims' routine activities and sex offenders' target selection scripts: A latent class analysis. *Sexual Abuse: A Journal of Research and Treatment, 22*, 315-342.

Ekblom, P. (2007). Thinking thief: Crime frameworks for design against crime. Presented at the *Design against Crime Research Centre*, London.

Ekblom, P. and Gill, M. (2015). Rewriting the script: Cross-disciplinary exploration and conceptual consolidation of the procedural analysis of crime. *European Journal of Criminal Policy and Research*. doi: 10.1007/s10610-015-9291-9.

Fiske, S.T., and Taylor, S.E. (1991). *Social cognition* (2nd edition). New York: McGraw-Hill.

Gilmour, N. (2014). Understanding money laundering: A crime script approach. *The European Review of Organised Crime, 1*, 35-56.

Hiropoulos, A., Freilich, J., Chermak, S., and Newman, G. (2013). Cigarette smuggling and terrorism financing: A script approach. In B. Leclerc and R. Wortley (Eds.) *Cognition and crime: Offender decision-making and script analyses* (pp. 186-208). Crime Science Series, London: Routledge.

Hutchings, A. and Holt, T.J. (2015). A crime script analysis of the online stolen data market. *British Journal of Criminology, 55*, 596-614.

Jacques, S. and Bernasco, W. (2013). Drug dealing: Amsterdam's Red Light District. In B. Leclerc and R. Wortley (Eds.) *Cognition and crime: Offender decision-making and script analyses* (pp. 120-139). Crime Science Series, London: Routledge.

Leclerc, B. (2013a). New developments in script analysis for situational crime prevention: Moving beyond offender scripts. In B. Leclerc and R. Wortley (Eds.) *Cognition and crime: Offender decision-making and script analyses* (pp. 221-236). Crime Science Series, London: Routledge.

Leclerc, B. (2013b). Script analysis for crime controllers: Extending the reach of situational prevention. In S. Caneppele and F. Calderoni (Eds.), *Organized crime, corruption, and crime prevention-Essays in honours of Ernesto U. Savona* (pp. 13-20). New York, NY: Springer.

Leclerc, B. (in press, 2015). Script analysis and the SCRIPT acronym. In B. Leclerc and E.U. Savona (Eds.), *Crime prevention in the 21st century: Insightful approaches for crime prevention initiatives.* New York, NY: Springer.

Leclerc, B. and Reynald, D. (2015). When scripts and guardianship unite: A theoretical script model to facilitate intervention by capable guardians. *Security Journal*, doi: 10.1057/sj.2015.8.

Leclerc, B., Smallbone, S., and Wortley, R. (2013). Interpersonal scripts and victim reaction in child sexual abuse: A quantitative analysis of the offender-victim interchange. In B. Leclerc and R. Wortley (Eds.) *Cognition and crime: Offender decision-making and script analyses* (pp. 101-119). Crime Science Series, London: Routledge.

Leclerc, B., Wortley, R., and Smallbone, S. (2011). Getting into the script of adult child sex offenders and mapping out situational prevention measures. *Journal of Research in Crime and Delinquency, 48*, 209-237.

Luckenbill, D. (1977). Criminal homicide as a situated transaction. *Social Problems, 25*, 176-186.

Moreto, W.M. and Clarke, R.V. (2013). Script analysis of the transnational illegal market in endangered species: Dream and reality. In B. Leclerc and R. Wortley (Eds.) *Cognition and crime: Offender decision-making and script analyses* (pp. 209-220). Crime Science Series, London: Routledge.

Morselli, C. and Roy, J. (2008). Brokerage qualifications in ringing operations. *Criminology*, 46, 71-98.

Proulx, J., Ouimet, M., and Lachaine, N. (1995). Criminologie de l'acte et pedophilie. *Revue Internationale de Criminologie et de Police Technique, XLVIII*, 294-310.

Savona, E.U. (2010). Infiltration by Italian organized crime (Mafia, N'drangheta and Camorra) of the public construction industry. In K. Bullok, R.V. Clarke and N. Tilley (Eds.), *Situational Prevention of Organized Crimes* (pp. 130-150). Devon, UK: Willan Publishing.

Savona, E.U., Giommoni, L., and Mancuso, M. (2013). Human trafficking for sexual exploitation in Italy. In B. Leclerc and R. Wortley (Eds.) *Cognition and crime: Offender decision-making and script analyses* (pp. 140-163). Crime Science Series, London: Routledge.

Schank, R. and Abelson, R.P. (1977). *Scripts, plans, goals and understanding: An inquiry into human knowledge*. Hillsdale, NJ: Erlbaum.

Smith, M.J. (2010). Constructing crime scripts from victim and near-victim narratives. Paper presented at the *Annual Meeting of the American Society of*

Criminology, San Francisco, CA.

Smith, M.J. (in press, 2015). Expanding the script analytic approach using victim narratives: Learning about robberies of taxi drivers from the drivers themselves. In B. Leclerc and E.U. Savona (Eds.), *Crime prevention in the 21st century: Insightful approaches for crime prevention initiatives*. New York, NY: Springer.

Tompson, L. and Chainey, S. (2011). Profiling illegal waste activity: Using crime scripts as a data collection and analytical strategy. *European Journal on Criminal Policy and Research, 17*, 179-201.

Wortley, R. (2012). Exploring the person–situation interaction in situational crime prevention. In N. Tilley and G. Farrell (Eds.), *The reasoning criminologist: Essays in honour of Ronald V. Clarke* (pp. 184-193). London: Routledge.

Zanella, M. (2013). Script analysis of corruption in public procurement. In B. Leclerc and R. Wortley (Eds.), *Cognition and crime: Offender decision-making and script analyses* (pp. 164-185). Crime Science Series, London: Routledge.

第 7 章 犯罪人出行路径

Michael Townsley

7.1 引　言

　　本章主题为犯罪人出行路径，该研究领域涉及犯罪人在犯罪过程中的流动和搜索模式。本概述分为两部分，第一部分主要对犯罪学文献进行综述从而帮助读者犯罪行为人实施犯罪的步骤，这个领域的研究已经相当成熟和丰富，为犯罪人的出行提供了大量实践证据。本章的第二部分重点关注于犯罪目标点（犯罪人地点选择）的研究，这是一个新兴且不断发展壮大的研究领域。这些研究的目的是评估影响犯罪人选择犯罪地点的因素。虽然研究者使用了相当复杂的统计技术，但我们会解释这些研究背后的逻辑，而不会陷入技术的细节中。

　　由于篇幅有限，本章没有详细讨论犯罪人在犯罪后的去向问题（Lu，2003），也不会阐述系列案件犯罪人的个人流动模式（Rossmo and Rombouts，本书第 8 章将做详细介绍）。

　　在此之前，我们首先介绍一下为什么犯罪人出行是一个值得研究的话题。环境犯罪学的核心原则之一是所有的犯罪都是人与情境相互作用的产物（Wortley，2012）。人与情境交互的一个方面是空间交互，即一个人从一个地方移动到另一个地方的动态过程（Haynes and Fotheringham，1984）。个人的空间行为——去工作、上学或是找朋友——需要时间和精力，而这反过来会影响路径的选择。犯罪人的犯罪过程几乎总是会涉及一定程度的路径问题，特别是在犯罪的计划阶段，犯罪人会寻找适当的机会对环境加以利用。因此，研究犯罪人的犯罪空间路径问题对于理解和应对犯罪具有重要意义，也可以用于预防和制止犯罪活动。

　　本章将详细论述犯罪人空间行为的文献研究。首先将介绍一些空间选择

（非犯罪）概念模型，随后介绍犯罪人在空间上如何发现犯罪目标，并重点关注犯罪人选择路径的策略，对犯罪人空间行为研究的一些重要结果进行概述，之后对这一领域的空白点进行探讨，这些问题直接影响到本章的第二部分：犯罪人地点选择模型。由于犯罪人空间行为研究的局限性，犯罪人地点选择模型对犯罪人出行的研究比当前的一些方法更为全面。此外，第二部分将进一步阐述犯罪人犯罪地点选择的主要特征，并介绍几个有代表性的研究工作。

7.2 犯罪出行

犯罪出行，简言之，就是研究犯罪人愿意走多远去犯罪。Rengert（2004）将犯罪人的犯罪出行分为以下几个部分：路径起点、路径方向和路径距离，以及对出行的目的地和来源地的研究。正如本章随后会详细介绍的，在这一领域的绝大多数研究只关注于犯罪的距离。

在犯罪出行的研究中，众所周知的发现是距离衰减，即短距离犯罪比长距离犯罪更常见（Rengert，Piquero and Jones，1999）。这是因为犯罪人会受到两个主要因素的制约：距离和时间。犯罪人在任何时候只能处于一个地点，不能同时搜索多个环境。这种搜索策略类似于"觅食"，即超过某一临界点，搜索范围增大，而寻找容易得手的犯罪机会减少（Comber et al，2006；Johnson，2014）。虽然距离衰减现象在许多研究中得到了证实，但现实远比想象中的更复杂，对此将会在本章随后的内容中进行解释。但是，这是一个很有帮助的启发。图 7.1 显示了一个典型的距离衰减模式：一开始急剧的增长，紧接着是一个长的拖尾，说明短距离比长距离犯罪更为常见。

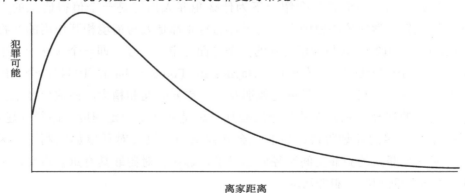

图 7.1　距离衰减现象

正如你在本书其他章节中所看到的，环境犯罪学的观点是基于机会在犯罪实施过程中所起到的作用。更多的犯罪机会通常会导致更多的犯罪。另一个观点是，人不一定是天生的犯罪主体——人与人之间的相互影响足以迫使守法公民从事犯罪活动（Milgram，1963；Wortley，2008；本书第 3 章）。犯罪人的决策实际上是判断出来的，这意味着对犯罪以外的决策研究（如购买房屋）也可以用来推断刑事案件犯罪人的决策过程（如入室盗窃）。

James.Bossard 在这方面的工作很有代表性。在 1932 年的研究中，Bossard 调查了费城的 5 000 对登记结婚者，并计算了每对夫妇婚前住所之间的距离。他发现，三分之一的夫妇住在不超过五个街区的地方。六分之一的夫妇住在同一个街区，八分之一的夫妇住在同一栋楼（Bossard，1932）。美国其他学者注意这一工作并开展了相应的研究，发现结果几乎相同。

这些发现的意义是什么？考虑到结婚是大多数人做出的最重要的决定之一，这些未来的伴侣居住得这么近，这很值得关注。但请注意一点，这项研究是在离婚并不常见时进行的，因此在当时决定与谁结婚这件事情与今天相比更为重要。读者可以想想自己长大的地方，想象一下童年的家周围有五个街区，能想象从这样一个相对较小的群体中找到一个生活伴侣吗？当然，今天，由于机会的增加，我们已经摆脱了这种限制。现在在线约会也是很流行的去结识新朋友和扩大人际网络以确保未来伴侣的可靠性的方式。现在人们可以从世界各地选择伴侣，并且女性在劳动力中的参与程度显著增加，交通工具的普及率提高，所有这些都大大增加了我们寻找伴侣的机会。

距离衰减现象并不是在犯罪学领域观察到的（Haynes，1974）。人们证明了商业贸易符合引力模型，即任何两个城市之间的贸易量与其相对人口和距离相关（Eldridge and Jones，1991；Haynes and Fotheringham，1984）。相距较远的两个城市或国家之间的贸易只有在其中至少一个（最好是两个）拥有相当多的人口的情况下才会达到一定规模。相距较远的两个小城市之间的贸易可以忽略不计。这似乎显而易见，但这一观察已经决定了数千年的贸易和贸易路线。

贸易领域和 20 世纪 30 年代择偶这两项观察都符合引力模型，其重要依据是最小努力原则（Zipf，1965）。这一原则首先由 George Zipf 正式提出，它规定所有的有目的的行为都符合这样一个理念：个人只会为了满足他们的目标或需求而进行搜索。同样，现实更为复杂，有些人在任何环境中都有不同的目标，但关键是大多数人都是效用最大化者，他们可能希望最大化达到收益，或最小化成本实现目标。

7.2.1 犯罪人选择路径的动机

让我们回到婚姻登记的例子，用这个方法可以类比犯罪人是如何寻找潜在犯罪目标的。有这样一类数学问题（Optimal Stopping Theory，最优终止理论），讲的是在面对一系列备选时如何遵守最佳终止规则。换句话说，就是在哪个时间点上你做出的决定能够让你预期收益最大化？理解这一点最简单的方法之一就是婚姻问题。[1] 决定和谁结婚的过程可以用以下场景解释：一排人站在你面前，对于每个人你都可以选择：（1）嫁给他们，或者（2）嫁给下一个，关键是你不能回头。虽然这比现实生活更抽象，但择偶大致就是这个样子。

那么，最佳终止规则的含义是什么呢？在考虑和拒绝潜在伴侣的早期阶段，首先要确定一套标准来判断潜在伴侣的适合性，这个标准一旦确定，你就会相对容易地从众人里识别出更具吸引力的潜在伴侣。最佳策略就是：不去考虑低于标准的那一部分备选人（称这些人为校准组），并接受下一个超过校准组中的人，此人即为最佳人选。[2] 当然，你可以一直寻找更有吸引力的人，但你会花费更多时间和精力，也有可能等到的并不是最优的选择。

婚姻的例子有助于我们了解犯罪人在评估犯罪机会时可能会采取什么样的方法。他们会做出认知中比较中庸的行为。"这房子看起来很容易闯入，但可能没有有价值的东西可偷"，或者"那房子看起来会有更多东西可偷，但是安保措施太强难以下手，这值得吗"？当然，犯罪人还会有其他考虑。

首先，在婚姻问题上，人们不能再回头重新选择。但这不太可能约束犯罪人，他们还是可以去之前错失的地区。其次，一系列潜在的伴侣是独立的个人。假设这些人彼此不认识，那么他们可以被认为是从人群中随机抽取的。同样，这种假设不太可能适用于犯罪机会。Tobler 的地理学第一定律认为：空间上的一切事物均相关，而近处的事物比远处的事物更为相关（Tobler，1987）。从环境犯罪学的角度来看，这意味着相近地区的犯罪机会可能比较远地区的更为相似。举例来说，考虑一个富裕区和一个贫民区，在这两个地方都有住宅会成为入室盗窃犯罪人的目标。然而，与贫民区的房屋相比，富人区的房屋之间所显现的犯罪机会有更多的相似之处。Tobler 所说的地理学第一定律的含义是：相似的机会会在相距较近的机会中集中出现。

George Regnert 认为婚姻问题和犯罪地点选择问题之间还是有区别的，他使用了另一个相关的模型替代，即找房源问题（Rengert and Wasilchick，

1990）。这里的逻辑类似于婚姻问题，但不同之处在于人们在找房源时可以重新考虑之前的房屋。在每一个时间点，买家都会评估要购买的房子，选择成交（即购买）还是继续寻找。需要考虑的是，如果购买当前的房子会错过将来可能更好的房子，但继续寻找房源会导致浪费更多的时间。这与婚姻问题的不同之处在于，邻近的房产彼此之间的特征比距离远的房产有更多的相似性。

这一类比的不足之处在于，对几乎所有人来说，买房是一件非常重要的事情，即使我们把问题改为决定在哪里租房，人们也不会每天或每周评估房屋或居住区域。将这与一个可能每天或每周对犯罪机会进行评估的犯罪人进行对比似乎还是欠妥。相比之下，购物是一种与犯罪人决策更为相似的情境，每天都需要做出判断决定，也有一些空间和时间限制。对于日常购物，我们有一个合理的假设，即尽量减少购物的时间，尽量减少购物的付出（包括时间和金钱），最大限度地提高购物效用（价值和/或乐趣）。

即使购物可能是针对犯罪人搜索犯罪机会的一个很好的类比，但没有任何类比是完美的（否则就不是类比）。最明显的逻辑断层是需要考虑到反映犯罪人出行的限制条件。对有计划、有预谋的犯罪来说，犯罪人会寻找与周围人群相融合的环境，他们的存在不会引起其他人怀疑。在少数族裔人口高度集中的城市，犯罪人一般更喜欢在自己所属族群的地区实施犯罪，而不是那些可能被注意到的地区（Reynald et al，2008）。当然，由于犯罪人的个人经验、对机会的理解以及他们的实际位置的不同，他们所受到的限制条件也不同。其中大部分都是由他们的感知空间获得的（更多细节请参阅本书第 5 章）。

综上所述，犯罪人在决定犯罪出行的距离时会受到以下条件限制。

❑ 该地点是可达的：没有人会去更远的很难达到的地方。

❑ 犯罪人对该地点比较了解：考虑利用该地点的犯罪机会。

❑ 需要了解该地点的特征：犯罪人在该地点的存在不显著。

任何涉及多个限制条件的情况都没有唯一的解决方案。犯罪人可能无法确定满足所有限制条件的地点，但合理的做法是希望尽可能多符合。

7.2.2　我们对犯罪出行的了解

如前所述，犯罪出行有三个组成部分：起点、方向和距离。绝大多数学术研究都集中在后者：犯罪的距离，几乎所有已发表的研究都集中在犯罪人犯罪经过的距离上，而没有提及其他两个维度。这对解释有一些重要的影响，我们将在本章的最后一节中介绍。

目前已发表的研究中只有少数关注了犯罪出行的方向性（van Daele and Bernasco，2012）。Rengert 和 Wasilchick（2000）证明了犯罪模式存在方向性偏差。通过对费城郊区入室盗窃罪犯的采访，他们绘制了一组犯罪人沿同一轴线从家到工作或娱乐场所的方向图，并显示了他们犯下的每一个案件的角度偏差（例如，如果每个犯罪人的工作方向校准为零度，那么犯罪发生在与行驶路径相反的位于 180 度方向上）。最后发现结论高度一致，表明犯罪出行沿着指向工作/娱乐场所（零度轴）的方向分布在一个紧密的集群中。对分析数据中的犯罪人来说，出现 45 度以上的偏离是不常见的。

Sidebottom（2006）研究了机动车盗窃中的犯罪人的出行模式。在英国伯恩茅斯 5 年内，他检查了犯罪的出行距离和方向，观察到一部分经验丰富的犯罪人倾向于沿海岸线作案。有趣的是，除了年龄与距离的关系之外，Sidebottom 还发现了年龄与方向的关系。与较年轻的犯罪人相比，较年长的犯罪人倾向于以更窄、更一致的弧度犯案。Kocsis 等学者（2002）在研究犯罪人活动模式时使用了方向向量方法。他们发现，与之前的假设相反，犯罪人倾向于在以他们家为基准的较窄的区域内犯罪，而不是呈现出全方位的放射状模式。此外，他们还观察到，符合通勤模式的犯罪人，即那些从他们的家到另一个地区去犯罪的人，离他们的家越远，他们犯罪的可能性越大。因此，在较小的方向向量范围或一定的区域宽度内，通勤者会展现出更大的犯罪距离。

Costanzo、Halperin 和 Gale（1986）对犯罪方向的研究进一步扩展了人们的认知。他们指出，大部分犯罪出行的研究都在街道层面的聚合区中进行（如行政区划或邻里社区），当这些研究的结果应用于个人层面时引发了人们对熟悉的生态谬论问题（The Ecological Fallacy）的思考（这一点将在随后的章节中讨论）。除了与适当的分析距离单位有关的问题外，Costanzo、Halperin 和 Gale（1986）还注意到，犯罪出行的文献发展受到了"单独强调距离作为犯罪空间行为的客观衡量标准"的限制（第 80 页）。他们调查了威斯康星州密尔沃基市七种犯罪类型的犯罪出行模式，发现所有的犯罪类型都呈现出了起点与方向的相关性（因此，生活在附近的犯罪人倾向于朝着同一方向实施犯罪），但统计学上目的地与方向的相关性只在商业抢劫和商业盗窃中被观察到。此外，van Daele 和 Bernasco（2012）在一个家庭入室盗窃的样本中也发现了方向一致性现象。

研究人员还研究了不同类型犯罪中犯罪人愿意承受的最大犯罪距离。图 7.2 描绘了德克萨斯州达拉斯市的犯罪人在 5 年内的平均犯罪距离（横线显示了一个标准误差的分布区间）。这些数据由 Ackerman 和 Rossmo（2015）发表在犯罪出行的研究中。我们在从图中推导结论时还需要谨慎，但还是可以得出一些观察结果。

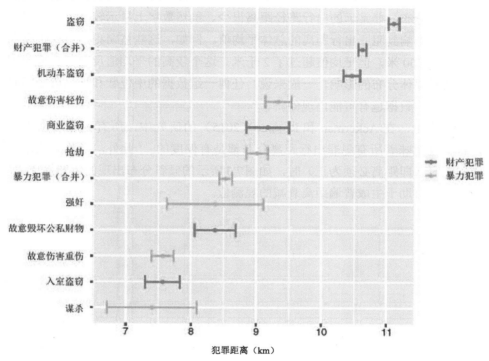

图 7.2　德克萨斯州达拉斯市犯罪人的平均出行距离

资料来源：Ackerman and Rossmo，2015.

令人惊讶的是，出行路径距离最短的犯罪是谋杀，但是这里忽略了零距离的情况（即犯罪发生在犯罪人家中的地方），因此这一观察所展示出的不仅仅是亲密伴侣之间的谋杀。第二个最短的出行路径距离是发生在距犯罪人基点7.5 千米处的入室盗窃。如果将这一距离与商业盗窃案的平均犯罪距离进行比较，可以发现商业盗窃案的平均犯罪距离增加了 2.5 千米。虽然这几乎是相同的犯罪行为，但不同的目标导致了不同的犯罪距离。有很多原因可以解释这一点：首先，商业盗窃更有可能是犯罪集团实施的，这意味着犯罪距离并不是受犯罪人个人身体条件的限制，而是更多地侧重于犯罪机会的获取；其次，目标住宅的分布比商业盗窃的目标分布更为复杂。商业场所往往聚集在工业区或商业区，而郊区的环境有很多可以利用的机会，犯罪人不需要走很远的路去寻找这些机会。总体来说，与侵财犯罪相比，暴力犯罪的平均犯罪距离较短（8.5千米 vs10.6 千米）。

　　前面关于犯罪出行距离的研究都与犯罪类型之间的差异有关，其中大部分犯罪可能反映了潜在的机会结构，但在同一犯罪类型中也存在着距离差异。在图7.3中，英国北安普敦郡警方提供了惯犯盗窃犯的出行数据。显然，这是一个偏态分布，非常远的出行路径距离很少。虽然数字上显示较小，但这些数字往往会影响到犯罪出行距离的总体平均值。例如，这些盗窃犯的出行距离中位数约为700米，但平均值超过了2千米。这个较高的平均值反映了少量的大的正值对整体分布的影响。一般来说，任何一组数据的中位数和平均值之间的差异越大，数据越有可能出现偏斜。

　　事实上，在Ackerman和Rossmo（2015）的研究中，所有犯罪类型都是这样，这意味着所有犯罪出行距离分布都是有偏度的。[3]此外，当测量范围存在限制时（即距离必须为正）时，如图7.3所示的倾斜分布出现的可能性更大。这种限制有助于生成普遍距离衰减的观测值。

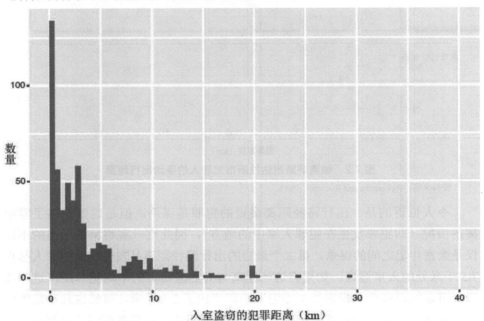

入室盗窃的犯罪距离（km）

图7.3　英国北安普顿郡盗窃犯的出行距离分布

资料来源：Smith et al，2007.

　　这一发现还有另一个含义（犯罪距离符合距离衰减模式）：不同犯罪类型之间存在差异。这些差异有两个主要来源：犯罪人的个人属性和个人做出决定的环境背景。犯罪人有许多普遍的属性，与犯罪出行研究中的差异相对应的有以下方面。

（1）年龄。一般来说，年轻的犯罪人不会出现像年长的犯罪人那样的出行距离（Baldwin and Bottoms，1976；Gabor and Gottile，1984；Levine and Lee，2013；Warren et al，1998）。许多研究已经证实，青少年犯罪人往往会增加他们的犯罪距离；成年早期之后，会慢慢从这一高峰下降。对这一模式的解释通常与自由时间充足、缺少监督和频繁接触犯罪机会有关。举个例子，大多数西方国家的人在十几岁时就学会了开车，并且在这个年龄段刚刚步入成年的人们的自由意识越来越强。可是，一旦稳定的社会关系形成，到 25 岁左右，自由的时间就会减少，其寻找到的新的犯罪机会也会减少（Andresen，Frank and Felson，2014）。

（2）性别。平均而言，女性犯罪人的出行距离比男性犯罪人短（Groff and McEwen，2006；Levine and Lee，2013；Rengert，1975）。然而，有一些研究已经发现了和该结论相反的证据（Clarke and Eck，2003；Phillips，1980）。这些研究可能由于不同的研究方法或样本原因（侧重于单一犯罪类型），其结论的准确性需要打个折扣，因此这仍然是一个没有明确共识的问题。同时，文献确实表明，犯罪人的出行存在性别效应。

（3）种族。犯罪人喜欢人口和社会环境与其相似的地区。就种族而言，这是一个很难伪装的属性（不比年龄和性别），非本地或少数族裔的犯罪人会更容易被少数族裔比例高的地区所吸引（Reynald et al，2008）。例如，Nichols（1980）和 Phillips（1980）指出，白人犯罪人的犯罪距离往往比非白人犯罪人要远一些。在美国，地位较低的社会区域通常位于市中心，较富裕的社区位于郊区。在美国，种族与财富之间有着很强的相关性，导致远郊地区以白人为主，而市中心地区则以黑人为主。我们可以推断，在美国，白人犯罪人平均要走更远的距离才会犯罪，因为较远的郊区是与他们肤色相同的地区。因此，一个居住在郊区的盗窃犯必须走更远的距离去寻找犯罪目标，因为在一个高密度的市中心住宅开发区中，犯罪目标要比他所在的环境中多 100 个。

7.2.3 犯罪类型和犯罪人属性的差异是否可以解释犯罪出行研究中的所有变量

犯罪出行模式已被确立一段时间了，新的研究也仅仅证实了之前的研究成果，或者在此基础上有新的发现，如性别与犯罪距离之间的关系。最近，在研究上述问题的过程中，出现的一些新的发现质疑了现存的关系的正确性。两项进一步的研究证明（Smith、Bond and Townsley，2009；Townsley and Sidebottom，2010）：犯罪出行还会因个人差异的不同而不同（即个体犯罪人的出行次数不同）。但如果不考虑到个体层面，则可能会产生有偏颇的结果。这也是生态谬论的一个例子，即在群体层面上观察的往往不是在个体层面上的事实（Robinson，1950）。

图7.4显示了4名系列强奸犯的个人习惯和出行距离（Lebeau，1992）。显然，每个犯罪人都表现出了典型的距离衰减模式，但也很明显，他们各自的作案范围是非常不同的。3号犯罪人的作案范围非常小，而4号犯罪人的作案范围则大得多。1号犯罪人有一个有趣的模式，即在其住所前25千米内没有犯罪记录。

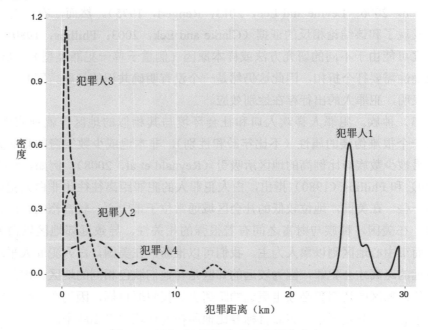

图7.4 四个系列强奸犯的出行距离分布

资料来源：Lebeau，1992.

有两项研究进一步论证了该观点，并对个体差异的变量进行了量化。其中Smith、Bond和Townsley（2009）研究了英国一组盗窃惯犯，发现其中三分之二的犯罪出行属于这些犯罪人。这意味着，犯罪人个体的出行远比所有犯罪出行的分布所呈现的变化小。个人层面的出行与总体相比会呈现出更大程度的一致性。Townsley和Sidebottom（2010）在一个更大的数据库上开展了相应的分析，发现了惊人的相似结论：几乎一半的出行变量属于犯罪人个体层面。

这些结果表明，观察哪些犯罪出行是由个体进行的并不与已确定的出行相悖，这一发现使这一领域的研究更加成熟。有些犯罪人可能与其他犯罪人有着不同的犯罪起点或作案范围，但仍有类似的出行分布，如图 7.4 中 Lebeau 的系列强奸犯所示。为了检验这种可能性，Smith、Bond 和 Townsley（2009）以及 Townsley 和 Sidebottom（2010）研究了每个犯罪人的出行分布，并评估了每个犯罪人符合距离衰减形状的程度。两项研究都发现，只有少数惯犯具有正偏态分布（即与距离衰减形状一致）。Smith、Bond 和 Townsley（2009）将这一数字定为了 20%，而 Townsley 和 Sidebottom（2010）使用相同的方法对更大、更具代表性的样本进行分析，将其定为了 40% ～ 50%。这些结果有力地证明了大多数犯罪人的犯罪出行距离并不远。

所以现在是什么情况呢？大约在 Smith、Bond 和 Townsley（2009）以及 Townsley 和 Sidebottom（2010）发表以上研究成果的同时，一种探索犯罪人出行的新方法"离散空间选择模型"（Bernasco and Nieuwbeerta，2005）应运而生。它比传统的对犯罪人出行的研究更为复杂。该研究是以距离为主要研究对象。大多数学者只研究了犯罪人居住地与犯罪地点之间的距离，研究采用了增量法来探索个人特征、环境变量和犯罪机会等因素与犯罪距离的关系。然而增量法的问题在于，它是在出行和单个因素之间建立关系，并不考虑其他变量的相关性或混淆性。为了全面了解犯罪人的出行，最好在分析中尽可能多地包含变量，这正是犯罪地点选择研究正在做的。

7.3 犯罪地点的选择

为了提高对犯罪人出行的认识，人们在过去 10 年中提出了一种新的研究方法，称为离散空间选择（Discrete Spatial Choice）。该研究方法首次由 Bernasco 和 Nieuwbeerta（2005）在犯罪学领域发表，同时它也是微观经济学领域的一个著名的分析技术。离散选择分析是指决策者必须从一组固定的替代品中进行选择（如不同类型的饮料、不同的运输方式等）（McFadden，1973）。这些研究想要综合考虑选择（成本、舒适度、声望）和决策者（工资、年龄）的特征，也有一些研究甚至开始探索决策者和选择特征之间的相互作用。由于备选方案集是有限的（且是离散的），研究人员能够观察到被选择的方案和未被选择的方案的特征。因为这些信息真实可信，这比只关注被选择项的方法能更加深入地洞察选择偏好。

Bernasco 和 Nieuwbeerta（2005）的这个方法被称为离散空间选择，这些选择是犯罪人实施犯罪的不同地点集合。空间离散选择分析由两个模型所组成：行为模式和统计模型。行为模型描述了犯罪人选择去某地实施犯罪的决策过程。而行为模式是如何运行的呢？第一是假设犯罪人的选择是分层的。就是说，犯罪人首先选择邻近地区作案，然后选择稍远一点的地区作案。第二是哪些因素影响了犯罪人做出这样的选择。迄今为止大多数研究主要集中于第一个模型的研究，以及犯罪人住所地和周围地区的关系。

地点选择研究最近也开始流行起来，因为该研究有很多假设可以检验犯罪人出行理论。之前的研究倾向于单一维度的地点选择（Bernasco and Nieuwbeerta，2005；Bernasco and Ruiter，2013）。以犯罪人为基础的研究主要为分析其犯罪出行，我们本章前篇已经讨论过了。以犯罪目标为基础的研究关注的是受害者或其他犯罪目标，并以此为基础推导出具有什么类型属性的对象（人或房屋）更容易成为犯罪人的目标。以出行为基础的研究关注的是两地之间人员的流入或流出。任何分析方法都有其局限性，比如，基于犯罪人的研究只考虑了犯罪人自身的特征和犯罪出行距离的关系，并没有考虑不同犯罪目标的情况，也没有考虑什么样的对象犯罪人不会注意，什么样的对象可能被选为犯罪目标。所以，也就没有关于没有被犯罪人视为犯罪目标的信息（Stover，1940）。总之，我们不知道犯罪人有哪些没有实施的替代方案。

同样，基于犯罪目标的研究可以帮助我们识别其吸引犯罪人的一些具体特征，但它们并不包含有关犯罪人的信息。因此，不能确定犯罪人愿意投入多少时间和精力来寻找更有价值的目标。基于犯罪出行的研究可以洞察犯罪人在犯罪过程中的路径，在总体层面上，也会分析到目标的哪些特征容易对犯罪人形成吸引。然而，这也仅仅是总体层面，因此也就无法探讨每个犯罪人之间的目标选择差异。虽然我们可以将数据按照犯罪人的特征进行分类，但这会降低样本的效用，从而影响到模型的统计能力。这也意味着一旦考虑了多个因素，就很难观察到显著的统计关系。

如前所述，这类研究最早是由 Bernasco 和 Nieuwbeerta（2005）进行的。他们从大量的入室盗窃研究中发现的行为模式是：犯罪人更喜欢去那些看起来会有贵重物品的（即富人区）、不需要花费过多精力就可以前往、到达和进入的（即距离近且可接近）、风险较低的区域（即没有或较低的社会隔离）的房屋。他们使用了一系列变量来观察每一个犯罪要素的构成要素，发现荷兰海牙的入室盗窃的犯罪人更喜欢安保水平低、目标容易接近、离家很近的街区作为犯罪目标区。令人惊讶的是，与许多犯罪出行的研究不同，他们发现邻近地区的财富分布情况对是否发生入室盗窃没有任何影响。Bernasco 和 Nieuwbeerta（2005）在本研究中使用了大的空间单元（每个区域的平均家庭数为 2 380），随后也使用同样大小的空间单元，针对行为模式中的富裕程度进行了研究。结果表明，犯罪行为模式与区域的富裕程度之间没有显著关系（Clare，Fernandez and Morgan，2009；Townsley et al，2015b；Townsley et al 2015a）。这意味着，大多数犯罪人不会特意寻找富人区作为目标。[4] Bernasco（2010a）在使用更小的空间单元时发现了富裕程度和犯罪人行为模式存在关系（每个区域的平均家庭数为 18）。

Townsley 等人（2015b）在 Bernasco 和 Nieuwbeerta（2005）的基础上进行了多个国家的横向对比研究。他们采用了与 Bernasco 和 Nieuwbeerta（2005）相同的行为分析模式，增加了两个新的研究区域：澳大利亚的布里斯班和英国的伯明翰。[5] 原始的海牙数据集也包含在他们的研究中，这样一来便可以直接比较所有研究区域的统计模型的结果。Townsley 等人（2015b）发现，在三个国家中，接近犯罪人居住点的地区，目标的可达性和目标的数量在犯罪人的选择中发挥了基本相同的作用，但是作用的大小有一定的差异。

Townsley 等人（2015b）还研究了盗窃犯的年龄对各研究区域犯罪人出行路径偏好的影响。他们发现不同年龄的盗窃犯基本上有着相同的出行偏好，包括两个接近变量：接近犯罪人的住址和接近市中心。在所有的三个研究地区中，青少年犯罪人表现出比成年犯罪人更为强烈的选择偏好。这些差异在伯明翰和布里斯班存在有统计学意义，但在海牙的数据中没有发现。

其他研究也开始关注 Bernasco 和 Nieuwbeerta（2005）首次提出的犯罪行为模式。例如，Clare、Fernandez 和 Morgan（2009）提出，区域之间的自然屏障可以抑制目标对犯罪人的吸引力，如果所有其他事物的条件一致，则相互连通的区域对犯罪人应该更具吸引力。这一观点在文献中有所体现，但结论略有差异，这是研究设计样本数量有限导致的结果。以西澳大利亚州珀斯市为例，Claire，Fernandez 和 Morgan（2009）利用天鹅河（当地一条宽阔的水域，有几座桥梁干道）来作为屏障，以列车通道为作为连接设施。[6] 为了控制变量，他们对不同地区的富裕程度、地区稳定措施、各地区的居住单元数等行为模式进行了比较分析。结果表明，两种类型的障碍物都对犯罪人的出行有一定抑制作用，其他条件一致的情况下，这两种类型障碍物对犯罪人的抑制作用在统计学上都很显著。

另一组研究探讨了犯罪人特征属性如何影响犯罪人的犯罪位置选择偏好。Bernasco（2010b）考虑了当前和过去的犯罪人居住地对其犯罪位置选择的影响，发现了犯罪人存在着非常强烈的选择偏好：在犯罪人曾经居住的地区，其影响似乎随着时间的推移而衰减，因此犯罪人对上一个居住过的地区也有很强的偏好。Bernasco（2010b）同样分析了居住时间对犯罪人的影响，发现犯罪人的居住时间长度与犯罪地点的选择呈正相关关系，这意味着犯罪人在一个地区住得越久，对该地点的犯罪偏好性就越大。此外，对抢劫、袭击、入室盗窃和车辆盗窃等案件的分析也观察到了这些偏好的存在。

Bernasco、Johnson 和 Ruiter（2015）和 Lammers 等（2015）研究了犯罪人曾经犯罪的地区对未来犯罪地点选择的影响。这些研究发现，盗窃犯更喜欢在以前曾经盗窃过的地方再次作案，无论是时间上（时间上相隔越近犯罪人在该地点犯罪的几率越大，Bernasco、Johnson and Ruiter，2015）还是程度上（该区域发生的案件次数越多犯罪人作案的概率越大，Ramos et al，2015）。

在这些犯罪地点选择的研究中，一个值得注意的特征是研究通常使用相对较大的空间区域作为分析单元。不过假设犯罪人做出空间选择是分层的如果（例如，盗窃犯先选择一个社区，然后选择附近的街道，然后再选择街道内的建筑物），那么权衡社区的吸引力可能就会有些不切实际。为了解决这个问题，一些研究人员试图使用较小的分析单元。例如，Bernasco（2010a）使用了非常小的分析单元，发现与 Bernasco 和 Nieuwbeerta（2005）使用大单元进行分析具有相似的结果。在这种情况下，Vandeviveral（2015）在比利时东佛兰德采用了建筑物层面的数据进行分析，其中包括了 50 万栋房屋和近 650 起已逮捕的犯罪人入室盗窃数据。他们发展了在建筑物层面进行目标选择的行为模式，并考虑了被捕犯罪人的风险、付出和回报等变量。研究结果发现与付出相关的特征（选择更容易接近的目标）呈显著正相关，同时与感知和回报呈负相关，但风险因素似乎不促进也不阻碍盗窃犯的选择行为。

综上所述，离散空间选择是当前犯罪人流动研究中"最先进的理论"，它可以从多个角度来（犯罪人、目标等）分析犯罪机会的特征，因此能够分析比其他方法更复杂的行为模式。然而，由于这一方法提出较晚，所以这种建模方法的潜力仍有待开发。

7.4 结　　论

本章重点介绍了犯罪人出行的概念。这一领域的大部分文献都引用了犯罪出行的相关研究。这些研究通常使用犯罪出行的距离作为分析变量，因此无法完全反映犯罪人的出行特征，在分析干预犯罪机会和犯罪人特征方面还存在着固有的不足。此外，许多犯罪出行的研究没有考虑到重复犯罪，也没有考虑到产生聚合问题的风险，并且很少有研究观察到犯罪人出行的嵌套结构：总体的犯罪轨迹是少数犯罪人累计犯罪的结果。

使用空间选择模型对犯罪人出行进行研究是最为全面的。通过将犯罪人、犯罪选择和犯罪人与选择的相互作用，能够更为全面地描述犯罪人的出行，从而更好地制定犯罪行为模式并提供相应的数据。

这些类型研究结果的应用可以说是多种多样的。地理画像分析（Rossmo and Rombouts，本书第 8 章）可以说是最著名犯罪出行的应用，该方法以距离衰变的分析结果为基础，但这也仅限于系列犯罪（通常是严重犯罪）的应用。然而，关于犯罪人出行的研究也可以应用于典型的犯罪分析和犯罪预防活动中。城市规划、公共交通和道路网络的变化改变了环境结构，同时也可能会增加犯罪机会。主要基础设施的变化对犯罪模式的影响可以使用离散空间选择方法来进行预测。例如，在一切条件相同的情况下，一个新火车站的建立可能会使犯罪人更容易接近邻近的社区。这一发现促进了预防犯罪活动的设计和启动，以防止犯罪的激增。

本章对这两个方面的研究都存在有一定的局限性。在犯罪出行和离散空间选择分析中使用的数据集往往来自于已抓获的犯罪人，但是这会导致两个主要问题。第一，由于破案率非常低（根据犯罪类型的不同，破案率一般为 10% ~ 20%），所以总是会有人质疑数据中的选择性偏差。也许文献中发现的空间关系只适用于被逮捕的犯罪人，而没有被抓获的犯罪人可能有着完全不同的空间搜索过程，但是这种可能性不大，因为犯罪机会均是来自于犯罪人的日常生活状态。第二，犯罪出行的起点往往会被认为是犯罪人的居住地，而这一点是不确定的，也有可能是犯罪人最近去过的地方（如学校、朋友家等），但是基于已有犯罪数据来进行分析的研究人员总是会只关注于犯罪地点和和犯罪人的住所。

为了解决这些问题，研究的过程也加入犯罪人因素（种族属性和犯罪人的自我供述）。即便是如此，这些研究也可能缺乏代表性，因为犯罪人也有可能是惯犯或者是累犯人员。

最后一个因素是共同犯罪，尤其是多对一的情况，即多名犯罪人选择一个犯罪地点作案，使研究人员难以建立普遍的关系，因为大多数分析技术无法适用于犯罪人和犯罪地点之间的动态连接，如共同犯罪现象。即使采用了图论或社会网络分析，如果"多名犯罪人"的成员流动率很高（这对犯罪集团来说是很常见的），也不太可能会产生可靠的分析结果。

在未来的几年内，犯罪人的出行可能会继续成为环境犯罪学家的关注焦点。它对犯罪学理论以及在实践中的应用（Rossmo 和 Rombouts，本书第8章）都具有重要意义，因为"空间影响与距离之间的关系是环境犯罪学理论中最基本的关系之一"（Rengert，Piquero and Jones，1999：429）。

内 容 回 顾

1. 有哪些犯罪行为不适用于距离衰减模式？为什么？

2. 出行距离的差异是犯罪人差异和环境背景差异的产物。请举例说明个体差异（年龄、性别和种族）在不同的环境背景下是如何影响犯罪人的出行意愿的。列出至少三个假设的关系。

3. 距离衰减模式的一个解释是：犯罪人作案一般会受到时间和距离（付出体力）的限制。你能想到其他能够同样约束犯罪人的因素吗？（也就是说，你能想到对距离衰减模式的其他解释吗？）

4. 假设你是一名犯罪分析人员，正在市中心处理一个汽车盗窃案。解释一下如果可以使用以下信息来干扰/预防更多的犯罪事件，你会怎么做。

（1）分析显示出行来源是一致的（许多犯罪人生活在同一社区）。

（2）分析显示出行来源是不一致（犯罪人生活在许多不同的地点）。

（3）分析显示作案方向是一致的（许多犯罪人朝同一方向作案）。

注 释

1. 也被称为秘书问题和苏丹的嫁妆问题。

2. 假设队列中有 N 个人。拒绝第一个 $1/e=37\%$，然后选择下一个超过被拒绝组中最佳的人。如果从未发生过这种情况，请选择拒绝中最好的一个。使用此停止规则意味着选择最佳人选的概率至少为 $1/e=37\%$。

3. Ackerman 和 Rossmo（2015）的分析结果被广泛使用，它是目前关于犯罪出行研究中最新、最全面的分析。它本身的数据或分析可靠性较高，几乎所有的犯罪出行都展示了这一特性。

4. Bernasco、Johnson 和 Ruiter（2015）的研究有显著统计学意义，它显示了空间单元的大小不影响犯罪出行的分析结果。

5. 由于这些国家之间的人口基数不同，本研究中使用的行为模式与 Bernasco 和 Nieuwbeerta（2005）采用的稍有不同。在这三个国家，种族的多样性不能被一致地测量，因此被排除在行为模式之外。这对研究结果只有一个影响：海牙的富裕程度和犯罪率有着显著的关系。有趣的是，实际观察到的作案方向与理论上的相反。也就是说，海牙的犯罪人总体上表现出对较不富裕地区有较强的偏好，而在其他一切条件都相同的情况下，布里斯班的盗窃犯更偏向于靠近市中心的区域，但对于伯明翰或海牙的盗窃犯来说则不是如此。

6. Clare、Fernandez 和 Morgan（2009）对其屏障和连接器变量使用了二进制分类。他们观察了研究区域内的两个郊区区域，并确定：（1）天鹅河位于它们之间；（2）它们之间有主要干道连接；（3）铁路是否穿过两个郊区。如果河流落在郊区之间，变量被编码为 1，否则为 0。如果一条主干道把一对郊区分开，那么这个实例就被编码为 1，否则为 0。如果一条铁路线在两个郊区之间运行，则编码为 1，否则为 0。

参 考 文 献

Ackerman, Jeffrey M. and D. Kim Rossmo. 2015. 'How Far to Travel? A Multilevel Analysis of the Residence-to-Crime Distance'. *Journal of Quantitative Criminology 31* (2): 237-262.

Andresen, Martin A., Richard Frank and Marcus Felson. 2014. 'Age and the Distance to Crime'. *Criminology and Criminal Justice* 14 (3): 314-333.

Baldwin, John and Anthony E. Bottoms. 1976. *The Urban Criminal*. London: Tavistock.

Bernasco, Wim. 2010a. 'Modeling Micro-Level Crime Location Choice: Application of the Discrete Choice Framework to Crime at Places'. *Journal of Quantitative Criminology 26* (1) : 113-138.

Bernasco, Wim. 2010b. 'A Sentimental Journey to Crime: Effects of Residential History on Crime Location Choice'. *Criminology* 48 (2): 389-416.

Bernasco, Wim and Paul Nieuwbeerta. 2005. 'How Do Residential Burglars Select Target Areas? A New Approach to the Analysis of Criminal Location Choice'.

British Journal of Criminology 45 (3): 296-315.

Bernasco, Wim and Stijn Ruiter. 2013. 'Crime Location Choice'. In *Encyclopeadia of Criminology and Criminal Justice*, edited by David Weisburd and Gerben J.N. Bruinsma, 691-699. New York: Springer.

Bernasco, Wim, Shane D. Johnson and Stijn Ruiter. 2015. 'Learning Where to Offend: Effects of Past on Future Burglary Locations'. *Applied Geography* 60: 120-129.

Bossard, James H.S. 1932. 'Residential Propinquity as a Factor in Marriage Selection'.*American Journal of Sociology* 38 (2): 219-224.

Clare, Joe, John Fernandez and Frank Morgan. 2009. 'Formal Evaluation of the Impact of Barriers and Connectors on Residential Burglars' Macro-Level Offending Location Choices'. *The Australian and New Zealand Journal of Criminology* 42 (2): 139-158.

Clarke, R.V.G. and John E. Eck. 2003. *Become a Problem-Solving Crime Analyst: In 55 Small Steps*. Cullompton, UK: Willan Publishing.

Comber, Steven C. Le, Barry Nicholls, D. Kim Rossmo and Paul A. Racey. 2006. 'Geographic Profiling and Animal Foraging'. *Journal of Theoretical Biology* 240 (2):233-240.

Costanzo, C. Michael, William C. Halperin and Nathan Gale. 1986. 'Criminal Mobility and the Directional Component in Journeys to Crime'. In *Metropolitan Crime Patterns*, edited by Robert M. Figlio, Simon Hakim and George F. Rengert, 73-95. Monsey, NY: Criminal Justice Press.

Eldridge, J.D. and J.P. Jones. 1991. 'Warped Space: A Geography of Distance Decay'. *The Professional Geographer* 43 (4): 500-511.

Gabor, Thomas and Ellen Gottheil. 1984. 'Offender Characteristics and Spatial Mobility: Empirical Findings and Policy Implications'. *Canadian Journal of Criminology* 26 (3): 267-281.

Groff, Elizabeth R. and Tom McEwen. 2006. *Exploring the Spatial Configuration of Places Related to Homicide Events*. Final report. Washington, DC: National Institute of Justice.

Haynes, K.E. and A.S. Fotheringham. 1984. *Gravity and Spatial Interaction Models*. Beverly Hills, CA: Sage.

Haynes, R.M. 1974. 'Application of Exponential Distance Decay to Human and

Animal Activities'. *Geografiska Annaler. Series B, Human Geography* 56 (2): 90-104.

Johnson, Shane D. 2014. 'How Do Offenders Choose Where to Offend? Perspectives From Animal Foraging'. *Legal and Criminological Psychology* 19 (2): 193-210.

Kocsis, Richard N., Ray W. Cooksey, Harvey J. Irwin and Greg Allen. 2002. 'A Further Assessment of "Circle Theory" for Geographic Psychological Profiling'. *Australian and New Zealand Journal of Criminology* 35 (1): 43-62.

Lammers, Marre, Barbara Menting, Stijn Ruiter and Wim Bernasco. 2015. 'Biting Once, Twice: The Influence of Prior on Subsequent Crime Location Choice'. *Criminology* 53 (3): 309-329.

LeBeau, J.L. 1992. 'Four Case Studies Illustrating the Spatial-Temporal Analysis of Serial Rapists'. *Police Studies* 15 (3): 124-145.

Levine, Ned and Patsy Lee. 2013. 'Journey-to-Crime by Gender and Age Group in Manchester, England'. In *Crime Modeling and Mapping Using Geospatial Technologies*, edited by Michael Leitner, vol. 8, 145-178. Geotechnologies and the Environment Series. Dordrecht, NL: Springer.

Lu, Y.M. 2003. 'Getting Away with the Stolen Vehicle: An Investigation of Journey-After- Crime'. *Professional Geographer* 55 (4): 422-433.

McFadden, D.L. 1973. 'Conditional Logit Analysis of Qualitative Choice Behaviour'. In *Frontiers in Econometrics*, edited by Paul Zarembka, 105-142. New York: Academic Press.

Milgram, Stanley. 1963. 'Behavioral Study of Obedience'. *The Journal of Abnormal and Social Psychology* 67 (4): 371.

Nichols, W. 1980. 'Mental Maps, Social Characteristics and Criminal Mobility'. In *Crime: A Spatial Perspective*, edited by Phillip D. Phillips, D.E. Georges-Abeyie and K.D. Harries, 157-166. New York: Columbia University Press.

Phillips, Phillip D. 1980. 'Characteristics and Typology of the Journey to Crime'. In *Crime: A Spatial Perspective*, edited by Phillip D. Phillips, Daniel E. Georges-Abeyie and Keith D. Harries, 167–180. New York: Columbia University Press.

Rengert, George F. 1975. 'Some Effects of Being Female on Criminal Spatial Behavior'. *The Pennsylvania Geographer* 13 (2): 10-18.

Rengert, George F. 2004. 'The Journey to Crime'. In *Punishment, Places and Perpetrators: Developments in Criminology and Criminal Justice Research*, edited by Gerben J.N. Bruinsma, Henk Elffers and Jan W. de Keijser. Cullompton, UK: Willan Publishing.

Rengert, George F. and John Wasilchick. 1990. *Space, Time and Crime: Ethnographic Insights into Residential Burglary*. Unpublished Report to the National Institute of Justice. Philadelphia, PA: Temple University.

Rengert, George F. and John Wasilchick. 2000. *Suburban Burglary: A Tale of Two Suburbs*. 2nd edn. Springfield, IL: Charles C. Thomas.

Rengert, George F., Alex R. Piquero and Peter R. Jones. 1999. 'Distance Decay Reexamined'. *Criminology* 37 (2): 427-445.

Reynald, Danielle, Margit Averdijk, Henk Elffers and Wim Bernasco. 2008. 'Do Social Barriers Affect Urban Crime Trips? The Effects of Ethnic and Economic Neighbourhood Compositions on the Flow of Crime in The Hague, the Netherlands'. *Built Environment* 34 (1): 21-31.

Robinson, W.S. 1950. 'Ecological Correlations and the Behavior of Individuals'. *American Sociological Review* 15 (3): 351-357.

Sidebottom, Aiden. 2006. 'An Exploratory Investigation into the Factors Influencing Theft from Motor Vehicle Crime Trips'. PhD thesis, University College London.

Smith, William R., John W. Bond and Michael Townsley. 2009. 'Determining How Journeys-to-Crime Vary: Measuring Inter- and Intra-Offender Crime Trip Distributions'. In *Putting Crime in Its Place: Units of Analysis in Geographic Criminology*, edited by David L. Weisburd, Wim Bernasco and Gerben J.N. Bruinsma, 217-236. New York: Springer.

Stouffer, Samuel A. 1940. 'Intervening Opportunities: A Theory Relating Mobility And Distance'. *American Sociological Review* 5 (6): 845-867.

Tobler, W.R. 1987. 'Experiments in Migration Mapping by Computer'. *Cartography and Geographic Information Science* 14 (2): 155-163.

Townsley, Michael and Aiden Sidebottom. 2010. 'All Offenders are Equal, but Some are More Equal than Others: Variation in Journeys to Crime between Offenders'. *Criminology* 48 (3): 210-222.

Townsley, Michael, Daniel J. Birks, Stijn Ruiter, Wim Bernasco and Gentry White. 2015a. 'Target Selection Models With Preference Variation Between Offenders'. *Journal of Quantitative Criminology* 32 (3): 283-304.

Townsley, Michael, Daniel J. Birks, Wim Bernasco, Stijn Ruiter, Shane D. Johnson, Scott Baum and Gentry White. 2015b. 'Burglar Target Selection: A Cross-National Comparison'. *Journal of Research in Crime and Delinquency* 52 (1): 3-31.

Van Daele, S. and W. Bernasco. 2012. 'Exploring Directional Consistency in Offending: The Case of Residential Burglary in The Hague'. *Journal of Investigative Psychology and Offender Profiling* 9 (2): 135-148.

Vandeviver, Christophe, Tijs Neutens, Stijn Van Daele, Dirk Geurts and Tom Vander Beken. 2015. 'A Discrete Spatial Choice Model of Burglary Target Selection at the House-Level'. *Applied Geography* 64: 24-34.

Warren, J., R. Reboussin, R.R. Hazelwood, A. Cummings, N. Gibbs and S. Trumbetta. 1998. 'Crime Scene and Distance Correlates of Serial Rape'. *Journal of Quantitative Criminology* 14 (1): 35-59.

Wortley, Richard. 2008. 'Situational Precipitators of Crime'. In *Environmental Criminology and Crime Analysis*, edited by Richard Wortley and Lorraine Mazerolle, 48–69.Cullompton, UK: Willan Publishing.

Wortley, Richard. 2012. 'Exploring the Person–Situation Interaction in Situational Crime Prevention'. In *The Reasoning Criminologist: Essays in Honour of Ronald V. Clarke*, edited by Nick Tilley and Graham Farrell, 184-193. London: Routledge.

Zipf, George K. 1965. *Human Behavior and the Principle of Least Effort: An Introduction to Human Ecology*. New York: Hafner.

第 8 章　地理画像分析

D. Kim Rossmo and Sacha Rombouts

8.1　引　　言

　　刑事侦查的一个重要功能就是定位未知的犯罪人。日常活动理论表明，受害者和犯罪人之间时间和地点的聚合是犯罪发生的必要前提（Cohen and Felson，1979；Felson and Eckert，2016）。因此，犯罪人和受害者的空间行为可能会为刑事侦查提供重要线索，有助于发现和抓获犯罪人。

　　地理画像分析的目的是利用犯罪现场的信息来确定犯罪人可能藏匿的位置。其根本前提是犯罪现场的痕迹可以告诉我们一些关于犯罪人和受害者，以及他们在犯罪过程中与环境相关的信息。犯罪的地理位置可以提供有关犯罪计划、犯罪人对犯罪现场及其周围区域熟悉程度的信息，以及犯罪人对犯罪环境的利用在多大程度上反映其在犯罪空间以外的生活方式。地理画像分析是一种调查工具，它阐明了一种环境犯罪学和相关研究有助于找出未知犯罪人的方法。地理画像分析是一项技术支持，是一种犯罪分析的产品和侦查程序，是为了解决陌生人犯罪的困难而开发的。

　　传统意义上，地理画像分析被定义为侦查辅助手段，用于分析现有犯罪记录，以确定犯罪人最可能的居住场所，从最广泛的意义上讲，它可以被视为辅助侦查工作的信息管理系统。它通过对犯罪的地理分析来实现这一目标，为犯罪相关时空行为提供定量和定性的评估，以便在地理上更好地开展侦查工作。地理画像分析不是一套理论，而是借鉴了前面几章所述理论的一种应用方法。

　　本章将介绍地理画像分析过程的模型。因此，我们将先解释一些重要的问题，其中包括：（1）用环境犯罪学理论来解释犯罪相关的空间行为；（2）用数学/统计方法来分析空间行为；（3）地理画像分析在刑事侦查应用中的可靠性、有效性和实用性。

8.1.1   地理画像分析的理论基础

地理画像分析方法运用在犯罪人的搜索过程中，其设想如下：

"犯罪人选择目标，在空间上偏向于距离其居住地近的位置。犯罪行为遵循距离衰减的原则，因此距离越远的地区越不可能成为犯罪人的目标。然而，该模型还说明了犯罪人的选择有一个缓冲区效应，即犯罪人同样不会在离居住地太近的地方犯罪，以避免被逮捕。"

（Hicks and Sales，2006：221）

环境犯罪学有四个主要领域，它们以各自的方式对地理画像分析做出了贡献：犯罪出行理论（Journey-to-Crime）、理性选择视角（Rational Choice theory）、日常活动理论（Routine Activity theory）、犯罪模式理论（Crime Pattern theory）。

犯罪出行研究文献的观点普遍认为犯罪发生的频率在接近犯罪人居住地的区域会很高，同时遵循距离衰减的规律，距离犯罪人居住地越远犯罪发生的可能性越小。根据最小努力原则（Zipf，1949），犯罪人通常在一定范围内犯罪。这种"犯罪距离"规律是大多数地理画像分析软件应用程序算法的基础。然而，犯罪人的出行模式也有着一些变化，犯罪的出行也会因犯罪类型和犯罪人特征而异 (Ackerman and Rossmo，2015；Andresen，Frank and Felson，2014；Baldwin and Bottoms，1976；Gabor and Gottheil，1984；rhodes and Conly，1981；Rossmo，2000；Tita and Griffiths，2005)。

重要的是要认识到，地理画像分析在某些关键方面不同于犯罪出行的研究。首先，犯罪出行研究的是从犯罪人居住地到犯罪现场的直线距离（通常使用欧式距离度量）。然而，一个犯罪人的实际出行路线可能并非如此（Rossmo，Lu and Fang，2011）。其次，犯罪人的起点并不总是他们的住所，在某些情况下，这个起点可能是他们的工作地点，或以前的住所，或其他一些重点位置（Bernasco，2010）。最后，犯罪出行研究本身关注的是对犯罪人群体出行模式的分析，而地理画像分析关注的是将空间分析技术应用于个人犯罪或系列犯罪。这两者是不同的（van Koppen and de Keijser，1997）。

理性选择视角是指犯罪人有意识地寻找犯罪目标，并强调犯罪人对环境的感知作用，认为犯罪人在做出决策时会受到当下环境的影响（Clarke and Felson，1993；Cornish and Clarke，1986）。犯罪人做决策时，有两个重要的空间因素与地理特征相关：一是最小努力原则（犯罪人更有可能在最先遇到的机会或最近的机会着手犯罪），二是空间缓冲区效应（犯罪人不太可能在离家比较近的地方犯罪）。综合这两个因素可以看出，犯罪人既不想在离家近的地方犯罪，又不希望跑得太远产生不必要的成本。因此，犯罪人也会分析犯罪的成本和收益。即在特定的时间和地点遇到潜在的犯罪目标，当然这些分析往往就会在潜意识层面进行。

日常活动理论的主要核心观点是犯罪的发生必须满足以下条件：一个积极的犯罪人和一个合适的目标/受害者，二者必须在时间和空间上有交集，并且缺乏有效监管（Cohen and Felson，1979）。这种交集通常是处于双方的非犯罪活动空间（Felson and Eckert，2016）。因此，日常活动理论建立了非犯罪空间和犯罪空间之间的关系，从而为地理画像分析方法和推理非犯罪的空间（住所地）来提供理论依据。在犯罪空间行为分析的基础上，这个理论还强调了运用受害者的日常活动来帮助建立犯罪人搜索模式的重要性，从而建立起犯罪人、受害者与环境交互相结合的分析模式（Rossmo and Summers，2015）。

Brantinghams（1981，1984）的犯罪模式理论对地理画像分析技术的影响最大。从犯罪人选择的犯罪地点和这些犯罪地点与犯罪人的住址或其他基点之间的关系出发，我们发现犯罪地点的分布并不是随机的。犯罪人的空间意识（犯罪人在头脑中描绘的关于空间环境的地图）与适合目标的分布（目标背景）之间的相互作用是地理画像分析的基石，从而提供了"犯罪人/受害者/样本环境一致性和可预测性的理论基础"（Warren et al，1998：39）。地理画像分析技术是犯罪模式理论的一个应用，即地图上每一个可能与犯罪出行有关的地点都会被评估，最终呈现出未知犯罪人的锚点（住所地、工作地等）概率的空间分布。空间意识的概念进一步解释了犯罪人对外部环境的感知和内心活动之间的联系，我们从而可以根据已知的犯罪现场位置推断出犯罪人的决策过程。

8.1.2　地理画像分析的过程

地理画像分析技术一直是警务人员侦办严重暴力犯罪或性犯罪的有力工具，有时也应用于系列犯罪的情形。当这些犯罪发生在陌生人之间时 [1]，传统的侦查手段就会失效，因为需要侦查的信息过多，很有可能定位出成百上千的犯罪嫌疑人（Rossmo，2000）。刑事侦查过程包括两个阶段：（1）发现犯罪人；（2）证明其有罪。地理画像分析可以通过确定嫌疑人所在地区的优先次序，辅助第一阶段工作的完成。需要说明的是，地理画像分析的设计初衷并不是为了破案，破案还是需要证人、供词或实物证据来完成。

　　图 8.1 给出了地理画像的过程模型。为了能够更好地应用地理画像技术，我们选取一名犯罪人多次犯案的情况进行分析。在应用地理画像分析时，首先要进行评估或/和建立案件之间的关联性，即串并案。其次是通过对犯罪地点信息的收集，以及数学/统计分析确定出犯罪人—受害者—环境之间的相互作用。最终可以划定出一个地理搜索范围，确定锚点分布的概率（搜索到的锚点通常是犯罪人的居住地）。环境犯罪学框架是解释分析犯罪行为时空性的理论支撑，同时也是帮助识别犯罪人在犯罪以外的时空行为和相关环境因素。这些结果用地理画像分析技术进行整理，可以形成一份含定量（通常以颜色概率图的形式）和定性分析的书面报告。

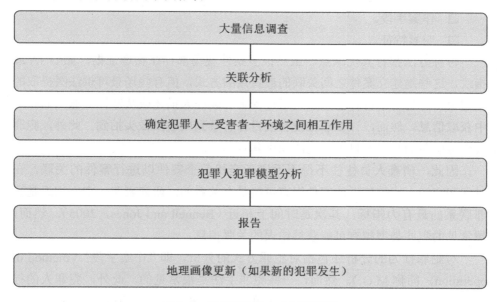

图 8.1　地理画像的一个过程模型

8.2　系列犯罪与串并案分析

　　串并案分析是地理画像分析的必要前提，因为相当一部分案件是由惯犯所为（Canela-Cacho，Blumstein and Cohen，1997）。例如，Abel、Mittelman 和 Becker（1985）在对 paraphiliacs 的研究中，发现 70% 的案件实际上是只占犯罪人总数 5% 的犯罪人犯下的。然而，由于关联的盲区和机构间内部协调问题，许多系列犯罪没有被发现（Egger，1984）。这是不应该的，因为将犯罪人与他们的所有罪行联系起来可以让警察做出更正确的判断。因此，我们提倡促进信息共享，应用地理画像分析来更准确地识别犯罪嫌疑人。

串并案分析的基本目的是以某种（概率）确定性来确定哪些案件是相关联的，同时尽量减少其他类似的案件产生干扰。有三种方法可以在案件之间建立联系。

（1）实物证据。

（2）犯罪人供词。

（3）犯罪现场的行为：

❏ 时间和地点。

❏ 作案手段。

❏ 明显特征。

每种方法都有其优缺点。虽然很多案件现场都存在物理证据，如 DNA 或指纹，这些是建立案件之间关联的最直接的方式，但有些场景可供法医提取的证据很少。另一个可行的方法是通过受害者或证人描述或从监控摄像头的图片中获取信息。然而，许多罪行没有被目击者看到或被摄像头拍到。此外，犯罪人也可能戴面具导致目击者无法识别其真面貌。

因此，侦查人员往往不得不诉诸于查找各个案件以进行案件的关联，在时间和空间上比较接近的案件很有可能是有关系的。研究表明，空间相近是犯罪联系的最有力指标，其次是时间上相近（Bennell and Jones，2005）。然而，越常见的犯罪类型越有可能获得错误的关联信息。

对犯罪行为的分析还包括对犯罪方式的分析，即"作案手段"（method of operation，简称 M.O.）。然而，一些犯罪手法是很常见的。此外，犯罪人的行为往往前后不一致，或根据犯罪现场的情况或被害者的反应改变其犯罪行为。计算机犯罪管理系统可以通过搜索数据库和识别相似的犯罪手段来帮助识别和串联出系列案件。这些系统目前在警察局运用得越来越普遍（Brahan，Lam，Chan and Leung，1998；Ribaux and Margot，1999）。

最后，由于性犯罪有独特的特征，有时更容易建立强有力的关联（Douglas and Munn，1992）。有明显特征的行为是不需要想象为基础的行为，是实际的犯罪行为。然而，这些行为并不是大多数犯罪都会包含的。

分析犯罪现场之间的联系是一种比使用实物证据或犯罪人供述更主观的方法。由于这些结果是个概率值，所以检测多个变量比只考虑任何单一变量要更有力。案件的串并要求比较相关案件和不相关案件之间的相似性和差异：
（1）相关的案件应显示出更多的相似性；（2）不相关的案件应显示出更多的差异（Rossmo，2000）。这可以通过贝叶斯方法来统一，该方法通过将犯罪现场行为相似性的度量除以其独特性的度量来计算每个比较变量的概率。

8.3 犯罪人—受害者—环境相互作用的检验

很多人将犯罪空间分析与"地理画像分析"一词相联系，这确实是分析阶段的核心方面，目的是通过从已知的犯罪地点和犯罪出行中推导出犯罪人的锚点或落脚点。分析空间数据的类型和性质主要依据环境犯罪学理论的五个主要原理。根据 López（2005）的研究，其中四个原理与犯罪人对空间的感知有关：行动范围、距离衰减、缓冲区和作案方向。最后一个涉及犯罪人对机会或目标的感知，而犯罪现场可以包含有关犯罪人、受害者及其相互作用痕迹的信息，也可以提供未知犯罪人的犯罪空间环境以外的线索。例如，在谋杀案中，相关的空间信息包括有犯罪人和受害者相遇、攻击、谋杀的地点和处理尸体的地点，所有这些地点可能对犯罪人来说都有不同的意义和用处。

开展地理画像需要收集和分析各种各样的数据，包括犯罪人住址、犯罪日期和时间、案件卷宗（包括犯罪现场照片）、现场走访以及与警方调查人员的访谈、作案手段（如果有的话）、社会个人信息、交通换乘地图以及犯罪发生地区的犯罪情况统计。这些数据不仅用于指导地理画像分析的数学/统计建模组件，而且还适用于定性分析，表明环境犯罪学理论也可适用于特定案例的分析。例如，了解上述信息有助于确定犯罪地点与犯罪人的相关性、犯罪现场的环境结构在犯罪中的作用以及哪些与犯罪人有关的社会空间环境能促成犯罪。

犯罪人选择犯罪地点都是有特定目的的。当犯罪人对空间的感知集中在了合适的目标上，犯罪便可能发生。犯罪人也可能继续向外寻找更多的目标，其与环境的交互性作用会随着距离的增加而减小。犯罪地点的选择也提供了犯罪人的作案手段和对受害者/犯罪目标搜索过程的信息，以及促进犯罪实施方法的信息。不同犯罪地点之间的联系为犯罪人的出行和犯罪人的作案水平提供了进一步的线索。信息显示作案手段具有一致性的犯罪位置集合往往会指向一个流窜作案的犯罪人（LeBeau，1985）。不同犯罪地点的重要性和可知性也是不同的。例如，在谋杀案侦破过程中，虽然侦查人员通常都会找到受害者尸体的地点，但有时还是需要推断其遇害的地点。

犯罪地点的选择也会受到犯罪人对机会的认知的影响，而对机会的认知又受到犯罪人非犯罪空间的节点、路径和自然建筑环境的影响（Brantingham and Brantingham，1993）。犯罪地点本身是嵌入在更广泛的社会环境中的，具体犯罪目标的可达性和吸引力在不同的地域也存在着差异。空间中的机会一般与目标的可达性、社会人口因素和时间因素有关。目标分布对犯罪人的作案范围有很强的影响。犯罪地点特征的相似性能更好地揭示犯罪人的活动空间。若不相似，则可能犯罪机会的影响因素比犯罪人的日常活动轨迹的影响更大。此外，研究发现，在宏观层面的社区邻里关系上，严重犯罪的受害者与非受害者存在着不同之处（Dobrin，Lee and Price，2005）。因此，对受害者的研究可能会在地理画像分析的发展中发挥重要作用。

了解犯罪人—受害者—环境交互作用模式有助于确定未知犯罪人的作案风格，犯罪人的作案风格也影响了犯罪地点的选择，而这正是地理画像分析所关注的。作案风格是由四种寻找目标方法（蹲点、侵入、推脱、诱惑）（Hunter、Poacher、Troller 和 Trapper）和三种攻击方法（袭击、跟踪和埋伏）（Raptor、Stalker 和 Ambusher）组成。有兴趣的读者可以参阅 Rossmo（2000）的研究，其中有详细介绍。在此需要强调一点，地理画像技术并不适用于每种类型犯罪。（例如，"偷猎者/通勤者"犯下的罪行[2]）。然而，即使是偷猎者也可以从备用锚点进行外出犯案，这些锚点有时可以通过地理画像分析进行识别（见下面讨论的尔湾盗窃案研究）。

8.4　犯罪人搜索模式的形成

犯罪地点的空间分析是地理画像分析的核心部分。这一过程以环境犯罪学理论为指导，结合了制图学和犯罪出行理论，推导出犯罪地点的集合，推算出最大概率的未知犯罪人的据点。"犯罪地理定位"一词（Crime Geographic Targeting，CGT）最先用来描述犯罪地点空间分析的数学算法（Rossmo，1995）。CGT 将作案区域划分为了 40 000 像素的网格，并计算每个像素点包含犯罪人落脚点的可能性。它基于 Brantingham 和 Brantingham（1981）犯罪地点选择模式和日常活动理论，并使用概率函数模拟犯罪的行踪。该算法是以 Rigel 环境犯罪学研究机构（ECRI）开发的地理画像分析软件为基础的。

Rigel 的软件分析分为五个阶段。第一，关联犯罪地点以划定犯罪人的作案区域；第二，计算作案区域中每个网格像素与每个犯罪地点之间的曼哈顿距离（沿街道网格测量的正交距离）；第三，将这些距离纳入 CGT 算法，生成概率值；第四，将不同犯罪地点的计算数值加和起来，为作案区域中的每个像素生成一个整体得分，分数高表明像素包含犯罪人的落脚点的概率大；第五，将这些分数分别表示在二维或三维颜色概率地图上，以地理轮廓和危险区域表示，帮助警方根据地理图像信息排查目标。

分析过程中的一个重要步骤是发现有效的场景。实践中的时空相近的原则也用来筛选非独立犯罪现场，Rigel 也将这些原则全部应用于了程序系统。

8.5　绘制地理画像

地理画像分析的定性分析是指通过分析系列犯罪中的空间行为推断犯罪人的作案心理。在绘制地理画像时需要考虑的一些因素包括：（1）犯罪地点；（2）犯罪时间、犯罪次数；（3）犯罪类型；（4）作案风格；（5）目标分布；（6）干道和高速公路分布；（7）汽车站和火车站分布；（8）犯罪人体力和心理所达范围；（9）区域土地利用率；（10）居民区人口统计；（11）受害者的日常活动；（12）空间位移。因此可以说，该方法利用环境犯罪学提供了一个更完整的描述犯罪人行为的手段。

除非警方根据分析报告能立即采取行动，否则这些地理资料的价值不大。因此，地理画像分析报告往往涵盖有关的调查建议（见表 8.1）。

表 8.1　侦查策略

调查策略	描述
嫌疑人优先级	对优先个体进行后续调查
饱和巡逻和静态监视	在关键区域分配定向巡逻、路障和监视
警务信息系统	警务信息数据库中的信息碰撞
外部机构数据库	假释/缓刑办事处、服务机构和商业公司
特遣部队计算机系统	主要查询数据库的信息碰撞
社区游说	充分利用挨户访问和网格搜索；信息邮件输出
性犯罪登记处	相互参考已登记性犯罪人的地址
犯罪信息测谎	搜寻失踪受害者的区域
大规模 DNA 筛选（血检）	在地理上集中对潜在嫌疑人 DNA 检测

8.6 地理画像分析的评估

任何方法论都必须符合三个标准：有效性、可靠性和实用性（Rossmo，2011）。有效的地理画像分析报告中，与犯罪人的落脚点相关的分数应该高于网格其余部分的分数。因此，通过检查得分高于犯罪人居住地得分的像素总数与作案区像素总数的比率来衡量绩效。因此，命中率百分比（HS%）表示犯罪人落脚点所在地需要搜索总面积的百分比。

地理画像分析过程在许多方面还有其局限性。首先，地理画像分析算法无法定位作案区域以外的犯罪人住所。[3] 其次，理性选择模型的目的是了解理性犯罪人做的决策，但也有少数情况，即犯罪人的行为是随机的，没有过多位置信息。因此，CGT（犯罪地理定位）的性能会随着犯罪地点的数量增加而增加。该模型使用蒙特卡罗模拟测试，随后的结果表明，对于命中率低于10%的情况，需要至少六个犯罪地点才能提升其性能。CGT模型的自动化和数学化能够增加其可靠性，同时标准化的操作培训、测试和机构认证有助于最大限度地减少在选择犯罪地点和地理画像定性方面存在的主观性。

8.6.1 地理画像分析的操作培训

地理画像分析的操作培训分为两种类型。国际刑事调查分析研究基金项目致力于建立自己的警察机构成员的大型培训中心，以培训具有地理画像分析能力的全面型人才，其培训计划涵盖了所有犯罪类型的培训，包括谋杀、强奸和爆炸等案件。在培训过程中，参与培训的人员将在指导教师的指导下学习一年，指导教师必须是一名具有职业资质的地理画像专家。培训项目分为四个模块：（1）概率、统计和计算机系统；（2）暴力犯罪和性犯罪的犯罪串并；（3）性暴力犯罪人和犯罪定性分析；（4）定量空间分析技术和地理画像分析。前三个模块是通过远程教育在导师的指导下完成，第四个模块（16周）在机构的培训教室内学习，内容包括文献学习和案例分析。学习结束时，必须通过资格考试才能结业。

地理画像分析（Geographic Profiling Analysis，GPA）培训项目是通过向犯罪分析人员和刑侦人员讲授如何利用立体特征分析技术来处理侵犯财产类犯罪（Rossmo and Velarde，2008）。该培训内容包括课程讲述和现场评估/指导。GPA 课程包括两次为期一周的课程。第一周讲授犯罪地理、环境犯罪学概率、犯罪的地理空间分布、犯罪关联、侵财类犯罪的地理特征。第二周讲授 Rigel 分析系统，包括软件的使用、地理画像地图绘制、案例分析和报告撰写。GPA 学员通常是犯罪分析人员和侵财类犯罪的侦查人员。截至目前已有超过 700 人接受培训，其中 329 名学员来自警局、部队以及 15 个国家的情报机构。

8.6.2　地理画像分析的多样应用

虽然地理画像分析最初是为了辅助警方对系列暴力犯罪的调查而设计出来的，但现在该工具也开始频繁地用于盗窃、信用卡欺诈和其他侵犯财产类犯罪。该技术也用于单一犯罪的调查（Beauregard，Proulx and Rossmo，2005；Schmitz，Cooper，de Jong and Rossmo，2015）。更具创新性的应用还包括对强奸案件中犯罪人取款地点的地理分析、谋杀案件中犯罪人在公用电话亭打电话的位置分析、绑架案件中绑匪手机通话的基站位置分析、恐怖分子自制炸弹购买组件的商店位置分析等。地理画像分析也被应用于镇压叛乱和反恐调查。研究表明，叛乱分子的简易爆炸装置、迫击炮、火箭筒、狙击手火力点的分布与犯罪中的空间和时间模式并无不同（Townsley，Johnson and Ratcliffe，2008）。许多研究也探索了军事组织地理空间的分布（Brown，Rossmo，Sisak et al，2005）。

对恐怖主义团伙地理空间模式的其他研究表明，即使有分散的团伙和跨国组织结构，恐怖主义团伙往往也会在当地犯下诸如抢劫、盗窃和诈骗等一般性的犯罪活动，以便为他们的大规模行动提供资金支持（Rossmo and Harries，2011）。反过来，对具有象征性目标的重大恐怖袭击也需要在目标区域建立恐怖主义团伙。因此，在这两种情况下都存在着地理上的因素，可以根据恐怖主义基地确定可能攻击的目标地点，或根据目标确定恐怖主义团伙的藏匿地点。地理画像分析可以协助反恐工作，通过确定嫌疑人和地点的优先次序来管理大量数据。Bennell 和 Corey（2007）利用地理画像技术分析了法国的恐怖爆炸事件。Rossmo、Lutermann、Stevenson 和 Le Comber（2014）介绍了"二战"期间纳粹德国的盖世太保在柏林分析反纳粹组织的地理位置的案例。

最后，生物学家和动物学家在动物觅食和捕食模式的研究中也应用了地理分析技术（Le Comber and Stevenson，2012）。该方法已被用来研究蝙蝠在苏格兰的迁徙(Le Comber，Nicholls，Rossmo and Racey，2006)、大黄蜂的飞行轨迹(Raine，Rossmo and Le Comber，2009；Suzuki-Ohno，Inoue and Ohno，2010)和在南非海域大白鲨的攻击行为(Martin，Rossmo and Hammerschlag，2009)。这一技术也被用来确定入侵物种的来源(Papini，Mosti and Santosuosso，2013；Stevenson，Rossmo，Knell et al，2012)。流行病学家使用该技术发现潜在的传染病起源，包括疟疾的蚊子繁殖池和霍乱的污染水源(Le Comber，Rossmo，Hassan，Fuller et al，2011)。可以说，地理画像分析在多个领域的应用有力地说明了环境犯罪学理论的实用性。

8.6.3　案例研究

几年前，美国加州奥兰治县的尔湾市发生了一起系列入室盗窃案件，主要集中发生在中高层的建筑区内。这名犯罪人被警方称为"椅子入室盗窃犯"，但尔湾市警察局(Iverin Police Ddistrict，IPD)采用了各种办法均未成功将其逮捕，犯罪人仍在逍遥法外。IPD成立的专案调查组(Special Investigation Unit，SIU)最终决定采用主动的方法，将地理画像分析与犯罪预测和定向监控相结合，希望能够发现和逮捕犯罪人(Rossmo and Velarde，2008)。

该地区在过去24个月内一共发生了42起入室盗窃(见图8.2)。犯罪人表现出了前后一致的行为模式。例如犯罪人只选择单身家庭，最好是那些有公园或绿化的区域使其可以观察潜在的目标。他选择的出口总是在房屋的后面。如果后面的栅栏很高，犯罪人会事先把椅子放在旁边以方便他逃跑。犯罪人只偷现金、珠宝或容易携带的物品。根据这些线索，侦查员和犯罪分析师认为犯罪人是一个专业的盗窃犯，很有可能来自外地。

SIU希望能预测犯罪人的下一个目标，以试图在其下次入室行窃的过程中将其抓获。但由于犯罪人的犯罪时间很短，因此根本无法实现。时间分析表明，犯罪人每周都会犯案，通常是在周五、周六或周日晚的19:00—20:00。因此SIU必须要确定在哪里部署其有限的监视资源；由于这些已发生的案件覆盖区域面积达到44平方千米，因此需要引入地理画像分析技术。

尔湾警方绘制了地理画像模型，最终确定了在Northwood的邻近地区(见图8.3)可能是犯罪人的锚点所在。在以往的案例中，地理画像分析大多数搜索的重点是犯罪人的居住地。但对这种典型的通勤者来说，搜索的重点应当是其在当地的行为比较活跃的区域。

图 8.2　尔湾市入室盗窃案件犯罪地点

数据来源：Google 地图数据。

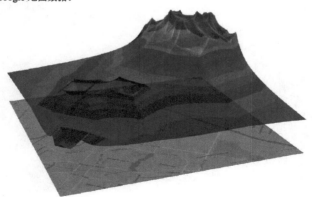

图 8.3　危险曲面，尔湾椅子入室盗窃案

数据来源：Google 地图数据。

尔湾市是个富裕的地区，当地几乎没有前科人员，以往的侵财类案件的犯罪人通常来自外地。同时地理画像分析的地区人口统计分析也支持同样的结论。因此警方认为盗窃者应当是开车到达尔湾市后开始盗窃。

经过几天的分析，SIU 小组在地理画像分析出的犯罪人疑似落脚点地区部署监控，监控的重点是所有经过该区域车辆的牌照号码。然后，把这些车牌号发往加州的机动车管理部门（Department of Motor Vehicle，DMV）进行筛查，找出来自尔湾以外的所有车辆信息，以便进行进一步的调查跟踪。

在部署监控的第一天傍晚，有一辆汽车出现在地理画像得出的高峰地区（图 8.4 中的黑色小方格）。牌照号码显示该车辆隶属于一家租车公司，当天的租车人为 Raymond Lopez，家住在洛杉矶县，有犯罪前科。据租车公司称，Lopez 在过去 20 年中一直有每周租用车辆的习惯。果然，警方发现 Lopez 进入了他人的房屋，随后警方提取了现场的 DNA 并与之前系列案件现场 DNA 进行匹配后发现完全一致，Lopez 随即被正式逮捕。

图 8.4　尔湾市入室盗窃案犯罪人的地理画像结果

资料来源：Google 地图数据。

　　警方从他的家和附近的一家典当铺中缴获了价值超过 50 万美元的黄金、稀有硬币和珠宝，典当铺老板证明 Lopez 在过去的 20 年中一直有定期典当财产的习惯。洛佩兹在审讯中也承认，仅在 2003—2005 年他就作案 139 起，造成的财产损失总额超过 250 万美元。随后法院判其犯有 14 项罪名，判处 13 年监禁。

8.7　结　　论

　　系列犯罪的性质给警察侦办案件带来了很大的挑战，而地理画像分析可以帮助警方筛选嫌疑人，发现其可能的落脚点。该方法采用了定性和定量两种方法，从分析犯罪人的搜索和攻击模式中来推断犯罪人的空间行为。CGT 是一个数学过程，描绘了最有可能的作案区域，其中最重要的是犯罪人的落脚点。地理画像分析需要有串并案分析，并整合各种信息来源以帮助人们了解犯罪人与其目标之间的空间交互作用。通过评估研究和实践经验（Canter, Huntley and Missen，2000）可以有效确定地理分析技术的准确性和实用性（Rossmo，2000，2012，2013；Rossmo and Velarde，2008；Sarangi and youngs，2006）。可以说，该方法代表了环境犯罪学的一种创新应用，目前已成为抓捕系列犯罪人的重要侦查工具。

内　容　回　顾

　　1. 如何运用环境犯罪学的理论、原理和研究来提升案件串并的效率？

　　2. 在一个系列犯罪案件中，为了更有效和高效地确定嫌疑犯的优先顺序，警方可以采用哪些不同的方式将地理画像分析与心理/行为特征分析相结合？"谁"和"在哪里"的不同概率可以用数学模式组合起来吗？如果是，如何实现？

　　3. 当你绘制出你的活动空间（家庭、工作、学校、亲戚、朋友），并将其与你经常购物的地方进行比较时，你会看到什么模式？你的购物点的地理信息会帮助你识别出你的家庭或工作/学校的地点吗？

　　4. 警方还可以通过哪些方式合理地利用时空犯罪模式来集中展开调查行动？

5. 地理画像分析在网络犯罪、恐怖主义和叛乱中可以应用吗？如果能，如何应用？如果不能，请解释为什么？

注　释

1. 虽然地理画像分析可以用于分析覆盖多个地点的单个犯罪，但本章的重点是它在调查系列犯罪方面的应用。

2. 在对系列犯罪人行为的研究中发现，可以将犯罪人的空间行为分为"狩猎/掠夺者"类型（在家里周围的区域搜索），或"偷猎/通勤"类型（到外地犯罪）。

3. 然而，在接下来的例子中，警方应用地理画像分析成功地逮捕了一名专业盗窃者，该犯罪人从他约 50 千米以外的家来到目标城市。该案说明了在方法方面进行适当培训以及在系列犯罪中考虑各种环境因素的重要性。

参 考 文 献

Abel, G.G., Mittelman, M.S., and Becker, J.V. (1985). Sexual offenders: Results of assessment and recommendations for treatment. In M.H. Ben-Aron, S.J. Hucker, and C.D. Webster (Eds.), *Clinical criminology: The assessment and treatment of criminal behavior* (pp. 191-205). Toronto, ON: M. & M. Graphics.

Ackerman, J.M., and Rossmo, D.K. (2015). How far to travel? A multilevel analysis of the residence-to-crime distance. *Journal of Quantitative Criminology, 31*, 237-262.

Andresen, M.A., Frank, R., and Felson, M. (2014). Age and the distance to crime. *Criminology and Criminal Justice, 14*, 314-333.

Baldwin, J., and Bottoms, A.E. (1976). *The urban criminal: A study in Sheffield.* London: Tavistock.

Beauregard, E., Proulx, J., and Rossmo, D.K. (2005). Spatial patterns of sex offenders: Theoretical, empirical, and practical issues. *Aggression and Violent Behavior, 10*, 579-603.

Bennell, C., and Corey, S. (2007). Geographic profiling of terrorist attacks. In

R.N. Kocsis (Ed.), *Criminal profiling: International theory, research, and practice* (pp. 189-203). Totowa, NJ: Humana Press.

Bennell, C., and Jones, N.J. (2005). Between a ROC and a hard place: A method for linking serial burglaries by modus operandi. *Journal of Investigative Psychology and Offender Profiling, 2*, 23-41.

Bernasco, W. (2010). A sentimental journey to crime: Effects of residential history on crime location choice. *Criminology*, 48, 389-416.

Brahan, J.W., Lam, K.P., Chan, H., and Leung, W. (1998). AICAMS: Artificial intelligence crime analysis and management system. *Knowledge-Based Systems, 11*, 355-361.

Brantingham, P.L., and Brantingham, P.J. (1981). Notes on the geometry on crime. In P. J. Brantingham and P. L. Brantingham (Eds.), *Environmental criminology* (pp. 27-54). Beverly Hills, CA: Sage.

Brantingham, P.L., and Brantingham, P.J. (1993). Nodes, paths and edges: Considerations on the complexity of crime and the physical environment. *Journal of Environmental Psychology, 13*, 3-28.

Brantingham, P.J., and Brantingham, P.L. (1984). *Patterns in crime*. New York: Macmillan.

Brown, R.O., Rossmo, D.K., Sisak, T., Trahern, R., Jarret, J., and Hanson, J. (2005). *Geographic profiling military capabilities*. Final report submitted to the Topographic Engineering Center, Department of the Army, Fort Belvoir, VA.

Canela-Cacho, J.A., Blumstein, A., and Cohen, J. (1997). Relationship between the offending frequency (λ) of imprisoned and free offenders. *Criminology, 35*, 133-175.

Canter, D.V., Coffey, T., Huntley, M., and Missen, C. (2000). Predicting serial killers' home base using a decision support system. *Journal of Quantitative Criminology, 16*, 457-478.

Clarke, R.V., and Felson, M. (Eds.). (1993). *Routine activity and rational choice*. New Brunswick, NJ: Transaction.

Cohen, L., and Felson, M. (1979). Social change and crime rate trends: A routine activity approach. *American Sociological Review, 44*, 588-608.

Cornish, D.B., and Clarke, R.V. (Eds.). (1986). *The reasoning criminal: Rational choice perspectives on offending*. New York: Springer-Verlag.

Dobrin, A., Lee, D.R., and Price, J. (2005). Neighborhood structure differences between homicide victims and non-victims. *Journal of Criminal Justice, 33*, 137-143.

Douglas, J.E., and Munn, C. (1992). Violent crime scene analysis: Modus operandi, signature, and staging. *FBI Law Enforcement Bulletin, 61*(2), 1-10.

Egger, S.A. (1984). A working definition of serial murder and the reduction of linkage blindness. *Journal of Police Science and Administration, 12*, 348-357.

Felson, M., and Eckert, M. (2016). *Crime and everyday life* (5th ed.). Los Angeles, CA: Sage.

Gabor, T., and Gottheil, E. (1984). Offender characteristics and spatial mobility: An empirical study and some policy implications. *Canadian Journal of Criminology, 26*, 267-281.

Hicks, S.J., and Sales, B.D. (2006). *Criminal profiling: Developing an effective science and practice*. Washington, DC: American Psychological Association.

LeBeau, J.L. (1985). Some problems with measuring and describing rape presented by the serial offender. *Justice Quarterly, 2*, 385-398.

Le Comber, S.C., Nicholls, B., Rossmo, D.K., and Racey, P.A. (2006). Geographic profiling and animal foraging. *Journal of Theoretical Biology, 240*, 233-240.

Le Comber, S.C., Rossmo, D.K., Hassan, A.N., Fuller, D.O., and Beier, J.C. (2011). Geographic profiling as a novel spatial tool for targeting infectious disease control. *International Journal of Health Geographics, 10*, 35-42.

Le Comber, S.C., and Stevenson, M.D. (2012). From Jack the Ripper to epidemiology and ecology. *Trends in Ecology and Evolution, 27*, 307-308.

Le Comber, S.C., and Stevenson, M.D. (2012). From Jack the Ripper to epidemiology and ecology. *Trends in Ecology and Evolution, 27*, 307-308.

López, M.J.J. (2005). The spatial behavior of residential burglars. In A. van Nes (Ed.), *Proceedings of the 5th International Space Syntax Symposium* (pp. 432-435). Delft, The Netherlands: Techne Press.

Martin, R.A., Rossmo, D.K., and Hammerschlag, N. (2009). Hunting patterns and geographic profiling of white shark predation. *Journal of Zoology, 279*, 111-118.

Papini, A., Mosti, S., and Santosuosso, U. (2013). Tracking the origin of the invading Caulerpa (Caulerpales, Chlorophyta) with geographic profiling, a criminological technique for a killer alga. *Biological Invasions, 15*, 1613-1621.

Raine, N.E., Rossmo, D.K., and Le Comber, S.C. (2009). Geographic profiling applied to testing models of bumble-bee foraging. *Journal of the Royal Society Interface, 6*, 307-319.

Rhodes, W.M., and Conly, C. (1981). Crime and mobility: An empirical study. In P.J. Brantingham and P.L. Brantingham (Eds.), *Environmental criminology* (pp. 167-188). Beverly Hills, CA: Sage.

Ribaux, O., and Margot, M. (1999). Inference structures for crime analysis and intelligence: The example of burglary using forensic science data. *Forensic Science International, 100*, 193-210.

Rossmo, D.K. (1995). *Geographic profiling: Target patterns of serial murderers.* Unpublished doctoral dissertation, Simon Fraser University, Burnaby, BC.

Rossmo, D.K. (2000). *Geographic profiling.* Boca Raton, FL: CRC Press.

Rossmo, D.K. (2011). Evaluating geographic profiling. *Crime Mapping: A Journal of Research and Practice, 3*, 42-65.

Rossmo, D.K. (2012). Recent developments in geographic profiling. *Policing: A Journal of Policy and Practice, 6*, 144-150.

Rossmo, D.K. (2013). Geographic profiling. In G. Bruinsma and D.L. Weisburd (Eds.), *Encyclopaedia of criminology and criminal justice* (pp. 1934-1942). New York: Springer.

Rossmo, D.K., and Harries, K.D. (2011). The geospatial structure of terrorist cells. *Justice Quarterly, 28*, 221-248.

Rossmo, D.K., Lu, Y., and Fang, T. (2011). Spatial-temporal crime paths. In M.A. Andresen and J.B. Kinney (Eds.), *Patterns, prevention, and geometry of crime* (pp. 16-42). London: Routledge.

Rossmo, D.K., Lutermann, H., Stevenson, M.D., and Le Comber, S.C. (2014). Geographic profiling in Nazi Berlin: Fact and fiction. *Geospatial Intelligence Review, 12*(2), 44-57.

Rossmo, D.K., and Summers, L. (2015). Routine activity theory in crime investigation. In M.A. Andresen and G. Farrell (Eds.), *The criminal act: The role and influence of routine activity theory* (pp. 19-32). Basingstoke, UK: Palgrave Macmillan.

Rossmo, D.K., and Velarde, L. (2008). Geographic profiling analysis:

Principles, methods, and applications. In S. Chainey and L. Tompson (Eds.), *Crime mapping case studies: Practice and research* (pp. 35-43). Chichester, UK: John Wiley & Sons.

Sarangi, S., and Youngs, D E. (2006). Spatial patterns of Indian serial burglars with relevance to geographical profiling. *Journal of Investigative Psychology and Offender Profiling, 3*, 105-115.

Schmitz, P., Cooper, A., de Jong, T., and Rossmo, D.K. (2015). Mapping criminal activity space. *Journal of Intelligence Analysis, 22*(3), 67-94.

Stevenson, M.D., Rossmo, D.K., Knell, R.J., and Le Comber, S.C. (2012). Geographic profiling as a novel spatial tool for targeting the control of invasive species. *Ecography, 35*, 704-715.

Suzuki-Ohno, Y., Inoue, M.N., and Ohno, K. (2010). Applying geographic profiling used in the field of criminology for predicting the nest locations of bumble bees. *Journal of Theoretical Biology, 265*, 211-217.

Tita, G., and Griffiths, E. (2005). Travelling to violence: The case for a mobility-based spatial typology of homicide. *Journal of Research in Crime and Delinquency, 42*, 275-308.

Townsley, M., Johnson, S.D., and Ratcliffe, J.H. (2008). Space-time dynamics of insurgent activity in Iraq. *Security Journal, 21*, 139-146.

van Koppen, P.J., and de Keijser, J.W. (1997). Desisting distance decay: On the aggregation of individual crime trips. *Criminology, 35*, 505-515.

Warren, J.I., Reboussin, R., Hazelwood, R.R., Cummings, A., Gibbs, N., and Trumbetta, S. (1998). Crime scene and distance correlates of serial rape. *Journal of Quantitative Criminology, 14*, 35-59.

Zipf, G.K. (1949). *Human behavior and the principle of least effort: An introduction to human ecology*. Cambridge, MA: Addison-Wesley Press.

第 9 章　重复受害现象

Ken Pease and Graham Farrel

9.1　引　言

重复受害（Repeat Victimisation，RV），即一个目标在一段时间内多次遭遇犯罪侵害的现象，是犯罪预防领域中最为重大的发现之一。犯罪调查显示，40% 以上的针对个人和住宅的犯罪是重复发生的，也就是说，根据不同的犯罪类型和犯罪地点，同一年内犯罪人会针对已经受害的目标再次实施犯罪（Farrell and Bouloukos，2001）。这个结论意味着人们可以通过将资源集中在已经受到侵害的个人和地点来预防犯罪。

关于重复受害的三个重要的观察进一步强化了这个现象在犯罪防控中的作用。第一，犯罪受害者在首次受到侵害后，未来其再次受害的风险会更高。第二，这种再次受害的高风险具有时间衰减性：受害后最近的一段时间内风险最高，随后随着时间的推移而逐渐下降。综合起来，这两个发现表明：以前的犯罪受害者在未来遭受再次侵害的风险更高，但随着时间的推移，这种风险会在未来几周或几个月内衰减。换言之，如果我们希望防止重复性犯罪的发生，应在发现犯罪后立即部署防控资源。第三个观察结果是重复受害集中在少数个体上。这意味着只关注以前曾经遭受犯罪侵害的个体比关注整个人群能够更有效地部署有限的预防资源。举例来说，假设一个拥有 10 000 户家庭的小镇入室盗窃犯罪率为 10%（也就是说有 10% 的住宅遭到过入室盗窃），再进一步假设预防犯罪的预算是 10 万英镑，那么这笔钱应该如何分配？如果均匀分配，是每户 100 英镑（比如分发一些锁和传单）。但把注意力集中在以前曾经遭受过犯罪侵害的受害者身上，可以使每个住宅的预算增加 10 倍（10 万英镑除以 100 套住房）。这一增加的数额会使得每个有入室盗窃风险住宅的犯罪预防准备金规模增大，因此我们认为这比平均分配可以更有效地预防入室盗窃。

本章将主要阐述重复受害如何用于预防犯罪，解释其偶尔失效的原因，并描述我们如何看待重复受害方法在未来的发展与应用。关于重复受害现象及其在犯罪预防方面的应用相关的研究文献，请访问 Farrell（1995），Pease（1998）、Farrell（2006），Eck、Clarke 和 Guerette（2007）以及问题导向警务领域的网站。[1]9.2 节我们将给出两个重复受害的案例，介绍重复受害为什么不易发现。之后我们将简要介绍重复受害视角所产生的犯罪机会，以及如何避免重复受害的一些具体做法。在此基础上，我们将对两种防止重复受害的方法进行比较。

9.2 两起本可避免的犯罪

Mark Dage 谋杀 Tania Moore 案件。本来他们已经订婚，但 Moore 小姐反悔了。

"戴奇想让她受伤，想割断她的腿，挖出她的眼睛，更想控制她。就在摩尔小姐被谋杀的前几天，她向警察们提供了一捆来自戴奇的恐吓短信。"

（Britten，2006：12）

2006 年 1 月 12 日，曼彻斯特怀恩肖的一所房子里，有人点燃了从信箱里倾泻而出的汽油。Cochran 先生和他夫人以及他们的女儿 Lucy 不幸被烧死了。这起案件的罪魁祸首指向了他们敌对的家庭，Connor 家族。

"这场长达 18 个月的争执始于女学生 Natalie Connor 对她的同学产生了强烈的仇恨，原因不值一提。Natalie 对同学产生了强烈的敌意，最终导致她和母亲煽动 Connor（Natalie 的父亲）纵火。"

（Guardian，21st December，2006：15）

可以说，这些重复受害事件导致如此悲剧是非常罕见的，但它们也证明了一个长期存在的问题，即系列案件中，没有一个关于犯罪受害的严重性度量，尤其是犯罪人对受害者的仇恨会不断累积。Mandy Shaw（2001）提出了重复受害相当于丧亲阶段的观点，即受害者如果又经历了一次犯罪，但由于这种伤害是反复的，因此受害者无法完全恢复到之前的状态。Shaw 和 Chenery（2007）注意到了家庭暴力中男性的特殊痛苦，这种积累的仇恨在警察绩效衡量、记录犯罪的常规统计中被普遍淡化，甚至在英格兰和威尔士，警方不得不通过限制系列犯罪的数量来掩饰受害者的受害程度，比如受害者本来可以如实报案，但是最终只能最多报告五次受害（Farrell and Pease，2007）。实际上，刑事司法系统需要证明某人在某个特定的时间和地点做了某件特定的事情，以至于司法系统能够做出合理的判断。有时这会使犯罪从一种沉闷的、悲惨的官方表达转变为有趣的事情。可以说，在当前的司法体制下给予受害者重复受害现象一定的突出地位还不符合治安和刑事司法惯例。但是尽管如此，这种尝试还是值得被鼓励的。

9.3 预防重复受害的机遇与挑战

犯罪事件发生的地点和时间越可预测，就越容易通过预防或侦查来控制。这就是刺激行动（Langworthy，1989）或蜜罐行动（Baumann and Plattner，2002）的吸引力所在。警方会借此设立一个诱人的犯罪机会，等待犯罪人抓住这个机会。一个常见例子就是开一个商店，但是从不询问别人转售的货物来源，同时隐藏监控设备，最后可以轻而易举地抓住那些销赃的人。蜜罐网站就提供了一套评估网络犯罪攻击频率和策略的方法。

大多数的蜜罐操作有两个主要问题。第一，他们的建立需要时间和资源，因为他们并不是一个常规的警务操作。第二，在某些情况中他们容易受到诱捕的罪名指控，例如，如果警方提供的货物价格十分有吸引力也会构成盗窃的诱因。不管怎么样，这种操作还是非常规的，常规的警务工作则是根据短期或长期内的某一时间和地点的案件高发率来判断犯罪的风险以便相应地部署警务资源。顺便说一句，人们也许应该注意到（至少在英格兰和威尔士）警务资源的分配未能完全与犯罪问题相对应。现在，犯罪率快速增加乃至翻倍，但是警力、警察部门和基层警力的增长幅度却十分缓慢（Ross and Pease，2008）。所以，即便有复杂的计算公式可以帮助警力进行资源优化，但蜜罐行动也只是一种非常规性手段，远未被普遍应用于警务工作中。

重复受害现象可以用来引导警务活动向良性的方向发展。观察表明，预测犯罪受害并非仅仅集中在受害者个人或家庭上，能够产生重复受害的主体是灵活的。对个人受害者来说，可能是个人、家庭、街道、城镇、警察部门、警察部队或地方当局辖区等；对商业受害者来说，则可能是银行、金融公司或珠宝店铺（珠宝商或博彩店）。可以说没有最好的计算标准，只有对警务工作最有价值的标准。或者也可以说，重复受害的计算标准越小，风险的评估就越准确。

安保方案的设计者其实就是在应对犯罪人对机会的认知。犯罪人对机会的认知有两个结果。第一，如果犯罪人认为安保设备不会发现他，或者就算被发现了，人们也无法及时赶到，那么大多数安保设备在犯罪人看来都是没什么作用的。安保设备的设计者容易忽略功能可视性的概念（Norman，1999），即一个物体会"招引"人去做什么（破碎的窗户会招致进一步的损害）。关于重复受害，我们需要发展对犯罪行为的理解，加强认知上的变化，从而意识到重复受害的可能性（Everson and Pease，2001）。

第二个还未被大众熟知的犯罪人认知特征与犯罪人的目标分类有关。如何对潜在的犯罪目标进行分类很重要，因为同一类目标可能对犯罪人来说没有差别（例如，只针对亚洲人的种族攻击对任何亚洲人都无异）。Pease（1998）创造了"受害者重复"或"作案手段重复"一词，指的是犯罪人会根据他们的认知选择他们认为容易得手的目标。例如，犯罪人会倾向于盗窃同一个品牌和型号的汽车，这类汽车可以作为一个类别（在挡风玻璃上有吸盘印记意味着可能在车辆的杂物箱中有 GPS 导航装置）。如果汽车停在一个相似的位置，这也是评估相似性的一个维度，那么作案手段重复性就更明显了。同样结构的住宅附近容易出现作案手段重复的入室盗窃，因为对犯罪人来说，这可能只需要完全相同犯罪技能，并且风险和回报是差不多的。作案手段的重复为预防犯罪提供了一种重要的思考方式：是否可以将其用于目标的预防设计中，比如避免目标太过显著、不要让目标的价值太高或难以追溯（如笔记本电脑、便携式MP3 播放器）以免造成同类案件频繁发生。Townsley 和 Farrell（2007：266-267）评论说：

"作案手段重复的概念是犯罪人复制了早期犯罪的作案手段。重复是一种特殊的策略或技巧。例如，如果犯罪人只知道如何开某种类型或品牌的锁，那么这种做法就属于作案手段重复。"

通过犯罪人对目标种类的筛选和作案手段相似性的分析，可以看出重复犯罪是一种心理作用，而不是一种单一的现象。因此，在制定犯罪预防策略时应当充分考虑这一点。这可以帮助我们集中开展预防工作，包括针对热点地区、重复受害者和热点产品的预防。同样，它也可以作为预防网络犯罪的一种手段。随着电子商务的迅猛发展，网络安全越来越重要。然而，针对网络的攻击和事件越来越频发。潜在的犯罪威胁包括欺诈，盗窃（资金、知识、信息或其他），账户攻击，对用户、机构或网络的恶意破坏等。在 Moitra 和 Konda（2004）研究的 6684 个计算机站点中，超过四分之一（27%）发生过至少 3 次攻击，平均每次攻击 12 次，10 个受害最多的网站平均遭受 369 次攻击。

重复攻击发生在被攻击后一周内的几率很大。某些类型的攻击发生的速度可能比其他类型的要快，那更有可能是同一系列事件（可能暗示为同一个犯罪人所为）。有些网域（如 .edu 站点）被重复攻击的速度更快（".edu"类网站是最快的，".com"类网站是最慢的）。虽然预防犯罪不是 Moitra 和 Konda 研究的重点，但这个领域的潜力是显而易见的。将网络安全重点放在已经被黑客攻击的网站上可以防止大量的黑客重复性攻击（有文献表明，由于各种原因，大部分黑客的攻击目标不会简单的转移）。某些类型的网域（如 .edu 站点）应该加强主动预防，被攻击后也要迅速安装防火墙，因为黑客可能会重新跟踪和检测，当然这些黑客也可能是重复犯罪率最高的那一部分人。

重复犯罪的类型如表 9.1 所示。研究各种类型的重复犯罪有助于制定适当的预防犯罪措施，表 9.1 就是个很好的开始。表中的列代表目标、位置和犯罪人，代表了 Cohen 和 Felson 日常活动理论的关键要素。表中的行代表了发现的犯罪规模（Repetto，1974）。分类是对复杂理论的简化，在实践中，许多类型是重叠的，并且对于任何给定的犯罪都存在不止一种分类。例如，在第一次入室盗窃案发生后不久，再次发生入室盗窃是一个目标、空间和时间都在重复的案件。如果同样的重复发生在犯罪人通过相同的操作方式进入住宅，那也是作案手段的重复。

表 9.1　重复受害的二维结构

	目　　标	位　　置	犯　罪　人
空间重复	同一家庭、同一个人、同一车辆、同一企业，同一不论如何定义的目标；热点	空间临近重复；热点；风险设施	同一犯罪人在同一地点重复犯罪
时间重复	对同一目标短期内重复	短期内重复犯罪不一定是同一个罪犯，例如，不同的人抢劫一个容易被抢劫的商店	例如，在家庭暴力中，同样的犯罪会迅速重复；可能是一通犯罪活动
犯罪类型重复	对同一目标做同一类型案件，例如在同一地点抢劫	地下交易毒品	重复偷油
手段重复	使用同一手段（犯罪手段）的虚拟重复导致"热产物"	同样的手段在同一个地方得到了便利，例如街头市场的盗窃和扒手	用同样手段（犯罪手段）重复犯罪

在许多情况下，犯罪的目标和发生的位置之间也存在明显的交集。家庭暴力通常（但并非总是）会发生在相同的位置，即受害者的住所（无论是否同

居）。如果受害者未与犯罪人同居，则可能在不同的地方受害，但重复受害一般来说通常是在同一地点。

表 9.1 包含了很多专业术语，这些术语有助于我们理解犯罪是如何重复发生的。上面讨论了作案手段的重复性是基于犯罪人习惯于某种犯罪形式。邻近重复（Townsley et al，2003）是结合空间和作案手段元素的重复受害。手法相似且地理位置接近的目标更有可能受到犯罪的侵害（邻近入室盗窃风险更高，并且会随着时间的推移而下降），本章稍后将详细介绍。犯罪热点地区（Pease and Laycock，1996）是基于位置的空间重复受害，但有可能涉及不同的犯罪类型。总体来说，犯罪热点是一个静态目标反复发生案件的地方，当用图片表示时，一个点可能代表很多个案件。在"热点"一词的一般用法中，通常既不定义犯罪的绝对数量也不定义犯罪的相对数量，也不定义犯罪区域的大小。风险场所（Eck et al，2007）是发生犯罪频次较高的空间场所。尽管大多数空间犯罪分析都是还原性的，但是 Johnson et al（2004）利用前瞻性热点调查可以更准确地预测时空犯罪。他们的技术比简单的热点地图或简单目标的重复受害预测具有更高的准确性。

"一系列"通常被用来定义一组结构上比较类似的犯罪。受害者经历的一系列重复犯罪通常可能是同一类型的并由同一个犯罪人实施的。犯罪人可以实施一系列针对同一目标同一类型的犯罪（如果时间上聚集在一起则可以视为狂热犯罪）。狂热犯罪是同一犯罪人实施系列犯罪的一种特殊形式，指案件集中在短时间内发生。案件数量和爆发的时间长度并没有精确定义。必要的是，狂热犯罪通常会包括在空间或方向上比较相似的犯罪行为——同一个社区、城镇、城市或虚拟网络，或朝着特定的方向移动犯案。有时可能是同一犯罪人针对同一目标的重复作案。系列犯罪有开始时间、发生频率和持续时间，可能还包括终止时间，这也称为"犯罪活动的生命周期"（Blumstein et al，1986）。[2] 热门产品（Felson and Clarke，1998）是指经常被盗的物品。它们通常体积小、重量轻、价值高，如手机、笔记本电脑和卫星导航系统。这些物品可能经常被同一个犯罪人以同样的策略偷窃（或抢劫）。虽然人们认为犯罪人有重复犯罪的倾向和习惯，但在概念、方法和实践上还需进一步地整合以形成更全面的重复受害观点，并使之产生协同增效效应，从而进一步促进预防犯罪的实践（Farrell，2015）。

在了解了重复受害观点的适用范围之后，让我们重新考虑这些乏味的已经确立的观点。现在基本上可以接受以下观点。

- ❑ 重复作案的犯罪比例很高，主要集中在针对个人伤害和住宅盗窃。
- ❑ 同一目标会再次受害，这个过程往往发生得很快。
- ❑ 家庭暴力、性伤害、虐待老人和儿童、种族攻击和欺凌等个人犯罪的重复受害率最高。在这种情况下，相同的目标会在不同的时间内持续遭遇犯罪，而且通常是在私人空间中。
- ❑ 高重复侵财受害率通常是针对商业犯罪。商业盗窃、抢劫和商店盗窃都是典型的例子。
- ❑ 尽管现有的证据还不尽如人意，但足以证明对同一目标的重复攻击标志着惯犯的出没。
- ❑ 在高犯罪率地区，受害者的再次受害率更高。可以说，同一个人和同一家庭的长期受害是高犯罪地区的主要特征。
- ❑ 大多数重复预防计划都集中在住宅盗窃上。

当前我们迫切需要拓宽这个方向的研究。重复受害文献资料的核心观点是：关注和预防重复受害的复发（以及发现针对同一目标的重复犯罪人）可以在减少犯罪方面取得不错的成绩。防止受害者再次受害的预防措施也在其他地方进行了评估和讨论（Farrell，2006），并且一些地区也已证明了其有效性，并积累了不少经验和教训（Farrell，2006）。下面列出了一些一般性的考虑因素，这些因素肯定会被其他研究人员遇到。让我们假设负责这项任务的人已经采取了有效的预防犯罪的措施，并进行了深入的思考。必须承认这是一种建立在经验基础上的观念，并非完全是空想，而且预防犯罪的核心问题是资源的部署而不是事后的补救措施。与防止受害者再次受害的有关具体问题如下。

9.3.1 隐形重复

重复受害现象并不总是容易被发现的，这主要是由于警方的数据库系统的缺陷。在最近一次警务分析人员的培训课程中，其中一位学员在分析完一个盗窃发案严重的地区后，他自信地断言这里面不存在重复的问题，因为在前一年他们只发现了一次重复性发案。但幸运的是，这些数据已经对外公布，结果显示今年有 304 起重复性入室盗窃案发生。虽然这种低估程度是不寻常的，但在相关数据集中，这种问题也是普遍存在的。有时这种数据的缺失也是十分的微妙的，例如不同的警员在登记案件时将有的登记为刑事案件，而有的则登记为入室盗窃未遂或偷盗行为，有的还根据损失情况记录为普通治安案件事件或刑事案件。

有案不报是一个需要特别关注的问题。一些实施数据记录较好的报告会显示出愿意报告家庭暴力的人数有所增加，但重复性的报案次数有所减少。这两个情况会相互抵消，因此，如果简单地衡量案件的数量来分析重复受害，那么这样做的效果会很差（Farrell and Buckley，1993；Farrell，2006）。

1. 过早撤离

警察的职能分为两方面：紧急出警和日常服务。不同职能部门之间的沟通机制非常的不完善。因此，事件的处置通常被视为预防犯罪再次发生的第一步，其核心目标是防止再次发案，这就需要警务人员调整好工作态度和基础装备。

如果读者还没有理解，可以将其比喻成疾病（可能不十分恰当）。病情发生时，病人与卫生服务部门的第一个接触点是当地诊所的医生，在诊疗疾病过程中他很可能会把病人和病例转给专业医院，但在那里，病人的疾病很可能会复发。相比之下，前往案件现场的第一批警察往往是处理案件的最后一个阶段（除非主动搜索犯罪人），而不是预防过程的第一个阶段。我们已经把这种心态称为过早撤离。

2. 不配合的受害者

虽然我们已经部署了预防措施，但受害者可能不愿参与进来。事实上，有时警察无法接触到受害者，因为有时受害者与犯罪人之间存在着勾结。甚至有时一些惯犯可以帮助警方甄别受害者，而警察则因"向坏人行善"的心态而不情愿，这并不罕见，事实上，重要的是要承认暴力犯罪的受害者总是有刺激犯罪人的行为。大多数犯罪类型的受害者中都存在着保险和赔偿欺诈。最后，当接触到某些受害者（或其他相关人员）时，他们不想或没有办法采取预防措施。对于那些仅仅不愿意采取预防措施的受害者（包括许多商业组织），他们的做法通常是缴税或扣留补贴。

9.3.2　证据、判断和困难

Kirkholt 预防盗窃犯罪策略的成功推动了重复受害研究的发展。英国盗窃案的大幅减少使我们相信防止重复性发案是"积极有效的"。对此，英国内政部委托剑桥大学犯罪学研究所的 David Farrington 重新分析了这些数据，他的结论是，这项策略确实如他所说，在基于重复受害而设计的预防犯罪方案中还没有谁像 Kirkholt 这样有效（Anderson et al，1995；Chenery et al，1997）。虽然造成犯罪预防策略失败的原因有很多（Tilley，1993），但个人经验表明，主要原因可能是执行层面没有认真地实践这些方案。在一项尚未公布的项目中，有几位警员参与了项目的实施。在该项目中，第一位参与入室盗窃现场调查的警员完成了基本工作，并将调查结果转交给了当地的犯罪预防部门的警员，以便于他们采取适当的行动（通常来讲他们也不采取任何行动）。有一些警员认真地完成了调查，但另一些则对整个调查过程非常敷衍。最后，在认真实施这一预防重复受害策略方案的住户中，在其他因素没有差异的情况下（轮班、位置、服务时间），重复性入室盗窃的受害者数大约比其他住户减少了三分之一。

如果重复受害可以通过一些一般的预防措施得到有效制止，那么预防成功的可能性可能比先前设想的更大。这项调查比较关注的是，如果再次发生了犯罪受害，哪些因素能够阻止重复性受害。2006 年夏末，Mike Saton 在英格兰中部对犯罪人进行了 20 次采访，他非常慷慨地让我们接触到了那些未发表的材料，我们发现许多相关研究结果与 Ashton 等人的研究结果非常一致（1998）。其中，犯罪人详细说明了他们会选择容易、低风险和已知会有收获的目标进行重复犯罪。以下是 Saton 实地调查报告的节选，让我们大致了解了预防和阻止犯罪的可能性。例如，在犯罪过程中犯罪人总会绕开安保系统，除非安保措施完善到一定程度：

"[他] 说他会不止一次回到同一个地方，因为以前很容易：'我已经偷了四到五次这样的商店了，他们所做的只是修了损坏的柜台，换了窗户。'……（然后，在描述了一系列不断升级的安全措施之后）他说他最终总是失败。他说让他失手的最好办法就是完全关上百叶窗，并且不把警报器装外面。他说，要想保证安全最有效的方法是：当工作人员进入商店之后再关掉警报系统，并且窗户只能从里面打开。"

一名从事商业盗窃但从来不盗窃住宅的犯罪人接受采访时支持了犯罪人作案习惯和作案手段升级是十分有限的观点：

"他会对商业区进行盗窃，直到安全措施升级。但他从未重复性地去盗窃过住宅。因为住宅盗窃的受害者往往有邻居，他们会对邻居说：'我被偷了，你要多注意'，或者他们会确保有人一直呆在房子里。"

第三个犯罪人讲述了他盗窃的原则，他说犯罪的重复性是偶然的例外：

"除此之外，他还说他坚持'永不回头'的座右铭。他说，他担心的是，他首次盗窃就被邻居怀疑，如果再次出现在这个地区，他可能会被迅速逮捕。他说很多盗窃犯也是这么想的。"

一位受访犯罪人的观察也支持了作案手段重复的"推一拉因素"，他说：

"由于担心对方会增加安保力量，他不会多次地去偷盗同一套住宅。但他会偷同类型的住宅。"他可能需要做更多的工作来探索一些危险的因素是否存在：由对同一目标的恐惧引起的"推"的重复，或是由越来越熟悉的类似目标感知到的较低风险引起的"拉"的重复。

萨顿的另一位犯罪人采访者是在重复作案时被抓的，因为："他为了黄金和钱两次回到同一个地方，被邻居认出抓住，并交由警方"。这同时也证实了有时重复犯罪会出现时间滞后的原因：犯罪人在等待犯罪目标的自我更新（Polvi et al，1991）。此外，他还解释了应该如何通过提高安全性来阻止他偷东西。有一次：

"他进入一所房子，偷到了一大笔钱。两个月后，他再次过来，看到了新东西……拿了同样的东西（替代品）。"如果我去一个地方，那里有很多好东西，我想我会在两个月后回来的。"你知道我的意思，如果有好东西我会回来的。我偷了这个怪老头三次，直到他弄了个警铃，之后我想……啊，我再也不来了。"

虽然这种采访具有选择性，而且数量有限，但对犯罪预防人员来说，这是鼓舞人心的。他们证实了犯罪的制止可能是由安全或增加感知风险引起的。他们还确认了利用犯罪人访谈来探索重复受害及其预防的动态可能还有更多的工作要做。

9.3.3　标志目标和经验积累：一个很小的理论

犯罪人喜欢在一个地点重复作案可能有两个原因。第一个是这个地方可能存在着有犯罪动机的人和有犯罪机会的环境，比如在贫困地区很容易滋生犯罪。如此考虑的话，第一、第二和第三次针对同一目标的犯罪可能都是因为这些相同的、不易改变的属性。

另一种解释是，第一次犯罪激发了犯罪人以后再次犯罪的可能性。例如，入室盗窃者无法从入室盗窃中携带所有贵重物品，这使得他再次回案发地的可能性增大；维修工进入他人家中修理东西可能会使家庭更容易遭到多次被盗；对家庭暴力的容忍和不在乎一般都会激发重复性犯罪的机会。

关于"标志目标"的研究认为，重复的受害是由于犯罪目标一直存在的风险隐患造成的。"经验积累"认为，犯罪会使犯罪人丰富他的作案经历，从而再次重复作案的可能性更大。试想一下这个案例，对于一支新赛季前两场比赛获胜的球队，为什么它会赢了第二局？这是因为第一场的胜利标志着这是一支优秀的球队并给了队员良好的状态，而这些属性在第二场比赛时是否仍然存在？还是第一场比赛增强了球队的信心，从而提高了他们在第二场比赛中的表现？

可以理解为什么"经验积累"至少是其中之一的原因。或许正如犯罪人所说，由于"大房子、小货车"的限制，他需要再次返回现场作案，这也可以理解为"第一次来此行窃让我知道了什么是值得偷的，因为我的袋子没有办法足够大，所以我决定回来再次偷窃"。事实上，在第一次和第二次受害事件中，犯罪为同一人所为的占了绝大多数（Bernasco，2008；Johnson et al，2009）这也表明了经验积累的重要性。此外，统计模型也提供了额外的间接证据，证明"经验积累"与暴力犯罪的关系（Tseloni and Pease，2003；2004）。

9.4 路在何方

9.4.1 未来研究方向

"邻近重复犯罪"一词来源于这样一种认识，即同一目标的多次受害是一种特殊情况，即犯罪风险一般倾向于在时间和空间上接近。最早，利物浦大学的 Shane Johnson 和 Kate Bowers 以及澳大利亚格里菲斯大学的 Mike Townsley 及其同事对此进行了研究（Townsley et al，2003；Johnson and Bowers，2004a；Johnson and Bowers，2004b；Bowers and Johnson，2005；Johnson，et al，2004）。距离遭遇过入室盗窃房屋越近的住宅遭受同样侵害的可能性会增加。随着到初始目标距离的增加和时间的推移，一般情况下空间距离超过 400 米并且时间上滞后超过一个月，那么犯罪再次发生的风险就会显著下降。Townsley et al 利用流行病学的统计方法证明了入室盗窃在时空范围下是如何"传染"的。他们发现，邻近重复性犯罪容易发生在住宅类型和布局上都比较一致的地区，在住房类型多样化的地区同一目标的重复受害率更高。Townsley 和他的同事们借鉴了流行病学的分析技术，而 Johnson 和 Bowers（2004a；2004b）则应用了生态学理论，将盗窃犯描述为"最佳觅食者"。目前关于邻近重复犯罪的文献资料已经积累了很多。

不妨想象一下食草类动物的放牧，这类动物喜欢吃田里最有营养的草。

然而，如果把最肥沃的草铺在稍远的地方，那么动物也不得不考虑到为获得更多汁的草而付出的努力。从最好的一丛草开始，这些动物必须决定下一块最好的草在哪，是否比附近的草更好。让这本来觅食动物悠闲的行为变得更有价值。在最佳觅食过程中，适当的就近觅食比远距离觅食更为可行一些。这也提供了盗窃犯行为的一个类似的作案规律，或者至少可以从重复和邻近重复的犯罪模式中推断出来以下事实。

❏ 在联排房屋比较集中的地区，独立的房屋最容易被盗（首先选择最多汁的草地）。

❏ 在联排房屋比较集中的地区，独立房屋容易反复被盗（当下一个最多汁的草地不太多汁时，动物会回到原先多汁的草地上）。

❏ 在建筑结构比较一致的区域，邻近重复犯罪的发生次数最多（当整个田地的鲜草几乎完全相同时，谁也不想费心费力走很远去吃一样的东西）。

这个比喻可能不太恰当，因为入室盗窃是偶发性的，而动物放牧几乎是连续不断的。另外，盗窃犯罪人的出发点是其居住场所，而不是盗窃的目标。尽管如此，将流行病学和生态学的思想引进到传统犯罪学沉闷的唯我论中还是令人欣喜不已。这种启发式思考的价值是巨大的。

Johnson、Bowers 和 Townsley 的研究成果已被转化为预测性地理绘图软件，该软件可以预测重复和邻近重复犯罪的现象（Bowers et al，2004；Johnson et al，2007a）。该软件被称为 Promap（for Prospective Mapping），它具有革命性意义。到目前为止，它已成功地应用于英国多个警察局的入室盗窃分析。世界各地很多城市的警察局都应用 Promap 来预测分析盗窃，比如机动车犯罪（Summers, Johnson and Pease，2007），自行车盗窃，甚至巴格达爆炸案（Townsley，Johnson and Ratcliffe，2008）。由于入室盗窃的研究是目前最多的，这里用它为例进行说明。

传统上，在犯罪地图的绘制中，无论是通过直接推论还是通过指标方法，过去的数据分析结果可以用来直接指导未来的犯罪预防策略。邻近重复犯罪研究表明，过去和未来的关系其实更加紧密。例如，每起入室盗窃事件都会增加案发现场附近住户的受害风险。离刚刚被盗的房屋越近，这种风险就越大。这种风险是暂时的，大约一个月后就会恢复到原来的水平。在 Promap 中，每一个入室盗窃案件都会导致附近每个住户的风险发生变化，并且这种风险每天都会降低。任何新发生的盗窃案件都会给附近的住户带来新的风险。现已证实，Promap 在预测准确性方面要远远优于其他复杂的替代方案（Bowers et al，2004；Johnson et al，2007a），这对基层警察的工作提供了准确的指导（McLaughlin et al，2007）。Promap 已经在实践层面已经进行了实验，而且取得了令人鼓舞的结果（Johnson et al，2007b）。然而，Promap 的潜力依然有待进一步开发。在实践中，Promap 可以有助于针对入室盗窃或机动车盗窃合理规划警察的巡逻策略和短期犯罪预防措施。但是话说回来，可以兼顾入室盗窃和机动车盗窃最理想的警务资源分配模式是什么？这取决于这两种犯罪类型的相对严重性。目前的政策规定先确定一条巡逻路线，最大限度地覆盖犯罪严重的地区，再在巡逻路线的基础上向周围扩展，从而为这两种犯罪共同制定一个最优化的巡逻模式。然而，由于有些犯罪（特别是暴力犯罪）并不在考虑范围之内，这仍然需要巡逻人员分心去关注。在这种情况下，警员们要不就在"偷车模式"下进行巡逻，并走最优线路，要不就在"其他犯罪"的模式下开展工作。我们不希望这两者间来回切换！

　　智能设计的倡导者将眼球的进化视为一种难以解释的现象，即将外部感光片置于眼球之间并不具有自然选择的优势。虽然这一论点是站不住脚的[3]，但 Promap 的增量变化也存在问题。所有的犯罪行为都被纳入了一个最佳的虚拟巡逻模式之前，很难看到其常规性的实施。然而，Promap 向警察巡逻和社区安全从业人员证明了有关犯罪风险分布的实时信息的应用前景是非常有效的，这种值得支持。但遗憾的是，目前该项目只得到了很少资金的支持。

9.4.2　Promap 的实践

　　Promap 已经被深入和广泛地应用于犯罪事件时空分布的复杂模型，并带动了用户前端的智能软件的设计。它的成就是值得肯定的。不管怎样，它有一种替代策略，通过这种策略，人们可以立即应用重复和邻近重复犯罪分析的成果，这对应用这一成果开展犯罪分析和防控的人来说是透明的。称之为"史无前例"可能有点过誉，因为它以当前警察的所有问题数据和警察的怀疑倾向作为出发点（正如一名反对 Promap 的警员所说的，他认为 Promap 没有告诉他任何他未知的事情——这一断言已经被警方的犯罪预测准确度和 Promap 证伪）。

　　最好的例子是 Alan Edmunds 的方法，他以前是一位伦敦警察局的巡查员，深信重复受害的观点，并将其在实践中付诸实施。他的方法称为"眼镜蛇行动"，其报告在 2004 年获得了 Herman Goldstein 在问题导向警务领域表彰。[4]他用来分析的单元是街道，而不是个人或住宅。最初的分析显示，1% 的街道发生了 10% 的机动车犯罪，有一半的犯罪集中在 13% 的街道上发生。其实这种策略就是简单地和街上的人们交谈，分析犯罪数据并采取补救措施。大多数机动车盗窃犯罪的街道都会向受害者提供特定的警告，并在街道上设置财产标记、照明设施，并改变街道结构以尽可能全面地做好检查工作。机动车盗窃犯罪率较低的街道会减少检查工作，犯罪率较低的街道也未做太大的结构变化。正如 Alan Edmunds 所看到的，最关键的一点是与了解问题的居民取得联系，一项被称为"什么困扰着你？"的项目中，警方集中回应了社区居民的问题。Alan Edmunds 驳斥了一个明显的反对意见，即有些街道比其他街道长，因此在几率上会遇到更多的犯罪。他指出，如果"眼镜蛇行动"中包括对长街道的分析，犯罪行为也是集中在长街道沿线的一两个地方。在"眼镜蛇行动"的前 9 个月中，机动车盗窃的犯罪发生数量减少了 25%，车内物品盗窃的数量减少了 33%。而在其管辖区域的其他地方并没有经历过这种犯罪的大幅度下降，但是以前犯罪率最高的街道出现了更大的下降，证明了"眼镜蛇行动"确实有效。在先前犯罪最严重的街道上，这一比例从 58% 下降至 37%。Alan Edmunds 从那时起就对暴力犯罪和蓄意破坏公共财产采用了同样的分析方法，结果表明在街道上这些犯罪为不均匀分布，其中 4% 的街道发生了 25% 的蓄意破坏公共财产犯罪，2% 的街道发生了 25% 的暴力犯罪。

Alan Edmunds 是个实干家。与许多有所成就的人一样，他几乎没有时间来发表他们的成果。他的各种 PowerPoint 演示文稿都是他亲自制作。[5] 他的方法简单易用，意味着它能够比复杂的 Promap 方法更快、更全面地渗透到警务实践中。他认真地花时间准备了一份清单，列出了他认为对一线警员的工作有益处的地方。

- ❏ 防止重复受害可作为警民合作关系最重要的催化剂。
- ❏ 防止重复受害可以节省大量犯罪防控资金。
- ❏ 防止重复受害会让警员得到最丰厚的奖金。
- ❏ 预防重复受害是已经证明有效的工作方法——即使犯罪率总体上升（一些人不会因街头犯罪而受到影响），降低犯罪的时空风险和集中度也可以是一个很好的做法，所以它能够提供犯罪防控的重点。
- ❏ 预防重复受害可以使新的警察和社区团队"就地取材"。最近的一个案例显示，当地的 166 条街道中有 22 条街道发生了占总体 58% 的犯罪（汽车、入室盗窃、损坏公共财物等），因此他们可以使用 Alan Edmunds 的系统做进一步分析，找到采取了预防重复犯罪措施的街道，并跟进这些案子。

❑ 预防重复受害能够使我们将统计数据转换为系统来解决问题。

9.5 重复受害的属性

正如本章开头所指出的，刑事司法系统在处理长期的一般性犯罪方面非常糟糕（甚至可以说是越来越糟糕）。因为司法系统都喜欢根据绩效指标来考核警察的工作，这导致了一般性犯罪会被忽视，而且检察系统方面将不再调查对"司法公正"微不足道的案件。这是一个奥威尔式的现象，这样的做法为谁的利益服务？当然不是那些犯罪受害者，也不是那些想让社区居民的生命财产安全受到法律保护的警察。其他法律手段（如抽样指控、主要犯罪等）具有将生活方式转变为单一事件的综合效果，这些事件的发生必须作为独立事件依法判决，因此从受害者的角度看是完全遗漏了这一点。完成这项工作的方法包括以下方面。

❑ 抽样指控，而不是对每一项犯罪都进行指控。

❑ 允许合并指控而不是对每一个案件都走一遍程序。

❑ 主要犯罪原则，即多个案件指控时仅对最高刑期的犯罪行为进行指控。

下面的内容（由 Laycock 和 Farrell 于 2003 年修改而成）给出了一系列防止重复受害的说明。

（1）防止重复受害是一项预防犯罪活动，其根据是源自 1829 年 Robert Peel 最早列出的警务工作清单中定义的最基本的警察职权。

（2）重复受害给人们提供了在时间和空间上合理分配稀缺警察资源的有效手段。

（3）防止重复受害是一种与所有犯罪目标相关的方法。它被证明是犯罪的一个特征，这些犯罪类型包括了仇杀、住宅和商业盗窃、校园犯罪（盗窃和故意破坏）、霸凌、性侵犯、机动车盗窃犯罪、邻居纠纷、信用卡诈骗和针对其他零售部门的犯罪、家庭暴力和虐待儿童。甚至谋杀也可能是杀人犯的重复行为。

（4）警察部门可以将防止重复受害作为绩效指标（Tilley，1995；Farrell and Buckley，1999），这从国家到地方都可以适用。

（5）防止重复受害的重点是将资源分配给高犯罪区域、犯罪热点和受害最严重的目标（Bennett，1995；Townsley et al，2000）。

（6）防止重复受害可以指导我们将预防犯罪资源分配给重点目标（邻近重

复性犯罪）和特征性相似的目标（Pease，1998）。

（7）防止重复受害是犯罪预防资源的一种"滴灌"方式（Pease，1992）。由于并非所有的犯罪都是同时发生的，因此只需在每天犯罪容易发生的时段合理分配警察资源。

（8）预防重复受害甚至比没有重点的预防犯罪所导致的犯罪转移的可能性更低（Bouloukos and Farrell，1997；Chenery et al，1997）。

（9）当改变了最有吸引力和最脆弱的目标后，犯罪人会变得犹豫，并因不确定信息太多而停止作案。因此，与一般的预防犯罪相比，防止重复受害可能更容易控制犯罪人利益的扩散。

（10）防止重复受害可以在警察和其他机构（如住房、社会服务和受害组织）在预防犯罪方面形成一致，从而促进更广泛的合作。

（11）将重点放在重复受害的预防上可以使警务人员能够采取切实和建设性的行动更好地帮助受害者，并使警务工作更加有针对性地面向重点保护人群（Farrell，2001）。

（12）防止重复受害的努力会促使受害者积极地反馈信息。这也是对社区警务的良好回馈，它可以促进良好的社区关系的形成。

（13）防止重复受害的努力从新近发生的犯罪开始。由于可以直接从受害者那里得到具体的受害信息，因此开展相应的工作不一定需要数据分析。

（14）防止重复受害有时（但并非总是）可以使用现成的预防策略，而不需要重新制定预防措施，因为这不是个简单的工作。

（15）防止重复受害可用于加强对严重犯罪和惯犯的侦查，特别是警方非常偏好于侦查工作。

（16）防止重复受害给人们也提供了发现和侦查有组织犯罪与恐怖主义犯罪的可能性，这些有组织犯罪和恐怖主义犯罪喜欢集中在易受伤害、有高回报的受害者或目标上进行作案，包括敲诈勒索、强迫卖淫、高利贷、走私、盗窃和抢劫艺术品以及恐怖袭击等。

内 容 回 顾

1．为什么一个盗窃犯会反复抢劫同一个住宅？

2．为什么暴力犯罪人会反复攻击同一个人？

3．为什么当前人们低估了重复受害率？

4．假设你是一个对防止重复受害感兴趣的一线警务人员，你将如何：

（1）从警务犯罪数据系统中收集信息？

（2）组织巡逻？

（3）将你的发现传递给同事？

注　释

1．www.popcenter.org/Tools/tool-repeatVictimization.htm

2．假设限制了犯罪行为的案件是简单犯罪，不存在重复因素，那么在实践中，重复性犯罪历来是刑事司法领域研究的重点问题。

3．详情请参阅第 4 章 Dawkins, R.（1986）The blind watchmaker:Why the evolution of evolution explaws a universe without design.London,Longman publish.

4．www.popcenter.org/Library/Goldstein/2004/04-38(W).pdf.

5．alanedmunds@btinternet.com.

参　考　文　献

Anderson, D., Chenery, S. and Pease, K. (1995). *Biting Back: Tackling Repeat Burglary and Car Crime*. Crime Detection and Prevention Series Paper 58. London: Home Office.

Ashton, J., Brown, I., Senior, B. and Pease, K. (1998). Repeat victimisation: Offender accounts. *International Journal of Risk, Security and Crime Prevention*, 3(4), 269-279.

Baumann, R. and Plattner, C. (2002). *Honeypots*. Zurich: Swiss Federal Institute of Technology.

Bernasco, W. (2008). Them again: Same offender involvement in repeat and near repeat burglaries. *European Journal of Victimology*, 5, 411-431.

Blumstein, A., Cohen, J., Roth, J.A. and Visher, C.A. (1986). *Criminal Careers and Career Criminals*. Washington, DC: National Academy Press.

Bowers, K.J. and Johnson, S.D. (2005). Domestic burglary repeats and space-time clusters: the dimensions of risk. *European Journal of Criminology*, 2(1), 67-92.

Bowers, K.J., Johnson, S.D. and Pease, K. (2004). Prospective hot-spotting: The future of crime mapping? *British Journal of Criminology*, 44(5), 641-658.

Chenery, S., Holt, J. and Pease, K. (1997). *Biting Back II: Reducing Repeat Victimization in Huddersfield*. Crime Detection and Prevention Series Paper No. 82. London: Police Research Group, UK Home Office.

Cohen, L.E. and Felson, M. (1979). Social change and crime rates and trends: A routine activity approach. *American Sociological Review*, 44: 588-608.

Britten, N. (2006). PC sacked for ignoring all warning signs for rider's murder. Daily Telegraph, 2 November, p. 12. Available at www.telegraph.co.uk/news/uknews/1533048/Pcsacked-for-ignoring-all-warning-signs-for-riders-murder.html (accessed 26 June 2016).

Dawkins, R. (1986). *The Blind Watchmaker: Why the Evidence of Evolution Reveals a Universe without Design*. London: Longman Books.

Eck, J.E., Clarke, R.V. and Guerette, R.T. (2007). Risky facilities: Crime concentration in homogeneous sets of establishments and facilities. In G. Farrell, K.J. Bowers, S.D. Johnson and M. Townsley (eds), *Imagination in Crime Prevention*, 225-264. Cullompton, UK: Willan.

Everson, S.P. and Pease, K. (2001). Crime against the same person and place: Detection opportunity and offender targeting. In G. Farrell and K. Pease (eds) *Repeat Victimisation*, 199-200. Monsey, NY: Criminal Justice Press.

Farrell, G. (1995). Preventing repeat victimization. In M. Tonry and D.P. Farrington (eds). *Building a Safer Society: Strategic Approaches to Crime Prevention, Crime and Justice, Vol. 19*, 469-534. Chicago, IL: Chicago University Press.

Farrell, G. (2006). Progress and prospects in the prevention of repeat victimisation. In N.Tilley (ed.) *Handbook of Crime Prevention and Community Safety*, 145-172. Cullompton, UK: Willan.

Farrell, G. (2015). Crime concentration theory. Crime Prevention and Community Safety. *An International Journal*, 17(4), 233-248.

Farrell, G. and Bouloukos, A.C. (2001). A cross-national comparative analysis of rates of repeat victimization. In. G. Farrell and K. Pease (eds) *Repeat Victimization: Crime Prevention Studies, Vol. 12*, 5-25. Monsey, NY: Criminal Justice Press.

Farrell, G. and Buckley, A. (1999). Evaluation of a UK police domestic violence unit using repeat victimization as a performance indicator. *The Howard Journal* 38(1), 42-53.

Farrell G. and Pease, K. (2007). The sting in the British Crime Survey tail: Multiple victimisations. In M.G. Maxfield and M. Hough (eds), *Surveying Crime in the 21st Century*, 35-54. Cullompton: Willan.

Farrington, D.P. (1992). *Evaluation of the Kirkholt Burglary Project*. Unpublished report to the Home Office. Cambridge: Institute of Criminology, University of Cambridge.

Felson, M. (2002). *Crime and Everyday Life, Third Edition*. Thousand Oaks, CA: Sage & Pine Forge Press.

Felson, M. and Clarke, R.V. (1998). *Opportunity Makes the Thief*. Police Research Paper 98. London: Home Office.

Forrester, D., Chatterton, M. and Pease, K. (1988). *The Kirkholt Burglary Prevention Project, Rochdale*. Crime Prevention Unit Paper 13. London: Home Office.

Forrester, D., Frenz, S., O'Connell, M. and Pease, K. (1990). *The Kirkholt Burglary Prevention Project: Phase II*. Crime Prevention Unit Paper 23. London: Home Office.

Guardian (2006). School bully's parents get life for fire that killed family of victim, 21 December, p. 15.Available at www.theguardian.com/uk/2006/dec/21/ukcrime.helen carter (accessed 26 June 2016).

Johnson, S.D. and Bowers, K.J. (2004a). The burglary as a clue to the future: the beginnings of prospective hot-spotting. *The European Journal of Criminology*, 1(2), 237-255.

Johnson, S.D. and Bowers, K.J. (2004b). The stability of space-time clusters of burglary. The *British Journal of Criminology*, 44(1), 55-65.

Johnson, S.D., Bowers, K.J. and Pease, K. (2004). Predicting the future or summarising the past? Crime mapping as anticipation. In M. Smith and N. Tilley (eds) *Launching Crime Science*, 145-165. London: Willan.

Johnson, S.D., Summers, L. and Pease, K. (2009). Offender as forager? A direct test of the boost account of victimisation. *Journal of Quantitative Criminology*,

25(2), 181-200.

Johnson, S.D., Bowers, K.J., Birks, D. and Pease, K. (2007a). Predictive mapping of crime by Promap: Accuracy, units of analysis and the environmental backcloth, In W. Bernasco and D. Weisburd (eds), *Putting Crime in its Place*, 171-198. New York: Springer.

Johnson, S.D., Birks, D., McLaughlin, L., Bowers, K. and Pease, K. (2007b). *Prospective Mapping in Operational Context*. Home Office Online Report. London: Home Office.

Johnson, S.D., Bernasco, W., Bowers, K.J., Elffers, H., Ratcliffe, J., Rengert, G. and Townsley, M.T. (2007c). Near repeats: A cross-national assessment of residential burglary. *Journal of Quantitative Criminology*, 23, 201-219.

Langworthy, R.H. (1989). Do stings control crime? An evaluation of a police fencing operation. *Justice Quarterly*, 6, 27-45.

Laycock, G. and Farrell, G. (2003). Repeat victimization: Lessons for implementing problem-oriented policing. In J. Knutsson (ed.), *Problem-Oriented Policing: From Innovation to Mainstream, Crime Prevention Studies, Vol. 15*, 213-237. Monsey, NY: Criminal Justice Press.

McLaughlin, L., Johnson, S.D., Birks, D., Bowers, K.J. and Pease, K. (2007). Police perceptions of the long and short term spatial distribution of residential burglary. *International Journal of Police Science and Management*, 9(2), 99-111.

Moitra, S.D. and Konda, S.L. (2004). An empirical investigation of network attacks on computer systems'. *Computers and Security*, 23, 43-51.

Norman D.A. (1999). Affordance, conventions and design. *Interactions,* 6, 36-43.

Pease, K. (1998). *Repeat Victimisation: Taking Stock*. Crime Detection and Prevention Series Paper No. 90. London: Home Office.

Pease, K. and Laycock, G. (1996). Revictimization: *Reducing the Heat on Hot Victims. Research in Action*. Washington, DC: National Institute of Justice.

Polvi, N., Looman, T., Humphries, C. and Pease, K. (1991). The time course of repeat burglary victimization. *British Journal of Criminology*, 34, 411-414.

Repetto, T.A. (1974). *Residential Crime*. Cambridge, MA: Ballinger.

Ross, N. and Pease, K. (2008). Community policing and prediction. In T. Williamson (ed.) *Handbook of Knowledge-Based Policing*, 305-321. Chichester, UK:

Wiley.

Shaw, M. (2001). Time heals all wounds? In G. Farrell and K. Pease (eds), *Repeat Victimisation*, 165-197. Monsey, NY: Criminal Justice Press.

Shaw, M. and Chenery, S. (2007). Kings and castles, cavemen and caves: The impact of crime on male victims. In G. Farrell, K.J. Bowers, S.D. Johnson and M. Townsley (eds), *Imagination in Crime Prevention*, 147-162. Cullompton, UK: Willan.

Summers, L., Johnson, S.D. and Pease, K. (2007). El Robo de (Objetos en) Vehículos y su Contagio a través del Espacio y el Tiempo: Aplicaciones de técnicas epidemiológicas. *Revista Electronica de Investigacion Crminologica*. Available at www.criminologia.net/pdf/reic/ano5-2007/a52007art1.pdf (accessed 26 June 2016).

Tilley, N. (1993). *After Kirkholt: Theory, Method and Results of Replication Evaluations*. Crime Reduction Unit Paper 47. London: Home Office.

Townsley, M. and Farrell, G. (2007). Repeat victimisation of prison inmates. In G. Farrell, K.J. Bowers, S.D. Johnson and M. Townsley (eds), *Imagination in Crime Prevention*, 265-277. Cullompton. UK: Willan.

Townsley, M., Homel, R. and Chaseling, J. (2003). Infectious burglaries: A test of the near repeat hypothesis. *British Journal of Criminology*, 43, 615-633.

Townsley, M.T., Johnson, S.D., and Ratcliffe, J.R. (2008). Space-time dynamics of insurgent activity in Iraq. *Security Journal, 21*, 139-146.

Tseloni, A. and Pease, K. (2003). Repeat victimisation: Boosts or flags?' *British Journal of Criminology*, 43, 196-212.

Tseloni, A. and Pease, K. (2004). Repeat personal victimisation: Random effects, event dependence and unexplained Heterogeneity. *British Journal of Criminology*, 44, 931-945.

第 10 章　犯罪地图与空间分析

Shane D. Johnson

10.1　引　言

犯罪地图与空间分析已经成为犯罪学家和学术界分析犯罪的强大工具。地图可以给人们的生活带来各种便利，如出行模式分析等，这是其他方式几乎不可能带来的。因此犯罪地图在实践中具有非常高的价值，它能够帮助警方筛查犯罪人，把警务资源分配到最需要的地方。但是，如果这些数据不是在空间数据相关的理论的情况下得到的，或者如果所使用的数据没能用于合适的目标，那么这样的数据分析结果就可能会产生误导。因此，使用合理的统计方法的空间分析能够提供犯罪地图的特定输出，能够用于验证人们的认知模式是否可靠。这对于理论的验证分析和一些空间现象的分析也是至关重要的。

本章对犯罪地图与空间分析服务于警察实践的过程进行了回顾，并简单探讨了犯罪模式理论等本书其他章节所曾提到过的环境犯罪学理论。本章还会介绍如何分析空间犯罪风险，如何通过对街道网络和设施位置（如酒吧或俱乐部）的分析来了解犯罪风险，并介绍犯罪地点预测的方法。我们会避免过多的技术论述，但会讨论一些与空间数据密切相关且应在空间分析中考虑的重要概念。首先，这些问题将是犯罪热点分析时不得不被考虑的，然后我们将讨论转到其他分析形式中，这些分析可用于检验犯罪热点形成的一些基本理论。

10.2　犯罪的空间集中性

正如本书其他章节所讨论的那样，各种类型的犯罪在空间层面上会呈现出集聚现象。换言之，就是犯罪是"块状聚集的"，即便在某些地区的犯罪很少或没有发生，但有些地方却发生了很多的犯罪。根据实践研究发现，约20% 的场所发生的犯罪约占总体的 80%（Andresen，2014；Bowers，2014；Weisburd et al，2012）。Clarke 和 Eck（2003）将其称为"二八准则"（在其他学科中也被称为"帕累托定律"），这对警务工作和犯罪预防具有积极的影响。这意味着，警方或其他犯罪预防组织结构必须共同合作以便将有限的资源分配在最有可能发生犯罪的区域，即所谓的犯罪"热点"。正如下面将讨论到的，我们可以采用各种方法来定义地理层面的"犯罪热点"，对"热点警务"的评估也证明了其有效性，这表明，在犯罪热点地区可以通过合理的巡逻防控而大幅减少犯罪的发生，而不会将犯罪挤压到附近的地区（系统的介绍请参见Braga et al，2014）。

10.3　犯罪热点定义的方法论

犯罪热点是如何定义的，什么样的犯罪聚集才能称之为热点？为了回答这个问题，我们首先来考虑用于犯罪空间分析的空间计量单位。犯罪行为可以在点、线（如街道）或面类型的空间结构上进行制图。散点图（见图 10.1）是最简单的方法，每一个相关事件（如犯罪地点）都由地图上的"点"表示。然而，这种地图有相当大的局限性。例如，在同一个地点发生多起犯罪时，前一起犯罪将被后一起犯罪的地点所覆盖。此外，如果犯罪制图的地图比较大，那么不仅发生在同一地点的犯罪行为很难区分，而且发生在相对较近地点的犯罪行为也很难区分。

基于这一点和其他原因，在早期的研究中（Quetelet，1842），研究人员对犯罪的空间模式进行了统计，并在较大的空间范围内（如行政区划）绘制了发生的犯罪数量。在早期，犯罪地图是人们手工制作的，这使得他们绘制出的地图上表示犯罪地点的散点特别密集，限制了制图人员对大尺度空间地图的创造性（对于非常详细的早期犯罪地图示例可参见 Snow，2002）。现在，人们已经很少用手工来制作犯罪地图了，而是使用地理信息系统（GIS）来生成犯罪地图。地理信息系统使人们能够同时分析和显示点（如个别坐标位置）、线（如道路）和面状结构（如行政区划）的数据，使地图的制作相对容易，并为制图人员提供更多的创造力。

回溯到对犯罪模式的早期研究，这些研究可以清楚地表明，有些地区的犯罪率比其他地区高，比如将犯罪数量除以当地的常住人口可计算得出的"犯罪率"或犯罪风险在各个地区之间也不一样。其中后者很重要，因为即使是在小概率基础上我们也会认为在人口较多的地区一定会发生更多的犯罪。因此，不同地区之间的犯罪率（或犯罪数量）差异表明，某些特定地区（不考虑适合犯罪的目标数量）确实便于犯罪的发生。

我们通常所描述的犯罪地图一般被称为"专题地图"或"等值线"地图，这两种地图易于制作，同时对于犯罪学的理论检验也很有价值，特别是在行政区域层级上收集的数据，比如一个区域的人口统计（可以通过全国人口普查数据查询得到）就可以用来做一些检验假设。例如，根据围绕着日常活动理论（Cohen and Felson，1979；Felson，本书第 4 章）开展的一些研究表明，一个地区的犯罪风险与商业场所的数量成正比（Ber-Nasco and Block，2011）；根据犯罪模式理论（Brantingham，Brantingham and Andresen，本书第 5 章），交通网络发达、可达性较强的区域通常比那些比较偏僻的区域往往更容易发生更多的犯罪（White，1990）。

然而，专题地图依然存在着很多问题。首先，这类地图所描绘的犯罪风险在一个地区内的所有地点都是相同的，这被称为"生态谬论"（Robinson，1950）。事实上并非如此。例如，即使在高犯罪率地区，一些社区或街道可能很少或根本没有犯罪发生，而其他社区可能就会发生很多犯罪（Andresen and Malleson，2011）。对使用大尺度空间区域作为分析单元的研究来说，这个问题更为凸显。为了说明这一点，请参见图 10.1，它显示了使用相同犯罪数据生成的三张地图。第一张地图显示了散点模式（其他两张基于此地图生成），而其他两张地图是使用不同区域生成的专题地图。对于每一个专题地图，这些发生犯罪的区域都用阴影标出以说明其中发生了多少犯罪事件。其中有一个使用五点分类法来定义犯罪数量的分级，该分类法通过将数据分布划分为五分位数（即每种阴影代表 20% 的犯罪数量层级）来定义犯罪风险的级别。中间那一张地图显示了犯罪数量在相对较大的区域中的变化。地图中心南部的地区似乎是犯罪数量最多的地区。然而，对右侧地图的观察显示，在犯罪率最高的地区，一些较小的"社区"内发生的犯罪数量其实非常少。同样，很明显，在总体上犯罪率较低的一些"较大的区域"内，一些较小的"社区"反而发生了相对较多的犯罪，但是这种变化现象在图 10.1 的中间那一张地图中却完全反映不出来。

图 10.1 也清楚地说明了第二个问题，即用于制作专题地图的边界可能非常不规则，尤其对于形状和尺度非常不一致的区域。例如，在图 10.1 的右面那张图中，很明显有些区域比其他区域大得多（在某些情况下甚至会大过 100

倍）。这是区域边界定义不合理所造成的结果，但有时这些不合理的原因通常
也是合乎逻辑的。例如，这些区域可能包括自然环境的边界，如公园或湖泊，
这会使区域划分相对较大，当然这些自然特征也可以不包括在区域边界的定义
中，但这将导致地图无法提供地理区域的完整信息，因此通常不得不包括这些
特征。当然，为了更好地区别而重建边界以排除这些特征也是可能的，但这将
是费时且容易出错的。

图 10.1 显示了一个辖区内的犯罪空间分布情况，其中中间图采用了较大
的社区边界划分，右图采用了较小的社区边界划分。

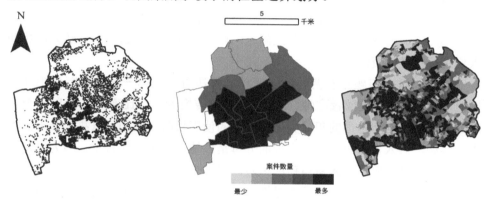

图 10.1 犯罪散点地图（左图）和等值线地图

资料来源：Contains National Statistics data © Crown copyright and database right 2012.Contains Ordnance
Survey data © Crown copyright and database right 2012.

另一个以行政边界进行犯罪制图在实际使用中的问题是，这些边界可能
与人们对社区边界的看法不太一致。出于这个原因，一些研究人员开始尝试开
放式的地理信息编辑方法（Dunn，2007），主动收集并使用人们所感知到的社
区边界数据，例如与当地居民交谈，根据他们的认知来定义社区边界。然而，
这些方法还处于初级阶段，并且存在的问题包括：不同的居民可能对社区边界
的认识不一致，其他数据（如人口普查数据）无法应用。然而，这也代表了一
种边界定义的新方法。

10.4 犯罪数量与犯罪率，哪个更好

不管边界是如何定义的，使用不规则边界进行制图所带来的一个问题是，
当人们想要解释地图所表达出的犯罪模式时，如何表示犯罪模式的大小很重

要。例如，关于心理偏见的研究（Proulx and Egeth，2008）表明，当参与者从事有差别的任务时，较大的对象往往都要优先于较小的对象（因为前者比后者更容易识别）。这对于犯罪地图的影响是，当两个区域的犯罪数量层级完全相同（比如在制图后均为红色）且这两个区域大小不一样，即便大的区域可能发生的犯罪还没有小的那么多，那么人们往往还是会被较大的那个区域所吸引。因此，这种偏差可能会妨碍人们对地图内容理解的准确性。在这个例子中，对于较小的区域，单位空间上的犯罪密度可能在实际中会更高。在警务工作中，对较小的区域（单位空间的犯罪密度更高）开展巡逻防控将更有效一些，因为每一名警员在这一区域所采取的行动，每一步都会有更大的概率预防更多的犯罪。然而，即便读者已经意识到此问题，依靠犯罪统计专题地图仍然无法帮助人们进行精准的资源分配。

不过，这个问题也有两种比较简单的解决方案。第一种是在制作犯罪地图时不单纯地使用原始数据做图，而是将其转换为一个比率——除以一个合理的分母。根据所考虑的犯罪类型和地图的使用目的，人们可以决定分母的类别。例如，对入室盗窃，一个合理的分母是该地区的房屋保有量，因为这是为了评估该地区房屋发生入室盗窃的风险。对于街头犯罪，可以使用某一地区的居民人口数量，但这很可能是误导性的，因为许多人一天中的大部分时间都不在他们的居住地，而是外出工作或上学，等等。这对于市中心的人们（市中心的常住人口相对较少）来说也是有问题的，因为很多人并非当地的居民，而是白天在市中心活动。因此，街头人口的数量会是街头犯罪风险评估更为合理的分母。然而，这比住宅居民的人口数据更难获得，因为"环境"人口实在是很难估计。不过，目前已经有（至少）三种数据获取方法可以实现。

第一种方法是奥克里奇国家实验室的 LandScanTM 数据，即利用遥感技术获得一些关键特征如测量光辐射水平等进行估计（Andresen，2006）等。Landscantm 数据就提供了一个小单位区域（1km²）的环境人口估计。这种方法的一个缺点是该数据只能用于平面网格区域而不能用于街道，这使其容易受到上述生态谬论的影响。此外，这种方法不能测量在一天中特定时间内的数据。这对街头犯罪来说是一个大问题，因为环境人口（不同于一个地区的家庭数量）可能会在一天中随时间变化有所不同，而且在市中心和居民区等地区的情况可能会有所不同。

第二种方法（Bowers，2014）是采用空间句法来生成的数据（Hillier and Hanson，1984），这些生成的数据可用于对街道网络布局的数学分析来估计街道上分布的环境人口。这会在下文中更详细地进行讨论，但简单地说，主干道街道（通过数学分析）将比那些更为孤立的街道（如死胡同）容纳更多的环境人口。这种方法的可靠性已经在许多研究中进行了测试（Hillier and IIDA，2005），在这些研究中，观察到的环境人口数量和预期的（使用该方法估计的数据）进行了比较。这些研究的结果显示绝大多数情况下两者都基本一致。但是，这种方法存在的一个弱点是，像卫星遥感和人口普查数据一样，无法对街道上的人口在一天或一年中可能会发生怎样的变化进行探测。

近来提出的另一种方法是利用社交媒体数据对街头的人口数量进行动态的估计（Malleson and Andresen，2015）。这些数据是通过检测手机用户在Twitter 等社交媒体平台上发布数据的实时位置来收集的。特别是随着此类技术的应用范围不断扩大，给人们进行精准的人口计算带来了更多的便利。但是，该方法也同样存在与数据相关的问题。例如，这些数据仅限于社交媒体平台的用户，但这些用户只占人口总数的很小一部分（Smith and Brenner，2012）。此外，所收集的数据可能不完整，或者可能有些用户并没有地理位置的精确坐标。然而，随着移动定位服务使用的增加和所生成数据的位置精度的提高，这些数据在分析犯罪等社会现象中会变得越来越有价值。

将上述问题放置一边，如果能够将高危人群划分开来，将有助于人们理解犯罪风险在空间上的变化，以及进一步探究风险分布的机理。这对于学术研究和降低犯罪风险很重要。但是，对涉及警务资源部署的决策者来说，它可能没有太大的价值，因为它没有考虑到如何根据一个区域的实际资源来合理规划警务人员的工作，如街面巡逻，并且更重要的是无法带给警务决策者以相应的认知。因此，特定空间单元的犯罪率对警察来说可能更有用一些。幸运的是，这其实很容易计算。因此，如上所述，在决定使用哪种变量做分母计算犯罪风险时必须要考虑地图的用途。

10.5 网格和核密度估计

回到上面讨论的分析单元问题，这个问题的第二个解决方案是使用大小相等的单元网格。图 10.2 显示了这种"网格专题地图"的一个例子。图中，没有犯罪发生的网格单元是白色的，而发生犯罪最多的网格单元为黑色的。这张地图的空间格局不会因使用不规则边界而发生扭曲。然而，这两张地图说明了一个需要进一步考虑的问题，就是可变单元问题（MAUP：Openshaw，1984）。当对分析的空间单元边界进行修改时就会出现这种问题。例如图 10.2

中的前两个图采用了不同尺寸的网格，虽然从总体看犯罪的分布比较相似，但仔细观察可以发现两个图的热点位置实际上是不一样的。

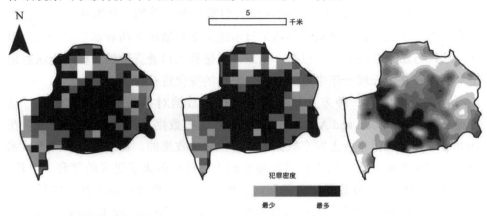

图 10.2　网格热力图与核密度估计（采用图 10.1 中数据生成）

MAUP 的一个解决方案是核密度估计（Kernel Density Stimation，KDE），如图 10.2 的第三个图所示。核密度不计算每个网格单元中的犯罪量，而是使用"平滑算法"，通过考虑网格单元内部和附近发生的犯罪量，计算分配给每个网格单元的概率密度值。犯罪率最高（最少）的网格单元在其中心附近被赋予最大（最小）值。从形式上讲，每个网格单元的 KDE 值都是用概率密度方程来计算的。举例如下：

$$\lambda_r(s) = \sum_{di \le \tau} \frac{3}{\pi \tau^2} \left(1 - \frac{d_i^2}{\tau^2}\right)^2 \tag{10.1}$$

其中，$\lambda_r(s)$ 为每个网格单元的犯罪风险数值；τ 为带宽；d_i 为带宽内每个犯罪发生地点到网格中心点的距离。

这是一个相当复杂的方程，但是我们可以在每个网格单元中心的指定距离（或带宽）内识别所有犯罪事件。对于每一起这样的犯罪事件，我们可以计算出犯罪事件与单元中心点之间的距离，然后根据这个距离计算一个简单的函数方程（基本上，靠近网格单元中心的犯罪风险会高于远离网格单元中心的犯罪风险），并将网格内的所有犯罪事件所产生的风险值相加，最后得到这个网格内所有犯罪事件所产生的风险总值。这种核密度地图能够显示犯罪密度在空间上的变化，并避免了 MAUP 和生态谬误问题。但是，当生成核密度图时，我们需要指定网格单元的大小（图 10.2 中的网格单元宽度为 50 米）、使用的带宽（图 10.2 中为 200 米）和计算的函数方程（见式（10.1））。上述每一个变量都会影响到最终生成的犯罪风险地图[1]，因此在生成核密度图时需要特别注意这几点以确保得到我们想要的犯罪点模式。[2]此外，还需要注意一点，虽然核密度地图提供了犯罪密度（单位面积的犯罪数量）在空间上的变化过程，但是并不表示每个高危人群（如家庭或常住人口）的犯罪率是这样变化的。为此，需要使用双重核密度方法，即先生成两个密度平面，一个用于犯罪的空间分布，一个用于犯罪机会的空间分布。

10.6　确定热点的统计学意义

为犯罪事件绘制犯罪空间地图的一个问题是，无论生成的地图类型（如散点图、专题地图或核密度地图）还是考虑的犯罪类型，都不可避免地会在有些方面存在一些空间差异。因此，即使有些区域与其他区域之间的差异可能只反映出犯罪机会变化，但这些区域似乎总是犯罪的热点。因此，犯罪热点分析的第一步便是要确定所分析的犯罪事件是否呈现为空间的聚类，如果犯罪是随机分布的，那么所分析的犯罪事件可能就不在我们预期的分析范围内。

对于散点数据（如犯罪地点），有一系列检测空间聚类的技术方法，其中许多技术方法都是从流行病学领域提出来的。其中最简单的是最近邻测试（the Nearest Neighbour Test，Getis，1964）。对于这一技术，每个犯罪事件的位置点都要和其他所有的犯罪事件位置点进行相互比较，以确定与之最接近的犯罪邻近点，并计算这些最近的邻近点之间的距离。如果在同一地点发生了重复性犯罪现象（Pease and Farrel，本书第 9 章），即最近的犯罪邻近点距离为 0 米，不过在其他情况下，一般的邻近点之间的距离都会比较大。当计算出所有犯罪事件之间的最近邻距离后，首先假设这些犯罪事件的分布是随机的（即数据中没有空间聚类），随后我们将平均邻近距离与期望距离进行比较，如果两者之间的差异超过了偶然性期望，则表示检测到了空间聚类（可能表示热点存在）[3]。期望的平均最近邻距离可以用多种方法计算，但标准的方法是假设犯罪点在空间中分布是完全随机（Complete Spatial Random，CSR）的情况下进行计算。根据 CSR 的假设，犯罪可能发生在目标区域内的任何地方（通常定义为犯罪点的最小单元格）。但即使是在偶然的基础上，也可能出现一些聚集，这在图 10.3（a）中进行了说明，该图显示了 100 个点的位置，这些点都是随机放置在矩形区域内。

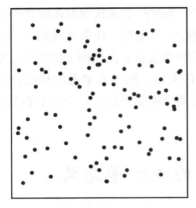

（a）假定完全随机分布是可能的（b）犯罪只可能发生在居民的家里（灰色区域）

图 10.3　100 个点的随机分布

数据来源：©Crown Copyright and Database Right2015.Ordnance Survey(Digimap Licence).

　　这种方法带来的一个问题是：CSR 的假设通常是不现实的。例如，研究区域可能包括一些自然地理要素（如湖泊、田地等），其中某些犯罪（如盗窃、银行抢劫）在这些区域内是根本不可能发生的。为了说明这一点，请考虑图 10.3（b），它显示的是从房屋的位置上随机生成的点的样本。很明显，这个（随机分布）比图 10.3（a）中完全随机显示出了更强的空间聚集性。

　　一些研究（Hepenstal and Johnson，2010；Johnson，2010）为这个问题提供了一些解决方案，即首先假设犯罪只能发生在有犯罪机会的地方，从而计算出预期的平均最近邻距离（见图 10.3（b））。这种方法比 CSR 假设下计算的平均预期近邻距离更短，并提供了对犯罪机会敏感的空间聚类更具意义的检测。虽然这些检测的原理有点复杂，但用计算机很容易操作。有些检测，如 Ripley's K（Ripley，1976），不仅能够用于检测犯罪点模式中的空间聚类，也同样关注于其解决方案的适用性（其他解决方案，请参见 Groff，2007）。因此，空间散点模式的检测提供了一种用于确定犯罪问题是否呈现为空间聚类的方法（这与犯罪热点的形成原理是一致的）。此外，如上所述，热点图基本不是用散点图来生成的，后续的热点检测通常会涉及区域层面的分析，这需要使用不同的分析测试工具。

　　使用专题地图或核密度地图进行分析需要考虑的另一个问题是，对于一个特定的研究地区，某些部位的犯罪率可能比其他部位要高很多，但与其他地区相比，这个地区的整体犯罪率可能会非常低。Townsley 和 Peace（2002）将这个问题形容为工作温度计。在他们的描述中，他们讨论了确定一个区域或一组区域为犯罪热点阈值的必要性。这些阈值的大小取决于分析的目的。例如，如果犯罪分析的目标是针对某个城市内最危险的地点，那么其他城市的犯罪率在很大程度上就是不相关的，但若犯罪分析是为了实现其他目标，情况就并非如此了。因此，读者需要在开展犯罪分析前清晰地了解自己的目的是什么。

犯罪热点检测的一个相关问题是，区域热点的数量将取决于阈值的大小。这样的话，保守的阈值所生成的热点会比自由状态下生成的热点更少。这是一个很重要的问题，因为简单地更改所使用的阈值不应当影响热点是否存在或热点的数量。

这个问题的一个简单的解决方案是通过给定一个阈值率（或数量），用来确定犯罪率异常高的地点。这可以通过检测一个区域的（可能是研究区域本身或一个更大区域内）犯罪率分布来确定，然后选择那些显著高于研究区域阈值的异常（即和整体具有显著性差距的数据点）来实现（例如，有些点会落在整体平均值 1.96 倍标准差以外）。这种方法将有助于根据标准统计方法来识别犯罪率超过平均水平的区域（Agresti and Finlay，2013）。

然而，这种方法只能考虑个别较小的地区，而周边地区的犯罪数量或犯罪率只能被忽略。另一种方法是同时考虑每个区域的犯罪率和周围区域的犯罪率，以确定犯罪率（或数量）异常高的区域集群。我们可以使用许多统计方法来做到这一点。例如，对于专题地图数据（使用现有区域边界或网格），局部空间分析指标（Local Indicator of Spaital Analysis，LISA，如 Getis Ord（1992）Gi* 统计）可用于确定更大区域内的犯罪率或犯罪率较高的空间集群。要实现这一点，对每个区域（为了方便起见，让我们把一组确定的区域用 i 表示，其中 i 的范围为从 1 到所考虑的区域数量），我们需要识别出区域 i 周围指定距离内的所有其他区域，并将这些区域内的犯罪数量（或犯罪率）乘以一个空间权重（通常是这些区域到区域 i 之间距离的倒数）后加和起来。对所有的区域执行这一操作，就可以生成 Gi* 值的统计分布。当高犯罪区临近其他高犯罪区（高犯罪区集群）时，就可以认为这是一个具有异常大的 Gi* 值的区域（高于全局平均值 1.96 标准差）。

一般来说，区域的边界对于 Gi* 分析结果的影响是必不可少的，因此很可能会出现 MAUP 的问题。这可以通过使用网格地图的方式将这种影响最小化，不过即使如此问题仍然存在。另一种解决办法是采用地理分析机（Geographical Analysis Machine，GAM，openshaw，1987）。首先是使用规则网格定义一组搜索点，计算在给定的位置 j 半径内所发生的犯罪量，然后用

Gi* 方法生成一组值的分布。计算的半径可以人为改变以观察在不同的空间尺度上是否出现了聚集。这两种方法（Gi* 和 GAM）在概念上是相似的，但后者不同于前者，因为在其原理中不使用预先定义的区域单元，因此，使用相对大量的搜索点使其可以不必受制于 MAUP 或生态谬论的限制。但无论采用哪种方法，这些空间分析方法都能补充犯罪地图所传达信息不足的缺陷，并有助于将我们对犯罪模式感知偏差所造成的理解问题最小化。

10.6.1　分析单元

前面的内容主要集中在区域层面上的空间犯罪模式检测。然而，许多人（Beavon et al，1994；Weisburd et al，2004）认为，对于许多类型的犯罪，街道段（通常是指路网中任意两个路口之间的路段）或街区面（街道段的一侧）所表示的分析单元比网格单元更有意义。其中一个重要的原因是，网格单元不是根据影响人们日常活动的环境特征来定义的。相反，以街道段为单元从一定程度上反映了人们日常活动的城市现实环境，并且可以明确地识别出来。从环境犯罪学的角度来看，街道网络可能会极大地影响犯罪的发生，因为街道网为人们从一个地点到另一个地点提供了运动的路径，因此在缺乏有效监督的情况下，有犯罪动机的犯罪人可能会顺着路径找到合适的目标。

许多研究的结论与此相一致，犯罪在街道层面上高度集中。例如，Braga et al（2011）的研究显示，波士顿 50% 的商业抢劫发生在 1% 的街道街面上。Andresen（2014）指出，在渥太华和温哥华（加拿大），50% 的犯罪行为（包括性侵犯、商业抢劫和机动车盗窃）发生在风险最高的 2% 的街道上。Johnson（2010）指出，在利物浦（英国），入室盗窃在街道段层面比在区域层面更为集中（80% 的入室盗窃发生在 20% 的街道段上；在区域层面，在风险最大的地方只发生了 40% 的入室盗窃，其中全市 20% 的住宅位于该区域内）。此外，Andresen 和 Malleson（2011）的研究表明，区域一级的犯罪风险更有可能是由街道一级的风险决定的。

从这类研究中可以明显地看出，区域内的街道段可能会存在完全不同的犯罪数量或犯罪率，Weisburd 等人（2012）的分析表明，在这一空间分辨率水平上的犯罪模式是稳定的。为了便于说明，图 10.4 显示了生成图 10.1 和图 10.2 的区域的局部。从图 10.4 所示的局部区域可以很明显地看出，某些街道没有犯罪发生，但在其他街道却发生了多起犯罪事件。

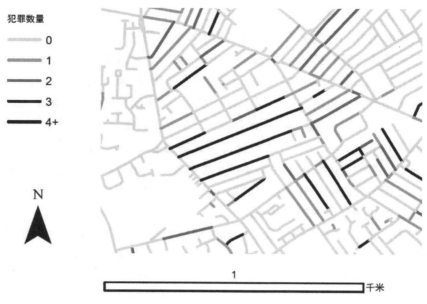

图 10.4　街道段上的犯罪分布

　　综上所述，上述观察结果在理论和实践上都很重要。理论上，这些实例解释了为什么犯罪的发生很大程度上是由更低一级的空间尺度下的环境所影响，而不是在大的空间尺度下。实践中，这些研究也表明了在区域层面部署犯罪防控资源可能会导致效率低下，因为一个地区内的许多街道段可能没有发生过犯罪。

　　对犯罪和地点的研究表明，在比街道段更低的空间分辨率水平上研究犯罪模式可能也是有效的。例如，正如 Pease 和 Farrell（本书第 9 章）所讨论的，重复受害的研究表明，一小部分住宅发生的入室盗窃在犯罪的总体中占了很大一部分比例。有关高风险场所的研究也对这方面有所贡献，证明了一小部分某些类型的场所往往会发生很大比例的事故。

10.6.2　了解犯罪模式：空间分析

　　如上所述，犯罪的空间分析可以针对不同的分析单元和不同的空间尺度来进行。分析单元的选择将取决于分析的目的。

　　这在理论检验时尤为重要。例如，Braga 和 Clarke（2014）最近在街道层面进行了一些研究（Weisburd et al, 2012），该研究对社会失序理论进行了全面的检验。简言之，社会失序理论（Shaw and McKay, 1942；Sampson and

Raudenbush，1999；Bruinsma et al，2013）表明，居民的特征及其群体意志和表现出有组织犯罪的行为会直接影响该社区发生犯罪的可能性。该理论提出了在邻里层面预防犯罪的机制。Braga 和 Clarke（2014）最近的一项研究通过模拟社会组织在街道段层面的影响对 Weisburd 等人（2004）提出了挑战。他们认为，理论分析与数据分析结果不匹配。另一方面，许多研究利用大区域单元的数据来检验社会失序的潜在影响，因此这些研究的结论可能会受到生态谬误的影响。

除了认识到选择一个合适的分析单元的重要性外，空间分析的一个复杂之处在于，在一个区域内发生的事情会影响另一个区域。这是空间模式研究和非空间过程研究之间的一个根本区别，我们将讨论为什么这一点很重要，以及如何在犯罪空间分析中加以解决。

许多社会科学研究的假设是：通过抽样调查或实验室实验收集数据，收集的数据代表独立的观察结果。为了解释这一点，在关于民众对犯罪看法的全国性调查中，通常会假定一名受访者（从人群中随机选择）提供的答案不会受到另一名受访者的影响。同样，在心理学实验中，预设一个参与者的行为不会受到另一个参与者的行为的影响（除非这是研究的目的）。这种独立观察的假设很重要，因为它是许多社会科学家用来检验假设的推论统计的核心要求。如果这一假设是相互关联的，那么这些检验的结果将不可靠，并且可能导致得出错误的结论。

10.7 溢 出 效 应

独立性的假设很少能符合现实中的空间现象。相反，许多研究都证明了溢出效应的存在，即在一个地区发生的事件可以影响在附近发生的事件，例如酒吧（Bernasco and Block，2011；Groff，2011）对犯罪的影响。根据犯罪模式理论，大量的研究表明，一个地区的犯罪风险与酒吧的数量呈正相关。在其他所有的条件相同的情况下，那些酒吧多的区域通常犯罪也多。然而，研究还表明，靠近其他高风险场所集中区域的犯罪率也较高，其可能的原因是，人们离开或前往酒吧时一定会经过附近的地区，这也会为这些地区的犯罪创造有利条件。

因此，在进行空间分析时，不仅要关注每个区域（街道段或场所）的特征数据，而且区域附近位置的数据也很重要，这些变量反映的是空间滞后（spatial lags）现象，这些变量数据可以通过多种方式得到。对于区域层面的（街道段）分析，一种方法是识别区域（街道段）质心半径范围内的所有周边的区域（街道段），然后取各变量的平均值作为估计溢出效应变量值。另一种在区域层面上创建空间滞后变量的方法是找出与目标区域共有边界的区域（称为与 Queen's 邻接）。这是 Bernasco 和 Block（2011）在一项研究中所采用的方法，他们研究了一系列场所（如酒吧和酒馆）对芝加哥抢劫犯罪风险的影响。他们发现，抢劫风险与一个地区内的设施数量呈现一定的数学函数关系，虽然程度较低但很显著。

对于街道路段，相邻度或接近度可以通过多种方式进行测量。欧几里得距离是最简单的度量标准，但它忽略了街道网络的结构，并假定物理上彼此相邻的街道段是由街道网络连接的，但情况并不总是如此，特别是规划外道路或欧洲城市的道路。另一个接近度度量是网络距离，它表示一个人必须沿着街道网络从一个街道段到另一个街道段的物理距离。这与欧几里得距离截然不同，尤其是对于不规则的网络，并且这一方法越来越多地被应用在环境犯罪学的研究中（Groff，2011）。第三个接近度度量是任意两个街道段之间的拓扑距离（topological distance），即从一个路段到另一个路段需要穿过的街道段数，基本上表示相邻的度量。也就是说，两个街道段直接连接表示为一个拓扑距离，而如果中间间隔一个街道段表示为两个拓扑步距离。

由于街道网络决定了人们如何在城市环境中穿行，从而决定了犯罪人所面临的犯罪机会，因此，有关环境犯罪学的研究越来越多地在犯罪模式形成的研究中使用网络度量以检验当地环境及其附近特征对犯罪的影响。例如，Johnson 和 Bowers（2010）指出，主要道路和与其直接连接的道路上发生住宅盗窃的风险更高。对于私人道路，他们发现情况恰好相反。如上所述，需要特别注意的是，空间滞后变量的精确测量应该由有效的理论机制构建，而不是为了研究的便利。

10.8 了解未知空间的影响

与区域特征的影响一样值得注意的还有，研究人员可能无法观察到有些特征，即可能有些数据无法被收集。根据地理学第一定律（Tobler，1970），距离较近的事物将比距离较远的事物有更强的相关性。这适用于许多自然和物理环境的特征（如土壤的化学成分），还有可能会影响到犯罪相似性的特征（如场所的位置或住宅的类型等）。

比如考虑犯罪人密度在某一区域内或附近的作用。犯罪出行的研究人员认为（Townsley，本书第7章），大多数犯罪人通常会在离家较近的地方作案（Townsley and Sidebottom，2010；Rengert and Wasilchick，2000）， 随着该地区与犯罪人居住点的距离越远，该犯罪人在该地区的犯罪可能性就会越低。当然，有些分析中也包含了除距离以外的因素，如相邻社区的富裕程度（Townsley et al，2015）和犯罪人以前在某一地区犯罪的频率（Bernasco et al，2015）。因此，我们会猜测犯罪人居住的地区会比其他类似的地区发生更多的犯罪。Bernasco 和 Luykx（2005）利用警方的入室盗窃数据系统地研究了这个问题，并证实了这一假设（Bernasco and Block，2011）。值得注意的是，虽然警方并非能够发现所有的犯罪行为（例如，通常入室盗窃案件的犯罪率为10%～20%），但这些数据足以估计已知犯罪人的住所和犯罪人可能聚集的地点。

但是遗憾的是，在许多关于犯罪模式的研究中，研究人员无法获得犯罪人住址位置的数据，因此在分析中这些数据通常会缺失，有时是数据质量太差根本无法用于分析，有时是持有数据的人不愿共享数据，这些问题很难解决。此外，在前面的内容中犯罪人密度仅作为区域级影响的一个例子，现实生活中很多影响因素可能由于很多原因无法获得或不可用。至关重要的是，统计建模的基本原则追求的是简约性。也就是说，研究人员想要使用统计方法来评估理论上重要变量的影响并控制可能影响犯罪模式的其他因素（如住房密度），但无法评估变量过多的模型。

基于这些原因，人们提出了诊断检测，旨在确定犯罪的空间模式是否可能被空间上系统的变化解释，以及解释空间模式的统计模型是否可能忽略了重要的解释变量。换言之，此类检测用于确定数据样本是否可能违反统计的独立性假设。以处理数据样本中的空间相关性而发展出的特别的统计模型（此处不做讨论）基本上可以使研究人员能够估计未知（空间）的影响。在实现了这些之后，希望研究人员可以对统计模型的应用有更多的信心，使理论检验和分析更加有力。

10.9　多层级流程

空间分析的一个复杂的情况是影响犯罪的各种因素可能在不同的空间尺度上存在差异性。例如，一些因素可能在单个住宅或场所的层面上起作用（例如，一些家庭住宅的安全性低于其他家庭，不同的场所具有不同的管理措施），一些因素只有在街道段层面上才会起作用（例如，一些街道段比其他街道段更容易或更难进入），一些因素可能在区域层面上起作用（例如，一些社区的犯罪比其他社区多）。

Braga 和 Clarke 在街道段层面上对社会失序理论（被认为是在社区层面起作用）进行了检验并讨论了这个问题。为了解决这一问题，一些研究（如 Johnson and Bowers，2010；Davies and Johnson，2014）使用了一种特殊的统计技术，即多层次模型。在这种情况下，这样的模型使研究人员能够在数据中指定一种"嵌套"（例如，住宅位于街道上，街道位于社区内等），从而定义在不同的空间尺度下各种因素如何结合在一起影响犯罪的模式。例如，在他们的研究中，Davies 和 Johnson（2014）根据街道段的可达性以及街道段所在的社区的社会失序程度评估了街道段层面上的入室盗窃风险是如何变化的。这类模型和一种被称为地理加权回归的技术（Fotheringham et al，2003）使研究人员能够估计不同地区的一个变量和另一个变量之间的关联是否存在系统性的变化（例如，社会失序可能在市中心的影响比在农村地区更显著）。

10.10　预测未来犯罪地点

在前面的讨论中，有一个隐含的假设是犯罪热点基本上是静态的。很多研究认为，随着时间的推移，犯罪的空间分布基本上是一致的。例如，Weisburd 等人（2004）的研究显示，在 16 年的时间内，西雅图 1% 的街道段所发生的犯罪占全市的 23%。然而，也有证据表明，尽管某些地方可能会持续发生比其他地方更多的犯罪，但犯罪模式还是具有动态性的（Johnson et al，2008）。特别是，Pease 和 Farrell（本书第 9 章）讨论的邻近重复研究明确表明，犯罪风险也可能是动态的，因此在特定地点发生犯罪后，该地点和附近的犯罪风险会暂时升高。此外，研究表明，这种动态的变化不能简单地用犯罪风险中时间变量的随机性来解释（Johnson et al，2007）。

如果一个地点的犯罪风险是时间稳定性和动态因素的组合，这表明基于历史数据（假设犯罪热点是静态的）的犯罪热点识别可能不是预测短期内犯罪风险的最佳方法（Johnson and Bowers，2004）。世界卫生组织还进一步讨论了评估犯罪热点预测准确性的问题，并介绍了实现这一点的一些方法。

评估犯罪热点预测准确性的最简单方法是 Bowers 等人（2004）提出的一种巡逻效率指标，它表示了每单位空间区域中需要配备搜索或巡逻的犯罪率情况。在这项研究中，作者提出了对核密度估计方法（他们称之为预测性地图）的简单修改，解释了犯罪发生的时间和地点。也就是说，使用一个简单的时空

平滑算法来预测规则单元网格（50 米 ×50 米）的生成。从概念上讲，平滑函数可以表示为

$$Risk_{i,t} = \sum_{j=1}^{n} \frac{1}{distance_{i,j} * (t - time_j)} \tag{10.2}$$

其中，$Risk_{i,t}$ 表示在时间 t 时单元格 i 中的预测风险；i 表示生成预测的单元格（对于 100 个单元格的网格，i 的取值区间为 1 ～ 100）；t 表示生成预测的日期；j 表示 t 之前在研究区域内发生的犯罪；$distance_{i,j}$ 表示犯罪 j 与产生预测的单元格 i 之间的距离；$time_j$ 表示犯罪 j 发生的时间。

简单地说，式（10.2）表明每一个犯罪事件的发生都会提升发生地点和附近地区的预期犯罪风险。这种风险在空间和时间上都会衰减，因此在犯罪发生后，距离犯罪事件发生最近地点的风险最大。这种预期性的犯罪风险是可以累积的，因此所有犯罪的影响会被考虑并叠加在一起。这个函数方程的原理很简单，但人们也可以通过添加系数使距离或时间项变得更为重要，或改变犯罪事件风险在空间或时间上衰减的速率来使其更加复杂。为了说明这一点，图 10.5 显示了在一系列犯罪发生后，犯罪的预测风险如何随时间在特定地点衰减（以及这种变化如何取决于衰减率的建模方式）。

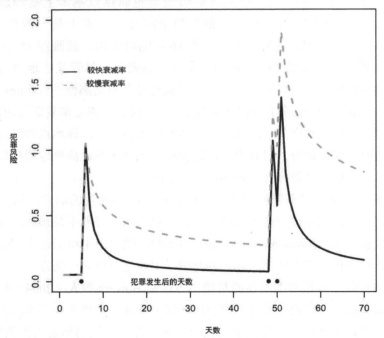

图 10.5　某地点连续发生三起犯罪事件后的预测犯罪风险及其衰减速率

与核密度估计方法一样,为了生成整个研究区域的犯罪风险面,网格中的每个单元再运用式(10.2)得出计算值。Bowers 等人(2004)根据预测前两天(或一周)内的犯罪数据可以预计出在未来两天(或一周)内最危险的 20% 的地区可能会发生了多少起犯罪。然后他们比较了这种方法相对于核密度估计和专题地图预测的准确性,发现这种方法对巡逻防控有着更好的指导。在随后的工作中,Johnson 等人(2009)阐述了对预测性制图的修改方法,其中包括有关历史犯罪发生时间和地点的信息,以及已知影响盗窃风险的稳定性变量——房屋密度和主要道路的位置信息,随后他们将方法再次与核密度估计和专题地图进行了比较。此外他们还比较了犯罪机会的期望以提供一个有效的指标让计算机猜测下一次犯罪将发生在哪里。最后,Johnson 等人计算了生成不同规模巡逻区域(例如,预测风险最高的 1% 区域、2% 区域、3% 区域等)方法的准确度。这使得研究人员能够根据巡逻区域的大小来确定不同方法之间的准确性是否存在差异,并预测出在给定的巡逻区域中可能会有多少犯罪发生。现在这种方法在其他研究中也开始得到应用(Mohler et al,2012)。Johnson 等人的研究结果表明,专题制图方法并没有取得预期的效果,而核密度估计和预测性制图方法则取得了较好的效果。简单的预测性制图算法(见式(10.2))和包含环境时间稳定特征的算法在犯罪机会的预测方面均优于其他两种形式的犯罪制图方法。

最近,人们对预测性警务方法越来越感兴趣,特别是在提高热点警务策略的效率方面。例如,Mohler 等人(2012)基于预测性制图相同的理论,却使用了一种特殊的统计方法,即自激点过程(Self-exciting point process,SEPP)来校准模型参数。在犯罪预测的背景下,这个模型的本质作用是:(1)估计一个地点的犯罪风险有多大,并且能否被时间稳定性变量解释[4],估计产生邻近重复现象的动态因素有多大可能被解释;(2)估计该地区的犯罪风险以及犯罪风险的持续时间,然后利用这类分析的结果校准一个类似于式(10.2)的预测模型,但该模型也包括了一些额外的变量和参数以便于更明确地模拟时间稳定因素的影响,并更准确地校准对犯罪风险的预测结果以及随着时间推移犯罪风险的衰减趋势(见图 10.5)。Mohler 等人利用洛杉矶的犯罪数据样本在网格上生成了预测结果(2012)。该结果表明,就像 Johnson 等人所描述的预测性制图更复杂版本一样(2009),他们的方法要优于前面提出的简单预测性制图方法。更完整的预测性制图和自激点过程模型在预测犯罪风险概念上比较相似，两者都证明了校准地图方程在预测犯罪风险上的精确性。

当前正在进行的研究（Davies and Bishop，2013；Johnson and Bowers，2007）包括了探索使用街道网络而非均匀网格来模拟犯罪风险扩散的方法。理论上，这种方法很有潜力，因为基于网格的犯罪预测风险可以从一个网格单元扩散到所有相邻的网格单元。但实际上，相邻的网格单元之间可能并不相通或没有街道连接，因此这可能是不现实的。此外，犯罪风险可能会沿着连接更多的道路或主要道路扩散，但基于网格的方法无法实现这一点。

当然，做出更准确的犯罪预测并不一定意味着警方能够比以前更有效地减少犯罪。这是否可行只能通过评估来回答。迄今为止，仅有一些少量的研究（Johnson et al，2007；Fielding and Jones，2012；Santos and Santos，2015）表明这种方法是有希望的，但预测性犯罪制图的评估目前还处于比较初级的阶段。

结　　论

随着越来越多的国家开始运用空间分析技术以及数据的不断丰富，犯罪的空间分析变得司空见惯。在前面的章节中，我们讨论了犯罪制图的一些基本原则，考虑了如何根据以往的经验确定当前的犯罪热点，以及如何调查某些区域（街道段或设施）比其他区域发生更多犯罪的原因。在这方面，本章还讨论了旨在确定犯罪模式长期趋势的分析方法和利用已知的犯罪时空分布规律来预测短期犯罪风险时空分布的分析方法。

最后，值得强调的是与犯罪制图和空间分析相关的一些其他挑战。也许最重要的是分析数据的空间准确性。例如，对许多犯罪来说，受害者可能无法提供犯罪发生的准确时间和地点的详细信息。例如，对于街头扒窃等犯罪，许多受害者可能在其个人物品被盗后并没有马上意识到，等到发现时犯罪已经过去相当长的时间，因此犯罪发生的真实地点可能是未知的。相比之下，对于盗窃等犯罪，犯罪可能发生在受害者不在家的时间，在这种情况下，犯罪地点都是已知的，但事件发生的确切时间是未知的。

同样，虽然受害者可能很好地描述犯罪发生的地点和时间，但计算机系统可能无法为向其报告的某些犯罪提供准确的空间坐标。比如为了确定犯罪事件的空间位置，警方的犯罪记录系统必须将报案的文本地址（由受害者提供）

与标准地址数据库进行匹配。不同的地区可能有着不同的标准地址库，一般来说城市地区比农村地区更详细。因此，对于某些特定的区域，犯罪数据的空间位置准确性可能会受到质疑。如果空间位置数据不准确，那么无论分析模型的复杂性如何，对其进行的空间分析都会产生偏差。当然，这种误差同样取决于犯罪分析过程中的空间分辨率水平。随着全球定位系统等技术的出现，这类技术已被广泛应用于移动电话的定位，在未来，我们将有充分的理由乐观地相信准确的确定犯罪地点不是问题，但是目前该问题仍然存在。

本章最后的内容与理论有关。制作视觉上有冲击力的地图很容易。然而，这些地图是否具有信息性将取决于读者是否对本章和其他章节所讨论的问题给予了足够的关注（Eck，1997；Townsley，2014）。此外，与任何形式的假设检验一样，犯罪制图和空间分析都应在理论的框架下进行，包括提出的问题、收集的数据以及具体的分析策略。通过借鉴本书其他章节中讨论的理论原则，犯罪制图和空间分析能够帮助我们洞察犯罪发生的原因、确定犯罪发生的区域以及我们如何减少犯罪。若失去了理论的指导，那可能只会产生一些好看的图片，对警务工作的开展和犯罪的预防没有任何意义（Pease，2001）。

致　　谢

感谢 Kate Bowers 对本章内容上的建议。

内 容 回 顾

1．如何理解犯罪的空间分布从而为犯罪预防提供信息？

2．什么是可变单元问题，它与生态谬论有什么不同？

3．为了检验犯罪因果关系的理论，为什么选择合理的空间分析单元如此重要？

4．鉴于我们能够生成犯罪的空间分布图，为什么还有必要对空间模式进行统计分析？

5．在预测未来的犯罪地点时，还需要哪些其他类型的空间数据？如何用这些数据？人们对这些数据的使用是否存在道德问题？

注 释

1. 例如，增加单元格尺寸可能会因为掩盖犯罪密度（单元内）的空间变化导致生态谬误的问题。增加单元格的宽度，或者对距离衰减函数应用过于保守都可能会产生"过度平滑"的地图而产生同样的问题。

2. 存在诸如 Duong（2007）所述的技术，以优化核密度估计地图所表示的点模式的程度。

3. 我们不会讨论如何在这里建立，但其采用的方法与标准统计分析中采用的方法是一样的。

4. 模型中不包含有关环境实际变量的数据，相反，该模型通过检验评估这些（未指定）变量的综合影响可以确定犯罪随时间变化的趋势，并估计时间稳定性变量可以在多大程度上解释这一点。

参 考 文 献

Agresti, A. and Finlay, B. (2013). *Statistical Methods for the Social Sciences*. Harlow:Pearson Education.

Andresen, M.A. 2006. Crime measures and the spatial analysis of criminal activity. *BritishJournal of Criminology 46*(2), pp. 258-285.

Andresen, M.A. (2014). *Environmental Criminology: Evolution, Theory and Practice*. New York: Routledge.

Andresen, M.A. and Malleson, N. (2011) Testing the stability of crime patterns: implications for theory and policy. *Journal of Research in Crime and Delinquency*, 48(1), pp. 58-82.

Beavon, D.J., Brantingham, P.L. and Brantingham, P.J. (1994). The influence of street networks on the patterning of property offenses. *Crime Prevention Studies, 2*, pp. 115-148.

Bernasco, W., and Block, R. (2011). Robberies in Chicago: a block-level analysis of the influence of crime generators, crime attractors and offender anchor points. *Journal of Research in Crime and Delinquency, 48*(1), pp. 33-57.

Bernasco, W. and Luykx, F. (2003). Effects of attractiveness, opportunity and accessibility to burglars on residential burglary rates of urban neighborhoods. *Criminology, 41*(3), pp. 981-1002.

Bernasco, W., Johnson, S.D. and Ruiter, S. (2015). Learning where to offend: Effects of past on future burglary locations. *Applied Geography, 60*, pp. 120-129.

Bowers, K.J. (2014). Risky facilities: crime radiators or crime absorbers? A comparison of internal and external levels of theft. *Journal of Quantitative Criminology, 30*(3), pp. 389-414.

Bowers, K.J., Johnson, S.D. and Pease, K. (2004). Prospective hot-spotting the future of crime mapping? *British Journal of Criminology, 44*(5), pp. 641-658.

Braga, A. A. and Clarke, R.V. (2014). Explaining high-risk concentrations of crime in the city: social disorganization, crime opportunities, and important next steps. *Journal of Research in Crime and Delinquency*, 51(4), pp. 480-498.

Braga, A.A., Hureau, D.M. and Papachristos, A. (2011). The relevance of micro places to citywide robbery trends: a longitudinal analysis of robbery incidents at street corners and block faces in Boston. *Journal of Research in Crime and Delinquency, 48*(1), pp. 7-32.

Braga, A.A., Papachristos, A.V. and Hureau, D.M. (2014). The effects of hotspots policing on crime: an updated systematic review and meta-analysis. *Justice Quarterly, 31*(4), pp. 633-663.

Bruinsma, G.J., Pauwels, L.J., Weerman, F.M. and Bernasco, W. (2013). Social disorganization, social capital, collective efficacy and the spatial distribution of crime and offenders an empirical test of six neighbourhood models for a Dutch city. *British Journal of Criminology, 53*(5), pp. 942-963.

Clarke, R.V.G. and Eck, J. (2003). *How to Become a Problem Solving Crime Analyst*. London: Jill Dando Institute of Crime Science.

Cohen, L.E. and Felson, M. (1979). Social change and crime rate trends: a routine activity approach. *American Sociological Review, 44*(4), pp. 588-608.

Davies, T.P. and Bishop, S.R. (2013). Modelling patterns of burglary on street networks. *Crime Science, 2*(1), p. 1.

Davies, T. and Johnson, S.D. (2014). Understanding the effect of urban form on burglary via a quantitative analysis. *Journal of Quantitative Criminology, 31*(3), pp. 481-507.

Dunn, C.E. (2007). Participatory GIS: a people's GIS? *Progress in Human Geography, 31*(5), pp. 616-637.

Duong, T. (2007). KS: kernel density estimation and kernel discriminant analysis for multivariate data in R. *Journal of Statistical Software, 21*(7), pp. 1-16.

Eck, J.E. (1997). What do those dots mean? Mapping theories with data. In Weisburd, D.L. and McEwen, T. (eds), *Crime Mapping and Crime Prevention, Volume 8, Crime Prevention Studies*, pp. 377-406. Monsey, NY: Criminal Justice Press.

Fielding, M. and Jones, V. (2012). 'Disrupting the optimal forager': predictive risk mapping and domestic burglary reduction in Trafford, Greater Manchester. *International Journal of Police Science and Management, 14*(1), pp. 30-41.

Fotheringham, A.S., Brunsdon, C. and Charlton, M. (2003). *Geographically Weighted Regression: The analysis of spatially varying relationships*. Chichester, UK: John Wiley & Sons.

Getis, A. (1964) Temporal land-use pattern analysis with the use of nearest neighbour and quadrate methods. Annals of the Association of American Geographers. *54*(3), pp. 391-399.

Groff, E. R. 2007. Simulation for theory testing and experimentation: an example using routine activity theory and street robbery. *Journal of Quantitative Criminology, 23*(2), pp. 75-103.

Groff, E. (2011). Exploring 'near': characterizing the spatial extent of drinking place influence on crime. *Australian and New Zealand Journal of Criminology, 44*(2), pp. 156-179.

Hepenstal, S. and Johnson, S.D. (2010). The concentration of cash-in-transit robbery. *Crime Prevention and Community Safety, 12*(4), pp. 263-282.

Hillier, B. and Hanson, J. (1984). *The Social Logic of Space*. Cambridge: Cambridge University Press.

Hillier, B. and Iida, S. (2005). Network and psychological effects in urban movement. In Cohn, A.G. and Mark, D.M. (eds), *Proceedings of Spatial Information Theory: International Conference, COSIT 2005*, pp. 474-490. Ellicottsville, NY:

Springer-Verlag, Berlin.

Johnson, S.D. (2010). A brief history of the analysis of crime concentration. *European Journal of Applied Mathematics, 21*(4-5), pp. 349-370.

Johnson, S.D. and Bowers, K.J. (2007). Burglary prediction: theory, flow and friction. In G. Farrell, Bowers, K., Johnson, S.D. and Townsley, N. (eds) *Imagination for Crime Prevention: Essays in Honour of Ken Pease*, pp. 203-233. Boulder, CO: Lynne Reinner Press.

Johnson, S.D. Bowers, K.J. (2004). The burglary as clue to the future the beginnings of prospective hot-spotting. *European Journal of Criminology, 1*(2), pp. 237-255.

Johnson, S.D. and Bowers, K.J. (2010). Permeability and burglary risk: are cul-de-sacs safer? *Journal of Quantitative Criminology, 26*(1), pp. 89-111.

Johnson, S.D., Lab, S. and Bowers, K.J. (2008). Stable and fluid hotspots of crime: differentiation and identification. *Built Environment, 34*(1), pp. 32-45.

Johnson, S.D., Bowers, K.J., Birks, D.J. and Pease, K. (2009). Predictive mapping of crime by Promap: accuracy, units of analysis and the environmental backcloth. In *Putting Crime in Its Place*, pp. 171-198. New York: Springer.

Johnson, S.D., Bernasco, W., Bowers, K.J., Elffers, H., Ratcliffe, J., Rengert, G. and Townsley, M. (2007). Space-time patterns of risk: a cross national assessment of residential burglary victimization. *Journal of Quantitative Criminology, 23*(3), pp. 201-219.

Malleson, N. and Andresen, M. A. (2015). The impact of using social media data in crime rate calculations: shifting hot spots and changing spatial patterns. *Cartography and Geographic Information Science, 42*(2), pp. 112-121.

Mohler, G.O., Short, M.B., Brantingham, P.J., Schoenberg, F.P. and Tita, G.E. (2012). Selfexciting point process modeling of crime. *Journal of the American Statistical Association*, 106(493), pp. 100-108.

Openshaw, S. (1984) *The Modifiable Areal Unit Problem*. Norwich, UK: Geo Books.

Openshaw, S., Charlton, M., Wymer, C. and Craft, A. (1987). A mark 1 geographical analysis machine for the automated analysis of point data sets. *International Journal of Geographical Information System, 1*(4), pp. 335-358.

Robinson, W. (1950) Ecological correlations and the behavior of individuals. *American Sociological Review, 15*, pp. 351-357.

Pease, K. (2001). What to do about it? Let's turn off our minds and GIS. In Hirschfield, A.F.G and K. Bowers (eds) *Mapping and Analysing Crime Data: Lessons from Research and Practice*. New York: Taylor & Francis.

Proulx, M.J. and Egeth, H.E. (2008). Biased competition and visual search: the role of luminence and size contrast. *Psychological Research, 72*, pp. 106-113.

Quetelet, L.A.J. (1842). *A Treatise on Man and the Development of His Faculties*. Edinburgh: W. & R. Chambers.

Rengert, G.F. and Wasilchick, J. (2000). *Suburban Burglary: A Tale of Two Suburbs, 2nd edn*. Springfield, IL: Charles C. Thomas.

Ripley, B.D. (1976). The second-order analysis of stationary point processes. *Journal of Applied Probability, 13*(2), pp. 255-266.

Robinson, W.S. (1950). Ecological correlations and the behavior of individuals. *American Sociological Review, 15*(3), pp. 351-357.

Sampson, R.J. and Raudenbush, S.W. (1999). Systematic social observation of public spaces: a new look at disorder in urban neighbourhoods. *American Journal of Sociology, 105*(3), pp. 603-651.

Santos, R.G. and Santos, R.B. (2015). Practice-based research ex post facto evaluation of evidence-based police practices implemented in residential burglary micro-time hot spots. *Evaluation Review, 39*(5), pp. 451-479.

Shaw, C.R. and McKay, H.D. (1942). *Juvenile Delinquency and Urban Areas*. Chicago, IL: University of Chicago Press.

Smith, A. and Brenner, J. (2012). *Twitter Use 2012*. Technical Report, Pew Research Center. www.pewinternet.org/2012/05/31/twitter-use/(accessed 1 September 2015).

Snow, S.J. (2002). Commentary: Sutherland, Snow and water – the transmission of cholera in the nineteenth century. *International Journal of Epidemiology, 31*(5), pp. 908-911.

Tobler, W. (1970). A computer movie simulating urban growth in the Detroit Region. *Economic Geography, 46*, pp. 234-240.

Townsley, M. (2014). Making crime mapping more inferential. In Weisburd, D.

and Bruinsma, G.J.N. (eds), *Encyclopeadia of Criminology and Criminal Justice*, pp. 2470-2479. New York: Springer.

Townsley, M. and Pease, K. (2002). Hotspots and cold comfort: the importance of having a working thermometer. In N. Tilley (ed.) *Analysis for Crime Prevention*, pp. 59-70. Cullompton, UK: Willan.

Townsley, M. and Sidebottom, A. (2010). All offenders are equal, but some are more equal than others: variation in journeys to crime between offenders. *Criminology, 48*(3), pp. 897-917.

Townsley, M., Birks, D., Bernasco, W., Ruiter, S., Johnson, S.D., White, G. and Baum, S. (2015). Burglar target selection a cross-national comparison. *Journal of Research in Crime and Delinquency, 52*(1), pp. 3-31.

Weisburd, D.L., Groff, E.R. and Yang, S.M. (2012). *The Criminology of Place: Street Segments and our Understanding of the Crime Problem*. Oxford: Oxford University Press.

Weisburd, D., Bushway, S., Lum, C. and Yang, S.M. (2004). Trajectories of crime at places: a longitudinal study of street segments in the city of Seattle. *Criminology, 42*(2), pp. 283-322.

White G.F. (1990). Neighbourhood permeability and burglary rates. *Justice Quarterly, 7*(1), pp. 57-67.

Wilcox, P. and Eck, J.E. (2011) Criminology of the unpopular implications for policy aimed at payday lending facilities *Criminology and Public Policy, 10*(2), pp. 473-482.

第三部分
犯罪预防与控制

第11章 问题导向警务

Michael S. Scott，John E. Eck，Johannes Knutsson and Herman Goldstein

11.1 引 言

问题导向警务是一种旨在提升警务效能的综合性业务体系。它最早产生于美国威斯康星大学法学院，由 Goldstein 在一个期刊上发表的题为《提升警务效能：一种问题导向的警务模式》的文章所首次阐述。这篇文章也是几十年来威斯康星大学在法学研究领域和其他地方在法律实施的现实层面以及法律体系功能在现实和理想模式下所存在的巨大差距等一系列因素综合导致的结果。

对于问题导向警务最早的表述源自人们对警察机构比其他类型组织机构观察得更为仔细。随着时间的推移，人们发现专业机构中的人往往会全神贯注于开展业务的手段，而忽视机构应该实现的目标。Goldstein 列举了一个例子，如果一名公交车司机为了赶上行车时间表（保证乘客乘车体验所实行的手段），而没有接上正在等车的乘客（根本目的），这就是一个"手段大于目的"的典型例子，在警务中这样的事情比比皆是，只是可能没有公交车那样滑稽。

在公交公司和警务部门之间有一个重要的区别。在公交公司的运营中其根本性目标相对清晰且简单：公交公司的职责就是把乘客从一个地方妥善地运输到另一个地方。虽然警务部门的根本目标可能对某些人来说是清晰且简单的，如打击犯罪、强化执法等，但是在现实中警务部门的工作目标还远不够清晰和简单，并且还十分模糊和复杂，当然这是相对于公交公司来说的。警务活动实际上包含了民主政治体系下政府职能最为敏感的实践之一，这种实践还是勉为其难的，而且还要被严格地约束。警务机构的职能及其工作目标就这样在模糊的定位和众多的争议中发展着。

虽然可能会有所误导，但如果人们相信警务的根本目标是清晰且简单的，那么他就不需要花费大量的时间来思考这些目标的问题，他只需要思考采用什么手段或途径能够更好地实现这些目标。对那些坚信警务的目标是清晰且简单的（如强化执法、打击犯罪、抓捕犯罪人）基层警员和警务行政官员们来说，他们唯一会感兴趣的问题就是如何最高效地实现这些目标。而为了达成这一任务，警务部门已经发展出了一些基本的手段和策略。

11.2　标准警务模式

直到问题导向警务出现之前，警务组织主要依赖于三个主要模式（或手段）来达到警务的根本目标：随机性的巡逻巡控、快速响应、事后的犯罪侦查。这三项工作至今仍是警务工作的核心，而且从（至少是）20 世纪 40 年代到 20 世纪 70 年代，这些工作几乎构成了美国警务工作的全部内容。这些工作从逻辑上都是通过强化执法来达到控制犯罪的目标。每一项工作都是要最大化警务机构的能力建议来强化刑事司法制度和体系，而这也都被确信为是通过防控效应来控制犯罪的最有效的方式。

随机性的巡逻防控就是让一群警员以不可预测的方式围绕着一个特定的区域以驾车、徒步巡逻的方式来预防和阻止犯罪的发生，这样会得到两个比较积极的效果，首先，通过增加警员的街面见警率可以提升对犯罪人及实发事件的快速响应能力。其次，对犯罪人员会产生震慑性效果，使其感觉到警察随时会出现，从而弱化其实施犯罪的动机。因此，从这一角度讲，让警员们驾车巡逻要比徒步巡逻或其他比较慢的交通方式会更受欢迎，因为速度是有效防控的关键。此外，一个额外的效益就是守法的市民因为感觉到警察的无处不在从而大大提升其安全感。因此，这种警察的随机巡逻防控可以成为执法力量的放大器：守法市民和犯罪人员都会相信街面上有很多巡逻的警察，但实际上并没有那么多。

更进一步，人们相信付出时间来查找证据的事后刑事侦查行为会增大刑警发现和抓捕嫌疑人的概率。这与接下来的刑事审判对犯罪率的降低均具有重要的作用。这样一来，通过严控犯罪机会来降低犯罪发生率，使得街面上的犯罪人员会大大减少，而且犯罪人员一旦了解到警察在犯罪侦查中的强力手段也将会主动地放弃实施犯罪行为。

11.3　对警务活动目标和工作模式的重新思考

回到警务活动的最终目标上来，新的法律实践研究认为警务活动的最终目标是不清晰且非常复杂的。当前警务活动仅仅被定位于打击犯罪或强化执法，并没有在更大的任务范围内体现出警务活动的工作特征。以下为该项研究的一些主要结果，同时也给出了一些结论。

（1）公众对警察的期望大大超出了其处理犯罪问题的范畴。目前警察的职能包括了管理车辆和行人交通；调解家庭、商务、朋友、邻里等形式不等的各种纠纷；维护大型活动和政治活动的安全；照顾走失儿童、酗酒汉、无家可归者、精神病人和高龄老人；执行一系列的与刑事司法无关的政府职能如禁烟禁酒、枪械管制、大型活动审批、宠物管理和停车管理等；提供一系列辅助性公共服务，如政府工作档案管理、犯罪记录审核办理、娱乐项目管理和各种安防设施建设指导等。除此以外，最近几年，一些地方警务部门还承担了一些与反恐（Newman and Clarke，2008）和一些刑满释放人员或取保候审人员的社区矫正（Schaefer et al，2014）等有关的工作。可以说，这些五花八门的工作对警察来说是非常无奈的，而且事实上这些工作占用了他们大多数时间，也导致了他们只能将很少的精力用于打击犯罪上。因此，虽然传统的打击犯罪应当是警察的重要任务，但是事实上警察所做的事情比这要多得多。

（2）对大部分的基层警员，特别是那些从事一线巡逻和刑侦、能够在执法决策中行使自由裁量权的警察来说，即便有合法的理由他们也不会一直进行执法活动。他们在处置一些事件时更愿意选择一些其他手段而不是将人员逮捕或带回，比如警告或转交给其他部门来处理，因为他们认为这些部门在处理问题上会更为高效。而且，即便是警察实施了逮捕，他们也不一定指望犯罪嫌疑人能够被起诉。有时警察实施逮捕也是为了其他目的，比如可以保护受害者不受到进一步伤害，或对犯罪嫌疑人关闭24小时防止其有过激行为，但后者的合法性实际上是存疑的。事实上，对于警察不予逮捕的决定和检察官不予起诉的决定，即使存在这样做的法律依据，但这种行为对许多地方刑事司法系统能够以一定的效率继续运作也是至关重要的。但是另一方面，完全不受监督的警察自由裁量权也为权力滥用提供了大量机会。

（3）除了刑事司法系统外，警察也非常依赖许多其他系统来为其免责。这些系统包括教育、民政、精神卫生、急救、替代性纠纷解决、儿童保护、解毒和药物治疗、未成年司法等。警务机构作为一个政府部门是和许多系统互相结合在一起的，并不是单单作为刑事司法的一个单位。

（4）警察的职能或目标一直在变化，甚至有时会彼此相冲突。美国律师协会的警察职能表述（修订版）（Goldstein，1979：35）将警察的主要职能列为如下几项。

① 预防或控制可能会对生命与财产造成重大危害的行为（严重暴力犯罪）。

② 对身体受到伤害或处于危险中的个人施以救助。

③ 保护宪法规定的公民权，如自由发表言论和集会等。

④ 促进个人和车辆的自由通行。

⑤ 帮助困难群体，包括酗酒者、瘾君子、精神病、残障人士、老年人和未成年人。

⑥ 调解个人之间、机构或组织内的个人之间、个人与政府之间的矛盾。

⑦ 及时发现可能对公民个人、警察或政府带来重大风险的事件。

⑧ 有效保护和维持社会治安的稳定。

由此可见，这种对警察职能的描述远比将警察的职能简单描述为打击犯罪或执法要复杂得多，而且微妙得多。

有趣的是，执法甚至没有出现在上面的警察工作的目标清单上，不是因为警察不愿意这样做，而是因为，制定这份清单的人认为将执法归结为警察实现这些其他目的的一种手段可能更有意义。所以，仅凭这一点就有可能使许多警务工作直接置于人们通常所理解的打击犯罪和执法的优先级前面。从本质上，警察不仅是一个"执法"主体，更是一个具有广泛的公共安全和安保任务的特殊组织，而且是众多拥有执法权的政府机构中的一个。此外，执法不是，也不可能是警察完成工作的唯一手段。一直以来将警察这个职业认为是"执法"的习惯性思维使人们对警察存在一个重要误解，即他们的主要职能就是执法。

另一项研究对警察职能的三个基本原则（随机性巡逻防控、快速响应和事后的案件侦查）有效性的一些基本假设提出了质疑。该研究认为随机性的巡逻防控既不能有效地防止犯罪发生，也没有使市民感到安全。事实表明，快速响应仅在一部分事件中对逮捕犯罪嫌疑人有一定作用，而造成这一现象的主要原因是市民报警不及时。事后的案件侦查，特别是一些经验丰富的侦查员在办案时也不像公众所想象得那么高效。

正是在这些发现的基础上，人们提出了一种新的方法。这种方法既深刻理解了公众对警察职能的要求，同时也理解了满足公众要求所提出的一些合理的策略。

11.4　问题导向警务定义

问题导向警务的概念提出于一部著作：《一个自由社会的警务》（Goldstein，1977）；随后在 1979 年的一篇期刊论文中做了详细的阐述；随后在专著《以问题为导向的警务》（Goldstein，1990）中做了扩展；继之，在一个未公开的会议中以"坚冰中的问题导向警务"为题浓缩成了一段话（Goldstein，2001）。接下来我们将以问题导向警务的这段简单描述作为基础，对这一概念进行全面阐述。

"问题导向警务（POP）是一种新的警务方法，其中（1）警察的独立业务单元（每单元都由一组类似的事件所构成，无论是违法还是犯罪，都是警务部门所应当处理的）。应接受（2）微观检查（需要分析人员具有特别熟练的技能并且现场人员需要具有丰富的操作经验）。希望对每个问题的最新了解会直接有助于发现一个（3）新的、更有效的应对策略。问题导向警务十分重视新的策略的应用，这些策略（4）应具有预防性，即（5）不依赖于刑事司法系统的运作，以及（6）在其他公共机构、社区和私营部门的参与有可能对问题的解决具有直接作用时要积极与之合作。问题导向警务需要（7）实施新的策略，（8）严格评估新策略的有效性，随后（9）以行业互惠的方式开展交流学习，并最终有助于（10）建立知识体系来进一步支持警察的专业化建设。"

（Goldstein，2001）

"问题导向警务是一种新的警务方法……"

问题导向警务不是一种特殊的警务策略，甚至也不是一种犯罪防控的策略。因此，问题导向警务不能代替执法、预防性巡逻防控、刑事侦查、徒步巡逻、饱和巡逻、卧底侦查，以及其他一些警察在警务工作中所采取的策略或手段。所以，从本质上并没有特别的以问题为导向的警务策略，因为这既不是规范警察履职的具体规定，也不是一种犯罪学理论，因为问题导向警务并不寻求解释违法犯罪活动的成因。

问题导向警务是一种关于警务组织机制的理论，它植根于公共管理和组织行为领域而非社会科学领域。该理论认为，问题导向方法比竞争性的方法能够更有效地实现警察的职能。因此，问题导向警务理论是由一个思想体系、一个框架和一套组织原则所构成，来帮助人们了解和有效开展警务工作、管理警务部门。因此，只要符合其核心的理念和原则的各种犯罪学理论，警务工作策略均可以称之为问题导向警务。

"……其中（1）警察的独立业务单元（每单元都由一组类似的事件所构成，无论是违法还是犯罪，都是警务部门所应当处理的）……"

和几乎其他所有类型的工作一样，警务工作也是由多个业务部门所组成。在其他行业领域中，业务部门可以是汽车制造（汽车行业）、房屋销售（房地产行业)、竞技比赛(体育行业)、门诊(医疗行业)、发表学术论文和教授课程(学术界)等。在任何一个领域,定义业务部门的组成非常重要,其原因如下:其一,必须是可以量化计算的,部门员工或整个部门的业绩越好,其得到的奖励和绩效会越多;其二,要有能够衡量工作质量和效果的指标,例如,每一辆生产出来的汽车都要有质量评价以证明其是合格的,房屋销售应该有成本核算以此才能知道是否为中介带来了利润,每一场比赛都要有比分来证明哪一方获得了胜利,等等;其三,业务部门须由保证组织机构正常运转的一切要素构成,例如,在生产方面要达到生产指标必须雇佣足够的工人,必须为每个部门配备足够的生产资源来使部门能够正常生产。总之,不管如何定义,业务部门都是面向员工和整个组织机构的一个标准工作单元,几乎所有的事情都是围绕着对标准工作单元的共同理解来展开的。

问题导向警务以一种新的方式将标准的警务业务概念化,也就是所谓的"问题"。所谓的"问题",当然,有一个一般化的定义:所有出现困难的情况。但是在问题导向警务这一背景下,"问题"这个词有一个更为精确的定义:问题是发生一系列的同时公众寄希望于警察来解决的安全事件(如和某个地址或某个人相关的具有同一性质的案件或报警、或发生在每一天的同一时段的特定事件等)。一个问题之所以成为问题有多种因素,但其中关键的一个因素是这个问题不单单是一个事件,还关乎公众特别是公共安全。所以,这就将所谓的"问题"和简单的报警服务或违法犯罪案件区分开来,这也是和警察本身关注的事件(通常都是机构内部事件)的区别之处。

"……应接受(2)微观检查(需要分析人员具有特别熟练的技能并且现场人员需要具有丰富的操作经验)……"

在问题导向警务的背景下,我们讨论的并不是警察调查案件或处理报警——尽管这也是非常重要的工作——而是探讨警察检查、调查和分析问题的过程。对问题进行"细致的检查"意味着警察要充分了解构成问题的各个事件之间的联系,并了解导致这个问题发生的原因。这种检查或分析需要依据社会科学的原理和方法来进行,需要警察对问题进行比以往更为细致和深入的分析研究。此外,该方法十分重视和强调分析人员有着适当培训经历的重要性,以及一线警察处理报警或案件经历的丰富业务经验和知识。总体来说,问题导向警务寻求将警务部门内的一线警察、分析人员和行政领导以及外界的相关领域专家、普通市民等各种资源充分地结合起来。

当前,越来越多的警务部门开始在工作中雇佣分析师,并指派一些忠诚可靠的业务骨干到专业的分析部门工作。在工作中，这些从事专职分析的人员要购买和使用一些专业的分析软件来帮助其更好地实现警务业务数据的收集、分析和展现。事实上，随着犯罪分析培训项目、会议和各种专业协会的激增，犯罪分析已经迅速成长为警务工作的一个重要方向。总体来说，目前一切状态都在向好的方向发展，但这个专业领域的成长并不会自动使问题得到更好的解决。与问题的分析相比，许多犯罪分析人员对比较传统的一些分析工作手段，包括辨识、抓捕和起诉犯罪嫌疑人等工作方法更为熟悉一些，因此，这就需要对警务工作中面对的"问题"的原因和解决这一问题所带来的工作赋能要有更为深入的理解。总而言之，问题分析是犯罪分析领域一个十分独特的方向，分析人员如果希望他们能够对问题导向警务这一领域有所贡献就必须经过非常严格的并且有针对性的培训（Boba，2003；Maguire and Hopkins，2003；Clarke and Eck，2005；Hirschfield，2005；White，2008；Boba and Santos，2011；Eck and Clarke，2013）。

"……希望对每个问题的最新了解会直接有助于发现一个（3）新的、更有效的应对策略……"

问题导向警务的这一要素解释了其基本原理。对警务工作采取问题导向警务这一方法的关键是对手头特定问题——无论是不是警察来处理——的处理方式在控制这一问题上要比之前解决该问题的方式更为有效才行。在这一方面，问题导向警务是以结果作为导向的。

事实上，这个原则应该坚定不移地被贯彻到指导如何检查或分析问题过程中去，问题导向警务是以实际为导向的，它寻求对问题的根本性理解，从而为问题提供更有效的解决方案。这种对有效性的高度重视在很大程度上解释了以问题导向警务与情境预防犯罪之间的关系。这两个概念主要是对问题本身的知识感兴趣，这些知识将有助于那些负责处理犯罪问题的人（在问题导向警务中，也包括了处理警察授权范围内的其他违法行为问题）更有效地解决问题。例如，无论是问题导向警务还是情境预防犯罪，都不太关心人们偷东西到底是因为人的天生邪恶（这是一种哲学问题，警察无法解决），还是因为缺乏父母的关爱（这是一种社会心理问题，但警察能做的也很有限），而是很可能想了解人们偷东西是不是因为被盗的物品缺乏有效的保护（这是一个犯罪预防的问题，也是警察经常需要解决的）。

对有效性的关注就不得不提到公平（或公正）。在一个民主的社会中，警察在公众要求政府致力于提供公平和公正的环境、缓解不同社会团体之间的紧张关系、减少政府干预以及尊重公民自由和权利方面发挥着特殊作用。但实际上，警务部门的合法性在很大程度上取决于公民是否认为警察行使职权的程序和方法是公平的，而不仅仅取决于公民是否认为警察程序和方法是有效的（Sunshine and Tyler，2003）。警察在一个有着复杂种族、族裔构成和文化多样的社会中会面临着特殊的挑战。虽然问题导向警务强调应对问题的有效性，但同时也非常关注公平性。在面对一个问题所提出的一系列应对措施中，一个基本的方法是将应对措施涉及的各项工作相对公平地分摊给能够或致力于解决该问题的个人或群体，并在此基础上为其提供相应的资源。该方法还主张在解决问题过程中警察尽量不要采取强制性措施或手段，因为这样容易损害公众对警察公平性的认知。在一定程度上，仔细分析问题，协同制定和实施应对措施，使警察减少粗暴、强迫和行政职权的滥用，一方面可以有效提高警察的合法性，另一方面也可以减少公众对警察的敌意。对辛辛那提在问题导向警务方面的经验，本章后面将对问题导向警务与警察合法性之间的联系做进一步阐述。

"……问题导向警务十分重视新的策略的应用，这些策略（4）应具有预防性……"

警察的基本工作一直以来都是处置和预防这两个方面。处置方面是指在发生事件之后寻求补救、纠正或惩罚。预防方面是指在事件发生之前寻求避免事件发生或使事件发生后所造成的伤害最小化。刑事侦查强调的是处置方面：发现犯罪嫌疑人并追究其刑事责任。此外，大多数与受害者有关的工作服务也是处置性而不是预防性的，因为这些工作的本质是帮助受害者在身体、情感和经济上得到恢复。警察巡逻防控强调的是阻止潜在犯罪分子的违法行为以及鼓励遵守社区社会规范的人在公共场所主动性的预防犯罪。警察的工作很少是一成不变的，不可能都是处置也不可能都是预防，大多数是两者的结合。例如，抓捕犯罪嫌疑人本身是处置行为，但也可以起到预防的作用，防止这些犯罪人继续犯罪。

在问题导向警务中，解决发现的任何问题都需要好多个步骤。这很可能需要改进警察应对处置某些类型事件的程序和流程（例如，改进性侵犯罪中的证据收集程序）。这种反应本质上是处置性的。但是，问题导向警务要求警察比以往更加重视如何制定对策来减少违法事件发生的可能性或减少违法事件造成伤害的严重性。

如果一个"问题"是近期发生了大量与自动取款机（ATM）有关的持械抢劫，那么警察就不应该满足于抓捕一些实施自动取款机抢劫的犯罪嫌疑人，而是应该采取一些有效的措施来降低自动取款机可能发生抢劫的风险。特别是当社会公众要求警方对一些重大的事件做出回应时，警务部门应有效引导提升公众的兴趣和关切，营造一种积极的社会舆论来共同采取新的和一些有效的预防措施。

情境预防犯罪的发展也为警务部门和社会各界提供了大量预防犯罪和提升治安水平的新方法，对警察的预防性工作具有积极的意义。从历史上看，由于缺少证明警察的工作能够显著预防犯罪的证据，所以警务部门对其预防犯罪职能的重视程度远远没有达到预期。事实上，近几年来，许多关于警务效能的研究所提供的结果恰恰给出了相反的结果，一些旨在预防犯罪的核心警务策略，如随机性的巡逻防控、提升接处警效率和强有力的事后刑事侦查等，在预防犯罪方面所取得的效果并不尽如人意。目前，如果通过翻阅文献，警务部门或许会知道其实除了传统的工作以外他们可以做很多工作，不管是直接的还是间接的，来改变一些有可能有助于违法犯罪发生的条件。

"……即（5）不依赖于刑事司法系统的运作……"

虽然刑事司法系统具有巨大的权威性，但在处理许多公共安全问题方面仍然存在着一定的不足和缺陷。传统的刑事司法系统主要处理传统犯罪活动，包括恶意侵犯受害者等。作为一个普遍性的问题，这类案件毋庸置疑是需要强制的惩罚性制裁，但另一方面，警察所处理的许多事件也不是典型的违法犯罪活动，特别是有些犯罪嫌疑人可能罹患精神疾病，或者毒品、酗酒成瘾等，在这种情况下，要证明犯罪人的犯罪意图会存在很大的困难，而且即使能够证明他们具有犯罪意图，在现行的法律制度下也无法对其采取司法措施，或者说如果采取措施可能会使事情变得更糟。例如，曾经在监狱服刑的犯人中，如果一旦在释放之后有很多人参与非法毒品交易，那么就会使许多观察员和决策者质疑羁押犯人这种措施的有效性、财政和社会成本，以及刑事司法系统合法性的成本，尤其是警察的成本（Stuntz，2011；Ruth and Reitz，2003；KennEDE，2009）。此外，警察处理的许多其他类事件也会涉及一些争议，而这些争议的性质太过繁杂和琐碎，很可能不值得刑事司法系统的关注。

刑事司法系统不仅能力欠缺，资源也不足。美国精益律师协会在20世纪50年代对刑事司法制度研究的一个重要发现就是刑事司法系统的资源是有限的。在许多司法辖区内，需要公平有效处理的案件超出了人们的想象。所以，在刑事司法系统内的每一个执法者（包括警察）都必须寻求一种能够公平有效办理案件的方法，而不是给予他们在业务规范流程下一定的行使职权的空间。有时即便理由充分，警察也可能不会选择逮捕犯罪嫌疑人，检察院也不会对所有被警察逮捕的嫌疑人提起指控，他们可能会撤销一部分案件并将其转移到其他政府执法机构来处理。法院可能会有对于案件审理的强制规定，但也只有一小部分正式起诉的案件会进入审批流程。除此之外，一些矫正机构也会采取一些手段（缓刑、假释、软禁、电子监控、工作释放、社区服务等）来缓解监狱的压力。

看似矛盾的是，虽然刑事司法系统的资源和能力比较有限，但很多地方的警察对其仍然存在着很大的依赖性，在工作中也经常性地围绕着如何提高逮捕率来制定工作目标。但是这种以抓捕为目标的警务策略不仅会使现有的刑事司法系统的资源保障更加紧张，还可能会使公众与警察之间的关系非常紧张，进一步损害警察的合法性。由于警察在履职过程中非常需要公众的配合与支持，这种对警察执法权威的损害会使警察的执法行动付出更高的成本和代价。

所以，问题导向警务并不排斥使用逮捕、起诉或监禁的办法作为手段，而是鼓励警察在将刑事司法系统充分利用的前提下寻找一些替代性的办法来解决问题。尽量减少逮捕、起诉或监禁等手段的使用，多采用一些非刑事司法的对策手段，这将在降低公共成本和提高公共安全性上有着巨大的潜力（Klingele et al，2010）。

"……以及（6）在其他公共机构、社区和私营部门的参与有可能对问题的解决具有直接作用时要积极与之合作……"

关于问题导向警务的讨论大多集中在如何提高警务工作的效率和公平性上，事实上，这种关注的前提是表示警察是应对公共安全问题的核心主体，但是这种关注还有一个更深层次的现实：警务机构在促进和保障公共安全方面所能做出的努力终究是有限的。不管多么重要，警察在整个社会中仍然是一支相对较小的力量。例如，在美国，警察只占全国总人口的 0.3%（3 亿人口中只有 100 万警察），而且在平时只有大约五分之一的警察在岗。此外，无论我们赋予警察多大的权力，在西方民主国家中，我们都需要有效地约束这种权力，不要让警察权力太过强大。

问题导向警务对警察的一个重要挑战是有选择地利用好遍布于社会各个领域的权力和资源，鼓励与其他各种旨在解决社会问题的机构和部门、组织进行广泛合作，一同来参与解决公共安全问题。在这里，和其他公共机构、社区和私营部门的衔接与合作在一定程度上意味着警察需要征求其他行业和领域关于公共安全问题性质和重要性的意见，获取分析问题所需要的信息，并在处理和解决问题时获取其他行业或领域的协助。鼓励警察与其他社会行业领域和组织、部门、机构的交流合作不单单是为了警务部门自身，也不单单是为了增加公众对警察工作的支持，而是为了更有效和公平地解决公共安全问题。对于一些问题，可能需要非常高的外部参与度。警察究竟应与哪一个公共机构、哪一部分社区和私营部门衔接与合作将取决于每个问题的具体实际情况。

保证与其他公共机构合作来解决公共安全问题有时对警察来说相当容易——他们所需要的只是提出需求——但如果其他公共机构对此不感兴趣时就会面临很大的困难。所以在整个合作范围内，警务部门需要在适当或必要的情况下采用一些灵活的手段，如拉拢、说服、强硬等来解决违法犯罪问题（Scott and Goldstein，2005）。

"……问题导向警务需要（7）实施新的策略……"

问题导向警务采用的是一种被称之为行动力研究的形式。所谓的行动力研究是一种研究人员有浓厚的兴趣实现一种特定结果的范式，并且这个过程是一个团队为了达到该结果协同努力的重要组成部分。所以，问题导向警务非常重视下一步：将新计划付诸实施。虽然这听起来很简单，但以往的经验告诉我们，即使听起来最完美的计划也会出错。

在问题导向警务中，警务人员需要充分了解执行新的行动计划可能遇到的困难，而且在这种困难的情况下还能够制订出计划来，并且付出特别的努力来克服这些困难。在制订新的工作计划时，警务人员需要考虑到如下各种因素：财务成本、能够执行工作计划的人选、警务部门内外对该计划的支持力度、合法性、工作计划的实用性和简单性、工作计划随时会面临推倒重来等。而且更重要的是，新的方案不仅要解决过去产生的问题，还要有可能防止未来出现的新的问题，而且新的方案或工作计划应当交给有担当的人执行下去。

"……（8）严格评估新策略的有效性……"

同样，以问题为导向的方法最关心的是警察在控制违法犯罪问题上的有效性，因此，必须有一种方法能够对警察的工作的成效进行衡量。但这样一来就出现了一个问题，警察这个行业一直以来就缺乏对其自身工作成效的评估。所以，要想达到对警察工作成效的评价就需要警务部门提出新的内部评价体系，并且还要和外部的评价建立良好的关系，因为开展这种评估很可能会需要专门的经费。但无论如何，这将需要一种新的自我反思精神、对外界批评的开放性、能够充分了解评估的优点和局限性，以及接受新知识的意愿，然而无论是在警察体系自身还是在警察体系之外，这些都是不容易实现的（Knutsson，2015）。所以这就需要进一步发展和试验新的评估方法来适应警务工作环境的特殊条件。

但是，研究人员对于警务工作效能评估到底应执行什么程度的标准一直存在相当大的争论。一些人主张应实行一个高度严格的标准，例如由一个组织作为良好的随机对照实验（Sherman，2013）来提供结果作为标准，而其他人则主张应该实行一种更广泛、更宽松的方法来评估警务工作效能，因为这种方法会更适合于复杂环境下的警务工作（Sparrow，2011；Tilley，2010）。实际上，对警务部门为解决问题提出的工作方案进行评估需要由这个警务部门在这个领域中的经验和历史决定。如果一个警务部门从未对他们的工作成效进行过评估，那么应当鼓励他们积极地发现和提出一些最基本、最原始的问题，并在此基础上大胆地提出一些解决方案。可以合理地预期，如果长期坚持问题导向警务，那么警务部门会更加严肃认真，而且会形成更为专业的分析能力。纵观整个警察行业，在评估警务工作的实践效果方面还有很长的路要走。最终的评估目标很可能是非常严格。但鉴于这项任务的艰巨性，有必要鼓励警务部门和一线的警务人员付出积极、一定的努力，并奖励那些能够实行工作成效严格标准的部门。总之，问题导向警务意味着警察的工作要向更为规范、更为严格的方向发展，并在这个过程中不断寻求工作的有效性和公平性。

一般来说，警务工作的有效性评估通常需要一些组合指标，例如，预防或减少违法犯罪事件的数量，重大事件危害性的下降程度，公众对警察工作的公正性的认识提高度，将问题转移给比警察更适合处置的机构的实现情况等。对任何一个问题导向警务工作的精确评估将取决于每个问题的本质及其定义的方式。

"……随后（9）以行业互惠的方式开展交流学习……"

提高问题导向警务的关键是警务部门之间要就具体问题的解决开展例行的交流。所有的行业工作都在很大程度上依赖于经验知识的交流，无论是会议现场的面对面交谈，还是阅读媒体传播的书面交流。传递定量和定性的信息都很重要。当然，警察这个行业有一个传统，警察坐到一起就会互相讲自己的故事。这些故事不仅包括警察在办案过程中的生死经历，也不仅仅是哪个案子是谁办的，还包括碰到相同的问题对方是如何解决的。以可靠和负责的方式将这些信息表述出来并在不同的部门之间形成交流需要在警务部门内部形成新的文化氛围，而且还需要有专门的人将其记录下来，所以必须有一个专门的场地来在警务部门内外开展这种交流。所以，警务部门必须有主动进行同行交流的习惯，学习他们的经验，了解他们的教训。没有任何一个警务部门能够处理所有问题，所以分享经验是必不可少的——一个部门的经验能够有效地帮助很多其他部门解决好类似的问题。在这里有一些问题导向警务的不错的项目报告范例，具体可以参阅 Goldstein and Susmillch（1982a、1982b）、Eck and Spelman（1987）、Braga et al（2001）、Clarke and Goldstein（2002，2003） 和 Vestfold Police District（2004）的研究文献。

"……（10）建立知识体系来进一步支持警察的专业化建设……"

每一个行业领域的发展在很大程度上取决于其从业人员能否获得这个领域的知识积累，不管一个人在这个行业中的身份如何——学生还是学徒——都需要努力学习，在工作中将学到的知识付诸于实践，最终成长为一名合格的从业人员。通过学习过去的行业积累知识，从业人员能够快速地成长，并在工作中提供优质的服务。

但是与其他职业或行业相比，警察的行业知识体系还是相当的薄弱，外人很难系统地学习。但尽管如此，对于警务工作来说不管有多少类业务实践和多少的业务知识积累，都应当让每一个警务人员能够接触到。问题导向警务在一定程度上就是要建立警察的业务知识体系，使其更加体系化、标准化、规范化，能够方便于每一个从业的警察能够学习到。

为了实现以上这些目标，国际上成立了问题导向警务研究中心（www.popcenter.org），该机构的宗旨是研究和传播与问题导向警务和情境预防犯罪有关的成果和知识，使每一个从事警务工作的人能够系统地了解到问题导向警务的内涵并将其应用于实际工作中。此外，国际上还设立了问题导向警务和情境预防犯罪的主题会议以及多个奖励计划鼓励问题导向警务的相关知识交流。

11.5 问题导向警务的应用

在上面我们对问题导向警务的基本理论进行了描述，但要使问题导向警务在实际中有效地发挥作用还必须从技术上使其有一定的可操作性，以便于警务人员能够在平时的执法工作中有效地执行。自 20 世纪 80 年代以来，问题导向警务已经践行了近 40 年，到目前还在不断地完善和发展。最初的主要努力方向是提出一种有效的解决问题的进程，还有一个是不断地将环境犯罪学与警务工作结合，此外还有就是构建为警务人员量身打造的警务专业知识体系，这些知识包括了从理论研究到实践过程的各种成果。接下来我们将分别对这些工作做一些介绍，虽然这些工作有一定的发展顺序，但之间的界限并不是清晰的，而是彼此之间有所重叠。

11.5.1 解决问题的过程

1984 年，弗吉尼亚州的纽波特纽斯警察局在国家司法研究所（美国司法部的下属研究机构之一）的支持下，开始尝试在全局下属所有业务部门实施问题导向警务。虽然实施过程中有很多的不确定性，但是纽波特纽斯警察局还是可以从其他三个有限的尝试中获取一些有益的经验。威斯康星的麦迪逊警察局在 Herman Goldstein 及其团队的支持下，重点对两类社会治安问题（酒驾和严重性侵犯罪）进行了分析（Goldstein and Susmilch，1982a，1982b，1982c）。虽然对这两类问题人们已经有了足够的认识，而且人们也采用了一些新的分析手段，比如发现性侵犯罪中的一些惯犯（还包括对刚刚刑满释放的犯罪人员加强监管），但是警方在实施问题导向的工作方法时还是需要有一些明确的指南。同样，伦敦大都会警察局也尝试了一些案例，而且比较有效。但是在警务部门内部的报告显示当前的警务部门组织架构需要进行一定的调整来适应问题导向警务的工作模式（Hoare et al，1984）。同样，在 20 世纪 80 年代初期，马里兰州巴尔的摩警察局在三个警务区中建立了三个专设机构来解决当地的民众不安全感突出的问题。这些专设机构提出了一些标准的工作模式，包括发现问题、分析问题、解决问题，甚至还对当地居民进行问卷调查来分析在采取一些整治行动后居民的不安全感是否有所好转。对这些机构的工作进行的一些评估显示他们在减少当地违法犯罪方面还是取得了一些效果的（Cordner，1986）。

通过对这些早期的实践经验进行总结，纽波特纽斯警察局提出了一个完整的应对问题的工作模式。在两名顾问的帮助下他们提出了 SARA 模型（Eck and Spelman，1987）。SARA 模型是一个问题解决过程的四个步骤的首字母缩写。

（1）扫描（scanning）。在这个步骤中首要的是合理地发现并定义问题以便于后续的行动开展。这个定义在后面的步骤中可能会有更多的含义，因为会有新的信息不断地补充进来。但是对问题的定义来说是从来不会依赖一个数据源的。相反，警务人员需要主动地从多个数据源的角度来明确问题的所在，如犯罪数据、社区民警的反馈、当地政府的表态和新闻媒体的报道等。虽然所谓的问题的基本存在形式不会发生较大的改变，但问题本身也会随着时间发生一定的变化。所谓的问题，就是需要警察去处理的一系列危害公共安全的事件，而且这些事件有多种表现模式（例如，是否有行为相似性，是否集中在同一个群体，是否发生在同一类区域，是否发生在同一时段，等等）。这样一来，犯罪或一般性的违法事件都属于问题的范畴，单独的偶发性事件就不会被定义为一个问题。因此，在所谓的问题的定义中，需要突出公众的重要性，但是也没有必要对于问题征求过多公众的意见，警察所需要做的是应该让公众感受到他们的诉求受到重视并且警务部门在积极地寻求解决。

（2）分析（analysis）。分析是问题导向警务的第二个阶段，这个阶段主要是收集关于问题本身的相关信息数据以及警察在以往处理这一问题时的经验。这些经验可以说大多是局部的，但是作为问题的解决方来说，警务部门需要检查和分析来自其他警务机构、社会上的科研机构，以及与该问题有着关联的其他组织机构甚至是个人的信息。总体来讲，原则只有一个，就是要清楚地了解问题产生的根源并且提出精准的问题解决方案。在收集和分析问题相关的数据信息之前需要做一些关于问题产生原因和形成条件的基本假设，在分析之后要对这些假设进行确认和验证。

（3）响应（response）。解决问题的一个基本原则是警务部门必须一一检查和验证各个可能的解决方案，并从这些解决方案中选择那些符合分析事实与结论的候选方案，此外还要考虑问题所处的环境下这种解决方案或问题响应的合理性与可行性。在这个步骤中，警务部门要根据分析的结果来判断哪些方案可行，然后选择并实现。根据以往的经验，我们认为有效的解决方案不是一个，而是多个方案的综合。具体办法 Brown 和 Scott（2007）做过相关的阐述。

（4）评估（assessment）。如果警方想要避免在问题的解决过程中用力过猛，出现偏离最初目标的情况，就需要根据对问题的解决程度来提出问题解决成效的评估办法，而不要只是根据选择的方法来判断。尽管问题的响应措施可能是创新性的并且符合问题的事实，但也不一定能够保证问题能够被合理解决。所以，问题导向警务的最后一个步骤就是对响应和解决效果进行评估，并确定问题是否有所缓解。对此 Eck（2002）进行了详细的阐述。

虽然 SARA 模型看起来像是一个单调的过程，但其本质上是一个不断反馈循环的过程（见图 11.1）。首先，问题的扫描是定义问题的过程，接下来是问题的分析，而问题的响应可能会揭示一些改变分析结论的事实，进而重新定义问题并寻求新的更为有效和更为务实的解决方案。最后，评估可能会显示出响应措施是无效的，或者虽然是有效的但是公平性有所欠缺，因此这就需要对之前的每一个步骤的工作都要重新考虑和审视。事实上，解决问题并非需要从头开始，从任何一个步骤都可以直接介入。例如，在一个危机事件中，一个即时的快速响应就会启动 SARA 模型来及时控制问题以给予公众信心。分析工作同样也是，分析的过程中可能就会重新定义问题，然后又进一步带动分析和后续的问题解决方案的修正。评估也可以是持续地跟踪问题的解决进度然后确定每个新的响应措施的有效性。

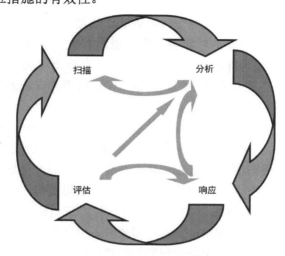

图 11.1　SARA 模型解决问题的流程

资料来源：Clarke and Eck，2005.

　　SARA 模型目前已经变得非常有名，以至于成为了问题导向警务的代名词。虽然它只是最为常用的问题解决的过程模型，但也只是向警务部门提供问题解决指南的一种方式而已。例如，加拿大皇家骑警就采用了一种称为 CAPRA 的模型，其中的 C 代表客户（或社区），A 表示获取和分析数据信息，P 表示协作，R 表示响应，A 表示评估（RCMP，2000）。也有一些警务部门将 SARA 模型中的响应步骤进一步分成了两个，分别是设计响应措施和实施响应措施。但无论是 SARA 模型还是其他表述，最重要的是这个模型必须足够简单以便能够准确地发现和捕捉问题导向警务的关键特征。虽然实施起来也可能会有过度简单化的风险，但事实表明，SARA 模型是目前问题导向警务中的一个有效的工具（Sidebottom and Tilley，2011）。

11.5.2　问题三角形理论与环境犯罪学

　　随着问题导向警务在越来越多的警务部门开始实施，对于如何有效地分析问题和制定响应措施也开始出现多样化的趋势。最后给警察留下的印象就是，只要他们简单地收集一些看似相关的数据做些简单的分析，那么就能够对问题进行洞察，而问题的解决方案也就自然而然地出来了。但是事实上，事情从来就不是这样，除非某些警务部门拥有天生具备问题分析能力的能手。如果将警务策略的制定和实施寄希望于少数凭直觉来发现问题和解决问题的人，那么这种策略从一开始就是失败的。因此，就需要第二个理论——一个关于问题实质性本质的理论——来对问题导向警务进行补充。

虽然大多数犯罪学理论对警务工作来说没有太多的实用价值，但是一个目前正在发展的称之为环境犯罪学的理论在逐步改变现状。环境犯罪学是一个理论体系，这些理论将在本书的其他章节中进行更为详细的介绍，但是在这里，我们重点介绍日常活动理论和情境预防犯罪理论。

日常活动理论是在问题导向警务被首次提出（Goldstein，1979）的同一年（Cohen and Felson，1979）发展出来的。从此开始日常活动理论就被正式阐明。20世纪90年代初期，Rana Sampson 在警察局长研究论坛上培训警察进行问题分析的过程中将日常活动理论描述为一个三角形结构，三角形的三个要素分别为犯罪人、目标和区域，如图 11.2 所示的内三角形（Eck，2003）。这个简单的结构指出了违法犯罪事件发生所需要具备的条件。也就是说，如果一个存有犯罪动机的犯罪人在某个缺乏犯罪控制措施的区域遇到了合适的目标或受害者，违法犯罪事件就会必然发生。如果这些条件反复地作用在一起就会形成社会治安问题。所以问题的分析就要根据三角形的三个要素来收集信息，然后通过设计能够控制至少一个要素的有效措施来防控犯罪：即想方设法使目标和犯罪人不要在同一时间在一个缺乏保护的环境下产生交集。犯罪惯犯、重复受害和同一地点重复发生犯罪事件就是对这一点的有效例证。犯罪惯犯可以通过犯罪人追踪来解决，重复受害可以通过帮助受害者来解决，而反复发生犯罪的环境则可以通过关注区域的物理设施和社会环境来解决（Eck，2003）。

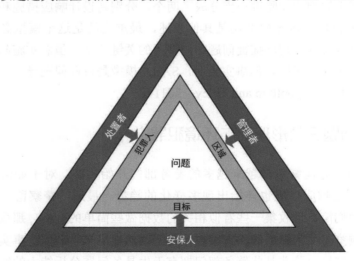

图 11.2 问题三角形

资料来源：Clarke and Eck，2005.

后来，Eck（2003）进一步扩展了这个三角形，将其发展成了一个双三角形结构（见图 11.2）。如果说内三角形显示的是违法犯罪发生所必需的条件的话，那么外三角形显示的则是抑制这些问题所需的手段，特别是这些手段精确到了实施的主体是谁。

处置者指的是犯罪人从感知上或从法律角度与之可能存在天然联系的主体，因此他们对犯罪人具有遏制和控制作用（Felson，1986）。通过这种情感感知（也称非正式社会控制）进行违法犯罪控制的常见的有父母、邻居、老师等。通过法律渠道进行控制（正式社会控制）的常见的有警察、检察官、社区矫正人员等。在没有这些处置者时，犯罪人犯罪的概率会大大增加。

安保人是要保护目标的，无论是人、动物还是物品。安保人的缺失造成犯罪发生是早期日常活动理论的基本观点。当安保人在现场时，违法犯罪发生的可能性会小很多。一般来讲，安保人的范围很大，既包括朋友的朋友、孩子的父母、雇佣的安全主体（保安），当然也包括警察。

管理者是一个地方运营的责任人，他们包括了业主、租户以及雇佣人员。作为他们的职责，他们有义务发现和关注到许多导致违法犯罪的情况，并及时采取行动。但是，也有一些场地管理者也间接的影响着违法犯罪问题。例如，从盈利的角度，酒吧对座位、娱乐设施和价格的设定可能会影响到酒吧中酗酒、扒窃和打架等事件的发生（Madensen，2007；Scott and Dedel，2006）。一般的场地管理者包括房东、商店营业员、救生员、航空公司空乘、学校老师和看门人，以及其他任何一个存在经营性行为的并且有雇佣和被雇佣关系的人。

从问题的解决者角度来看，日常活动理论关注于可能产生问题的条件。情境犯罪预防则是从犯罪人的角度来看待同样的问题，这部分阐述在本书的另一章中有详细的介绍（详见本书第 2 章，Cornish 和 Clarke 的工作）。情境犯罪预防在问题导向警务中有着重要的意义。第一，问题导向警务和情境犯罪预防都很重视问题的分析；第二，两者都十分重视细节—小事情会引发大问题，因此掌握细节很重要；第三，情境犯罪预防和警务工作的时间尺度是相同的：问题的解决要求短期的快速回报，而不是在几年甚至几十年后才能产生效果；第四，情境犯罪预防的重点在于找出问题的核心原因；第五，越来越多的证据表明，警察和其他人为的情境犯罪预防措施可以有效地减少犯罪的发生（Guertette，2009）。关于情境预防犯罪与问题导向警务之间的联系，Clarke（1997）、Scott 和 Goldstein（2012）、Eck 和 Madensen（2012）在他们的论文中做了详细的阐述。

目前，许多政府和社会组织都在积极地采用情境预防策略来避免犯罪活动，而警察作为执法的主体所能做的也不仅限于情境犯罪预防。原则上讲，警察可以采用任何能够有效的预防犯罪发生的策略。例如，通过强化执法和强制犯罪人进行社会服务（集中威慑）来控制刑满释放人员就是通过问题导向警务工作发现的，这显然是通过威慑的方法来杜绝违法犯罪的发生（Braga et al，2001）。阻止警察采用其他犯罪预防策略的主要问题在于缺少一种能够证明这种策略成效性的证据。但是，作为社会治安问题的解决主体，警务部门已开始寻求和其他政府或社会服务组织的合作来减少犯罪，包括减少对受害者的侵害，将犯罪人进行转移治疗和矫正等。正如问题导向警务随着情境犯罪预防的发展而不断完善一样，制定其他有效的犯罪预防策略也将有助于问题导向警务的发展（Eck，2015；Tilley，2015）。

问题导向警务和环境犯罪学的结合将进一步增强问题导向警务的有效性。2004 年，国家科学院警察政策和研究小组发布了其报告《警察的公平性和有效性：证据》（国家研究委员会，2004）。该报告总结了 30 年来警察在减少犯罪、违法和社会不安全感方面的能力建设。报告称，问题导向警务可能比标准警务、无问题解决的社区警务和热点警务更有效。

11.6　问题导向警务的实施

世界范围内的很多警务部门——北美、英国、北欧、西欧、南美、加勒比湾、澳大利亚和新西兰等——以不同的方式尝试和实施了问题导向警务模式。在这部分内容中我们将主要描述问题导向警务的各种组织和实施方式；从标准警务向问题导向警务模式转变过程中面临的挑战；以及向问题导向警务转变的两个典型案例，一个来自于北欧，一个来自于美国。

11.6.1　问题导向警务的实施方式

问题导向警务的实施方式主要有四种，最常见的方法就是让所有的一线警员全部参与解决问题。20 世纪 80 年代的弗吉尼亚州纽波特纽斯警察局、20 世纪 90 年代的圣地亚哥警察局、21 世纪的英国汉普郡和兰开夏郡警察局都是实施问题导向警务的案例。虽然这些地区都有将问题导向警务作为全局战略推广的宏观布局态势，但当执行人不同时，解决问题的项目还是有所不同的

（Clarke，1997；Leigh et al，1998；Cordner and Biebel，2005）。

但是，Braga 和 Weisburd（2006）也指出，哪怕是一般的问题导向警务，实施方式也是有一定效果的。所以即便一线警员的问题解决能力达不到问题导向警务的预期标准要求，那也还是会有一定价值的。问题导向警务实施不彻底的另一个原因是目标定位不科学：问题解决效果的评估决定了到底是采用一般的标准还是典型的解决问题的努力。英国汉普郡和兰开夏郡警察局诞生了一些不错的问题解决的案例，而且他们也因此获得了问题解决领域的 Tilly 与 Goldstein 杰出奖。可以说，问题解决的程度可以归结为职业性和其他几个方面的原因：（1）实践能力落后于事先的预期；（2）实践能力提升的速度比理论提升的要慢；（3）好的问题解决效果很难达到，最多也就获得一般或中等的解决效果。

实施问题导向警务的第二个方式是把街面巡逻巡控警力中的一些警员指定为特定社区的巡逻警员。这样做的一个优点是这些警员会有一个相对固定的工作区域，专门负责这些区域的治安问题，不受一般犯罪事件或突发事件的影响。这种措施目前在一些区域得到了实行，并且在操作上与社区警务进行了结合。例如，在 20 世纪 80 至 90 年代，纽约市警察局就采用了这种方法，他们先是在几次治安大整顿中进行了尝试，随后推广到了全局（McElroy et al，1993）。下文将要介绍的瑞典的案例也属于这种方式。但这种方法的一个不足之处在于，派驻社区的警员会经常被社区以及涉及其他公共关系的工作所分散精力而很少能够专注于解决治安问题。还有一个就是相对于社区中需要解决的众多问题相比，可能只有少数问题能够得到解决，其原因在于派驻社区的警员被指令去解决这些问题。

问题导向警务的第三种实施方式就是单独成立一个特殊的部门。巴尔的摩警察局在 20 世纪 80 年代成立了一个后来被广为人知的问题解决机构，该机构下设三个小队，每个辖区一个，其主要职能就是发现、分析和解决与违法犯罪和不安全感有关的问题。一项独立的评估表明，这些小队的工作是相当有成效的（Cordner，1986）。但这种办法也有局限性，其中之一就是这些为问题导向警务专门成立的机构在警务核心部门中会受到孤立，因为核心业务部门对常规的巡逻防控并不感冒，所以虽然证明问题解决的效果很好，但是后来巴尔的摩警察局还是不得不解散这个机构。另一个缺陷则是这种专职于解决问题的机构容易成为一个表面上的问题导向警务的战术单位，即虽然这个战术单位非常强调执行措施来解决和防范问题的发生，但在后续中很难能够确保问题不会再度复发，所以虽然热点问题得到了解决，但如果出现了新的热点，那么这个战术单位还将不得不继续解决问题，但这时问题已经发生了变化。

实施问题导向警务的第四种办法是建立或加强犯罪分析部门，使其能够有效地发现、识别和处理严重的治安问题。这种办法将问题导向警务的实施主体定位于警务机构的技术部门内。通过将该部门定位在警务机构的管理范围内，可以解决更大、更复杂的问题。尽管分析部门需要经常性地与警务机构的其他部门甚至是其他政府部门间进行沟通协调，但在现行的政府部门解决问题方面只能算是工作强度有所提升。例如，加利福尼亚州查拉维斯塔警察局的犯罪分析部门承担了当地的公园违法、车辆盗窃和酒店/汽车旅馆犯罪的分析，因为这些复杂的问题影响到了大部分社区。但这种方法的缺点是，较小的问题容易被忽视。有趣的是，虽然这种方法在实施上相对比较创新，但它对最初的面向问题方法的概念化和实验至关重要（Goldstein，1979；Goldstein and Susmilch，1982c）。由 Clarke 和 Eck 提出的犯罪分析指南（2003，2005）就针对这一问题做了专门的阐述。

11.6.2　问题导向警务实施过程中的主要挑战

长期以来，各国警务部门一直积极地致力于推广和实施问题导向警务，这对警务部门来说也是大势所趋，因为从问题导向警务概念最早被提出后，要想使其在实践中能够得到有效的应用，在警务部门的机制、管理和组织方式方面进行重大调整几乎是必须的（Goldstein，1979，1990）。理想情况下都是警务部门的行政长官调整警务部门的机构来最大限度地使整个警务组织能够适应问题导向警务的工作，而非在传统的行政机构和工作机制下来决定到底要不要采用问题导向警务的方法。

把一个警务组织重新调整使其成为能够适应问题导向警务的有效机制和体制存在着许多挑战，其中最重要的就是需要重新审视警察的职能定位，并构建一个能够推动警员执行这一职能目标的知识体系，而这也是我们将要讨论的。其他关于问题导向警务实践方面的问题可以参见 Goldstein（1990：148-175）；Eck 和 Spelman（1987：97-113）；Townsley et al（2003）；以及 Scott 和 Kirby（2012）的文献。

或许最为重要的是，要克服实践中的挑战首先需要警员能够接受这样一种理念：警察的工作职能是多样且复杂的，但是警察部门发展出能更好实现其工作目标的能力并且能够更为有效地预防和应对各种问题不必一定要诉诸高强度的粗暴执法。截至目前，警务部门还缺乏关于如何与其他社会组织和政务部门开展合作并且在获得公众广泛支持下来主动地应对和预防各种社会安全问题的经验和知识。因此，缺乏应对多样而复杂任务的经验和工具使警员只能去执行一些他们早已习惯并且熟悉的简单、烦琐的任务。

但是，现在警员们已开始转变思路，逐渐接受了主动性预防和解决问题应该是警务工作的中心这一理念，他们需要积极地发展和提升实现这一目标的能力，并且他们已经取得了一些显著性的成果。举几个例子，多年来，问题导向警务在实施过程中一些警务部门已提出了应对如下问题的举措。

- ❑ 暴力犯罪的惯犯。将具有信服力的执法震慑和社会支持结合起来制定和实施针对性的震慑来阻止其犯罪，这样一来甚至是犯罪动机较强、长期从事犯罪的暴力犯罪个体也可以被有效控制（Kennedy，2009）。

- ❑ 毒品市场。通过改变一些毒品市场的物理设施来迫使其减少毒品犯罪，这可以通过与私人或公共场所的管理人员进行沟通协调来实现，如此一来警察不需要采取大规模的打击就可以有效地压缩和减少毒品犯罪的发生（Harocopos and Hough，2005；Sampson，2001）。

- ❑ 虚假入侵报警。可以要求报警系统的业主、企业等先核实入侵报警的真实性，这样警方可以大幅度减少对无效报警的处警行动，从而节省警力，提高处警效率（Sampson，2007）。

- ❑ 酗酒类违法事件。与持有酒类饮料经营权的经营场所进行约谈，对场所内的设施和商业经营策略进行调整，这样警方可以显著减少这些经营场所内及周边的暴力犯罪的数量（Scott and Dedel，2006）。

- ❑ 盗窃。与汽车制造商约谈，提高汽车点火系统的安全性；约谈手机厂商，在手机中安装一个能够远程关闭手机的超控开关，这样汽车盗窃和手机盗窃案件就会大幅下降（Farrell et al，2011）。

这些案例的共同点是：（1）警察在应对问题的措施中体现了非常高的服务水平；（2）警方将问题的解决方法进行了有效的转置，使问题得到了有效的解决；（3）新的解决办法达到了以往需要警方采取大规模专项打击才能实现的目标。所有这些案例都从不同层面展示了问题导向警务的实践办法，此外，还有更多的关于这方面的案例。

能够将问题导向警务一直坚持下去而不是阶段性的举措，到目前为止似乎还非常需要依赖于警务部门中少数人的努力。不管是在行政领导层面还是在一线执法层面，都需要有一套固定的机制来保障问题导向警务的实施。希望最终无论是一个警员、警长还是行政领导、政府公务员、城市管理者或市长在面临一个新的社会安全问题时都能够主动地分析问题的性质、产生的原因和影响因素、目前这个问题解决到了什么阶段、其他地方对这个问题是否有过分析和应对办法、应该采取哪些措施来提升对问题的处置效果，只有这样，才能形成问题导向警务的固定有效机制。

11.6.3　北欧国家在问题导向警务方面的实践经验

瑞典警方在20世纪90年代中期推出了问题导向警务的多项措施。在一次大规模的改革中，大约一半的警务机构被要求采用问题导向警务工作模式。但是，改革的成功率大大低于预期，而且事后警务机构积极地做出努力来弥补。瑞典国家审计署批评警方缺乏分析问题的能力，而且在培训、保障支持和后续工作存在诸多不足，从而导致问题导向警务活动执行不力（RIR，2010）。对瑞典警察工作成效的研究表明，在实际中很少有警员实行问题导向警务策略，在他们的工作时间中只有一小部分被用于预防犯罪活动（Holgersson and Knutsson，2012a，2012b）。2015年，21个独立的瑞典警察机构被整合到一起。正如之前曾提到过的一样，警员们将按照社区警务模式开展工作，重点关注当地的问题。时间会反馈，在一个统一号令的警察力量下，这些问题导向警务的目标能够得到更好的满足。

2002年，挪威警察局（politidirektorate）开始正式实施问题导向警务。尽管挪威紧接在瑞典和其他国家之后就开始实施问题导向警务，并且从其他国家的经验中吸取了不少教训，但仍然遇到了许多问题。Thomassen（2005）提到了五个这样的问题：（1）缺乏对问题导向警务的理解；（2）缺乏问题分析技能；（3）缺乏将问题导向警务和组织机制相融合；（4）缺乏实施问题导向警务的激励措施；（5）预防犯罪没有受到打击犯罪一样的重视。为了帮助改进问题导向警务的实践，挪威和瑞典国家警察学院（Knutsson and Søvik，2005）编辑了一本关于警察和分析人员如何实施问题导向警务的教科书，其中以Vestfold市非法出租车为例展示了成功的案例研究。

作为丹麦警方大改革的一部分，丹麦在2007年开始推广问题导向警务模式，要求所有警区都采取问题导向警务方法。尽管丹麦政府（Rigspolitiet）认为该项目的实施达到了预期的效果，但一项调查显示该项目的质量存在问题：有些项目根本无法归类为问题导向警务。而在那些可以被称为"面向问题"的项目中，有许多在分析和评估中暴露了很多不足（Hammerich，2007）。这些结果与 Scott（2000）和 Clarke（1997）在美国的研究结果非常相似。

11.6.4　美国的问题导向警务实践：以辛辛那提市为例

以美国俄亥俄州辛辛那提市的问题导向警务实践作为案例有四个方面的原因。第一，该市的问题导向警务实践已经持续了十几年，先后经历了三任警察局长、两任市长和三任城市管理者。第二，辛辛那提市的问题导向警务实践最初遭到强烈抵制，但现在得到了警方和社区的大力支持。第三，辛辛那提警方已经将一种问题导向的工作方法与 compstat 模式进行了结合。第四，辛辛那提市的问题导向警务实践很好地证明了在警务工作中处理公平和有效性的重要性。

2001 年，在一次长达数月的关于所谓的种族分歧辩论和警察枪击非洲裔美国青年男子事件之后，辛辛那提市政府及其警察部门因对非裔美国人实施有系统的种族歧视而被美国联邦法院起诉。诉讼的原告是美国公民自由联盟和当地公民组织黑人统一阵线。联邦法官没有在法庭上对这些问题提起诉讼，而是积极鼓励双方协商达成一致的解决方案。原告要求能够代表警员利益的警察联盟参与谈判，以确保达成的任何协议都得到警方的支持。市政府、原告和警察联盟都同意这一点。随后法官任命了一名调解员帮助各方，并要求辛辛那提大学犯罪学教授 John Eck 作为一名中立的警察问题专家提供帮助。Eck 和他的一名研究生起草了一份协议，其中包括一项主要条款，要求警察部门采用以问题为导向的方法作为其核心谈判策略。其理由是，问题导向警务是唯一一种以证据为基础的工作方法，能够保证有效地解决犯罪和违法问题，能够以公平的方式实施，旨在使公众参与实施过程。2002 年 4 月签署的最后协议还包括民事部门对警察的投诉的规定，如何处理警察与公民的合作，提出减少警察使用武力的方法，以及问责制和评估要求等（In Re Cincinnati Policing，1999）。

虽然警察能够在五年的强制法庭监督期间执行并遵守协议的大部分条款，但问题导向警务条款的执行却碰到了困难。后来，新市长选举、一个新的城市管理者的任命，以及来自联邦法官的压力改变了这一切。辛辛那提警方起初是缓慢地，后来迅速地开始解决问题，并建立了必要的配套设施，使问题导向警务工作具备了可以实施的条件。其中配套设施包括创建一个自动任务跟踪系统，用于注册因问题产生的任务，并且记录工作进度。这样一来，不仅数据库构建了起来，而且该系统还充当了一个能够问责的工具。此外，辛辛那提警方还制作了问题导向警务中心制定的指南，用于指导警员的工作。警方将解决问题的培训纳入招警文化考试课程，并将解决问题的能力纳入晋升标准。后来，在辛辛那提大学的 Robin Engel 的帮助下，警方开发了一个类似于 compstat 的业务模型，称为 STARS（Statistic and Tactical Analytic Review for Solutions），进一步促进了问题的解决。警方也在恩格尔的协助下，提高了他们在各分支机构和总部的犯罪分析能力，在总部还成立了一个特别的问题解决部门。

辛辛那提警察局长创建了一个局长学者计划，入选该计划的主要是中级警员，他们将前往辛辛那提大学系统地学习刑事司法的硕士学位课程。这些课程包括了环境犯罪学和循证警务等。几年来，涌现了一批既了解环境犯罪学同时也懂实际应用的部门领导。此外，警方对在问题分析和解决方案评估时所需求的高水平的分析方面更为积极主动。例如，交管部门的负责人开展了一系列的工作以减少恶性交通事故。一个严格的公开评估表明这些工作取得了预期的效果（Corsaro et al，2012）。辛辛那提大学对为了减少街头枪击事件所采用的集中威慑的防控策略进行了评估，发现其效果也十分令人满意（Engel et al，2013）。

社区的工作在社区合作中心建立的促使下也同样得到了有效的开展，社区合作中心一方面培训市民，一方面在一些案件中也承担了解决问题的任务。当法院的强制命令解除后，城市管理办公室随后立即成立了管理咨询小组（Managers Advisory Group）来对合作协议的执行进行监管：警务部门和市民代表要定期和城市管理部门进行会商，讨论治安问题，互相监督协议的执行情况。

这些努力，加上辛辛那提市警方在其他方面的许多变化，有效缓解了警察与市民之间的紧张关系。后来遇到严重的经济衰退，警察部门的预算削减，有可能导致警察裁员，甚至会并入治安部门时，为辛辛那提警方辩护的主要辩护人竟然是曾在 2001 年起诉过辛辛那提警方的一名社区激进分子。尽管自 2002 年以来报告的当地犯罪率有所波动，但一些主要犯罪类别趋势都在下降。这在很大程度上是警察以外的其他社会组织和政府部门的工作带来的结果，但它确实表明，在不降低社区安全的情况下，警务的公平性能够得到有效的提升（Engel and Eck，2015）。

通过辛辛那提的案例可以了解到问题导向警务工作是一个长期的过程，至今辛辛那提警方仍在坚持，但是中间也经历了一些起伏。2014 年，社区激进人员要求 John Eck 对辛辛那提问题导向警务的情况进行评估。在警方和社区的大力帮助下，John Eck 发布了一份公开报告。报告里提到了几个积极方面：用于问题解决的配套基础设施比较到位，重要的警察部门领导对问题导向警务十分支持，许多人具有丰富的实践经验，有来自社区的强有力支持。然而，警方在进行解决问题的项目时存在一直犹豫不决的现象，导致这一结果的主要原因是市长、城市管理人员和警察局长的变动引起了人们信心的变动（ECK，2014）。后来，新的警察局长到任后继续坚持之前的做法，这使工作得到了恢复。

辛辛那提的问题导向警务有几个十分重要的经验。第一，要建立一个以社区为基础、以问题为导向的警务区，形成紧密联系，能够有效地防止因部门领导变动而可能导致的问题导向警务发生改变（Scott，2003）。第二，通过为警务部门中重要的中高级领导传递环境犯罪学等重要的实践理论有助于问题导向警务的实践。第三，发生改变需要时间，而且不会一蹴而就：在不同的警察和政府部门内部，需要持续和耐心的努力，以使问题导向警务的原则和实践制度化。第四，采用以问题为导向的工作方法时，对警察公平性的关注与对警察有效性的关注同样非常的敏感。

11.7 结　　论

问题导向警务是一个警务工作框架，其将警察角色从仅仅是处理案件向全面解决治安问题进行了重新的定义。它注重通过在业务中应用科学性方法来预防违法犯罪活动。该警务模式十分注重环境犯罪学在问题分析、提出响应策略和评估结果方面的应用。自 1980 年以来，一支由研究人员和实践人员组成的精干队伍一直坚持这一概念的核心原则，同时发展有关问题的新认知和解决这些问题的新方法。因此，问题导向警务和其他警务框架是不冲突的。

然而，如果把问题导向警务的要素嵌入许多其他警务框架中，包括社区警务、循证警务、情报导向警务和热点警务时，我们会发现问题导向警务的应用越来越难以忠实于其所有基本的、相互关联的要素。有时，问题导向警务被淡化为了"解决问题"的一种弱化形式。有时，政府机构和警察机构容易忽视这一概念的基本原理，在追求一个新的、更时髦的警务框架时偏离方向。有时，新的警察行政领导人员会更直接地放弃问题导向警务，而直接回归基本的警务工作方法，这种方法会再次强调案件驱动、密集的警察存在以及严厉的执法原则，无论是出于认为这是警察应该做的这一想法，还是出于认为即便是在财政困难时期这也是警察所能够做的这一想法。

或许，迷失在对警察公平性和合法性的关注中是问题导向警务如此直接回应这些关注的原因。在注重与那些在特定问题上具有强烈利益和利害关系的人进行磋商和合作的过程中，在注重优先应对不过度利用刑事执法的警务问题的过程中，在注重预防问题而不是仅仅对问题做出响应的过程中，问题导向警务已经是，而且还将一直是公平性和有效性的最好体现。正如上面辛辛那提的例子所说明的，问题导向警务可以通过以合理的方式解决社区的问题来提高警察的合法性。

在过去的四十多年中，问题导向警务作为一种公平有效的警务工作方法，已经形成了一个良好的形象，但其潜力仍然远远不可估量。它的核心原则是健全的，根植于对开放、民主、现代社会的警务职能以及解决复杂社会问题的科学、解决问题的价值观的坚定理解。尽管在提升警察解决治安问题的能力和水平方面进展缓慢，但其核心理念在整个西方民主国家的警察机构中却慢慢占据了一席之地。从 20 世纪 80 年代首次实行问题导向警务开始便得到了学者和警务人员的普遍赞誉，并因其与环境犯罪学和未来几十年的情境预防犯罪的联系而得到了大力支持，但其应用价值仍然需要在未来进一步发掘。

内 容 回 顾

1. 社会对警察问题导向警务成为规范这一期望必须发生哪些改变？
2. 为使问题导向警务成为规范，警察行政管理必须发生哪些改变？
3. 警察工作机制本身就构成了许多问题，违法犯罪仅仅是其中一方面，这一假设是否有效？
4. 问题导向警务是否足够务实，以使警察能够经常采用？
5. 问题导向警务在理论上和有效性证据上是否足够科学以证明其实践的合理性？

注 释

在本章内容的原始版本中使用的是"犯罪分析人员"一词。经思考，从这个描述中省略"犯罪"是可取的，因为它可能会错误地意味着警察分析人员只分析犯罪事件，而事实上，警察处理的大多数事件本质上都是非犯罪事件。

参 考 文 献

Boba, R. (2003) *Problem Analysis in Policing. Washington*, DC: Police Foundation.

Boba, R. and Santos, R. (2011) *A Police Organizational Model for Crime Reduction: Institutionalizing Problem-solving, Analysis, and Accountability*. Washington, DC: US Department of Justice, Office of Community Oriented Policing Services.

Braga, A. and Weisburd, D. (2006) 'Problem-oriented Policing: The Disconnect Between Principles and Practice', in D. Weisburd and A. Braga (eds) *Police Innovation: Contrasting Perspectives*. New York: Cambridge University Press, pp. 133-154.

Braga, A., Kennedy, D., Waring, E. and Piehl, A. (2001) 'Problem-oriented Policing, Deterrence, and Youth Violence: An Evaluation of Boston's Operation Ceasefire', *Journal of Research in Crime & Delinquency*, 38(3): 195-225.

Brown, R. and Scott, M. (2007) *Implementing Responses to Problems. Problem-oriented Guides for Police. Problem-solving Tools Series No. 7*. Washington, DC: US Department of Justice, Office of Community Oriented Policing Services.

Clarke, R.V. (1997) *Problem-oriented Policing and the Potential Contribution of Criminology*. Report to the US Department of Justice, National Institute of Justice.

Clarke, R.V. and Eck, J.E. (2003) *Become a Problem-solving Crime Analyst: In 55 Small Steps*. London: Jill Dando Institute of Crime Science.

Clarke, R.V. and Eck, J.E. (2005) *Crime Analysis for Problem Solvers in 60 Small Steps*. Washington, DC: Office of Community Oriented Policing Services, US Department of Justice.

Clarke, R.V. and Goldstein, H. (2002) 'Reducing Theft at Construction Sites: Lessons from a Problem-oriented Project', in N. Tilley (ed.) *Analysis for Crime Prevention. Crime Prevention Studies, Vol. 13*. Monsey, NY: Criminal Justice Press, pp. 89-130.

Clarke, R.V. and Goldstein, H. (2003) 'Thefts from Cars in Center-city Parking Facilities: A Case Study in Implementing Problem-oriented Policing', in J. Knutsson (ed.) *Problem-oriented Policing: From Innovation to Mainstream Crime Prevention Studies, Vol. 15*. Monsey, NY: Criminal Justice Press, pp. 257-298.

Cohen, L.E. and Felson, M. (1979) 'Social Change and Crime Rate Trends: A Routine Activity Approach', *American Sociological Review*, 44: 588-605.

Cordner, G. (1986) 'Fear of Crime and the Police: An Evaluation of a Fear-Reduction Strategy', *Journal of Police Science and Administration*, 14: 223-233.

Cordner, G. and Biebel, E. (2005) 'Problem-oriented Policing in Practice', *Criminology & Public Policy*, 4: 155-180.

Corsaro, N., Gerard, D., Engel, R. and Eck, J.E. (2012) 'Not By Accident: An Analytical Approach to Traffic Crash Harm Reduction,' *Journal of Criminal Justice*, 40(6): 502-514.

Eck, J.E. (2002) *Assessing Responses to Problems: An Introductory Guide for Police Problem Solvers*. Problem-oriented Guides for Police. Problem-solving Tools Series No. 1. Washington, DC: US Department of Justice, Office of Community Oriented Policing Services.

Eck, J.E. (2003) 'Police Problems: The Complexity of Problem Theory, Research and Evaluation', in J. Knutsson (ed.) *Problem-Oriented Policing: From Innovation to Mainstream. Crime Prevention Studies, Vol. 15*. Monsey, NY: Criminal Justice Press, pp. 67-102.

Eck, J.E. (2014) *The Status of Collaborative Problem Solving and Community Problem-Oriented Policing in Cincinnati*. Cincinnati, OH: School of Criminal Justice, University of Cincinnati.

Eck, J.E. (2015) 'There Is Nothing So Theoretical as Good Practice: Police-researcher Coproduction of Place Theory', in E. Cockbain and J. Knutsson (eds) *Applied Police Research: Challenges and Opportunities*. London: Routledge, pp. 129-140.

Eck, J.E. and Clarke, R.V. (2013) *Intelligence Analysis for Problem Solvers*. Washington, DC: US Department of Justice, Office of Community Oriented Policing Services.

Eck, J.E. and Madensen, T. (2012). 'Situational Crime Prevention Makes Problem-oriented Policing work: The Importance of Interdependent Theories for Effective Policing', in N. Tilley and G. Farrell (eds) *The Reasoning Criminologist:*

Essays in Honour of Ronald V. Clarke. London: Routledge, pp. 89-92.

Eck, J.E. and Spelman, W. (1987). *Problem-solving: Problem-oriented Policing in Newport News.* Washington, DC: Police Executive Research Forum.

Engel, R. and Eck, J.E. (2015). 'Effectiveness vs. Equity in Policing: Is a Tradeoff Inevitable?' *Ideas In American Policing* 18 (January). Washington, DC: Police Foundation.

Engel, R., Tillyer, M. and Corsaro, N. (2013). 'Reducing Gang Violence Using Focused Deterrence Evaluating the Cincinnati Initiative to Reduce Violence (CIRV)', *Justice Quarterly*, 30(3):403-439.

Farrell, G., Tilley, N., Tseloni, A. and Mailley, J. (2011). 'The Crime Drop and the Security Hypothesis', Journal of Research in Crime and Delinquency, 48(2): 147-175.

Felson, M. (1986). 'Linking Criminal Choices, Routine Activities, Informal Control, and Criminal Outcomes', in D. Cornish and R.V. Clarke (eds) The Reasoning Criminal: Rational Choice Perspectives on Offending. New York: Springer-Verlag, pp. 119-128.

Goldstein, H. (1977). Policing a Free Society. Cambridge, MA: Ballinger.

Goldstein, H. (1979). 'Improving Policing: A Problem-oriented Approach', Crime and Delinquency, 25: 236-258.

Goldstein, H. (1990). Problem-oriented Policing. New York: McGraw-Hill.

Goldstein, H. (2001). 'Problem-oriented Policing in a Nutshell', presentation at the International Problem-oriented Policing Conference, San Diego, CA.

Goldstein, H. and Susmilch, C.E. (1982a). The Drinking Driver in Madison: A Study of the Problem and the Community's Response. Madison, WI: University of Wisconsin, Law School. (www.popcenter.org/library/researcherprojects/DevelopmentofPOPVolII.pdf)

Goldstein, H. and Susmilch, C.E. (1982b). The Repeat Sexual Fender in Madison: A Memorandum on the Problem and the Community Response. Madison, WI: University of Wisconsin, Law School.

Goldstein, H. and Susmilch, C.E. (1982c). Experimenting with the Problem-oriented Approach to Improve Police Service: A Report and Some Reflections on Two Case Studies. Madison, WI: University of Wisconsin, Law School.

Guerette, R.T. (2009). 'The Pull, Push, and Expansion of Situational Crime Prevention Evaluation: An Appraisal of Thirty-seven Years of Research', in J. Knutsson and N. Tilley (eds) Evaluating Crime Reduction Initiatives Crime Prevention Studies, Vol. 24. Monsey, NY: Criminal Justice Press, pp. 29-58.

Hammerich, M. (2007). Problemorientert Politiarbeide - Når Tjenesten Tilladet det. Afgangsprojekt, Diplomuddannelsen i kriminologi, Københavns universitet.

Harocopos, A. and Hough, M. (2005). Drug Dealing in Open-air Markets. Problem-oriented Guides for Police. Problem-specific Guide No. 31. Washington, DC: US Department of Justice, Office of Community Oriented Policing Services.

Hirschfield, A. (2005). 'Analysis for Prevention', in N. Tilley (ed.) Handbook of Crime Prevention and Community Safety. Cullompton, UK: Willan Publishing.

Hoare, M.A., Stewart, G. and Purcell, C.M. (1984). The Problem-oriented Approach Four Pilot Studies. London: Metropolitan Police, Management Services Department.

Holgersson, S. and Knutsson, J. (2012a). 'Differences in Performance among Swedish Uniformed Police Officers', Policing: A Journal Policy and Practice, 6(2): 210-217.

Holgersson, S. and Knutsson, J. (2012b). Hva gjør egentlig politiet? PHS-Forskning 2012: 4, Oslo: Politihøgskolen.

In Re Cincinnati Policing, 209 F.R.D. 395 (S.D. Ohio 1999). www.cincinnati-oh.gov/police/linkservid/27A205F1-69E9-4446-BC18BD146CB73DF2/showMeta/0/ (accessed 14 June 2016).

Kennedy, D. (2009). Deterrence and Crime Prevention: Reconsidering the Prospect of Sanction. London: Routledge.

Klingele, C., Scott, M. and Dickey, W. (2010). 'Reimagining Criminal Justice', Wisconsin Law Review, 4: 953-998.

Knutsson, J. (2015). 'Politics, Promises and Problems: The Rise and Fall of the Swedish Police Evaluation Unit', in E. Cockbain and J. Knutsson (eds) Applied Police Research: Challenges and Opportunities. Crime Science Series no. 16, London: Routledge, pp. 95-105.

Knutsson, J. and Søvik, K.E. (2005). 'Problemorientert Politiarbeid i Teori og Praksis', PHS-Forskning, 2005: 1, Oslo: Politihøgskolen.

Leigh, A., Read, T. and Tilley, N. (1998). Brit Pop II: Problem-oriented Policing in Practice, Police Research Series Paper 93. London: Home Office.

McElroy, J., Cosgrove, C. and Sadd, S. (1993). Community Policing: The CPOP in New York. Newbury Park, CA: Sage.

Madensen, T. (2007). 'Bar Management and Crime: Toward a Dynamic Theory of Place Management and Crime Hotspots, Dissertation. Division of Criminal Justice of the College of Education, University of Cincinnati.

Maguire, M. and Hopkins, M. (2003). 'Data and Analysis for Problem-solving: Alcohol-related Crime in Pubs, Clubs and the Street', in K. Bullock and N. Tilley (eds) Crime Reduction and Problem-oriented Policing. Cullompton, UK: Willan Publishing, pp. 126-153.

National Research Council (2004). Fairness and Effectiveness in Policing: The Evidence, W. Skogan and K. Frydl (eds) Committee to Review Research on Police Policy and Practices, Committee on Law and Justice, Division of Behavioral and Social Sciences and Education. Washington, DC: National Academies Press.

Newman, G. and Clarke, R. V. (2008). Policing Terrorism: An Executive Guide. Washington, DC: US Department of Justice, Office of Community Oriented Policing Services.

RCMP (Royal Canadian Mounted Police) (2000). RCMP Employee's Handbook - Developing Your Learning Strategy. Ottawa, ON: RCMP, Learning and Development Branch.

RiR (2010). Polisens brottsførebyggande arbete - har ambitionerna uppnåtts? Riksrevisionen, 2010: 23.

Ruth, H. and Reitz, K. (2003). The Challenge of Crime: Rethinking Our Response. Cambridge, MA: Harvard University Press.

Sampson, R. (2001). Drug Dealing in Privately-owned Apartment Complexes. Problem-oriented Guides for Police. Problem-specific Guide No. 4. Washington, DC: US Department of Justice, Office of Community Oriented Policing Services.

Sampson, R. (2007). False Burglar Alarms, 2nd Edition. Problem-oriented Guides for Police. Problem-specific Guide No. 5. Washington, DC: US Department of Justice, Office of Community Oriented Policing Services.

Schaefer, L., Eck, J. and Cullen, F. (2014). Monitoring Offenders on

Conditional Release. Problem-oriented Guides for Police. Response Guide Series No. 12. Washington, DC: US Department of Justice, Office of Community Oriented Policing Services.

Scott, M. (2000). Problem-oriented Policing: Reflections on the First 20 Years. Washington, DC: US Department of Justice, Office of Community Oriented Policing Services.

Scott, M. (2003). 'Getting the Police to Take Problem-oriented Policing Seriously', in J. Knutsson (ed.) Problem-oriented Policing: From Innovation to Mainstream. Crime Prevention Studies, Vol. 15. Monsey, NY and Devon, UK: Criminal Justice Press and Willan Publishing, pp.49-77.

Scott, M. and Dedel, K. (2006). Assaults in and Around Bars, 2nd Edition. Problem-oriented Guides for Police. Problem-specific Guide No. 1. Washington, DC: US Department of Justice, Office of Community Oriented Policing Services.

Scott, M. and Goldstein, H. (2005). Shifting and Sharing Responsibility for Public-safety Problems. Problem-oriented Guides for Police Response Guide Series No. 3. Washington, DC: US Department of Justice, Office of Community Oriented Policing Services.

Scott. M. and Goldstein, H. (2012). 'Ron Clarke's Contribution to Improving Policing: A Diffusion of Benefits', in N. Tilley and G. Farrell (eds) The Reasoning Criminologist: Essays in Honour of Ronald V. Clarke. London: Routledge, pp. 93-107.

Scott, M. and Kirby, S. (2012). Implementing POP: Leading, Structuring, and Managing a Problem-oriented Police Agency. Washington, DC: US Department of Justice, Office of Community Oriented Policing Services. (See a companion annotated bibliography of studies of implementing problem-oriented policing at www.popcenter.org/library/reading/PDFS/Annotated-Bibliography-of-Studies-of-Implementing-Problem-Oriented-Policing.pdf (accessed 14 June 2016).

Sherman, L. W. (2013). 'The Rise of Evidence-based Policing: Targeting, Testing, and Tracking', Crime and Justice, 42(1): 377-451.

Sidebottom, A. and Tilley, N. (2011). 'Improving Problem-oriented Policing: The Need for a New Model?', Crime Prevention and Community Safety, 13(2): 79-101.

Sparrow, M.K. (2011). Governing Science: New Perspectives in Policing. Cambridge, MA: Harvard Kennedy School.

Stuntz, W. (2011). The Collapse of American Criminal Justice. Cambridge, MA: Belknap Press of Harvard University Press.

Sunshine, J. and Tyler, T. (2003). 'The Role of Procedural Justice and Legitimacy in Shaping Public Support for Policing', Law and Society Review, 37(3): 513-547.

Thomassen, G. (2005). Implementering av Problemorientert Politiarbeid, Noen Sentrale Utfordringar. www.nsfk.org/Portals/0/Archive/researchsem_no47.pdf#page=218 (accessed 14 June 2016).

Tilley, N. (2010). 'Whither Problem-oriented Policing', Criminology and Public Policy, 9(1): 183-195.

Tilley, N. (2015). 'There Is Nothing so Practical as a Good Theory: Teacher-learner Relationships in Applied Research for Policing', in E. Cockbain and J. Knutsson (eds) Applied Police Research: Challenges and Opportunities. London: Routledge, pp. 141-152.

Townsley, M. Johnson, S. and Pease, K. (2003). 'Problem Orientation, Problem Solving and Organizational Change', in J. Knutsson (ed.) Problem-oriented Policing: From Innovation to Mainstream Crime Prevention Studies, Vol. 15. Monsey, NY: Criminal Justice Press, pp. 183-212.

Vestfold Police District (2004). Gypsy Cabs in Tønsberg: A Case for Problem Oriented Policing. Vestfold Police District, Norway. www.popcenter.org/library/awards/goldstein/2004/04-35(F).pdf (accessed 14 June 2016).

White, M. (2008). Enhancing the Problem-solving Capacity of Crime Analysis Units. Problem-Oriented Guides for Police. Problem-Solving Tools Series No. 9. Washington, DC: US Department of Justice, Office of Community Oriented Policing Services.

第 12 章 环境设计预防犯罪

Rachel Armitage

12.1 引 言

本章内容涉及建筑环境（如房屋、学校、购物中心或医院）的设计特征和建筑物周围的自然环境对犯罪风险的影响程度，以及如何改变这些特征以降低犯罪风险水平。这种方法被称为"环境设计预防犯罪"（Crime Prevention through Environmental Design，CPTED）。CPTED 借鉴了犯罪机会理论，认为参与或计划实施犯罪的人（在某种程度上）会受到其当时环境的影响。本书的其他章节详细介绍了这些理论，但概括地说，基本的断言是：犯罪人要实施犯罪就必须有一个合适的目标——比如在盗窃案中就是易被盗的财物；必须有一个潜在的犯罪人——有动机实施这一罪行的人；并且缺少一个有能力的安保人——居民、邻居或路人，他们会向犯罪人挑战、主动报警并关注潜在的危险事件（日常活动理论）。犯罪机会理论还认为，犯罪人在日常活动中会根据他们所感知到的情况来选择目标，并在其熟悉的地点之间进行活动（Brantingham，Brantingham and Andresen，本书第 5 章），当做出犯罪选择时，犯罪人将寻求利益最大化，并在犯罪时将风险降至最低（Cornish and Clarke，本书第 2 章）。虽然 C.Ray Jeffery（1971）在他的同名书中创造性地提出了"环境设计预防犯罪"这一概念，但建筑师 Oscar Newman（1972）提出的更实际的干预措施塑造了 CPTED，这就是今天我们看到的警察、建筑师、规划者和开发商在地点和空间的设计、建造和管理中所实施的 CPTED。

本章首先对 CPTED 进行了定义，并描述了它的基础理论或观点，解释了 CPTED 的原则（或要素），并参考其实际应用和支持此类干预有效性的经验证据。随后讨论了 CPTED 在英格兰/威尔士、澳大利亚和荷兰三个国家的应用，包括在规划政策、指导和立法中考虑如何预防犯罪。本章最后提出了一些关键性的考虑，并讨论了这种犯罪预防方法的局限性。

12.2 什么是 CPTED

CPTED 是对这些理论假设的犯罪风险的实际反应或干预，其目的是通过影响已建（有时是自然）环境（CPTED 的 ED 部分）的设计、建造和管理来预防或减少犯罪（CPTED 的 CP 部分）。例如，为了避免犯罪模式理论（Crime Pattern Theory）所断言的风险，一些场所被设计成具有限制潜在犯罪人通过并寻找适当犯罪目标的功能，例如连接人行道来限制不必要的行人通过。为了避免理性选择视角（Rational Choice Perspective）和日常活动理论所认定的风险，一些场所最大限度地设计了一些开放的区域使人们能够方便地观察到周边的一切（使具有犯罪动机的人意识到他们可能被监视）。因此，通过建筑物的方位、窗户的尺寸和位置设计以及移除遮挡视觉的障碍物，使监控机会最大化。有时这些措施并不足以威慑犯罪人，但作为提升犯罪人作案风险的一种手段，CPTED 的措施通常还包括具体的物理安全标准（包括门、窗、锁、玻璃等），以增加犯罪人作案的代价和成本。

CPTED 的一个常用的正式定义是由 Tim Crowe 提出的，他将其描述为：

"建筑环境的适当设计和有效利用，可减少对犯罪的恐惧或发生率，提高生活质量……CPTED 的目标是减少建筑设计或社区设计中固有的犯罪机会。"

(Crowe，2000：46)

Ekblom（2011）则提出了一个新的定义，并提出了一个替代方案，其中包括了在 Crowe 定义中未包含的几个要点，包括安全性和适当的背景设计之间的平衡，以及在规划前和施工后不同阶段干预的可能性。Ekblom 提出的 CPTED 是：

"减少犯罪和相关事件的可能性、发生的概率和造成的危害，通过维护社区安全提高生活质量；通过环境规划和设计，从单个建筑的内部到更大的景观、社区和城市；提出"适用于目标"，除了"脆弱性导向"符合所有其他方面要求的设计；同时在施工前的预防犯罪初衷与建成后通过后续管理和维护解决犯罪问题的适应性之间实现平衡。"

(Ekblom，2011：4)

近来，CPTED 领域内的研究主要集中在应用 CPTED 减少犯罪和犯罪恐惧方面的有效性方面（Armitage，2000，2006；Cozens，2008；Cozens et al，2005；Hillier and Sahbaz，2009；Pascoe，1999），而在警务和环境规划中应用 CPTED（Monchuk，2011，2016）主要是开发基于 CPTED 的风险评估工具来预测（和预防）犯罪风险（Armitage，2006；Armitage et al，2010；van der Voordt and van Wegen，1990；Winchester and Jackson，1982），以及更广泛地了解这类干预措施的潜在收益，包括对《环境和社会可持续性发展公约》（Armitage and Monchuk，2011；Cozens，2007；Dewberry，2003）的影响。如果考虑到将重点扩大到包括减少犯罪以外利益的过程，例如社会和环境可持续性发展，CPTED 的一个可能更合理的定义是：设计、控制和管理建筑环境，以减少犯罪及民众对犯罪的恐惧，并在微观（个别建筑/结构）、中观（社区）和宏观（国家）层面，通过实施相应的措施增强可持续性。

12.3　CPTED 的原则或要素

要解释清楚 CPTED 就需要对这种方法的基本原则（或要素）进行一些讨论。CPTED 的基本原则已由多位研究人员提出，包括但不限于 Poyner（1983）、Cozens 等人（2005）和 Armitage（2013）等。这些原则均被采纳并形成了环境规划政策和指导的基础，以及基于 CPTED 的犯罪干预措施，如英格兰和威尔士的安全设计（Secured by Design，SBD）和荷兰的警务标签安全住房。Poyner（1983）介绍了监视、移动控制、活动支持和动机强化等原则。Cozens 等人（2005）将这一原则扩展到了防御空间、访问控制、领地性、监视、目标强化、图像和活动支持等七项原则。Montoya 等人（2014）在对荷兰 CPTED 应用的研究中提出了领地性、监视、访问控制、目标强化、图像/维护和活动支持等六项原则。Hedayati-Marzbali 等人（新闻媒体）在对马来西亚的 CPTED 研究中提出了四个主要维度——监视、访问控制、领地性和维护，以及八个子维度——能见度、照明、物理屏障、安全系统、标记、景观美化、前厅维护和后车道维护。Armitage（2013）则提出了物理安全、监视、移动控制、管理和维护以及防御空间的另一种原则。

为了简单和清晰，本章将重点介绍 Armitage（2013）定义的 CPTED 原则，该原则也包括了其他人提出的一些主要观点。

12.3.1 可防御空间和领地

1. 何为"可防御空间和领地"

"防御空间"一词是由 Oscar Newman（1972）提出的，他认为社区间的物理设计可以增强或抑制个人对居住空间的控制感。Newman 将空间分为公共空间（房屋前面的公共道路）、半公共空间（房屋前的开放花园）、半私人空间（后花园）和私人空间（房屋内部）。他认为，如果空间是可防御的，那么该空间的所有者/用户以及外来入侵者将清楚知道哪些人属于该空间。领地性涉及人们对自己专属空间的反应。对领地性的物理反应包括居民通过安装房屋标志或大门将一个特定区域标记为自己的专属区域。对领地性的情绪反应包括一个人进入他们的专属空间时所产生的入侵或侵犯感。因此，领地性是指人们控制他们认为属于自己的空间的动机。虽然许多国家（Cozens et al，2005）将可防御空间和领地分开，但如果可防御空间的物理构造旨在激发人们对该空间的领地控制，那么 CPTED 原则更简明总结会将可防御空间与领地分开。

2. 如何实现

CPTED 的干预原则要求确保空间被明确划分，很明显谁拥有这样的空间，潜在的犯罪人就没有理由进入。而这很少是通过安装物理屏障来实现的，相反，对犯罪的干预通常都是一些细微的措施，如改变道路的颜色和材料，或使区域的入口变窄，将区域标记为私人专有区域（见图 12.1）。这通常被称为一个象征性（而不是物理性）障碍物。犯罪人在物理层面没有被阻止进入该区域，但这样做的目的是使他们相信当他们在进入某个区域时他们正越过边界进入私人空间，这样一来就会很有可能引起该空间所有权人的监视或干预。

图 12.1 象征性障碍物

3. 经验证据

Brown、Altman（1983）和 Armitage（2006）发现，与未被盗窃过的房屋相比，发生过盗窃的房屋具有更少的象征性（以及实际）障碍物。通过对 Enshield（荷兰）851 处房屋的研究，Montoya 等人（2014）发现有前院房屋的入室盗窃风险比没有前院的房屋低 0.46 倍。

如果有效运作，防御空间应在空间所有者或管理者之中产生领地反应，这样他们可能采取措施来抵制陌生人、实施主动报警，或者简单地通过自身的存在来向陌生人表明他们受到了监控。Brown 和 Bentley（1993）采访了犯罪人，要求他们（从图片上）判断哪些房屋更容易被盗窃。结果显示，有领地行为标记的房屋（如在房屋前安装大门或在大门/门上标记该区域为私人专有）被犯罪人认为是不易被盗窃的。Montoya 等人（2014）还发现领地反应标记与入室盗窃风险之间存在着显著关系，但这种关系仅限于白天（而非夜间）的入室盗窃犯罪。

12.3.2 限制通行

1. 何为"限制通行"

这一原则又被称为"通行、访问控制、连接和渗透"，并以犯罪模式理论和理性选择视角作为理论基础，这两种理论都表明，犯罪人在进行日常活动以及在目标选择上会根据他们所意识到的内容通过期望风险最小化来影响他们的目标选择。

"访问控制"一词意味着需要重点关注于限制外来人员进入建筑物或建筑物内特定房间的措施。在 CPTED 中，限制通行的目标范围要比这大得多。名词"渗透"在被用到其他学科时可能会引起一些混淆。通常，在建造环境中工作的实践者（架构师、规划师、开发人员）一般将渗透性理解为建筑材料的透明/可见程度。

限制通行这一原则主要集中在：（1）降低犯罪人认为该区域可以作为潜在犯罪目标的可能性；（2）使犯罪人难于进入、离开，处于某一区域时感到不安；（3）增加进入建筑物/空间的物理难度；（4）灌输给犯罪人一种观念，即在这一区域的活动将会引起该空间合法用户的关注；（5）消除犯罪人在该区域内不会被抓住的侥幸心理，并增加合法用户在该空间内抵制外来入侵人员的信心。

2. 实现方式

限制通行（Through Movement）的最有效方法是限制区域内的人行道数

量，或者如果这些人行道对该区域的交通流量至关重要的话，那就要确保这些人行道的设计合理适当，并要与犯罪预防专家做好沟通协商。如果整个人行道都在一个区域内，则应保持笔直，避免阻碍视线的弯曲（见图 12.2），要求短、宽、照明良好，并且重要的是人行道必须有足够的人员通行，这样才能使它们得到充分利用。Jane Jacobs（1961）提出了"街道眼"的概念，认为建筑物不仅应朝向街道（以提高自然监控水平），而且应尽可能地利用好街道，从而为区域带来更多的人（和自然监控）。虽然许多人利用 Jacobs 的工作来论证通过促进通行来鼓励行人使用该区域从而在街道层面起到监视的作用，但这里存在一个重要问题，她忽略了这样一个事实，即她的研究重点是城市（繁忙空间）而不是城镇和村庄内的住宅区。许多人之所以选择住在城市是因为这些城市与城镇或郊区有很多不同，如灵活性、出行性和相对隐匿性等。由于这些原因，在城市里生活和工作的人们不能必然解释郊区的情况。正如 Jacobs 自己所说：

"我希望没有读者会试图把我的观察结果转化为指南，以了解城镇、小城市或郊区的情况。城镇、郊区，甚至小城市都是与大城市完全不同的有机体……试图从大城市的角度去理解城镇只会造成混乱。"

（Jacobs，1961：26）

图 12.2　应避免弯曲的人行道阻碍视线

　　区域内需要人行道的地方，人行道不应位于房屋的后方（见图 12.3），并且在尽可能的情况下被周围住宅所监视。

　　研究（下文讨论）表明，真正、曲折的死胡同是最安全（就犯罪而言）的道路布局。真正的死胡同是指那些没有人行道连接到其他地区（没有漏洞的胡同）的胡同。曲折（与线性相反）的死胡同是指，如果站在庄园的入口处是看不到区域尽头的胡同。

图 12.3　应避免人行道位于房屋后方，且不被周围住宅所监视

3. 经验证据

研究人员采用了多种方法来分析在住宅区中犯罪风险随可接近水平的变化程度。这包括对警方记录犯罪行为的分析以及对已定罪盗窃犯的采访。

在对英国默西塞德市关于可接近性对入室盗窃风险影响的研究中，Johnson 和 Bowers（2010）测试了三个假设：（1）主要道路上的入室盗窃风险将更大，而使用频繁的道路的入室盗窃风险将更高；（2）与其他路段相连的街道路段上的入室盗窃风险将更高，特别是相连的道路上具有更高的犯罪风险；（3）在死胡同中，入室盗窃的风险将较低，尤其是那些结构弯曲且不在主要道路网络中的分支道路。他们的分析样本包括 118 161 个住户，并使用 GIS（Geographic Information System）和人工分析来建立道路网络，以警方记录的犯罪数据来衡量入室盗窃的程度。在不考虑社会经济的影响下，他们的分析结果显示：如果一条街道段为主要道路[1]，并且与当地道路相比其他所有因素都是相同的[2]，那么该路段的住宅入室盗窃数量预计将增加 22%。相比之下，对于被归类为私人道路的街道段[3]，所发生的入室盗窃案件与当地道路相比将减少 43%。在路网方面，研究表明，每增加一条到其他道路的连接，入室盗窃案件数量将增加 3%。如果一个街区的道路连接数比另一个街区多 5 个，那么该街区的入室盗窃案件预计将增加16%。在连通性方面，调查结果显示，与主要道路相连会使当地街道的入室盗窃预期数量增加8%。相比之下，与私人道路相连则会使入室盗窃水平降低8%。研究结论是：死胡同比开放的道路更安全，弯曲（相对于直线型）的死胡同仍然更安全。不幸的是，尽管在本研究中人工确定了死胡同的类型，但真实的死胡同（没有相连的人行道）和有漏洞的死胡同（有相连的人行道）之间并没有区分。Hillier（2004）、Armitage（2006）和Armitage 等人进行的研究（2010）证实了有漏洞的死胡同是最容易被盗窃的道路结构。

Armitage 等人（2010）分析了曼彻斯特、肯特和西米德兰兹（英格兰）三个警察局辖区下属的44个住宅开发项目共6 000多处房屋的设计特点。对各个房屋的边界及其所在区域的布局进行了细致的分析，并与先前的犯罪受害情况（在物业和开发商层面）进行了比较。结果显示：与真正的死胡同（没有连接路径的死胡同）相比，开放道路的犯罪率高出93%，而比有漏洞的死胡同（有连接路径的死胡同）犯罪率高出110%。分析还发现：与笔直的死胡同相比，弯曲的死胡同犯罪风险更低——这也证实了Johnson 和 Bowers（2010）的发现。

一些研究还强调了在他们的犯罪风险评估机制中，可接近性是一个犯罪特征。Armitage（2006）的伯吉斯检查表（Burgess Checklist，源自 Simon 的伯吉斯积分系统，Burgess Points System，1971）允许用户根据其设计特点来预测房屋的犯罪风险。伯吉斯评分是根据总体（整个样本）的平均犯罪率与具有特定设计特征的房屋犯罪率之间的差异得出的。Armitage 认为可接近性是一个与入室盗窃和易犯罪家庭有关的关键因素。与盗窃风险相关的13个环境因素中的6个（在统计显著水平上）、与犯罪相关的17个因素中的8个（在统计显著水平上）都与渗透性和穿透性有关。在代尔夫特检查表（the Delft Checklist）中，van der Voordt 和 van Wegen（1990）还确定了与入口和可接近性有关的几个因素，这增加了侵财犯罪的脆弱性。这些是入口和逃生路线的数量、入口和逃生路线的便捷性、入口和逃生路线的物理可达性、象征性障碍物的缺失。

除了对警方记录的犯罪数据进行分析外，Wiles 和 Costello（2000）还利用与犯罪人的谈话作为调查犯罪人决策的手段。犯罪人选择目标的主要原因是机会（63%的犯罪人），其中31%的犯罪人表明他们选择目标的原因是"可接近且安全性看起来很差"，26%的犯罪人表示他们选择目标是因为它们"可接近且看起来是空置的"，26%的犯罪人表示他们选择目标是因为它们"可接近并且房屋看起来孤零零的"。这证实了这样一个前提，即犯罪人根据他们在日常活动中了解到的情况来选择可接近的潜在目标——每一个回答都表明犯罪人在做出判决时认为"可接近"。限制通行将降低犯罪人"接近"房屋的可能性。

Armitage 和 Joyc（新闻界）进行的一项研究包括了对英格兰西约克郡 22 名已被定罪的盗窃犯的采访。研究发现，盗窃犯倾向于选择可接近性较高的区域，主要有三个原因。第一个为允许自由进出的便利性——主要是让他们比不太了解该地区的警察更具优势。第二个与人行道对犯罪人搜索行为的影响程度有关。第三，从与第二点的联系来看，人行道使犯罪人的搜索行为合法化——人行道是公共空间，犯罪人有权使用该空间做他们想做的任何事。一名犯罪人证实了第二和第三个点，在给他看穿过住宅区的人行道的图像时，他说：

"是的，这太完美了！太容易进行选择了。我会先在这条小路上走来走去，而且没人会看我一眼，即使我是一个流浪汉。即使前后左右走来走去，我也不会被认为不正常——这是一条开放的小径，没人会质疑你。"

作为这项研究的一部分，接受采访的犯罪人也证实了 Johnson、Bowers（2010）和 Armitage 等人的研究结果（2010），真正的死胡同并不是一个吸引犯罪分子的"好"目标。他们给出的原因是：在那里你很可能因为陌生人的身份而显得格外另类，因为"每个人都互相认识"，而且，在一个真正的死胡同里，你怎么进入的庄园就必须得怎么离开——这就增加了被发现的机会。一名犯罪人总结了这些建议：

"我不会再深入那死胡同了。除非你住在死胡同里，否则没有理由呆在那儿。你从没去过那儿，所以你觉得你自己是个陌生人。如果这是一条可直接穿过去的路，你可以一直往前走。我觉得人们互相认识，他们肯定会把我当作陌生人看待。"

Taylor（2002）在对可接近性对犯罪影响的证据进行研究时得出结论："社区得渗透性是……社区一级的设计特征之一，它与犯罪率联系最为紧密，而且不同类型得研究得到的结论基本一致：渗透性和可接近性越强，犯罪率越高"（Taylor，2002：419）。这种说法可能过于笼统，虽然绝大多数研究证实，住宅区内的可接近性增加了犯罪风险，但也有少数研究（通常使用空间句法技术）认为，有更多的人等同于有更多的监视（Jane Jacobs 在街道上的监视），可接近性的增加降低了犯罪风险（Jones and Fanek，1997；Hillier and Shu，2000；Shu and Huang，2003；Hillier，2004）。虽然关于可接近性对犯罪影响的研究存在一定差异，但大多数证据都支持可接近性增加会增加犯罪风险这一前提。

12.3.3　监控

1. 什么是"监控"

监控是指一个区域的设计方式，这种方式可以最大限度地提高空间的正式（保安、警察、雇员）或非正式（居民、过路人、购物者）用户观察可疑行为的能力。它还与犯罪人或潜在犯罪人认为他们可以被观察到的程度有关，即使实际上他们没有被观察到。

2. 实现方式

在 CPTED 内，监控很少涉及具体的正式措施，如闭路电视等。相反，它包括了通过确保住宅入口朝向街道、面向街道的房间处于活动状态（如厨房或起居室）以及视线不被灌木或高墙阻挡等措施建立的非正式监督。图 12.4 展示了一个面向街道的区域，所有的屋子窗户很小，这都是白天不太可能使用的房间——浴室和卧室。

图 12.4　房屋的小窗户和非活动房间朝向街道

图 12.5 显示了一个带有高树篱和大门的房屋，这两个都阻挡了房屋通往街道的视野。一旦犯罪人进入这样的房屋边界，他们就不太容易被邻居或路人发现。

监控原则要求空间的使用者能够认识到行为可疑的人（通过其行为或仅从其在私人 / 半私人区域内的表现就可以发现），并有信心进行干预。因此，名词"监视"包括了主动（正式）和被动（非正式）监控的操作任务，该空间区域的可监控性（Ekblom，2011），以及在犯罪人意识里创造出被观察到的认知。

图 12.5　该房屋的监控水平较差

3. 经验证据

研究表明，在选择住宅目标进行犯罪时，监控在犯罪人的决策过程中起着重要作用。犯罪人倾向于避免对抗，并尽可能地选择空置的目标。Reppetto（1974）采访了 97 名已被定罪的盗窃犯，发现他们避开目标的最常见原因是周围的人太多。犯罪人表示，邻居监控他们的可能性使他们不愿意去接近这个房屋，他们会选择那些感觉不太显眼、不太容易被邻近房屋观察到的目标。Cromwell 和 Olson（1991）在对 30 名活跃的盗窃犯的采访中发现，超过 90% 的盗窃犯表示，他们不会进入对他们产生怀疑的住所。

Brown 和 Bentley（1993）要求 72 名被监禁的盗窃犯从照片中估计给定的房屋是否被盗窃过。在所有十个住户中，那些被判定为有人居住的房子被盗窃犯认为是没有被盗窃过的。

Nee 和 Meenaghan（2006）采访了英国 50 名入室盗窃犯。调查结果证实了上述情况；犯罪人倾向于选择空置的房屋，并且这些房屋有很少或根本没有邻居来监控。最常被提及的吸引人的特征是受访者的覆盖程度。有四分之三的犯罪人人（38 名）更喜欢空置的房屋，其中有三分之二的犯罪人通过敲门或按门铃来确认这一点。

在评估受害房屋的设计特征时（作为使用警察记录的犯罪数据的措施），一些研究发现缺乏监控与高犯罪率有关（Armitage，2006；Armitage et al，2010；Winchester and Jackson，1982；van der Voordt and van Wegen，1990）。Armitage 等人（2010）在英国的 44 个开发项目中对 6 000 多处房屋进行了受害率与个别设计特征的比较。研究发现，被周边三到五处房屋所监视的房屋的入室盗窃犯罪率比缺少监控的房屋少 38%。

Winchester 和 Jackson（1982）发现，在 14 个与入室盗窃风险增加有关的设计变量中，有 8 个与邻近房屋缺乏监控有关。这些变量包括：房屋是孤立的，房屋处在一个环视四周只能看到周边不到五个其他房子的位置，房屋与其所在道路有一定距离，房屋的前面没有被其他房屋的监控覆盖，房屋前后都未被其他房屋的监控覆盖，大部分的房屋侧面在公共区域看不见，房屋与其最近的房屋相距一定距离，且该房屋临街面被路侧的景观遮挡。

Brown 和 Altman（1983）研究了 306 处被盗窃和未被盗窃的房屋，发现被盗窃过的房屋其有人居住过的迹象比未被盗窃过的房屋少。这些标志或痕迹包括散落在院子里的玩具或花园里的洒水器等。Brown 和 Altman 还发现，被盗窃的房屋对其邻近房屋而言可见度较小。

van der voordt 和 van wegen（1990）还提出了一个用于衡量犯罪风险的检查表——代尔夫特检查表。在他们确定为犯罪风险预测因子的因素中，有几个与监视和可见度有关。这些是建筑物之间的可见性、设施和外部空间、建筑物之间的视野和充足的照明水平。

Reynald（2009）对海牙 814 处住宅房屋进行了一项研究，测量了安保强度和监控机会之间的关系。Reynald 使用了四阶段模型来定义安保强度，从第一阶段——无安保阶段（有证据显示房屋无人居住）、第二阶段——有安保阶段（有证据显示房屋有人居住）、第三阶段——有能力安保阶段（有居民观察犯罪人）到第四阶段——干预安保阶段（犯罪人受到居民的干预）。她通过观察建筑物窗户被树木和墙壁等物理特征遮挡的程度来判断监控机会。研究结果显示，监控机会与安保强度呈显著正相关（0.45），表明安保强度随监控机会的增加而增加。在评估犯罪与安保强度之间的关系时，结果呈正向性，具有统计学意义。分析表明，犯罪率在四阶段模型的每个阶段都在持续下降。犯罪率在缺少和有安保人阶段之间显著下降，在有能力安保人阶段下降甚至更多，在干预阶段则略有下降。

12.3.4 物理安全

1. 什么是"物理安全"

物理安全，有时被称为目标强化，与通过建筑物设计的物理特征（如门、窗、锁或栅栏)保护房屋及其边界的程度有关。安全措施增加了入侵者闯入的难度，增加了其强行进入的时间代价，在某些情况下（闭路电视）增加了入侵者被发现的可能性，每种措施都增加了与犯罪人实施犯罪相关的风险。

2. 实现方式

CPTED 关注的是房地产设计和布局的细微变化，并强调在犯罪问题出现之前设计出能够有效抵御风险的措施。如果在建筑设计中构建了高质量的安全屏障，而不是在犯罪问题出现后再改进，则增强安全性也就不需要构建堡垒一样的外观。CPTED 的应用中有几个例子（将在下面更详细地讨论），这些例子指定了要包含在新构建属性中的安全硬件标准。例如，在英格兰和威尔士，SBD 计划有三分之一的部分专门用于物理安全标准，如门、窗、锁和入侵报警。截至 2015 年 10 月，英格兰和威尔士的建筑法规也进行了更新，包括安全要求（批准文件 Q）。虽然这些标准略低于 SBD 所要求的标准，但这是在新建住房内减少犯罪的重要一步。如下文所述，荷兰和苏格兰等国家在其规划体系中也已经有此类要求。

3. 经验证据

对实体安全作为减少犯罪的一种手段的有效性的研究表明，在所有其他因素都相同的情况下，盗窃犯更喜欢侵犯实体安全水平较低的房屋（Cromwell and Olson，1991）。Vollaard 和 Ours（2011）报告了对荷兰房屋内建安全性的广泛评估结果。本研究采用了 1999 年引入的建筑法规变更，要求所有门窗（用于新建房屋）均采用经欧洲 ENV 1627:1994 2 级标准或荷兰 NEN 5096 2 级标准认证和批准的材料。根据四组年度国家受害调查（VMR）的数据显示，监管变化导致入室盗窃（调查范围内）发案率从每年 1.1% 减少到 0.8%，减少了 26%。评估还表明，这种减少并未导致犯罪转移。

Tseloni 等（2014）对英格兰和威尔士的物理安全措施与盗窃风险之间的关系进行了深入分析。根据四次英格兰和威尔士犯罪调查（CSEW）的数据，他们介绍了个人和综合安全特征在减少犯罪方面的优势。研究发现，某些安全功能的组合对减少犯罪有益，但是，随着安装的设备数量的增加，防盗能力并没有持续增强。分析表明，如果只安装一个安全装置，最有效的装置将是传感器上的外部告警灯，如果再增加一个设备，最有效的安全设备将是窗锁和外部告警灯。平衡设备数量以防止入室盗窃的最终选择是门窗锁和外部告警灯或安全链。研究得出的结论是，个人安全设备的防盗能力是没有安全措施的 3 倍，而安全设备的组合通常比没有安全措施的防护能力高出 50 倍。

12.3.5　管理和维护

1.　什么是"管理与维护"

这一原则综合了 Newman（1973）和 Wilson 与 Kelling（1982）的观点。其中前者侧重于最初的设计和建造，后者侧重于开发后的管理和维护。Newman 认为，正确地使用材料和良好的建筑设计可以防止居民感到威胁。Wilson 和 Kelling（1982）的"破窗理论"表明，一个已经退化的区域的涂鸦和破坏行为传达了这样一种印象：（1）没有人关心这片区域；（2）该区域已经不整洁，再多这样的低级混乱也会被忽视，因此具有传染效应，导致更多更广泛的严重犯罪发生。

2.　实现方式

Newman 认为开发项目的设计和建造应避免人为的破坏，这与避免不同类型的住房（如社会住房和私人住房）之间差异的要求有关。他认为，这种形象的概念可以通过避免建筑形式和布局的差异化来保持，从而引起人们的注意。他还认为，建筑材料的质量应是可靠的，且对居民有一定的吸引力。要解决 Wilson 和 Kelling（1982）提出的风险，应该有这样一个维护系统，以确保诸如故意破坏、乱扔垃圾和涂鸦等低级行为能够迅速被清除。虽然对社会保障住房的居住人群来说不难解决，但对私人住户来说，要使其天天清除垃圾或保持花园整洁可能不太容易。历史上 SBD 奖励计划有一个环节是关于管理和维护的，建议 SBD 房地产应该有一个程序化的管理系统来维护区域，包括清除垃圾和涂鸦（Armitage，2005）。然而，也许是由于认识到无法控制这些因素，最新的 SBD 标准（SBD New Home，2014）未提出某个地区的管理或维护建议。

3.　经验证据

经验证据表明，低级混乱的存在与已发生的犯罪或对易犯罪可能性的感知有关。Taylor 和 Gottfredson（1987）发现，物理上的不文明现象间接影响了犯罪人对风险的感知，因为它们表明了居民对其居住区域的关心程度，从而可以作为当他们发现有犯罪发生时干预可能性的指标，这一观点后来由 Keizer 等人证实（2008）。在一系列研究中，Cozens 等人（2001、2002a 和 2002b）发现，当给居民、已被定罪的盗窃犯、专业规划人员和警察看一系列图像并要求判断该房屋是否容易被盗时，他们始终选择"维护良好"作为五种房屋设计中最不易受侵害的选项。

Armitage（2006）在研究西约克郡环境设计特征与犯罪之间的联系时发现，被判定为（由两名独立评估人员进行）拥有一个未装修的花园、花园中有垃圾或门阶上有成堆的信/报纸的房屋中，有46%的房屋都曾经历过至少一次入室盗窃，而平均发案率则是16%。

12.4 CPTED 的应用

尽管有些不同之处，但是CPTED基本上是建立在这一整套原则之上的，同时在不同国家，甚至在不同国家的不同城市应用CPTED的方式都有所不同。本章所述的范围不包括实施CPTED的一般性方法，因此，为了更好地阐述说明这种方法，本章将重点介绍三个被公认为在CPTED有着良好实践的国家（英格兰/威尔士、澳大利亚和荷兰）。本节最后探讨了CPTED方法从一个国家到另一个国家的可迁移性。

12.4.1 英格兰和威尔士

英格兰和威尔士共有43个警察局，每个警察局中至少有一个人的负责审查提交给地方规划局（在地方议会内）的规划申请，并提供相应的CPTED建议，以减少可能产生的任何潜在犯罪风险。这个角色被称为建筑联络官（ALO）、预防犯罪设计顾问（CPDA）或设计犯罪官员（DOCO）。这种名称上的差异很大程度上是地理上的，在英国北部是ALO，在中部是CPDA，在南部是DOCO。即使在英格兰和威尔士（共享政府和相关法律政策），警察部队对这一角色的应用也各不相同。在一些警察部队中，ALO/CPDA/DOCO的作用是单一的。在其他队伍中，这一角色还与其他职责共享，如许可证管理人员、闭路电视管理人员、控制犯罪减少官员，甚至是执行警务职责的人员等。在某些部队中，他们作为一个团队驻扎在一起，而在其他部队中他们可能单独驻扎在分区警察局，甚至在地方当局的规划办公室内。在某些部队中，这一角色通常由具备专业资格的或退休的高级警官担任，而在其他部队中（如曼彻斯特警察局），被招募担任这一角色的人必须还要具备有建筑业的背景。虽然历史上每支警队中都有许多ALO/CPDA/DOCO，通常其工作由ALO/CPDA/DOCO部队支持，但由于财政审查（2010）带来的财政紧缩导致了其数量的大幅削减。2009 年 1 月全英格兰/威尔士有 347 个 ALO/CPDA/DOCO，到 2014 年 11 月只剩下了 125 个。

43 支警察部队内的 CPTED 的业务执行流程也各不相同，一些地方规划当局需要在规划前进行咨询（如曼彻斯特的地方当局），而其他部队的预防犯罪则完全取决于 ALO/CPDA/DOCO 当前的规划申请，并联系规划办公室提供 CPTED 建议。在编写国家层面的规划政策框架时，英格兰和威尔士的规划系统需要以国家政策为指导。该政策规定，地方规划政策和决定（除其他考虑外）应旨在创造安全发展的环境，确保犯罪、混乱和被害恐惧不会影响到人民的生活质量。英格兰和威尔士也有相应的政策以指导当地规划部门和建筑环境专业人员如何维护社区安全。从历史上看，该指南有具备一定指导意义——特别是在系统规划和犯罪预防方面，但是，作为泰勒规划指南审查（Taylor Review of Planning Guidance，2012）的一部分，该指南被取消了，并在 2014 年由国家规划网站所取代。虽然它并非专门针对犯罪预防，但它确实涉及了安全考量、犯罪预防和安全措施的重要性。如前所述，最近修订的英格兰和威尔士建筑法规（住房标准审查）引入了物理安全标准（批准文件 Q）。

在英格兰和威尔士，也有一个相应的奖励计划——基于 CPTED 原则的设计担保（SBD）计划。该计划由首席警官预防犯罪倡议协会（ACPO-CPI）管理，由警察队伍中的 ALO/CPDA/DOCO 提交申请，经讨论后授予其符合基于设计、布局以及物理安全标准等相关标准的开发项目。针对 SBD 计划的有效性目前已有五份公开发表的评估报告（Brown，1999；Pascoe，1999；Armitage，2000，Teedon et al，2009，2010；Armitage and Monchuk，2011），每一次都得出了相应的结论，认为 SBD 能够实现犯罪的减少。还有几项研究得出结论，认为 SBD 计划是一项成本效益措施（Armitage，2000；Association of British Insurers，2006；Teedon et al，2009）。英国保险公司协会（2006）估计，根据 SBD 标准，四居室独立式住宅的超额建设成本为 200 英镑，三居室或两居室独立式住宅的超额建设成本为 170 英镑，一楼公寓的超额建设成本为 240 英镑，顶层公寓的超额建设成本为 70 英镑。Pease 和 Gill（2011）重新分析了 Armitage 和 Monchuk（2011）对 SBD 有效性的研究结果，并确定以 Davis Langdon（2010）的数据计算 SBD 的成本，并将其与犯罪成本进行对比，SBD 计划仅在考虑入室盗窃和故意犯罪的情况下就可以在不到两年的时间内弥补犯罪造成的损失。他们指出，若包括其他类型犯罪的话这一时间还将会缩短。

12.4.2 澳大利亚新南威尔士

在澳大利亚，CPTED 的实施情况因各州情况而异。选择新南威尔士州作为本章的一个例子是因为它的交付模式，其中甚至包括立法要求对那些通过地方议会审议认为构成犯罪风险的地区进行犯罪风险评估。虽然这项立法明确认定了 CPTED 的重要性，但将其纳入规划和警务系统的过程与英格兰和威尔士有很大不同。在新南威尔士州的政府和警务部门没有设置等同于 ALO/CPDA/DOCO 的角色，最接近这一角色的是犯罪预防官员，与英格兰和威尔士的减少犯罪 / 预防官员的角色类似。该职位包括各种角色和责任。在新南威尔士州，这一职位还承担着更多的其他任务，这意味着在实践中，预防犯罪官员不能从预防犯罪的角度系统地评估所有规划申请，因此只能由私人犯罪预防顾问、规划公司或开发商自己进行犯罪风险评估并根据犯罪风险提出相应的改进建议。Clancy 等人（2011）对 2007 年 1 月至 2010 年 10 月提交的 33 项犯罪风险评估进行了审查，发现这些评估由 24 家公司进行，其中 11 家是建筑规划公司，8 家是社会规划公司，7 家是开发公司，5 家是私人犯罪预防顾问，2 家是工程公司，没有警务部门实施的评估。因此，Clancy 等人（2011）质疑这些独立组织在多大程度上是在没有既得利益的前提下编写这些报告的。

12.4.3 荷兰

荷兰有一个很完善的体系将 CPTED 纳入了规划过程中，并且这个过程适用于法规、奖励计划和交付等环节。在条例方面，荷兰政府规定所有新建住宅必须遵守具体的门窗安全条例，从 1999 年 1 月 1 日起，只有在符合内部安全的法律要求时才能获得规划许可。荷兰政府也有一个奖励计划（类似于英国的 SBD 计划），名为警察标准安全住房。与 SBD 计划不同，该奖励计划（最初由警方实施和管理）由荷兰政府管理，荷兰政府在其规划政策指南中采用了警察标准，并且（自 2004 年以来）规定每个新的房地产或住宅必须按照警察标准或同等标准建造。尽管该奖励计划模仿自 SBD，但也有几个不同之处。第一个是荷兰政府将标准分为了三种不同的证书——安全住宅、安全建筑和安全社区，这些可以单独颁布，但它们综合在一起构成了警察标准安全住房的奖励。与 SBD 相比，该标准的规定也较低，为旨在实现安全的房地产开发人员提供了更大的灵活性。此外，在需求清单方面分为了五类（城市规划设计、公共区域、布局、建筑、住宅），其中包括了性能要求（达到什么标准）和说明满足这些要求的方式（如何实现）的规范。作为激发创造力和避免开发人员"设计"出特定需求风险的一种手段，如果开发人员提供的解决方案与"如何实现"中规定的不一致，但证明仍然能够达到相同的预防效果，那么可以考虑加入这一点。该计划的不同之处在于，其有效期仅有十年，在此之后还需要重新评估。在方案的交付方面，该系统与英格兰和威尔士的系统非常相似。直到2009 年，每个警察局都有许多建筑和规划顾问，其职责与 ALO/CPDA/DOCO 非常相似。由于政府预算削减，这一职责已被平民化，由政府当局通过聘请外部顾问或内部的文职建筑规划顾问来负责。

12.4.4　可迁移性

一些研究人员讨论了 CPTED 是否可以简单地转移到不同国家而不考虑当地文化、气候和环境这种情况（Reynald，2009；Ekblom et al，2012；Armitage，2013；Cozens and Melenhorst，2014）。实际上，预防犯罪的解决方案不能简单地莽撞或强制执行而不考虑当地的实际情况，因为这些机制是通过激励和指导居民、路人和犯罪人的行为来生效的，所以他们必须考虑当地人的周围环境。如 Ekblom 等强调："建筑环境的犯罪预防设计很少能大规模实现，因为必须根据当地情况进行定制化设计"（Ekblom et al，2012：92）。

Ekblom 等（2012）探讨了将 CPTED 的"传统"原则迁移到阿拉伯联合酋长国阿布扎比地区的可能性。这项研究以七项原则——准入和流动、监督、结构、所有权、人身保护、活动、管理和维护为出发点，探讨了在阿布扎比应用这些原则时可能出现的冲突。研究发现，在阿联酋的文化和自然气候中很难实现限制进入和通行、确保道路宽阔、光线充足、无藏身之处的设计目标。如图 12.6 所示，许多通道被高墙和植被包围着，其设计目的是最大限度地增加太阳光的遮挡。

另一个关于限制通行原则的问题与房屋拥有所有边界围墙的文化重要性有关。为了确保每个居民都拥有自己的边界围墙，在房屋边界被分隔的地方会产生一个狭小的剩余土地空间（见图 12.7）。这些空间不是公共的人行道，也不是设计用来进入房屋的，但是，犯罪人不仅会利用这些空间进入房屋，其他人也会将这些空间用作处理生活垃圾和废物。

图 12.6 高墙和植被为阿布扎比的人行道提供了太阳光遮挡

图 12.7 在阿布扎比,房屋边界之间的空间形成了一些隐性的人行道

　　一些研究人员还对在南非或洪都拉斯等暴力犯罪高发的国家有效执行英国等国家适用的 CPTED 原则和标准的情况进行了关注(Kruger,2015;Cruz,2015)。

　　即使有些国家或地区似乎具有相同的自然气候和文化背景,但是也存在可能影响 CPTED 成功实施或其他方面的差异。Montoya 等人(2014)探讨了住宅设计特征对入室盗窃的影响。虽然他们的研究结果支持对英格兰社区的研究(Armitage,2006),但他们发现,在英国进行的研究中发现的有漏洞的和没有漏洞的死胡同之间的区别在荷兰并不适用。他们将这种差异归因于自行车的高频率使用,表明通行并不总是局限于正规的道路/自行车道路。

12.5 关键注意事项

毫无疑问，通过设计、建造和管理房屋及其周围环境来减少犯罪的方法是一种具有成本效益和常规的减少犯罪的方法。关键的考虑在于细节——被描述为 CPTED 原则与实际应用之间的脱节——这种方法在多大程度上可以迁移到其他文化差异、暴力犯罪率高的地区以及没有实施 CPTED 基础的国家。其应用缺乏一致性，特别是与个人对风险的解释（Monchuk，2016 年进行的全面讨论）有关，而过度的标准化来防止这种不一致性会有扼杀创造性的危险。安全设计与可持续性/环境保护等其他规划议程的不一致以及近乎教条地追求遵守这些原则的风险达到一定程度，CPTED 原始的目的和功能就会无法实现。

虽然本章的目的是简单探讨 CPTED 的含义、发展的过程以及如何在政策和实践中具体应用，但是人们同样也会去关注这些原则的演变（Monchuk，2016；Armitage and Joyce，news；Armitage and Monchuk，news），可以说在 2016 年一定程度上准确反映了设计影响犯罪风险及其相关性。

正如本章所述，CPTED 从 Jeffery（1971）、Newman（1972）、Jacobs（1961）和新机会理论（犯罪模式理论、日常活动理论和理性选择视角）中发展而来。CPTED 是由英国和美国的学者在 20 世纪 60 年代和 70 年代提出的，直到现在几乎没有太大变化。毫无疑问，环境设计会影响犯罪人和其他空间使用者的行为决策，这种方法在预防犯罪和政策规划中发挥着重要作用。然而，我们必须承认，理论上提出的问题与实际发生的问题之间存在着一定的脱节。Armitage 和 Monchuk（news）认为，CPTED 应该进行彻底的改革，目前的 CPTED 应该使用归纳法进行重建。他们的研究要求犯罪人和犯罪预防从业者用他们自己的话来描述他们认为设计是如何影响犯罪选择的过程。历史上，这一领域的研究采用了演绎的方法来检验现有的理论——确认或反驳我们已经知道的，而不是提出新的信息。利用归纳法重新定义 CPTED 可以考虑不同的情况——比如设计如何影响犯罪人在毒品（Armitage and Joyce，news）作用下实施这些犯罪的决策？或者在盗窃犯罪中哪里会寻获到作案工具？

除了重新定义 CPTED 的原则或要素外，还应考虑在实践中的应用以及在不同国家、不同时期和不同政治环境中的变化。警方（知道当地的犯罪风险）提出的系统一般都行得通，但这能在有限的预算下维持运转吗？警方是评估建筑设计或影响建筑师、开发商和规划者的最合适的专业机构吗？

这种考虑不应被视为对 CPTED 的批评，而应被视为对避免自满和确保该方法继续发展和改进的诉求。设计场所和空间来尽量减少犯罪风险是预防和减少犯罪的一种非常有效的方法，这很简单，成本很低，也涉及不同的机构，如开发商、建筑师、规划者和警方（最低限度），这需要他们共同努力降低犯罪风险——这是多个机构的本质（以及立法要求，如 1998 年《犯罪和混乱法》第 17 条）。做好 CPTED 可以减少犯罪，提高安全感，降低政府应对犯罪、管理空置房以及处理遭受侵害的成本。最重要的是，当有效实施时，CPTED 有能力影响大量房屋及其周围空间的犯罪风险，并且使其获益数十年。相反，如果在设计建设房屋和空间时没有考虑到犯罪风险，则在未来几十年内房屋、区域甚至社区的犯罪风险都将被极大提升，并可能在建筑寿命之前不得不进行代价高昂的重建。

内 容 回 顾

1. 本章概述了围绕限制房屋内部和房屋之间通行要求的讨论。许多人认为，限制通行可以降低潜在犯罪人发现易被盗房屋的风险，并限制犯罪人的进入和逃离路线。然而，如果在设计时考虑到潜在的滥用者，我们是否还会限制合法用户的空间专属权——他们可能想要一条捷径（人行道）到最近的商店或附近的住宅区。我们如何平衡自然环境和建筑环境"用户"的需求，同时考虑那些可能"滥用"这些空间的意图？

2. 按照设计标准建造的房屋不能够公开（没有可见的标志或告示）。那些居住在这样设计区域内的人、那些使用该空间的人以及那些经过该空间的人不太可能意识到增强的安全"等级"。有证据表明，应告知居民其房屋的设计和建造是为了抵御犯罪风险。也有人认为，这些信息可能会增加居民对犯罪的恐惧，而且如果公开可能会对犯罪人起到"邀请"或"挑衅"的作用。我们如何在宣传安全设计（如威慑犯罪人和增加居民安全感）以保障房屋的潜在利益与引诱犯罪人、加剧该空间住户被害恐惧之间取得平衡？

3. 目前，按照设计标准建造的住房中，绝大部分是社会保障住房（由政府或住房协会拥有）。这是因为政府有权利要求将某些标准作为向这些住房供应商提供项目的先决条件。相比之下，私人住房享受到设计预防犯罪红利的速度要慢得多。我们如何鼓励私人住宅开发商体会到在考虑预防犯罪情况下设计房屋的好处？政府是否能够强制要求所有新建住房都按照设计标准来建造？如果是这样的话，与此相关的挑战可能有哪些？

4. 研究表明，按照 CPTED 的原则进行设计可以减少入室盗窃和其他收益性犯罪（如机动车盗窃犯罪和车库盗窃）的发生。你是否认为这些原则在多大程度上有益于其他犯罪或精神错乱事件，如反社会行为的预防？在此基础上，你是否认为这些原则可以迁移到社会重大挑战中，如恐怖主义、儿童性侵犯和网络犯罪？

5. 一些人认为，为建筑制定标准和法规会限制创造力，并对住宅开发的"设计质量"或美学产生影响。在你看来，我们如何平衡鼓励开发人员构建的愿望同时考虑到预防犯罪以及扼杀个人设计的风险？你认为安全性设计可以与架构上具有吸引力的属性设计相一致吗？

6. 最后，考虑到你自己的房子或公寓，你认为安全标准是否可以改进（考虑物理安全以及设计布局）？这些改变是否具有任何经济或实际意义？

注　释

1. 主要道路是指连接城市、城镇之间的高等级道路。

2. 地方道路组成了城市景观，在其上建造了住宅区，方便了从一条地方道路到另一条地方道路的交通通行。这些道路连接了社区，并允许人们在其内部和之间穿行，但大多数情况下不允许除当地以外的其他任何车辆通行。

3. 专用道路仅供居民单独使用，不用于连接地点。其中一些是死胡同，一些用于道路通行。

参 考 文 献

Armitage, R. (2000) *An Evaluation of Secured by Design Housing within West Yorkshire - Briefing Note 7/00*. London: Home Office.

Armitage, R. (2005) *Secured by Design - An Investigation of the History, Current Application and Potential Refinements of the Secured by Design Scheme*. PhD thesis, University of Huddersfield.

Armitage, R. (2006) Predicting and Preventing: Developing a Risk Assessment Mechanism for Residential Housing. *Crime Prevention and Community Safety: An International Journal.* 8(3), 137-149.

Armitage, R. (2013) *Crime Prevention through Housing Design: Policy and Practice.* London: Palgrave Macmillan, Crime Prevention and Security Management Book Series.

Armitage, R., and Joyce, C. (in press) Why my house? Exploring offender perspectives on risk and protective factors in residential housing design. In: R. Armitage and P. Ekblom (eds) *Rebuilding Crime Prevention through Environmental Design.* Oxford: Routledge.

Armitage, R., and Monchuk, L. (2011) Sustaining the Crime Reduction Impact of Secured by Design: 1999 to 2009. *Security Journal.* 24(4), 320-343.

Armitage, R. and Monchuk, L. (in press) Redefining the Principles of CPTED: In the Words of Users and Abusers. *Policing: A Journal of Policy and Practice.* 11 (1).

Armitage, R., Monchuk, L., and Rogerson, M. (2010) It Looks Good, But What is it Like to Live There? Assessing the Impact of Award Winning Design on Crime. *Special Volume of European Journal on Criminal Policy and Research.* 17(1), 29-54.

Association of British Insurers (2006) *Securing the Nation.* London: Association of British Insurers.

Brown, J. (1999) *An Evaluation of the Secured by Design Initiative in Gwent, South Wales.* Unpublished MSc. dissertation, Scarman Centre for the Study of Public Order, Leicester.

Brown, B.B. and Altman, I. (1983) Territoriality, Defensible Space and Residential Burglary: An Environmental Analysis. *Journal of Environmental Psychology.* 3, 203-220.

Brown, B. and Bentley, D. (1993) Residential Burglars Judge Risk: The Role of Territoriality. *Journal of Environmental Psychology.* 13, 51-61.

Clancey, G., Lee, M. and Fisher, D. (2011) Do Crime Risk Assessment Reports Measure Crime Risks? *Current Issues in Criminal Justice.* 23(2), 235-254.

Cozens, P. (2007) Planning, Crime and Urban Sustainability. *Transactions on Ecology and the Environment.* 102, 187-196.

Cozens, P. (2008) New Urbanism, Crime and the Suburbs: A Review of the

Evidence. *Urban Policy and Research*. 26(3), 1-16.

Cozens, P. and Melenhorst, P. (2014) Exploring Community Perceptions of Crime and Crime Prevention through Environmental Design (CPTED) in Botswana. *Papers from the British Criminology Conference 2014*. 14, 65-83.

Cozens, P., Hillier, D. and Prescott, G. (2001) Defensible Space: Burglars and Police Evaluate Urban Residential Design. *Security Journal*. 14, 43-62.

Cozens, P., Hillier, D. and Prescott, G. (2002a) Gerontological Perspectives on Crime and Nuisance: The Elderly Critically Evaluate Housing Designs in the British City. *Journal of Aging and Social Policy*. 14(2), 63-83.

Cozens, P., Hillier, D. and Prescott, G. (2002b) Criminogenic Associations and Characteristic British Housing Designs. *International Planning Studies*. 7(2), 119-136.

Cozens, P., Saville, G. and Hillier, D. (2005) Crime Prevention Through Environmental Design (CPTED): A Review and Modern Bibliography. *Property Management*. 23, 328-356.

Cromwell, P.F and Olson, J.N. (1991) *Breaking and Entering: An Ethnographic Analysis of Burglary*. Newbury Park, CA: Sage.

Crowe, T. (2000) *Crime Prevention Through Environmental Design: Applications of Architectural Design and Space Management Concepts*. 2nd Edition, Butterworth-Heinemann: Oxford.

Cruz, M. (2015) *CPTED in Honduras*. Paper presented at the International Crime Prevention through Environmental Design Association Conference. Calgary, October 2015.

Davis Langdon (2010) *ACPO Crime Prevention Initiatives Limited - Capital Costs of Secured by Design Accreditation*. Unpublished report for ACPO SBD.

Dewberry, E. (2003) Designing out Crime: Insights from Eco-Design. *Security Journal*. 16,51-62.

Ekblom, P.(2011) Deconstructing CPTED... and Reconstructing it for practice, Knowledge. Management and Research *European Journal on Criminal Policy and Research* 17,7-28.

Ekblom, E., Armitage, R. and Monchuk, L. (2012). Crime Prevention Through Environmental Design in the Middle East: A Suitable Case for Re-Orientation? *Special Edition volume of Built Environment Journal*. 39(1), 92-113.

Hedayati-Marzbali, M., Abdullah, A., Javad, M. and Tilak, M. (in press) Crime prevention through environmental design: Development and validation of a hierarchical model. In: R. Armitage and P. Ekblom (eds) *Rebuilding CPTED*. Oxford: Routledge.

Hillier, B. (2004). Can Streets Be Made Safer? *Urban Design International. 9*, 31-45.

Hillier, B. and Sahbaz O. (2009). Crime and urban design: An evidence-based approach. In: R. Cooper, G. Evans, and C. Boyko (eds) *Designing Sustainable Cities*. Chichester, UK: Wiley-Blackwell, pp. 163-186.

Hillier, B. and Shu, S. (2000). Crime and urban layout: The need for evidence. In: S. Ballintyne, K. Pease and V. McLaren (eds) *Secure Foundations: Key Issues in Crime Prevention, Crime Reduction and Community Safety*. London: Institute of Public Policy Research, pp. 224-248.

Jacobs, J. (1961). *The Death and Life of Great American Cities*. New York: Random House.

Jeffery, C. R. (1971). *Crime Prevention Through Environmental Design*. Beverly Hills, CA: Sage.

Johnson, S. and Bowers, K. J. (2010). Permeability and Burglary Risk: Are Cul-de-sacs Safer? *Quantitative Journal of Criminology. 26*(1), 89-111.

Jones, M. and Fanek, M. (1997). *Crime in the Urban Environment*, Proceedings, First International Space Syntax Symposium, Vol. II, London: UCL.

Keizer, K., Lindenberg, S., and Steg, L. (2008). The Spreading of Disorder. *Science. 322*(5908), 1681-1685.

Kruger, T. (2015). *Inclusive Places. Safe Places. Favourite Places: Easier Said Than Done?* Paper presented at the International Crime Prevention through Environmental Design Association Conference. Calgary, October 2015.

Monchuk, L. (2011). The Way Forward in Designing Out Crime? Greater Manchester Police Design for Security Consultancy. *Safer Communities: A Journal of Practice, Opinion, Policy and Research. 10*(3), 31-40.

Monchuk, L. (2016). *Crime Prevention through Environmental Design (CPTED): Investigating its Application and Delivery in England and Wales*. Thesis submitted to the University of Huddersfield.

Montoya, L., Junger, M. and Ongena, Y. (2014). The Relation Between Residential Property and its Surroundings and Day- and Night-time Residential

Burglary. *Environment and Behavior*. 48(4), 515-549.

Nee, C. And Meenaghan, A. (2006). Expert Decision-making in Burglars. *British Journal of Criminology*. 46, 935-949.

Newman, O. (1972). *Defensible Space: Crime Prevention Trough Urban Design*. New York: Macmillan.

Newman, O. (1973). *Defensible Space: People and Design in the Violent City*. London: Architectural Press.

Pascoe, T. (1999). *Evaluation of Secured by Design in Public Sector Housing— Final Report*. Watford: BRE.

Pease, K., and Gill, M. (2011). *Direct and Indirect Costs and Benefits of Home Security and Place Design* Leicester, UK: Perpetuity Research and Consultancy International Ltd.

Poyner, B. (1983). *Design Against Crime: Beyond Defensible Space*. London: Butterworth.

Reppetto, T.A. (1974). *Residencial Crime*. Cambridge, MA: Ballinger.

Reynald, D. (2009). Guardianship in Action: Developing a New Tool for Measurement. *Crime Prevention and Community Safety*. 11, 1-20.

Secured by Design (2014). *Secured by Design New Homes—2014*. London: Secured by Design.

Shu, S. and Huang, J. (2003). Spatial configuration and vulnerability of residential burglary: A case study of a city in Taiwan. In: J. Hanson (ed.), *Proceedings, 4th intermational Space Syntax Symposium*, London: UCL.

Taylor, R. (2002). Crime Prevention Through Environmental Design (CPTED): Yes, no, maybe, unknowable and all of the above. In: R.B. Bechtel and A. Churchman (eds) *Handbook of Environmental Psychology*. New York: John Wiley & Sons, pp. 413-426.

Taylor, R. and Gottfredson, S.D. (1987). Environmental Design, Crime and Prevention: An Examination of Community Dynamics. *Crime and Justice: An Annual Review of the Research*. 8, 387-416.

Teedon, P., Reid, T., Griffiths, P. and McFayden, A. (2010) Evaluating Secured by Design Door and Window Installations. *Crime Prevention and Community Safety*. 12(4), 246-262.

Teedon, P., Reid, T., Griffiths, P., Lindsay, K., Glen, S., McFayden, A. and Cruz, P. (2009) *Secured by Design Impact Evaluation Final Report*. Glasgow: Glasgow Caledonian University.

Tseloni, A., Thompson, R., Grove, L. E., Tilley, N. and Farrell, G. (2014). The Effectiveness of Burglary Security Devices. *Security Journal* (advance online publication 30 June 2014.) http://link.springer.com/article/10.1057%2Fsj.2014.30 (accessed 6 January 2016).

Van Der Voordt, T. J. M. and Van Wegen, H. B. R. (1990). Testing Building Plans for Public Safety: Usefulness of the Delft Checklist. *Netherlands Journal of Housing and Environmental Research*. 5(2), 129-154.

Vollaard, B. and Ours, J. C. V. (2011). Does Regulation of Built-In Security Reduce Crime? Evidence from a Natural Experiment. *The Economic Journal*. 121(May), 485-504.

Wiles, P. and Costello, A. (2000). *The 'Road to Nowhere': The Evidence for travelling Criminals, Home Office Research Study 207*. London: Home Office.

Wilson, J. Q. and Kelling, G. L. (1982). The Police and Neighbourhood Safety. *The Atlantic*. 3(March), 29-38.

Winchester, S. and Jackson, H. (1982) *Residential Burglary: The Limits of Prevention*. Home Office Research Study Number 74. London: Home Office.

第 13 章　情境犯罪预防

Ronald V. Clark

　　情境犯罪预防（Situational Crime Prevention，SCP）是减少特定犯罪问题的一种非常实用和有效的手段。从本质上讲，它试图改变犯罪的情境决定因素以减少犯罪发生的可能性。人们经常批评它是一种简单的、缺乏理论的预防犯罪方法，但它在环境犯罪学理论却中有着坚实的基础。也有评论认为它不能预防犯罪，而只能"取代"犯罪，即将犯罪转移到其他地方或改变其发生的形式。然而，这种评论被人为地夸大了。本章将表明，犯罪的大幅减少可归因于犯罪的情境预防。首先，本章将阐述情境犯罪预防的理论基础。

13.1　理　论　背　景

　　如前所述，情境犯罪预防是基于本书所讨论的环境犯罪学理论——日常活动理论（Routine Activity Theory）、理性选择视角（Rational Choice Theory）、犯罪模式理论（Crime Pattern Theory）——而最近它又融入了一些社会和环境心理学的理论内容。本章将不详细讨论这些理论，而是将阐述它们对情境犯罪预防特别重要的一些基本假设。

13.1.1　犯罪源于动机与情境的相互作用

　　大多数犯罪学理论只试图解释为什么有些人有违法或成为犯罪人的倾向。无论是从生物学、心理学还是社会学的角度来看，这些理论都是"认知性的"，因为它们试图解释一般的倾向或犯罪倾向。但是，犯罪是一种行为，不仅仅是一种倾向，而且它还能用认知（有时也被称为"犯罪动机"）和提供犯罪发生机会的情境之间的相互作用来解释。

　　在对情境犯罪预防的早期讨论中，犯罪机会被用作情境的同义词。然而，后来的讨论认识到，情境不仅为犯罪提供了"机会"，还提供了诱惑、引诱和挑衅（Wortley，2001）等，这种认识扩大了情境犯罪预防的范围。即便如此，用"机会"一词来指情境因素的更广泛作用还是很容易理解的，为此本章将继续沿用这个说法。

13.1.2　犯罪总是一种选择

人们从事各种行为的动机和导致犯罪的情境之间的相互作用是通过犯罪人的即时决策实现的。只要有人犯罪，他们都会做出这样的决定（Cornish and Clarke，本书第2章）。正如Taylor、Walton和Young（1973）多年前曾指出的，没有人是被强迫犯罪的。因此，社会歧视和地位低下并不会主动促使强盗进入银行；相反，强盗选择抢劫银行是因为他们想要钱，而且是想要大量的钱。

实际上，人们犯罪是因为他们认为这样做会给他们带来一些好处。好处并不总是经济上的，还有可能出于刺激、性、权力、迷醉、复仇、认同、忠诚、爱——事实上，人们可能会想要任何东西。他们是否选择用犯罪的手段去获得这些东西取决于他们对获得的收益和失败的风险（逮捕、惩罚、殴打、羞辱等）的粗略计算权衡。他们的选择可能是在情感压力下做出的，也可能是在醉酒时做出的，他们也可能是精神分裂的、鲁莽的、不知情的或不明智的——但是不论怎么说，他们还是选择了犯罪。

如果人们选择犯罪，那么即使是那些更倾向于犯罪的人，在情况不利时也会选择不去犯罪，因为这会使他们付出沉重的代价。所以，创造不利于犯罪的环境是情境犯罪预防的目标。

13.1.3　机会在犯罪中起着重要作用

即使传统的认知性理论学家们赋予了机会某种作用，他们也认为机会是动机的附属物。在他们看来，动机是第一个也是最重要的解释。另一方面，环境犯罪学在认识到动机重要性的同时，也主张同样重视解释犯罪机会。一些环境犯罪学家，包括本章作者更进一步提出了重要的观点，包括：

（1）机会在每种犯罪形式中都起着作用，甚至是精心策划的犯罪，例如抢劫银行和恐怖主义。

（2）机会是犯罪的重要原因。

（3）有犯罪倾向的人如果遇到更多的犯罪机会，将犯下更多罪行。

（4）经常遇到这样的机会会导致这些人主动寻求更多的机会。

（5）没有预先犯罪倾向的人可能由于犯罪机会的增加而被卷入犯罪行为。

（6）一般来说，守法的公民如果经常遇到容易犯下这些罪行的机会，极有可能也会利用这些机会获取私利。

（7）犯罪机会越多，犯罪就越多。

（8）减少特定形式犯罪的机会意味着犯罪的总体数量会下降。

在审视大量情境预防成功案例时，尽管下文所述为第（8）个观点提供了有力的证据，但要证明所有观点是困难的。当然，也有一些强有力的证据能够支持关于机会因果作用的第（1）个观点，特别是从对自杀和谋杀的研究来看。虽然自杀不再被视为犯罪，但通常被视为绝望的人们所做出的一种强烈主观动机的行为。然而，有确凿的证据表明，1958—1977 年，天然气公司将天然气的毒性去除后再供应到人们家中这一做法使英格兰和威尔士的自杀人数减少了约四分之一（Clarke and Mayhew，1988）。相关数据如表 13.1 所示。表 13.1 显示，在 1958 年的 5 298 名自杀者中，几乎有一半死于家庭煤气中毒。他们普遍的自杀方式是将头放在煤气炉中。20 世纪 60 年代，天然气制造工艺的改变极大地减少了国内天然气供应中的一氧化碳含量。随后在 20 世纪 70 年代，随着北海开采出来的天然气逐步替代了人为合成的天然气，彻底去除了其中的一氧化碳，在 1976 年发生的 3 816 起自杀事件中，只有 0.4% 的人死于煤气中毒。这意味着虽然一些自杀的方式发生了变化，但许多原本可能会自杀的人最终并没有自杀。其原因在于使用家用天然气作为自杀方式有着独特的优势，即每家每户都很容易接触到天然气，而且准备起来很方便，老年人也可以很容易地利用它，并且用天然气自杀不会疼痛、损害血液或毁容，这些都是人们用天然气自杀的主要原因。

表 13.1　1958—1976 年英格兰和威尔士的自杀事件

年　份	自 杀 总 数	家庭煤气自杀	占总额的百分比 /%
1958	5 298	2 637	49.8
1960	5 112	2 499	48.9
1962	5 588	2 469	44.2
1964	5 566	2 088	37.5
1966	4 994	1 593	31.9
1968	4 584	988	21.6
1970	3 940	511	13.0
1972	3 770	197	5.2
1974	3 899	50	1.3
1976	3 816	14	0.4

资料来源：Mortality Statistics, England and Wales: Causes (1959–1976). London: HMO.

至于凶杀案，几年前美国和英国的凶杀率对比（Clarke and Mayhew，1988）清楚地表明了机会的因果关系。1980—1984 年，美国的总体凶杀率是英格兰和威尔士的 8.5 倍。然而，持枪杀人和手枪杀人的比率分别是 63 倍和 75 倍。在这一时期，整个英格兰和威尔士（约 5 500 万人）只有 57 起手枪谋杀案发生。在美国，约有 2.3 亿人口，总共有 46 553 人死于手枪的射杀。

起初，这些调查结果被驳回，因为在此期间，美国的犯罪率普遍高于英格兰和威尔士。然而，在过去的 20 年中，各国的总体犯罪率基本上趋于一致，因此现在除了凶杀案之外几乎没有差别。但美国的谋杀率仍然要高得多，因为那里拥有枪支的人远比英国多，尤其是手枪。因此，同样是打架斗殴，人们在美国比在英国更容易被枪击。

13.2　情境预防原则

上述理论不仅为情境预防提供了依据，而且有助于构建指导情境预防项目的标准。当然，最重要的标准是，预防措施应设法改变犯罪的"近因"，即情境原因，而不是"远因"，即认知性原因。改变近因更有可能成功地减少犯罪，因为它的因果关系更直接，它对犯罪的影响也会比试图改变远因（如教养或心理上的不利因素）更为直接。改变远因只能在未来带来预防犯罪的好处，而减少机会可以立即减少犯罪。

但即使接受了这些观点，认知性理论学家（Dispositional Theorists）也常常声称情境预防是不够的，他们认为只有消除"根源"上的原因才能真正预防犯罪的发生。然而，并不是将每一个犯罪原因都消除才能预防犯罪发生，往往消除机会中一个很小但关键的因素就足够了。认知性理论学家则很难接受这一点，因为他们认为认知在因果关系中比机会重要得多。然而，即使这是真的，其解释变量的能力和对预防的重要性之间也没有必要的联系。例如，我们可能都承认缺乏父母的爱是导致犯罪的一个重要原因，但正如 James Q. Wilson（1975）指出的，没有人知道如何让父母更爱他们的孩子。如果没有办法调整父母的爱，那么它就没有预防的可行性。

认知性理论学家提出的另一个稍有不同的观点是情境预防无法提出改变认知的理由。大量的研究提案声称需要资金去研究犯罪的原因，认为必须先了

解犯罪的原因才能对犯罪加以预防，但事实并非如此。例如，如果交通工程师
想要在一段道路上阻止超速，他们不需要对超速的原因进行详细的研究。他们
所需要做的就是引入减速带，只要他们认真地这样做并充分意识到司机在减速
带的影响下改变其驾驶习惯，那么超速现象自然就会减少。这似乎是一个微不
足道的例子，但从 20 世纪 80 年代美国为减少随机杀人而采取的一系列措施中
也可以得出同样的结论。比如对所有药品和食品使用防篡改包装，以防止因购
买含氰化物的止痛药而导致的死亡的情况发生。在这里犯罪人并没有被抓获，
他们的动机也没有被揭露，但一个直接的机会预防措施彻底消除了将来可能会
发生的事情（Clarke and Newman，2005）。

通过对原因与预防措施两者之间关系的简要分析，我们现在可以转向情
境预防的原则讨论了。

13.2.1　关注非常具体的犯罪类别

一个情境预防项目只有在其重点放在特定的犯罪类别（如"青少年盗窃
机动车财物"）上，而不是更广泛的犯罪类别（如"青少年犯罪"或"机动车
盗窃"）上时才能成功。这是因为任何特定犯罪类别的情境决定因素都与另一
种犯罪类别大不相同。即使是看起来可能类似的犯罪类别，它也可能是出于不
同动机，由具有不同资源和技能的犯罪人所为。

这些观点可以通过 Poyner 和 Webb（1991）在一个英国城市进行的入室盗
窃调查来说明。他们发现郊区的入室盗窃与市区的入室盗窃有很大的不同。市
区的入室盗窃案是由寻找现金和珠宝的徒步犯罪人所为，因为大多数房子都建
在街巷里，他们只能从前门或前窗进去。另一方面，郊区的盗窃犯往往都是驾
车前往，并将犯罪目标锁定在录像带播放器和电视等电子产品上，他们更可能
从房子的后窗进入而不是从前面进入。他们需要开着汽车去郊区运送赃物，汽
车必须停在房子附近，但不能停得太近以避免引起旁人注意。新建的郊区住房
布局往往都满足这些条件，而 Poyner 和 Webb 的预防建议包括了更全面地监
控停车场、提高房屋后侧的安全性以及打击赃物收购市场。另一方面，为了防
止市区的入室盗窃，他们建议在房子前面加强安全防范和监控力度。至于打击
赃物收购市场，与以现金和珠宝为目标的市内盗窃案相比，这种方法与以电子
商品为目标的郊区盗窃案更为相关。

13.2.2　了解犯罪过程

我们刚刚看到，当 Poyner 和 Webb 知道入室盗窃是如何实施的以及犯罪人的目标时，他们就可以提出有针对性的预防建议。注意，他们并没有花时间研究盗窃犯为什么要偷东西，但这足以让我们知道有一些人有从别人家里偷东西的动机。

这使得我们在动机（Motivation）和动力（Motive）之间有了一个重要的区分。动机是一种长期存在的倾向，在这种情况下是犯罪动机。动力是一个更直接的行为驱动力，是一个更具体的概念。Poyner 和 Webb 研究的两组盗窃犯在动力都是经济上的，但在市区入室盗窃的案例中，现金或珠宝是很小但很容易取得的回报，而郊区的盗窃犯则是通过窃取电子产品来寻求更大的回报，尽管这涉及在窃取物品后还需要对其进行更多的处理工作，但是一般来说，在忽略犯罪动机根源的情况下，了解特定形式犯罪的动机有助于情境预防。

为了了解犯罪是具体如何实施的，利用犯罪人的观点是很重要的，即从犯罪人的角度来分析。有时，只要这些方法集中在一些惯用的犯罪手段上，并且不涉及更多关于犯罪人背景的一般性问题等（Decker，2005），采用与犯罪人面谈来询问他们的犯罪方法是很有帮助的。如果不能做到这一点，另一种选择是"换位思考犯罪人"（Ekblom，1995）。这意味着把自己置于犯罪人的境地，并试图仔细地考虑他为了实施犯罪所必须做出的决定。这一过程揭示了预防犯罪的另一个重要事实——犯罪并不是简单地在商店里偷包或偷东西。相反，它由一个"脚本"组成，这里面有一系列相互关联的步骤，每个步骤都涉及犯罪人的决定（Cornish，1994；Leclerc，本书第 6 章）。以商店盗窃为例，犯罪人必须决定偷哪家商店、偷哪件商品、如何在不被看见的情况下将其带走、如何隐藏它们、如何在不被抓住的情况下逃离商店、如何出售它们换钱（Sutton，2004）卖多少、卖给谁，以及如何确保这些商品不会被追查到自己手上等。当然，对于一些犯罪行为——这里面我们再次以盗窃机动车为例——这个过程要漫长得多，也更复杂得多。但重要的一点是，了解犯罪实施的过程有助于找到干预点，从而使犯罪更加困难、风险更大或回报更低。对犯罪过程的理解越详细，干预的可能性就越丰富和多样。

13.2.3　使用行为研究模型

情境预防属于环境犯罪学中犯罪预防的"方法家族"的一员，这一家族还包括了设计预防犯罪（Design Against Crime，DAC，Ekblom，本书第 14 章）和环境设计预防犯罪（Crime Prevention through Environmental Design，CPTED，Armitage，本书第 12 章）。情境预防与这两种方法的主要区别在于情境预防寻求消除现有的问题，而 DAC 和 CPTED 则寻求在过去类似设计的经验基础上消除新的设计中存在的预期性问题。事实上，情境预防的问题解决方法与另一种称为"问题导向警务"的预防方法是相通的，（Scott，Eck，Knutsson and Goldstein，本书第 11 章）。在这两种情况下，问题解决方法都是"行为研究"的一种形式：研究问题、提出关于主要决定因素的假设、确定和研究一系列解决方案、落实所选的措施、评估结果。

13.2.4　考虑各种解决方案

本章接下来的内容将讨论行为研究模型的最后阶段——情境预防评估。本节将集中讨论预防性的解决方案。如前所述，对犯罪所涉及的连续步骤的详细了解将产生许多可能的干预点。一般来说，一个情境预防项目在采取一系列措施时更有效，其中每一项措施都针对犯罪过程中的一个特定点。因此，在完成这些犯罪的过程中，Poyner 和 Webb 提出的预防郊区入室盗窃的建议针对了不同的方面——更全面地监视入室盗窃者可能停车的地方，提高房子后侧的安全性以阻止他们闯入，以及打击当地的销赃窝点，来使出售赃物更难。

为了帮助选择解决方案，情境预防研究人员对现有的许多减少犯罪机会的方法进行了描述和分类。表 13.2 中的最新分类给出了 25 种机会减少方法，分为了五个主要专题：增加犯罪成本、增加犯罪风险、减少犯罪收益、减少挑衅和消除借口。其中前三个均来源于理性选择的观点（Cornish and Clarke，本书第 2 章），减少挑衅源于社会和环境心理学理论（Wortley，2001，Wortley，本书第 3 章），消除借口源于 Matza 和 Bandura 的"犯罪人用正当理由来解释其所作所为从而促使其犯罪"观点（Clarke and Homel，1997）。

对解决方案的讨论不得不以一个严肃的事实来结束：情境预防可能比改变认知的长期努力更容易进行，但仍然很难实施（Knutsson and Clarke，2006）。尤其是在一些特定的时期，比如当情境预防需要有不同机构来协调行动时，当这需要花费很长时间以及一系列操作步骤时，当由对问题或解决方案不了解的工作人员实施时，或者当缺乏最高管理者或"倡导者"的支持来推动进行时，都会影响情境预防的实施。此外，当解决方案由处于混乱或资源不足的机构来实施，并且从工作中获得的直接利益很少时，情境预防也会出现困难。

表 13.2　25 种情境预防技术

增加犯罪成本	增加犯罪风险	减少犯罪收益	减少挑衅	消除借口
1 目标强化 • 转向柱锁和点火锁止器 • 防盗屏幕 • 防篡改包装	6 拓宽目标保护 • 晚上结伴而行 • 留下占用标志 • 随身携带手机	11 隐藏目标 • 街边停车 • 无性别电话簿 • 无标记货车	16 减少挫折和压力 • 高效备餐 • 礼貌服务 • 宽敞的座位 • 舒缓的音乐 / 柔和的灯光	21 制定规则 • 租赁协议 • 骚扰法案 • 酒店登记
2 控制场所的进入 • 电话号码访问 • 电子卡访问 • 行李安检	7 协助自然监视 • 改善街道照明 • 防御空间设计 • 支持报案人	12 移除目标 • 可移动车载收音机 • 妇女庇护所 • 付费电话的预付卡	17 避免纠纷 • 为对手的球迷提供单独的座位 • 缓解酒吧拥挤 • 固定出租车价格	22 张贴说明 • "禁止停车" • "私人财产" • "扑灭营火"
3 出口筛查 • 出境凭证 • 出口单据 • 电子商品防盗标签	8 减少匿名性 • 出租车司机 ID • "我的驾驶情况如何？"贴纸 • 校服	13 可识别财产 • 财产标记 • 车辆牌照和零件标记 • 大品牌	18 减少诱惑和刺激 • 控制暴力色情 • 在足球场上强化良好行为 • 禁止种族歧视	23 警示自觉性 • 路边速度板 • 海关申报签字 • "行窃是犯罪"
4 阻隔犯罪人 • 街道封锁 • 为女性提供独立卫生间 • 分散酒吧	9 使用场所管理 • 双层巴士闭路电视 • 便利店两名职员同时在岗 • 奖励警惕	14 瓦解销赃市场 • 监控当铺 • 控制分类广告 • 街道供应商许可	19 消除同伴压力 • "白痴酒后驾车" • "可以说不" • 在学校驱散捣乱分子	24 协助合规 • 轻松图书馆借阅 • 多设置公共厕所 • 多设置垃圾桶
5 控制工具/武器 • "智能"枪 • 严禁对未成年人销售喷漆 • 钢化啤酒杯	10 加强正式监督 • 闯红灯摄像头 • 防盗报警器 • 保安	15 拒绝收益 • 遮挡商品标签 • 涂鸦清理 • 禁用被盗手机	20 阻碍模仿 • 快速修复破坏行为 • 电视中的 V 芯片 • 审查犯罪手段细节	25 控制药物和酒精 • 酒吧内设置呼气测醉仪 • 提供干预服务 • 组织无酒精活动

资料来源：Clarke and John Eck（2003）；Cornish and Clarke（2003）.

　　Hope 和 Murphy（1983）对一个英国城市的 11 所学校进行的防破坏项目的描述生动地诠释了这些困难。该项目的实施并不成功，因为这些建议仅在两所学校中得到了充分落实。在其中的 6 所学校中，有一个到多个预防建议未能得到落实，而在其余的 3 所学校中，没有一个建议得到落实。这在一定程度上是由于当地政府雇员在实施阶段采取了罢工行动，以及由于学生生源减少后学校重组引起的混乱。但也有一些更具体的原因如下。

- [ ] 一些学校的易破损窗户本应更换为聚碳酸酯玻璃或钢化玻璃，但并没有安装。事实证明，聚碳酸酯可能会释放出有毒气体，阻碍火灾时人员逃生。钢化玻璃在钢化之前必须切割成一定的尺寸，但玻璃的尺寸太大，无法随时储存每种尺寸的玻璃。提供一个窗格来订购也需要很长时间。

- [ ] 市政府负责将一所学校的操场转移到一个比较安全的地方，并在周围建造花坛，但这项工程只做了评估就没有再继续。随后，拆迁工作由一家私人建筑商承包，但由于理解上的偏差，只有一半的拟建区域被重新规划。在项目结束时，这种规划上的问题没有得到改变，学校没有建成花坛，而是只得到了一块无用的、狭窄的混凝土带。

- [ ] 两所学校制订了一项计划，鼓励住在附近的人向警方报告在几小时内发生的任何可疑事件。这项计划需要警察、学校系统管理员和学校工作人员之间的合作。大家都喜欢这个想法，但没人愿意牵头来做。

- [ ] 一所学校在假期里成立了一支由学校人员组成的安全巡逻队。这一举措的实施立即成功地减少了校园破坏行为，并将学校的放假时间延长到了晚上和周末。其他学校要求同样的保护，但这样以来人力资源的开销太大。最终由于成本太高，这个项目被取消了。

13.3 情境预防的有效性

自 1980 年首次提出这一概念（Clarke，1980）以来，已有许多使用情境预防原则的案例研究发表。在 Guette（2009）对 206 个情境预防项目的研究中，他指出，四项研究中有三项（75%，n=154）的干预有效，只有 12%（n=24）的情境干预是无效的。

有时犯罪率的下降也是颇有戏剧性的。举两个例子，20 世纪 70 年代初，纽约等 18 个美国城市的公共汽车抢劫案高发，后来由于引入了精确的票价系统，再加上在公共汽车上安装了保险箱，犯罪在很大程度上被消除了（Chaiken et al，1974；斯坦福研究所，1970）。这种形式的"目标清除"意味着任何抢劫司机的企图都变得毫无意义。在第二个例子中，美国的手机制造公司开发了一种新技术来消除手机"克隆"的麻烦。在这种犯罪中，犯罪人首先利用扫描仪捕捉手机使用期间传输的识别号码，然后将这些号码嵌入其他手机中（Clarke et al，2001）。在其鼎盛时期，这项克隆技术使这些公司每年不得不付出8亿美元的电话欺诈费用（见图13.1）。但这项技术推出后带来的一个额外的好处是，当手机"克隆"被消除时，"用户"欺诈（第二大类手机欺诈）几乎没有发生变化（参见图13.1的下一行）。用户欺诈涉及使用虚假的姓名和地址来获得手机服务，它们很难被大规模复制，因此对于那些能够"大规模生产"克隆手机的有组织群体来说就没那么有吸引力了。

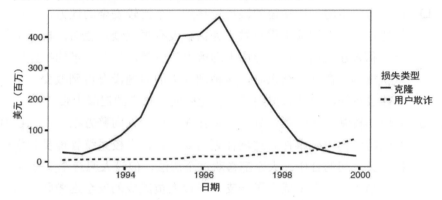

图 13.1　1992 年 6 月—1999 年 12 月美国手机"克隆"欺诈造成的损失

到目前为止，这是一个非常成功的犯罪预防案例，但一些评论家仍在继续寻找证据。他们非常关注失败的案例，如在校园破坏项目的讨论中，他们认为情境预防项目使用了弱研究设计的评价，这种犯罪减少证明存在有犯罪转移替代（即犯罪人的注意力转移到其他地点、时间和目标，使用不同的方法或实施其他类型的案件），导致情境预防进一步升级（犯罪人会寻求更有危害性的方法来达到他们的目的）。而且即使犯罪转移不会立即发生，犯罪人群体会在接下来的时间内发现新的实施犯罪方式。

13.3.1　替代

这些对情境预防的质疑中最为集中的是关于犯罪转移方面的内容。由于认知性的假设，持批评态度的人认为犯罪动机是无法阻止的。但是，犯罪很少是一种被迫的行为，因此犯罪转移的论断被夸大了。它可能对某些犯罪行为是产生作用的，但肯定不是对所有的都会产生作用。因此，在特定路段上被无法超速行驶的驾驶员不太可能去另一条路上超速行驶，或者那些因为新的安全措施而无法在当地超市偷窃的购物者也不太可能去更远的商店继续购物。他们更不可能去转向抢劫老年人，因为商店行窃比抢劫更容易，风险也更小。事实上，几乎可以肯定地讲，任何类似风险升级的情况都会使犯罪人付出更大的代价。一些人可能也做好了更为艰难的犯罪准备以应对额外的风险，但那毕竟也是少数。

理论的完善和发展进一步削弱了关于犯罪转移的必然性和风险升级的观点。如果机会增加了犯罪的发生，并且这些犯罪可能是由情境促成的，那么完全有理由相信减少这些机会和诱因将能够真正减少犯罪。事实上，这是实证研究得到的结论。Guette 和 Bowers（2009）在 102 份已发表的情境预防项目评估中审查了犯罪转移的依据。在这些案件中，犯罪转移仅发生了四分之一左右。在另一个研究中，Johnson 等人（2012）综合了 13 项研究的结论，其中有足够的信息可用于定量计算情境犯罪预防的影响。结果表明，这种类型的干预决不是不可避免的地理上的转移。在实施了干预措施后，潜在可能出现犯罪转移地区的犯罪率几乎没有增加。

我们没有办法了解犯罪人是否会在情境措施的影响下停止实施某种特定类型的犯罪，例如上面的克隆手机的例子中涉及的那些措施，使犯罪转向了另一种完全不同的形式。然而，他们中的许多人可能并非完全依靠犯罪为生；这可能是他们的副业，或者只是一段时间的赚钱方式。因此，当手机克隆被查封时，他们可能不得不靠其他办法来赚钱——或者他们可能已经将精力转向了合法的赚钱方式。一旦从犯罪的认知性假设中解放出来，应用情境预防所产生的这种积极结果就可以显现出来。

13.3.2　利益扩散与预期利益

情境预防的另一个积极结果是"利益扩散"，这一术语指的是这样一个事实：即情境预防往往可以使犯罪下降，但这不是重点（Clarke and Weisburd，1994）。而是指情境犯罪预防会带来额外的效益，如下所示。

- ❑ 在英格兰北部的柯克霍尔特，对屡次遭到盗窃的房屋增加安全措施，不仅对被盗房屋形成了保护，还有效减少了整个庄园的入室盗窃率（Pease，1991）。
- ❑ 当人们在苏格兰斯特拉斯克莱德的一些交通灯上安装了"红灯"摄像头后，不仅很少有人在这些地方"闯红灯"，而且在附近"闯红灯"的人也少了很多（苏格兰内政部中央研究室，1995）。
- ❑ 在萨里大学的三个停车场安装监控探头，不仅有效减少了机动车盗

窃，连带附近一个没有安装监控探头的停车场也不再发生类似的案件
（Poyner，1991）。

❑ 一家新泽西售卖打折电子产品的零售商推出了一种每天定时清点
仓库中商品的制度，随后其员工盗窃这些商品的行为大幅减少
（Masuda，1992）。

❑ 美国六个大城市推出了机动车定位系统，不仅对那些购买了跟踪设备
的车辆安全起到了保障作用，而且整个城市的盗窃率都下降了（Ayres
and Levitt，1998）。

Guerette 和 Bowers（2009）进行的大量关于犯罪转移的研究也考虑了利益
的扩散。据评估，大约有四分之一的研究显示存在有一些潜在的犯罪转移效
应，但另有四分之一的研究表明同样发生了利益扩散现象。对利益扩散的一种
解释是潜在的犯罪人通常都会知道警方或房主采取了新的预防措施，但他们可
能并不确定其确切的作用范围。他们可能认为，这些措施的分布可能比实际情
况更为广泛，所以犯罪人在更大范围的地点、时间或针对目标实施犯罪可能需
要付出更多的努力或风险。

当犯罪人发现他们实施犯罪的风险和努力并没有像他们想象的那样增加
时，这种利益扩散效应可能会减弱。因此，在一个比斯特拉斯克莱德还要小的
城市里，由于当地人大多都是常住人口，人们可能很快就知道哪些路口有红灯
摄像头，因此随后他们还是会继续违法。这意味着我们必须找到一种方法能够
精确评估各种情境预防措施对犯罪人产生威胁的程度，或者如果他们在了解了
情境预防措施后想要继续犯罪还需要付出多少额外的努力。

犯罪人经常会高估情境预防的范围，他们往往认为预防措施在实际实施
之前就已经生效了。这就是预防的"预期效益"的含义。Smith 等人（2002）
在可能多达 40% 的情境预防项目中发现了预期效益存在的证据。但除了用于
宣传，很少有人知道如何增强这些利益效应，但这种利益效应确实为情境预防
带来了很多"附加价值"。

13.3.3　适应性

犯罪适应性的概念进一步使情境预防的评估复杂化。它是指犯罪人在采
取预防措施一段时间后发现新的犯罪漏洞的过程。这是一个比犯罪转移更长期
的过程，犯罪转移指的是犯罪人寻求方法来规避情境措施的行为。

适应性的一个典型例子是，在 20 世纪 70 年代初，为遏制美国和古巴间的

客机劫持事件而采取的机场安检措施。这些措施加上各国之间达成的将劫机者视为犯罪人的协议迅速消除了劫机事件（见表 13.3）。其他国家也很快跟进采取了机场安检措施，导致全球除美洲以外的劫机事件也有所减少（需要说明的是，表 13.3 显示的是实际的劫机数量，而不是劫机率，在此期间，民航航班数量大幅度增加）。尽管也有一些说法与此相反，但没有确凿的证据表明有任何犯罪转移的发生（Clarke and Newman，2006），特别是，如表 13.3 所示，航空公司的飞机爆炸事件没有增多。然而，实施安检措施的前提是假定劫机者不是有意自杀，而且无论如何，当局随着时间的推移对安检措施的实施管理会变得越来越松懈。这使得"9·11"劫机者还是能够找到安全漏洞并劫持了飞机。因此，"9·11"事件是恐怖分子适应犯罪预防措施的一个典型的例子。但这不是犯罪转移，因为"9·11"的劫机者完全不同于犯罪人（20 世纪 70 年代在美国和古巴间劫持民航飞机被视为刑事犯罪），即便他们在一开始就进行了必要的安检措施。

表 13.3　1961—2003 年劫持和破坏性爆炸事件数量 *

时　　期	年发数量	每年平均劫持次数		每年平均爆炸次数
		美　　国	美国外其他国家	时　　间
1961—1967	7	1.6	3.0	1.0
1968	1	20.0	15.0	1.0
1969—1970	2	30.5	58.0	4.5
1971—1972	2	27.0	33.0	4.5
1973—1985	13	9.4	22.7	2.2
1986—1989	4	2.8	9.0	2.0
1990—2000	11	0.3	18.5	0.3
2001—2003	3	1.3	5.7	0.0
1961—2003	43	6.7	17.9	1.6

* 包括未遂。

资料来源：Clarke and Newman（2006）。

13.4　社会和道德问题

当第一次提出这个问题时，批评家们都一致谴责情境预防促进了"独裁者"的社会控制和"堡垒社会"的形成。从那时起，情境预防就被批评为"约束受害者"、"限制个人自由"、"零碎的社会工程"（见 Tilley 2004 年的讨论）、

"为当权者的利益服务"、"促使形成自私的排他性社会"以及"将政府的注意力从犯罪根源上转移"等。在早期，这些批评大多是非正式的，并没有详细的阐述。第一个关于这方面深入的讨论发表在 von Hirsch 的书中（2000），这本书记录了两次小型会议的会议记录，均涉及了情境预防所提出的伦理和社会问题。从那时起就有更多的评论发表了出来，每个评论都给出了相应的说法（例如，见表 13.4）。

表 13.4 情境预防的道德批评和反驳

批 评 观 点	反 驳 观 点
1．它将政府的注意力从犯罪的根源上转移了	它通过立即减少犯罪而造福社会。在任何情况下都不知道如何解决根本原因从而预防犯罪
2．这是一种保守的犯罪管理方法	它不会承诺超过它所能提供的。它要求解决方案具有经济性和社会可接受性
3．它忽略了惩罚犯罪人的必要性	加大处罚力度并不能预防犯罪，而它会加重社会成本
4．它惩罚守法的人，而不是被限制自由的犯罪人	一些自由应该受到限制——超速、驾驶和饮酒等
5．它为富人的利益服务，而忽视穷人	它通过合理的公共规划确保了公共交通安全、应对街头犯罪，为穷人和富人提供了同样多的保护
6．它过于注重街头犯罪，忽视室内犯罪	最初是这样的——为了应对公众的恐惧——但现在不再是这样了
7．它导致社会撕裂	一些徇私枉法的警务活动可能会产生这种结果，但所有的情境预防都需要评估社会成本，包括社会撕裂
8．它将犯罪从富人转移到穷人	即使在少数情况下，只有富人才能落实情境措施（如车辆跟踪设备），它们也会导致利益向较不富裕的人扩散
9．它导致犯罪人升级，犯下更严重的罪行	这忽略了所有犯罪人的道德判断
10．鼓励监视，侵犯公民隐私	民主进程保护社会不受这些危险的影响，特别是视频监控已被广大市民所接受
11．它使人们的生活受到限制和不便	人们愿意忍受这种不便和对自由的小小侵犯，因为这样可以保护他们免受犯罪和恐怖主义的侵害
12．通过丑陋的目标强化破坏了环境	一些最有效的目标强化（如安装转向柱锁）是"隐性"的。好的设计通常能达到与丑陋的设计相同的目标强化效果
13．它约束了受害者	它通过向受害者提供有关犯罪风险和如何避免犯罪风险的信息来增强他们抵御风险的能力
14．它促使了"堡垒社会"的形成，在这样的社会中，恐惧的公民在家里设置障碍，并努力避免犯罪受害	犯罪的媒介是恐惧增加的主要原因，而不是情境预防。改善照明、设计防御空间和邻里相互观察等情境措施促进了社会交往

然而，撇开这些批评的实质不谈，人们普遍对这些批评产生误解的原因有以下两个。

（1）许多批评不是针对情境预防这一原则，而是针对情境预防的实践提出的。很多时候，机会减少措施都是在没有情境预防所要求的仔细分析和评估的情况下实施的。例如，政府可能出于政治原因决定在公共场所安装视频监控，这可能导致它被认为侵犯了个人隐私而无法实施，这样一来就无法对犯罪形成约束。这种操作上的失败不能说情境预防的概念是错的，只能说它的实现方式不对。另一个例子是，在早期，情境预防被批评为只针对"工人阶级"犯罪，而不是中产阶级（"街头犯罪，而不是室内犯罪"）。这么说有一定的道理，部分原因是因为情境预防是由英国内政部的犯罪学家提出的，他们试图在一个深受入室盗窃、偷车和破坏公物严重困扰的社会中提出能够减少犯罪的想法。25 年后，随着越来越多的犯罪学家对这一概念感兴趣，情境预防已被应用于更广泛的犯罪领域，包括诈骗、儿童性虐待和酒后驾驶——这些犯罪都是由各行各业的人实施的。

（2）这些批评通常忽略了对于行为研究过程中情境预防的一个基本点——在实施之前，需要仔细评估所有可能的解决方案。如上所述，如果对一个具体的犯罪和社会失序问题进行足够详细的分析，可以找到许多不同的解决办法。这些解决方案需要仔细地评估其成本和收益。在任何情况下，评估都必须超出财务的考虑范围，也必须包括各种社会和道德成本——侵入性、不便性、不公性、歧视等。即使评估是非正式的，但正如所必须的那样，人们也不应跳过评估这一阶段。因为人们总是会有许多不同的方法来减少犯罪机会的产生，所以如果情境预防在某些方面被认为是不可接受的，那么就没有必要采用哪种特定的解决方案了。

13.5 结 论

在早期，犯罪学家对情境预防不感兴趣的原因并不难理解。除了对因果理论的根本分歧外，情境预防对大多数犯罪学家所持的福利主义、社会改革议程几乎没有促进作用。这也与他们的许多观点相悖，包括对政府权威的怀疑、对商业的厌恶、对企业权力的恐惧、对财富的不信任和对犯罪弱势群体的同情。此外，许多犯罪学家对情境预防的犯罪控制过程感到不安。他们把自己的角色定位为简单地理解和解释犯罪，而让其他人来提出解决策略。在他们看来，情境预防有可能将犯罪学变成一种技术性领域，这比单纯的学术研究更适用于警察和安全行业。

一些评论员认为，情境预防是世界范围内发展最快的犯罪控制形式。另一方面，如果犯罪学家宣称要进行情境预防，他们就可以因为情境预防的成功而获得相当大的成就。如果更多的人对这一领域感兴趣，那么基础理论就有可能得到更充分的发展，认知性解释的不足之处可能会更早暴露出来（Weisburd and Piquero，2008）。将大量关于情境决定因素的研究结果纳入其中，也将丰富人们对犯罪的科学理解。最后，通过这一领域的研究，我们可以发掘出更多的年轻犯罪学家，从而为社会的发展做出贡献，继而帮助改善普通人的生活，而同时严重问题则可以通过刑事司法程序进行控制。

13.6　内容回顾、练习

13.6.1　犯罪问题描述

有一个大型露天停车场，主要服务于铁路通勤者、附近购物中心的员工和客户使用。停车场可以容纳500辆车，而且是免费的。没有工作人员或障碍物。

它的一边用高高的木栅栏与主干道隔开。在另一边，它毗邻购物中心的装卸货区。第三面是火车站，从停车场穿过一条公路，再穿过一条隧道就可以到达火车站。人们可以通过第四侧的一条街道进入停车场。这条街的人行道上有很高大的树木和灌木，构成了停车场和街道之间的天然屏障。地形略有起伏，这意味着从任何一个方向都看不到整个停车场。灯光不好，停车场没有编号，也没有张贴标志。从火车站可以看到停车场的某些部分。虽然火车站一直有工作人员值守到午夜，但人员的缩减意味着火车站现在晚上10点后无人值守。

警察局大约在半英里外。停车场没有正规的警察巡逻。一些商店雇用了一家保安公司彻夜定期检查他们的住所以防盗窃。铁路公司不负责停车场的安全。

13.6.2　你的任务

（1）绘制停车场地图。

（2）找出犯罪问题。尽可能具体一些，例如，不仅仅是"暴力"犯罪，还包括其他犯罪类型，可能发生的时间、地点等。

（3）制定有效干预措施需要哪些额外信息或数据？你将如何获得这些信息？

（4）对于每个特定问题，使用 25 种技术矩阵作为提示，制定尽可能多的情境解决方案。

（5）哪些策略：

① 警察有责任吗？

② 是其他方面的责任吗？

③ 涉及警察和其他机构之间的关系吗？

④ 应如何评估干预措施？干预可能产生哪些潜在问题？

参 考 文 献

Ayres, I. and Levitt, S.D. (1998). 'Measuring Positive Externalities From Unobservable Victim Precaution: An Empirical Analysis'. *The Quarterly Journal of Economics* February, 43-77.

Chaiken, J.M., Lawless, M.W. and Stevenson, K.A. (1974). *The Impact of Police Activity on Crime: Robberies on the New York City Subway System*. Report No. R-1424-N.Y.C. Santa Monica, CA: Rand Corporation.

Clarke, R.V. (1980). 'Situational Crime Prevention: Theory and Practice'. *British Journal of Criminology*, 20: 136-147.

Clarke, R.V and Eck, J. (2003). *Become a Problem-Solving Crime Analyst - In 55 Steps*. London: Jill Dando Institute of Crime Science, UCL.

Clarke, R.V. and Homel, R. (1997). 'A Revised Classification of Situational Crime Prevention Techniques', in S.P. Lab, (ed.), *Crime Prevention at a Crossroads*, 17-26. Cincinnati, OH: Anderson.

Clarke, R.V. and Mayhew, P. (1988). 'The British Gas Suicide Story and Its Criminological Implications', in Tonry, M., and Morris, N. (eds) *Crime and Justice, Volume 10*, 79-116. Chicago, IL: University of Chicago Press.

Clarke, R.V. and Newman, G. (eds.) (2005). *Designing out Crime from Products and Systems. Crime Prevention Studies, Volume 18*. Monsey, NY: Criminal Justice Press.

Clarke, R.V. and Newman, G. (2006). *Outsmarting the Terrorists*. Westport, CT: Preager Security International.

Clarke, R.V. and Weisburd, D. (1994). 'Diffusion of Crime Control Benefits: Observations on the Reverse of Displacement', in Clarke, R.V. (ed.), *Crime Prevention Studies, Volume 2*, 165-183. Monsey, NY: Criminal Justice Press.

Clarke, R.V., Kemper, R. and Wyckoff, L. (2001). 'Controlling Cell Phone Fraud in the US: Lessons for the UK 'Foresight' Prevention Initiative. *Security Journal*, 14: 7-22.

Cornish, D.B. (1994). 'The Procedural Analysis of Offending, and its Relevance for Situational Prevention', in Clarke, R.V. (ed.), *Crime Prevention Studies, Volume 3*, 151-196. Monsey, NY: Criminal Justice Press.

Cornish, D.B. and Clarke, R.V. (2003). 'Opportunities, Precipitators and Criminal Decisions', in Clarke, R.V. (ed.), *Crime Prevention Studies, Volume 16*, 41-96. Monsey, NY: Criminal Justice Press.

Decker, S.H. (2005).'Using Offender Interviews to Inform Police Problem Solving. Problem-Oriented Guides for Police'. *Problem Solving Tools Series*, No 3. Office of Community Oriented Policing Services. Washington, DC: US Dept. of Justice.

Ekblom, P. (1995). 'Less Crime, by Design'. *Annals of the American Academy of Political and Social Science*, 539: 114-129

Guerette, R.T. (2009). 'The Pull, Push and Expansion of Situational Crime Prevention Evaluation: An Appraisal of Thirty-Seven Years of Research.' *Crime Prevention Studies*, 24: 29-58.

Guerette, R.T. and Bowers, K.J. (2009). 'Assessing the Extent of Crime Displacement and Diffusion of Benefits: A Review of Situational Crime Prevention Evaluations'. *Criminology*, 47(4): 1331-1368.

Hope, T. and Murphy, D. (1983). 'Problems of Implementing Crime Prevention: The Experience of a Demonstration Project'. *The Howard Journal*, 22(3): 8-50.

Johnson, S.D., Bowers, K.J. and Guerette, R. (2012). 'Crime Displacement and Diffusion of Benefits: A Review of Situational Crime Prevention Measures', in B.C. Welsh and D.P. Farrington (eds), *The Oxford Handbook of Crime Prevention*. Oxford: Oxford University Press.

Knutsson, J. and Clarke, R.V. (2006). *Putting Theory to Work. Crime Prevention Studies, Volume 20*. Monsey, NY: Criminal Justice Press.

Masuda, B. (1992). 'Displacement vs. Diffusion of Benefits and the Reduction of Inventory Losses in a Retail Environment'. *Security Journal*, 3: 131-136.

Pease, K. (1991). 'The Kirkholt Project: Preventing Burglary on a British Public Housing Estate'. *Security Journal* 2: 73-77.

Poyner, B. (1991). 'Situational Prevention in Two Car Parks'. *Security Journal*, 2: 96-101.

Poyner, B. and Webb, B. (1991). *Crime Free Housing*. Oxford: Butterworth Architect.

Scottish Central Research Unit (1995). *Running the Red: An Evaluation of the Strathclyde Police Red Light Camera initiative*. Edinburgh: The Scottish office.

Smith, M. J., Clarke, R. V. and Pease, K. (2002). 'Anticipatory Benefits in Crime Prevention', in N. Tilley (ed.), *Analysis for Crime Prevention, Crime Prevention Studies, volume 13*, 71-88. Monsey, NY: Criminal Justice Press.

Stanford Research Institute (1970). *Reduction of robbery and Assault of Bus Drivers*, Vol. III, Technological and Operational Methods. Stanford, CA: Stanford Research Institute,

Sutton, M. (2004). 'Tackling the Roots of Theft: Reducing Tolerance toward Stolen Goods Markets', in R. Hopkins Burke (ed.), *Hard Cop, Soft Cop*. Cullompton, UK: Willan Publishing.

Taylor, I., Walton, P. and Young, J. (1973). *The New Criminology*. London: Routledge & Kegan Paul.

Tilley, N. (2004). 'Karl Popper: A Philosopher for Ronald Clarke's Situational Crime Prevention'. *Israeli Studies in Criminology*, 8: 39-56.

Von Hirsch, A., Garland, D. and Wakefield, A. (eds) (2000). *Ethical and Social Issues in Situational Crime prevention*. Oxford: Hart.

Weisburd, D. and Piquero, A. R. (2008). How Well Do Criminologists Explain Crime? Statistical modeling in published studies. *Crime and Justice: A Review of Research, volume 37*, 453-502, Chicago, IL: University of Chicago Press.

Wilson, J. Q. (1975). *Thinking about Crime*. New York: Basic Books.

Wortley, R. (2001). 'A Classification of Techniques for Controlling Situational Precipitators of Crime'. *Security Journal*, 14: 63-82.

第14章 产品设计预防犯罪

Paul Ekblom

14.1 引　　言

考虑一下这些"不良"犯罪预防设计的例子：

❑ 一个设计新颖的耳机告诉犯罪人"我是一个昂贵的音乐播放器"。

❑ 某些播放器本身几乎没有内置的安全措施，所以它会被任何人（无论合法与否）随意使用。

❑ 某种售票机的体验性很差，容易引发报复性破坏行为。

❑ 可重复使用的、交叉感染吸毒者的注射器。

❑ 一种面额非常相似的钞票，不熟悉的人很容易就会将它兑换成零钱。

再来看看中央圣马丁艺术与设计学院和悉尼科技大学的这些"优良"的设计。

❑ Karrysafe 品牌的包中（Gamman and Hughes，2003）有一款手提包（见图 14.1），这个包设计时尚，能够防止被盗抢，包括防撕裂材料、防夺取手柄和防伸手摸入，使用 Velcro 式卷缩开口代替正常的皮包开关，这种开口需要用两只手才能打开，并且打开时的声音很大，能够提醒主人有人伸手摸包。

❑ Stop Thief 牌咖啡椅（见图 14.1），采用传统风格，设有凹口，可将袋子固定在膝盖以下，人们可以用腿将包"锁"在小偷认为不容易够到的地方。

❑ Puma Bike 牌折叠式自行车（见图 14.2）的下车杠被一根拉紧的钢缆替代。这个钢缆可以打开，然后人们可以将钢缆绕过一个支架从而可以锁住自行车——剪断钢缆固然可以给自行车解锁，但是同时也破坏了自行车的结构，即使自行车被盗也会影响到其使用价值和转手的价值。

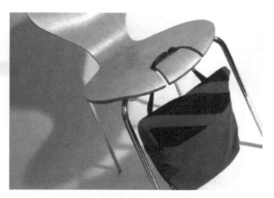

图 14.1　Karrysafe 牌手提包与 Stop Thief 牌咖啡椅

资料来源：中央圣马丁艺术与设计学院设计预防犯罪研究中心。

图 14.2　Puma Bike 牌自行车

资料来源：中央圣马丁艺术与设计学院设计预防犯罪研究中心。

❑ CaMden 牌自行车支架（见图 14.3），方便人们以一种比较安全的方式将自行车锁在上面。也就是说，自行车的轮子和车架都被固定在支架上，这样自行车架就不能作为撬开车锁的工具。

❑ Grippa 牌夹子（见图 14.4），用于将袋子固定在酒吧桌子上，它被设计成与酒吧装饰相匹配，对顾客来说使用起来既方便又安全，小偷很难将这个夹子解开。

图 14.3　CaMden 牌自行车支架

资料来源：中央圣马丁艺术与设计学院设计预防犯罪研究中心。

图 14.4　Grippa 牌夹子

资料来源：中央圣马丁艺术与设计学院设计预防犯罪研究中心。

❑　反恐垃圾桶（见图 14.5）（Lulham et al，2012），不仅减少了塞入和隐藏炸弹的机会，而且避免了虚假警报的发生，而这是铁路公司每天都要面对的重要问题。

图 14.5　反恐垃圾桶

资料来源：悉尼科技大学设计预防犯罪研究中心。

进一步的个案研究载于 www.designcouncil.org.uk/resources/report/design-out-crime-case-studies 这一网站上。可以说，良好的外观设计有时可以形成良好的车辆安全性，进而使机动车盗窃犯罪率显著下降（Webb，2005），尽管乌云将再次聚集。当然，无论是好是坏，设计从来都不是提高或降低犯罪风险的唯一因素，而是与其他影响因素相互作用，比如具有犯罪风险的场所类型，以及产品所有者的行为。

设计预防犯罪（Design Against Crime，DAC，也被称为设计抵制犯罪）讲过将工具、过程和产品的设计与机构、企业、个人和社区进行合作，共同来预防各种犯罪事件——包括反社会行为、药物滥用、恐怖主义等，并通过加强社区安全提升生活质量、促进可持续性生活。它通过"适应目标"和与情境相融的设计来实现这一点。

"产品"一词在这里是广义的，可包括"已设计的任何东西"——地点、系统、程序、服务、通信等。然而，本章关注"可移动"或独立式的二维物品（如钞票或路牌）或三维物品（如手机或手袋/钱包）的设计。

本章将首先回顾这个领域的历史的发展。接着我们会讨论设计的本质，以及产品在犯罪预防中的作用，识别产品特征在犯罪活动中具有的风险因素，以及讨论产品设计是如何预防犯罪的。然后，我们将总结设计预防犯罪提出的一些挑战：如何使设计生效，并在不同的环境和不断变化的情况下继续有效；如何让设计人员（和设计决策者）的认知、动机和能力都受到设计预防犯罪这一理念的影响并开展工作。在本章的最后我们将对影响产品设计预防犯罪的因素进行简要的回顾并进行总结。

本章提到了各种面向实践的概念框架。关于这些问题的信息可以在 www.designagainstcrime.com/methodology-resources/cris-frameworks/#knowledge 以及 http://5isframework.wordpress.com 上面找到。Ekblom（2012a）首先从私营部门的角度对产品设计进行了阐述；随后 Ekblom（2012b）从情境犯罪预防的关系角度进行了阐述；接下来 Ekblom（2014a）介绍了安全性概念；而 Ekblom 和 Pease（2014）讨论了该领域的创新；Ekblom（2016）进一步探讨了技术的问题。Clarke 和 Newman（2005a）以及 Ekblom（2012c）共同撰写了关于产品设计和犯罪的论文集。

14.1.1　古今历史

产品设计预防犯罪有着悠久的历史，它与技术进步和商品价格密切相关——

货币的演变就很好地说明了这一点。公元前 600 年，希腊人发明银币后不久，有人制作了一件镀银的青铜赝品（James and Thorpe，1994）企图蒙混过关，但硬币上隐微标记的防伪设计使其很快露出了马脚。此外，还有一些破坏货币的行为，例如用剪子剪掉银币的边缘等，这种行为引发了严厉的惩罚。但是，像磨边这样的技术/设计预防假币的措施也产生了更大的影响（英国铸币局局长艾萨克·牛顿爵士在推出货币的新设计的同时也毫不留情地追捕造假者，从而既打击了犯罪人，也承担了情境预防的任务）。有趣的是，货币设计长期以来都包含了不言自明的"帮助用户"的安全功能，此外还有鲜为人知的"帮助银行"功能，最终形成了如今的纸币中的金属箔条。

物质成分的变化也使硬币制造更加安全——为了偿还英国在二战时欠美国的债务，银币被摒弃了；相对于伪造货币的风险、成本和努力，通货膨胀消除了许多剩余的象征性价值。然而，随着大宗商品价格的波动，即使是铜币的内在价值也可能超过其象征价值，因而随着铜价的上涨它们成为随后被摒弃的目标（Sidebottom et al，2014）。特别是最近因为掺了更便宜的铁芯，英国的硬币都能被磁铁粘住。

其他历史上"热门"的商品还包括珠宝、服装、汽车，以及最近的消费电子产品和快速消费品（Gill and Clarke，2012）。就像合法需求一样，犯罪人的生活需求也遵循时尚（甚至还有一个名为 Criminal 的服装品牌，毫无疑问，戴着 police 太阳镜的人肯定会喜欢这个品牌）。这不仅包括高级运动鞋，也包括手机。可以说，近来人们对新商品的合法和非法需求都达到顶峰，然后当每个人都拥有一种新商品时，这种需求就会随着市场饱和而减少（Felson，1997；Pease，2001）——也就是说，通过给最新款式商品赋予人为的稀缺性价值，时尚的改变因而复苏。但这既不利于安全，也不利于可持续发展。

早期法令禁止司机将汽车锁住以便于人们可以将其移走。自从这一法令颁布以来，通过设计来防止机动车盗窃犯罪已经取得了很大进展。在转向柱锁（Mayhew et al，1976）和关于"无犯罪车辆"（Ekblom，1979）方面的具体干预措施引领着英国大众汽车的安全性能研究（Southall and Ekblom，1985）；而在激励方面，机动车盗窃指数的发布（Houghton，1992）指名道姓地点名批评了那些不负责任的制造商从而引导消费者的选择。除此之外，保险公司还增加了对不安全车型的保费。

对产品设计预防犯罪的兴趣远远落后于具有地域导向性的环境设计预防犯罪的出现。至少在英国，这种情况在 20 世纪 90 年代末发生了变化。当时英国推出了国家打击犯罪计划。这些计划包括设计预防犯罪状况的研究（Design Council，2000），以及基于此的案例研究和指导架构，如 www.designcouncil. org.uk/resources/report/design-out-crime-case-studies；英国皇家艺术学会学生设计竞赛对英国前瞻性计划预防犯罪小组（Department of Trade and Industry，2000）的产品产生了兴趣。

大约在同一时间，Clarke（1999）发表了开创性的"热门商品"概念，确定了被盗风险最大的商品类型。然而，不久之后，由于政府资金被用于控制因街头犯罪产生的民众恐慌，英国在产品设计方面的工作被叫停。具有讽刺意味的是，尽管手机的风险软件和系统设计加剧了犯罪，但政府提出的解决方案却是一种昂贵且不可持续的方式：让警察加班。

然而，英国（Harrington and Mayhew，2001）和美国（Clarke et al，2001）仍在继续研究手机的易损性和安全性；在澳大利亚，关于商品的安全性设计则遍地开花（Lester，2001）。在中央圣马丁艺术与设计学院 Lorraine Gamman 的倡导下，"实践主导"的设计研究开始在英国出现。欧盟委员会从 1998 年开始发布一项指令，要求强制安装工厂生产的一种汽车防盗装置。该委员会对国内电子产品（如音乐播放器）的"犯罪预防"功能重新表现出了兴趣，并资助了"MARC 项目"（Armitage，2012）以寻求实现 Clarke 和 Newman（2005c）建议的安全评级方法。英国内政部将设计预防犯罪纳入其国家打击犯罪与安全战略中 (Home Office，2007：33-37)，同时还发起了一个由英国设计委员会、设计师、实业家和学者参与的设计和技术联盟以推动这一进程。遗憾的是，财政紧缩意味着这条充满希望的道路没有得到全面贯彻。

英国的设计预防犯罪相关研究目前由独立的研究委员会按项目颁发奖项，并有相当活跃的商业部门开发专门的安全商品（www.itsminetechnology.com），但之后没有持续性和协调性的努力。令人兴奋的是，2007 年，在澳大利亚，设计预防犯罪研究中心（www.designingoutcrime.com）由新南威尔士州政府资助成立，至今仍在运作。

14.1.2　产品与犯罪：面向未来

产品设计和技术发展的各种趋势可能会对犯罪机会产生很大的影响（关于机会的维度，请参阅下面讨论的"犯罪机会之结合"和 Ekblom 2002 年提到的"期货"应用）。

❑ 将价值从产品的完全所有权转移到服务产品的租赁关系可能会进一步

改变产品在犯罪中的作用，无论是直接转变还是关系到身份和服务盗窃。

- "物联网"（可以嵌入任何产品中的微芯片，用于控制、跟踪或者识别，以及无线连接互联网来访问服务、升级等）以极低的制造成本为实现安全功能提供了巨大的机会，就像在机动车发动机控制计算机中防盗控制系统功能搭上了顺风车一样。但是它们也使新的犯罪技术成为了可能——车辆间以避免碰撞和车队控制的无线通信使得访问车辆的计算机系统越来越方便（Brown，2013a）。

- 更普遍的是，随着无线连接的各种组合，产品、地点、人员和系统之间的区别正在变得模糊，甚至可穿戴连接和网络也是如此。

- 另一个与犯罪有关的趋势是"大规模定制"，即通过计算机制造来实现产品的个性化。哪个小偷会冒着被抓的风险在警察搜身时拿着别人的个性化产品呢？谁会想买一部偷来的手机，里面还载有别人伴侣的照片呢？

- 3D 打印技术使犯罪分子能够制造他们自己的武器，如枪支以及一些其他工具（理论上可以使用），为了诈骗而安装在自动柜员机上的逼真且合适的刷卡口。

- 无人机为隐匿的敌对侦察和毒品或炸弹运输提供了空间。

- 人工智能未来的发展充满了不确定性？

14.2 设 计 原 则

14.2.1 什么是设计

- 在物质上是存在的（例如，它不会分裂，遵循科学规律，并服从其组成材料的性质）。

- 适用于某些指定的主要用途，或较之前的产品更为适用。

- 不严重干扰其他目的或更广泛地为社会和经济生活及环境所要求。

这个宽泛的定义（改编自 Booch，1993）包含了设计过程或方法之间的巨大差异。一方面，我们可以想象有人匆忙地把一颗钉子塞进窗框来固定它；另一方面，我们也可以想象出一个由庞大和高度协调的专业团队多年开发的复杂的车辆防盗报警系统。

设计产品的目的可以包括功利主义、审美主义，以及形象、生活方式和价值传递。有趣的和颠覆性的设计也是可能的。例如，英国皇家艺术学会学生设计奖中有一项参赛作品，它是用一个伪造的、威慑性的、暴露出很明显的脏内衬的帆布背包，这个产品的主要功能是掩盖了真实的物品。"形式追随功能"的经典原则有时也会被"形式追随情感"取代。当然，在犯罪中，情绪并不总是积极的，因此，借用 Wortley 的本书第 3 章情境预防理论中的观点，一份海报也有可能会引发破坏行为，或引发持刀攻击。

14.2.2　扩展视野——在预防犯罪过程中汲取设计经验

以前的设计师被告诫要紧密地围绕他们的产品去"思考小偷"（Ekblom，1997）。我们的重点是鼓励犯罪预防工作者和犯罪预防专业的学生在实践和概念上多"借鉴设计"。规划设计的本质和多样性也很重要，因为预防犯罪人员通常对设计的含义只做出非常有限的假设。许多人熟悉 CPTED（环境设计预防犯罪）运动倡导的建筑环境干预措施，以及门锁和其他安全装置的设计。这两种情况都表明设计预防犯罪与情境犯罪预防有着明显的关系。然而，设计预防犯罪不仅仅是一组产品或建筑物，尽管它们确实很重要。理解和应用设计过程，以及设计者理解的需求、制定和解决问题的方法，可以极大地造福于所有的犯罪预防从业者。设计委员会提供了一个有用的流程模型，即"'两颗钻石'www.designcouncil.org.uk/resources/report/11-lessons-managing-design-global-brands：发现、定义、开发和交付"（犯罪版 www.designcouncil.org.uk/resources/guide/ desigout-crime-designers-guide 添加了第三颗钻石，名为 Deploy 和 Digest）。这与犯罪预防的问题导向过程模型 SARA 和 5Is 密切相关（事实上，后者本身是偏向于指定和设计的，以处理 Ekblom（2011）所描述的复杂性）。

有助于设计过程的技术包括开发"犯罪人角色"——典型的施虐者类型（Hilton and Irons，2006)、可视化（Gamman and Pascoe，2004）、角色扮演和移情（Gamman et al，2012）。反恐垃圾桶（图 14.5 和 Lulham et al，2012）展示了另一种战略设计技术——重构。铁路公司经常向设计师提出要避免恐怖分子炸弹伤害的问题，但是在进一步询问客户后发现，其实一个更常见、实际意义更重大的问题是误报警和延迟报警。之后，设计师与客户一起重新构建了问题框架，并设计了一个更加有效的方式，既处理了罕见、严重事件的风险，也处理了频繁的、破坏性的和高成本事件的风险。这为以问题为导向的犯罪预防方法提供了经验教训。

14.3　产品与犯罪

14.3.1　犯罪中的产品特征

总体来讲，产品可以以多种方式在犯罪中发挥作用，但是在实际中需要系统性的结合起来。犯罪机会结合理论是一个更为详细的问题分析三角形理论（Clarke and Eck，2003；Scott et al，本书第 11 章），它可以用来定义引发犯罪事件的产品类型，例如产品可以是：

- ❏ 目标物：如手机、现金、广告海报等。
- ❏ 目标物的附件：如房屋、汽车、集装箱、包装（Segato，2012）或手袋等。
- ❏ 环境，包括产品：如火车、巴士候车亭或电话亭的内部设计等。
- ❏ 犯罪资源：如工具、武器（Ekblom and Tilley，2000），相当于犯罪三角中的"促进者"（Clarke and Eck，2003）。

"违法行为及安全"架构（Ekblom，2005）描述了产品如何成为特定种类犯罪行为的对象、主体、工具：

- ❏ 盗用（产品本身、零部件或材料被盗）。
- ❏ 受损（产品被损坏、破坏或其安全功能被禁用）。
- ❏ 不当处理（产品被盗或走私后销售）。
- ❏ 衍生（产品被仿冒或抄袭）。
- ❏ 滥用（产品被恶意用作犯罪工具、武器或其他容易触发犯罪的促进因素）。
- ❏ 行为不端（产品用于反社会行为，如用于涂鸦的喷漆罐，制造噪声的金属设备）。

犯罪分子的滥用行为或行为不端还包括将无绳钻作为盗窃工具、将手机用于毒品交易或非法拍摄年轻的女性游泳、将激光笔作为武器、使用喷漆灌在墙上喷涂涂鸦、使用计算机应用程序控制被盗手机、将假珠宝作为骗取信任的道具等。有些产品还与犯罪有严重的关联。正式地将这些框架组合起来可以使我们能够组织我们的认知，并（通过填充框架）来预测新产生的风险。表 14.1具体给出了机动车作为产品诱发犯罪的综合分析。

表 14.1　机动车引发犯罪的分析解释

关于汽车的犯罪风险性质及其人/物内容（源于违法行为及安全框架）	汽车作为犯罪的因果要素（源于犯罪机会结合的框架）			
	犯 罪 目 标	目标附属物	犯 罪 环 境	犯罪资源/触发因素
盗用	盗车转售	盗窃车内财物	公交车扒窃	盗窃车辆用以实施不端行为
受损	破坏汽车外观/内饰	使用时造成损坏；暗杀乘客	公交车上的袭击/性侵犯	滥用时的破坏
滥用	见"犯罪资源"一列	见"犯罪资源"一列	见"犯罪资源"一列	逃逸、突袭、毒品交易、汽车炸弹
不当处理	走私	运输诈骗、伪造卡车载货重量	烧毁汽车以销毁 DNA 证据	通过套牌避免支付超速罚款等
衍生	仿制汽车零件	锻件包装	使用假车牌用以迷惑追捕者	仿制车钥匙
行为不端	车外观上的粘贴淫秽信息	驾驶时使用手机	在出租车上闹事或吸毒	开车兜风、超速、酒后驾车

14.3.2　风险因素——哪些产品在犯罪中起到了重要作用

并非所有种类的产品都会有相同的犯罪风险。国内的电子消费产品比"白色产品"（家电，如洗衣机等）面临着更大的风险。同样，就像 Houghton（1992）所揭示的那样，并非所有处于一个类别的产品和模型都有相同的风险。情境预防中的"经典"风险因素方法是 Clarke（1999）的"热门产品"模型。根据该模型，在统计分析和理论分析相结合的基础上，如果一个产品属于 CRAVED 类型，那么该产品被盗的风险就会增加：

- ❑　可被犯罪人藏匿的。
- ❑　可移动的。
- ❑　可得手的（在可到达的地方有许多这样的目标）。
- ❑　有价值的。
- ❑　可享用的。
- ❑　可出手的。

CRAVED 产品最具代表性的是手机。

CRAVED 产品的价值在于明确了指导犯罪预防工作的目标：只有根据可

靠的研究基础，一种特定的新产品在很可能存在被盗风险的情况下才有理由要求制造商为其增加安全性。最近进行的一项研究（Armitage，2012）尝试将CRAVED 融入实际的犯罪预防体系中。根据 Clarke 和 Newman（2005c）的建议，可以鼓励国内被认定为存在高被盗窃风险的电子产品制造商以相应的高安全性来设计这些产品。但是，在这个过程中人们遇到了各种困难，特别是在设计安全等级制度方面。Ekblom 和 Sidebottom（2008）尝试通过对风险和安全更为广泛地定义以及一系列不同的论述（如技术、机械、功能）来学习这些经验。他们甚至还借鉴了 Cornish 的犯罪脚本概念（Cornish，1994；Leclerc，本书第六章），认为设计师需要考虑产品在盗窃过程的不同阶段（搜索、查看、获取、逃逸、实现价值等）所面临的不同风险。Ekblom 和 Gill（2015）也注意到，手机自身的小巧特征和可藏匿性在犯罪人的逃逸过程中会帮助盗窃犯省去不少麻烦，而在搜索/查看阶段会帮助其合法持有者，因为合法持有者不希望小偷发现它。因此，产品设计必须能够设想出整个过程并很好地解决其中任何此类设计上的冲突（实际上，表 14.1 中的单元格可以与犯罪脚本的各个阶段进一步交叉）。对于手机，Whitehead 等人（2008）在"安全之手"项目中进一步确定了其设计中的保护因素。

14.3.3　它是如何工作的？产品设计如何预防犯罪

产品的安全性要求使用一定的设计和技术手段来降低犯罪事件发生的风险。这些风险包含事件类型的可能性（需要避免的恶意事件的类别）、事件发生的概率，以及这些事件对产品、所有者或其他人造成的各种伤害的可能性。这里的重点是概率，尽管也可以考虑连锁反应的后果（例如，手机被盗后可以远程删除以减少可能的身份数据被盗，或者基于云技术的自动备份以减少笔记本电脑被盗造成的数据损失）。

利用产品设计减少犯罪也可以通过下面几种方式来实现：如增加犯罪人获取产品客观上的困难、面临的风险或减少犯罪人可能获得的收益，或者让犯罪人产生一种认知——这是标准的情境预防（更全面和微妙地作用于犯罪人的犯罪预防机制——"Ds"框架——Ekblom Hirschfield，2014）。显然，真正的抵抗是保持更持久的安全形：犯罪人最终一定会找到任何借口来偷东西或伤人。然而，产品设计上的"符号学"做出了重要的贡献，给客观上抵抗犯罪人的产品一个坚固的外观以阻止犯罪人的犯罪意图及其可能造成的任何伤害（Whitehead et al，2008）。还可以想想闪烁的红灯，它隐隐约约地含有一定的威胁性，它代表了一辆武装车辆的警报。这种策略也是自然界中是黄蜂的一种手段，黄蜂用警告色来补充刺痛感（Ekblom，1999；Felson，2006）。进化心理学认为，虽然确切的机制目前还不清楚，但是有些图像确实对潜在的犯罪人有强大的影响（Nettle et al，2012）。

客观地保护产品不受犯罪侵害的方法有四种：将产品设计为具有固有的安全性，增加安全性产品，稳定其他产品/人员处于风险中的状态，能够进行远程干预。

14.3.4 设计具备固有安全性的产品

设计具有固有安全性的产品需要使其具备有特定的"安全适应性"——组件、结构特征或材料，其明确的目的是确保安全性。犯罪人在实施"不当行为"过程中所对应的"安全"类标签包括以下方面。

1. 防盗用保护

❑ 空间上分散，例如终端价格低廉、主处理器远程运行的计算机系统，组件分布在整个车辆中，而且使用需要专业的知识和较多时间的车载娱乐系统等。

❑ 在犯罪人的犯罪脚本中的"搜索"与"发现"步骤具有不太明显或不具有刺激性的保护措施，如汽车上锁后车载娱乐系统会自动收缩在一个皮囊中。

❑ 犯罪人犯罪脚本中的"使用"和"销售"步骤对执法人员来说是发现犯罪人犯罪事实的重要阶段，同时也增加了犯罪人和赃物购买人员的风险。有时人们会有意在产品中加入可追溯的特征，如"属性标记"（Sutton et al，2001）等，还有在产品的材料中加入具有独特的注册"条形码"等。

❑ 在访问权限上形成差别，这包括机械锁的权限使用性、密码锁或智能锁系统等。

❑ 在以上设计的基础上，还可以向产品的使用人发送跟踪信号，从而有效增加犯罪人的风险，并帮助警方在产品失窃后追回赃物。

2. 防破损保护

❑ 不要出现挑衅性词语，例如在街道标志上不要写一些强硬的措辞。

❑ 增加目标物的物理抵抗性或弹性，如在目标物外面放一层夹层玻璃，受到外力撞击后发生变形但迅速回复原状的街面公共设施，墙壁上刷一层特殊涂料使人们无法在上面涂鸦。需要注意的是，在保护目标时防破损保护可以软硬兼顾，例如车辆的燃料帽在锁定后可以不受螺纹的影响自由旋转，这样人们无论如何施力也不能将其打开。

3. 标签保护防止被人用作违法用途

❑ 防止信息被截获：折叠的航空行李标签可以将旅行人员的目的地地址隐藏起来，防止潜伏在机场的专业盗窃犯窃取。

❑ 防欺诈：伦敦地铁售票机之前曾经被违法者利用，他们在投币口插入一个低价值的金属小块，然后售票机就会吐出一枚高额硬币。这一 bug 后来被伦敦地铁公司修复了（Clarke，1997）。另外，进口证明等重要文件做了防伪处理，使其很难被复制（Burrows and Ekblom，1986）。

4. 防滥用/行为不端保护

❑ 抵抗性：一次性医用注射器，用不能"武器化"的塑料制成的啤酒杯，只能由持枪者通过指纹扫描仪校验才能开火的枪支，屏蔽钞票复制功能的彩色复印机。

❑ 指示性：带有密封或弹出式盖子的食品或药物容器，这是对臭名昭著的泰诺止痛药案件的一种回应（Clarke and Newman，2005b），列车上的紧急警报可以激活事件所在位置的摄像头。

❑ 非挑衅性：听音乐尽量不用外放而是使用耳机，避免在人们之间发生严重的冲突。

❑ 奖励良好行为，"使其时尚化"：例如，往里面扔垃圾时播放著名板球运动员的"进球"声音的垃圾桶；或者是在厕所的小便池上裱上昆虫的图像（减少排泄物的溢出）。

在极端情况下，产品的固有安全性可能会成为其固有的属性：比如一些家庭影院电视的频繁使用使其难以成为盗窃犯的目标物（Cohen and Felson，1979）。但这种设计一般不被认为是好的防盗方法，因为盗窃犯有时对重量也没有太多的要求。然而，不排除以后盗窃犯会把显示器拆下来盗走，所以对这种固有安全特性的依赖应该被有目的的安全适应性设计取代。

一般而言，固有的安全性可以通过简单而巧妙的系统设计来实现，如伦敦地铁上的灯管，它使用了不同于生活用电的电压，这使得它们对（一般智商的）小偷没有吸引力。另一个极端是专业的安全组件，如伏特加品牌使用的全息式标签（Design Council，2000）；或者将防盗报警控制功能集成到车辆发动机管理计算机系统中。

14.3.5　增加安全性产品

一些产品本身是不安全的，因此可以由专门的附加安全性产品提供保护，这经常是在犯罪问题比较严重后采取的临时性措施。

- ❑ 笔记本电脑可以安装一个无线传感器（笔记本电脑内置发射器；在主人的口袋里装有传感器，如果计算机被移动那么传感器会发生感应并发出响应）加以保护。
- ❑ 安装汽车报警器或使用方向盘锁可以更好地保护车辆。
- ❑ 格栅和屏风可以保护街头设备不受破坏。
- ❑ 昂贵的消费品容易被仿造，因此可以通过硬包装或昂贵的复制包装来防止发生仿冒，例如可以使用只有体温作用下才会显现的编码（Design Council，2000）。

如下面讨论，安全外接程序可能无法提供最佳的安全解决方案。

14.3.6　稳定处在风险中产品

将不安全的产品放在安全的环境中可以采用一些不需要人们干预的环境设计。

- ❑ 保险柜等安全产品有着坚硬的外壳，可以防止破拆；在学校教室内放置电脑投影仪的外罩可确保其安全使用。
- ❑ 物理或电子访问控制可以防止未经授权的人接近目标产品。
- ❑ 有些物品可能会被误用为犯罪的临时资源，因此可以加以限制。例如，设计可上锁的垃圾筒，使其不能被用作偷窃商店货物的临时储藏处；确保"紧急逃生锤"不会被犯罪人用来砸碎车窗；设计一种特殊的垃圾箱，使里面的空酒瓶不会被醉酒的人临时捡起来打架。

然而，设计的目的通常是防止人们犯罪和抑制犯罪，但有时这种额外的防护手段特别是一些糟糕的设计会带来额外的成本，就比如汽车很容易被盗窃，因此需要保护。所以我们需要理性地承认产品设计在特定情况下存在的局限性，这样我们需要积极地利用人的因素：

- ❑ 有些产品的功能与预防无关，可以对其进行修改使其具有警示作用，并赋予各种犯罪预防工作者以一定的权限。如图 14.1 所示的"Stop

Thief"牌椅子和桌子夹子就可以帮助人们在酒吧里保护好他们自己的包。这些产品可以称为"安全产品"。

❑ 有些产品会限制或影响人们无意中充当犯罪促进者的作用（有些人虽然没有参与实施犯罪，但他们的一些行为使犯罪行为更有可能）。图 14.3 所示的 CaMden 牌自行车支架使骑自行车的人不得不按照使用说明来安全地锁上自行车。设计良好的中央/远程锁定车门功能可以使人们锁车门非常方便（上了年纪的人一般都是把每个车门都锁一遍）。

❑ 本质上不安全的产品可以通过促使安保人采取安全行为来进行补偿。比如在离开汽车时把钥匙拿走汽车会发出各种（通常很烦人的）声音提醒。目前，随着内置智能设备在热门产品中的广泛应用，我们可以预期类似的警示功能将会被进一步整合进去。因为与产品的安全性相比这可能是一种更廉价的解决方案，可以让制造商摆脱防盗窃的道德/法律束缚，并将责任转嫁给消费者。

❑ 产品的安全预防功能的设计都可以符合某种综合安全系统的设计标准（Tilley，2005）。一个典型的例子是超市，其内部有很多监控，货架上的产品或其包装上都安装有电子标签，如果顾客在离开超市时这些标签没有被销售人员消除，这些标签就将激活出口的检测器，这样一来超市的保安就会出面，并成为法院证明所有权的法律证据。

人工的安全防范装置是不可靠的：这就产生了产品安装或操作中是否纳入或排除了防范装置的问题。Ekblom（2012d）描述了一个"参与失败"的案例，之前我们给出的 Grippa 牌夹子就需要人们去适应、维护和使用。尽管酒吧的管理人员和顾客在评论环节都对其予以认可，但在某些情况下他们根本就不习惯一直守着袋子。因此，一些安全功能就会被设计成傻瓜式的：比如汽车的无线电天线内置在车窗玻璃中，这样驾驶员在离开汽车时就不需要将其关闭。但这种取消了人工操作的安全性设计可能也并不太好，正如 Pease（2001）所指出的，数字视频的出现使基于人工的监控消失了，但这种服务曾经有效控制了恋童癖的发生。更一般地说，如果情况发生变化，这种离开人工的安全功能可能不再有效，因为它缺乏人主观的适应性。

14.3.7 通过远程干预确保产品安全

易受攻击的和有价值的产品也可以通过其他方式加以保护：

❑ 使犯罪人难以获得移除或销毁目标产品的专业工具。不幸的是，这有悖于现代社会的发展趋势，现在人们几乎可以不受限制地接触到任何东西。但是，对恐怖分子可能利用日常用品（如化肥或其他易制毒化学品）制作涉暴材料的担忧促使了危险化学品登记和检查工作的进行，但目前这项工作也开始出现了与最初目标相悖离的趋势。

❑ 不让犯罪人接触到关于产品太多的细节，使其不知道在哪里可以找到目标产品及其漏洞。但除了价值极高的、危险的或"关键基础设施"类产品之外，这种做法实际上与当代趋势背道而驰。

❑ 实施一系列干预措施，包括开展财产标记和登记、追踪定位设备等来限制犯罪促进者的活动。目前英国已颁布法律禁止人们对被盗手机进行重新编码，甚至禁止人们非法拥有刷机的设备。同样，在回收铜等商品方面，英国的废金属交易商现在也必须遵守相关规定，严格记录其交易购买情况。

❑ 打击犯罪促进者的行动能够有效地压缩赃物交易市场来进一步预防犯罪（Sutton et al，2001），其中针对或通过买方、卖方、二手商店等采取的各种行动可以明确地与产品识别技术（这些技术本身可能涉及产品或包装设计）和注册系统结合起来。

总之，这一章节举例说明了情境犯罪预防的 25 种技术中的大多数方法（Clarke and Eck，2003；Clarke，本书第 13 章）。在这些技术的基础上，人们采用了广为人知的"理性选择"机制，即增加违法行为的付出、成本、时间和违法者面临的风险，减少其违法犯罪的回报。然而，在某些情况下，情境的影响是变化的，有时不是指向犯罪人的行为，而是预防犯罪促进者的行为。但是，除了这些影响人的行为的做法之外（Ekblom，2012b），产品设计还可能通过更具有"因果性"的方法来发挥作用，如激发犯罪动机的方法（Wortley，本书第 3 章）。

对上述这些问题总体上概括起来就是安全功能框架（Ekblom，2012e）。这个框架从目的（在预防犯罪和其他方面，设计的目的是什么，服务于谁？）、环境（它与安全生态系统的其他部分有何关系？例如它是否是一种潜在的不安全产品，是否需要固有的或附加的保护？就像是提供保护的防护产品，例如 Grippa 牌夹子，或具有其他主要功能的安全产品，例如 Stop Thief 牌椅子）、机制（它是如何工作的？）以及技术性（它是如何制作的，又是如何运作的？）等角度系统地阐明了产品设计需要考虑的事项。

14.4　设计预防犯罪的挑战

设计咖啡机的人必须考虑到咖啡机生产和运输的因素、人们不断变化的喝咖啡时尚、不断变化的价值观、不断发展的技术以及竞争对手的产品。那些设计出能预防犯罪产品的人还得必须再加上一套独特的要求，但不幸的是，他们必须应对或者不得不预见到那些可能发展出具备抵制预防犯罪能力的适应性对手。

14.4.1　适当的设计：如何权衡

尽管公众对犯罪问题感到担忧，但一谈到消费者的需求，预防犯罪往往会被排在最后。人们都想要一辆时髦、高性能、经济、安全、便宜的车——顺便还得说一下，这个车还要尽可能不会被偷。因此，人们面临的一个主要的挑战是在不损害其主要用途或干扰许多其他标准的前提下如何设计出安全的产品。设计人员必须考虑如何将安全性与一个产品的生产制造、安全又经济的交付、营销、安装和最终的处理相结合。在所有这些阶段中，识别并协调潜在的竞争和冲突的需求范围是工业设计师的技能核心。若干个这样的"两难权衡"尤其重要。下面列出了相关的一些要素。

- ❑ 美学：设计预防犯罪给人们带来的一个常见的负面形象是容易形成"堡垒社会"。这个概念最初用于描述建筑环境（碉堡型的外观、厚重的百叶窗等），现在同样也适用于可移动产品：丑陋的铁质电脑机箱、难看的钱袋，还有音乐播放器上标志风险规避的"土里土气"的链接等。当然，未经考虑的调试和糟糕的设计可能会导致一些非常粗糙的防御手段。但是正如我们所看到的，例如完美的美学手提包可以被设计成不同的形式用来保护自身不受浸水和划伤的损害（Gamman and Hughes，2003），嵌入窗户中的汽车无线电天线可以被设计成没有明显的保护工程。

- ❑ 法律和伦理问题：预防犯罪的产品设计师还必须考虑他们的建议是否侵犯了个人隐私或在不可接受的情况下限制了人身自由。举个例子，在持有人不知情或未经同意的情况下手机可以被调取反映一个人的日常活动的信息。有时缺乏信任也可能是一个问题，比如商店安装高灵敏度的防盗设备，人只要踏入商店就会发出报警。

- 可持续发展：犯罪预防要求其地位应与环境/能源并重来考虑（Pease，2009；Armitage and Gamman，2009）。防止商店行窃的一种方法是把小的、可放在口袋里的物品放在一个大的包装里，但是这非常消耗材料和能源。因而一个保护性产品（Design Council，2000）就会耗费不少资源。但我们可以巧妙利用资源，比如可以用来自制造产品本身多余的塑料来包装材料。

- 损害：这是社会环境质量的另一种权衡。设计不安全的汽车可能会将犯罪成本转嫁给受害者和其他社会群体（Roman and Farrell，2002；Hardie and Hobbs，2005），设计拙劣的汽车报警器也会使预防犯罪的成本打水漂。

- 安全：通过努力可以制止酒后驾驶的发生或限制人们使用武器，安全与预防犯罪在这方面是相同的（智能汽车可以识别出驾驶员是否饮酒并做出适当的操作，智能武器只能接受武器注册人的射击命令）。然而，安全性（和故障安全）考虑可能与犯罪预防发生冲突。但创造性的设计既能保障安全又能预防犯罪。比如一些消防爬梯的底部靠近街道水平面，发生火灾后逃生人员从上往下爬，逃生人员的重压会迫使爬梯向下产生一些滑动，但如果是入室盗窃犯罪人想要利用这个爬梯上楼就很难达成其目的了。

- 便利性：设计预防犯罪必须对用户友好的同时对犯罪人不友好（Ekblom，2014）。复杂的安全程序、容易被遗忘的密码和笨拙的锁会迅速摧毁产品的吸引力。产品预防犯罪设计有时也与包容性设计（参见 www.designcouncil.org.uk/resources/guide/principls-inclusivedesign）相冲突，后者旨在使老年人或残疾人能够方便且不引人注目地使用产品。实际上，相对复杂的安全特性非常容易被人为地忽略掉。

- 成本：产品的每一项附加功能都会给设计和制造带来额外的成本。在汽车设计或消费电子产品等竞争激烈的行业，即使是额外的一丁点儿费用成本也可能是不可接受的。但是对产品设计来说，其实一些安全特性只需要在设计阶段进行考虑。举个例子，乌克河的路标上的涂鸦很有煽动性，大概是发生了一些不好的经历之后，当地议会才设计了如图 14.6 所示的标识，不给不良青年涂鸦的空间。

图 14.6　"乌克河"路标

资料来源：由 Paul Ekblom 拍摄。

撇开独创性不谈，在设计过程中越早考虑犯罪问题就越容易优化棘手的各种权衡和取舍，这样一来安全性就不会特别显眼，也会变得更美观、不易遭到反对，操作也更加人性化，对设计自由度的限制也会减少，成本也会降低。

14.4.2　预期风险

不断出现在市场上的新型的、本质上不安全的产品导致了 Pease（2001）所谓的"犯罪收益"，紧接着就是匆忙的回溯之前的工作以应对犯罪和笨拙地通过补救设计来弥补犯罪损失。手机就是一个典型的例子（Clarke et al，2001）。尽管旧的漏洞现在已经被堵住了，但可以肯定的是早期的漏洞使得犯罪市场仍然能够自我维持，特别是这个犯罪市场拥有着犯罪的专业知识、犯罪服务提供方和犯罪网络。科技的进步也为犯罪活动提供了源源不断的新资源，如无绳钻或可装在口袋里的 12V 电池（可被滥用为汽车门锁充电以撬开车门），可以说，之前本来看似安全的物品一夜之间变得非常脆弱。

先发制人可以避免许多这样的问题。Clarke（1999）提出的"热门产品"概念用来预测哪些新产品容易被盗。潜在的 CRAVED 产品的风险因素在很大程度上是经验性的识别，为了与这一认识相匹配，日常活动理论采用了更理论化的方法（Cohen and Felson，1979；Felson，1997；Pease，1997），犯罪机会结合这样的框架（Ekblom，2010，2011 and http://5isframework.wordpress.com）也得到了充分的应用。

14.4.3　犯罪人的反击

正如每一次关于适应性改变的讨论所承认的那样，犯罪人具有适应和进化能力：通过改变地点、目标或（与设计预防犯罪最相关的）策略，他们有可能会规避犯罪预防方法。这种论述的潜在意义是重大的，因为对短期内较为传统的适应性改变类型（Guerette and Bowers，2009）的总结表明，这种适应性的变动是非常罕见的，或者只是部分的。然而，在设计预防犯罪中，尽管缺乏定量的证据，但犯罪人的适应性是否具有更为广泛的空间仍然不那么确定。比如犯罪人可在多个层面对产品防盗设计做出回应。

- ❑ 现场战术应对——在汽车报警器上喷洒快速凝固的泡沫以降低报警声音。
- ❑ 善用防盗设施——犯罪人在入室行窃前曾使用街道上的公共摄像头来确认周围的邻居是否在家。
- ❑ 面向设计者本身并开发工具——对锁进行复杂的逆向破解。

犯罪预防是犯罪预防人员和具有适应与进化能力的犯罪人之间的一种博弈（Ekblom，1999），后者能够创新、利用变化并从熟悉且过时的犯罪预防方法中找到破绽。一个很好的例子（Shover，1996）是保险柜和保险柜爆破机的发展历史。最近的一个例子与信用卡诈骗有关（Levi and Handley，1998），伴随着每个产品的漏洞被堵住，整个博弈过程也从一种操作方式（如盗窃和滥用信用卡）转移到另一种操作方式（如网购陷阱）。最近的案件也表明，随着防盗装置的漏洞不断出现，机动车盗窃案件也再度抬头（www.bbc.co.uk/news/technology-29786320）。

从长远来看，犯罪水平取决于正在进行方法创新的那一方，以及哪一方的创新能够成为主流、能够比另一方更频繁。犯罪人的创新正在加速，他们之前通常是在监狱里学习犯罪技术，但现在制作炸弹或撬锁的指南在互联网上就可以找到。然而，犯罪预防者可以通过学习其他"进化性斗争"来迎头赶上，这些"进化性斗争"包括军事斗争、捕食者对猎物的斗争、抗生素对细菌的斗争、害虫对害虫控制方法的斗争。对此，Ekblom（1997，1999，2015）有深入的探讨（Felson，2006；Sagarin and Taylor，2008）。

14.4.4　设计预防犯罪设计师的参与

在工作、休闲、旅游和购物的"文明"世界中，犯罪预防的干预措施很少是由警察和其他专业预防人员直接实施的。通常，专业人员的目的是让其他人或机构负责实施干预手段，有时是设计干预手段。这是一个需要参与的领域。参与又有三个主要方面：气候变化、伙伴关系（如政府和保险公司之间的伙伴关系在荷兰发展良好，见 www.hetccv.nl/english）和动员。前面两个问题将在下面进行讨论，其中动员是关键。一个名为 CLAIMED 的动员犯罪预防人员通用框架（Ekblom，2011）规定了以下步骤。

- ❑ 厘清需要进行的犯罪预防的工作或职位，例如实施干预措施本身、减轻约束、提供推动人选。
- ❑ 找出最适合承担这些工作的个人或组织，包括设计师、制造商、营销人员和消费者。
- ❑ 提醒他们，他们的产品可能会导致犯罪发生，他们可以帮助阻止不相关的犯罪发生。
- ❑ 把风险的细节告诉他们。
- ❑ 激励他们。
- ❑ 在适当之时给他们赋予权力。
- ❑ 管理他们。

这一过程可以在地方上或全国范围内推行，也可以由政府、警方或其他与犯罪预防有关的机构实施。至此，我们已经明确了预防犯罪的任务和作用，并确定了我们希望动员的设计师和设计决策者，那么接下来要做什么？

1. 提醒设计师、客户和消费者，使其重视设计在犯罪中的作用

文化和政治层面将犯罪视为一个社会性问题，将"警察、法院和司法矫正"视为一个解决方案，这使得设计师和委托他们的制造商们能够发表诸如"不要责怪我的设计，要怪就责怪使用它的人"这样的言论，但是这样一来媒体、政客和公众都会认为这是犯罪人的同谋。让设计师和设计决策者"考虑盗窃犯问题"的第一步是给他们正确的心态。最好是用一系列的"为什么我没有想到这一点？"这种的例子，就像本章开头的那些一样。

个别例子可能具有局部效应。但从战略上讲，建立一种普遍的公众氛围是非常重要的，这种氛围应该期望设计师和制造商将承担起通过有效的产品设计来解决犯罪问题的责任，就像在车辆安全方面那样（Webb，2005）。

2. 通过风险和设计方面的情报来指导设计师

为了让政府和保险公司能够直接对不安全的设计采取行动，或者让制造商、零售商和服务提供商以一种高效且与风险相称的方式采取相类似的行动，

有必要使其知道哪些产品不安全、不安全的程度以及不安全的原因。设计本身的细节也需要这些证明，有三种主要的方法可以实现。

☐ 要得出相对风险率，需要结合两种信息：受犯罪（如盗窃）影响的不同品牌和型号的数量（最好是按年计算，因为生产细节变化很快），实际上被盗的产品数量。这是为了将其量化为一个简单的风险效应或风险值——街上的音乐播放器越多，不管设计如何，被偷的可能性都会越大。这种方法已经成功地被用于计算英国机动车盗窃指数（Houghton，1992 and https://data.gov.uk/dataset/car-theft-index-2004-2006）。该指数旨在动员消费者给制造商提高产品安全水平施加压力。最近英国政府为手机也开发了一个类似的指数（Home Office，2014）。然而，这些产品属于特殊案例，例如在车辆方面，获取相关数据集（每种车型和车型在路上的汽车数量）和犯罪数据集（来自于这类曝光度很高的犯罪行为的警方记录）相对还比较简单，但是如果计算笔记本电脑的被盗指数就很难想象存有其他任何类似的指数容易计算并且可信赖。然而，随着产品越来越多地与支持网络的电子产品一体化，以及所有权的自动登记，情况可能会有所改善。

☐ 产品的攻击测试使用的工具和犯罪技术是犯罪人当前使用的或在不久的将来可能采用的。英国保险协会就此专门为汽车制定了投保方案。被评为不安全的模型会被分配到更高的保险费率区间。可以想象，这汇集了制造商们的关注，因为它会对消费者的购买选择产生影响。但是除了在车辆和金融系统以外，攻击测试仍然很少见。

☐ 对产品本身的设计和构造进行系统的审查，以查明其弱点，并评估其安全性是否与风险相称，然后赋予其一个安全等级。此类认证已在住房和其他建筑（如英国的"安全设计机制（UK Secured By Design Scheme）"认证，以及荷兰的"安全住房认证（Dutch Police Safe Housing）"认证）上进行。但是，正如消费类电子产品的行情最近显示的那样，开发可移动产品安全性评级方法的尝试还尚未达到切实可行的状态（Armitage，2012）。

攻击测试和系统检查都是在各种背景的研究基础上进行的。这包括仔细收集一些被盗产品，然后从法医学的角度观察犯罪人是如何克服相应的阻碍的；从犯罪报告中（遗憾的是很少有详细的记录）获得对犯罪技术的描述；采访提供产品服务的人；采访犯罪人以明确获取这种"预防性情报"。

3. 激励设计师和其他人员承担犯罪预防责任

关于一般犯罪预防的"激励"问题已经进行了大量的论述（e.g. Home Office，2006）。通过各种奖项（如英国皇家艺术学会学生设计奖）和简单地设置上述挑战性任务，设计师们的积极性已经得到了调动。但将他们的热情转化为持续的兴趣和职业承诺则需要设计师们付出更多的努力，需要其看到他们的预防犯罪设计持续受到欢迎并投入生产。因此，这样一来注意力就转向了设计的决策者。

制造商确保自己的产品具备安全性的动机可以通过硬激励或软激励来实现，包括企业社会责任方面的形象、点名批评、设立"损失者自付"税种（Roman and Farrell，2002）、唤醒消费者方面的期望和压力、强加保险费用以及立法等（Design Council，2000；Clarke and Newman，2005b）。Webb（2005）和 Scott 等人（本书第 11 章）很好地描述了这些压力的结合是如何导致汽车安全性得到根本改善的。

但供应方面的激励因素都不是制造商追求核心利润的"内在因素"，因此这样一来就不会稳定。只有将抵制犯罪的愿望与这种"自然＃动机结合得越紧密，这项任务才越能得到一贯地、可持续地和创造性地完成。一般的答案是着眼于需求方面的动机。然而，虽然鼓励消费者优先购买安全的产品在理论上是可行的（Design Council，2000），但是还没有令人信服地证明安全性对消费者的选择存在有效影响，更不用说表现出这种选择能够不断诱导制造商抵制犯罪这种现象。在这个领域，经济学家可能会提出有价值的观点，例如，市场环境如何（例如，多个生产者谋求垄断，购买产品的频率或寿命等）会影响供应商解决安全问题的倾向性。

政府干预仍然是对这类"市场失灵"现象（e.g. Newman，2012）的重要纠正。Clarke 和 Newman（2005b）评估了各国政府在支持改进预防犯罪产品方面可以发挥的各种作用，包括管理因自身需求而负有社会责任的大型采购商、采取激励措施、确保公平竞争环境等，从而使负有社会责任的制造商不受损失。Brown（2013b）根据他在汽车相关犯罪方面的经验为那些寻求将设计预防犯罪纳入消费品生产中的政府部门提供了一系列的建议。

4. 使设计师具有赋予产品抵御犯罪功能的权力

与环境设计预防犯罪领域相比，对产品设计人员的引导很少——但这种情况正在改变。英国设计委员会在 www.designcouncil.org.uk/resources/guide/desigout-crime-designers-guide 上发布了索尔福德大学最新的指导意见。中央圣马丁艺术与设计学院的设计预防犯罪研究中心在各种媒体上制作了一系列的设计资源材料，包括许多卡通图像的例子，如包、自行车盗窃和针对自动取款机的犯罪方法（www.designagainstcrime.com/methodology-resources/at-techniques/www.inthebag.org.uk 和 www.bikeoff.org/design_resource/）。在该领域的其他机构还有拉夫堡大学，该大学描述了评估手机安全特性的一些先进方法（Whitehead et al，2008）。如前所述，MARC 项目（Armitage，2012）的英意团队还推出了安全评级流程。

5. 管理设计师：标准化

标准是政府政策的重要执行工具；但是严格的需求可能使设计难以适应个别的环境，并且难以适应变化。在犯罪和预防犯罪的博弈中，各种预防方法都很重要。因此，加强设计的自由程度对打击犯罪至关重要。如果使用性能标准而不是技术或建筑标准，并且这些性能标准具有前瞻性就可以解决这一矛盾。例如，机动车安全规范没有规定必须要有"坚固的钢制锁壳"，而是规定"锁具使用最新工具至少能抵抗 5 分钟攻击"。这种标准非常受英国止损认证委员会和欧洲 CEN 标准组织的青睐。

14.5　设计预防犯罪：影响的证明

来自工作室的测试、现场试验、用户和服务工程师经验的评估和反馈，以及最终的销售、盈利能力和市场领导能力都是产品设计这一进化过程中所固有的。然而，在通常适用于预防犯罪的评价和成本效益方面，几乎没有确凿的证据能够表明产品设计与"目标强化"或一般情况下的方法完全不同。现有的证据往往都关注于研究设计薄弱之处。Clarke 和 Newman（2005b，表 4）总结了通过正式评估的产品，特别对于汽车，Brown（2013a）所总结的 16 项研究中不同质量的证据表明，近年来防盗报警装置的应用有效地降低了汽车盗窃。开展全面评估的时间尺度和费用（包括生产和安装诸如 Grippa 牌夹子这样的标准化产品的成本）是相当可观的——Bowers 等人（2009）尝试设计了一种电子表格来权衡生产成本与功效之间的关系。另一种方法是关注安全设计的中间过程、行为和结果。例如，与传统设计相比，CaMden 牌支架在更加安全的锁定行为方面有了显著提高，这可以被视为降低盗窃风险的必要条件。除此以外，其他产品设计影响犯罪的证据大都是道听途说的，但（Clarke and

Newman，2005b）几乎完全不言自明，例如，伦敦火车车厢的横梁上安装了矫正塑料外壳以阻止男孩骑在上面，但人们只要稍微瞥一眼就会发现其实它们根本起不到任何作用。

这些确凿的证据越多，设计预防犯罪在获得政府持续资助和关注方面的表现就会越好。这些证据还可能有助于说服消费者去更喜欢这样设计的产品，并说服制造商将安全性包含在在他们的产品需求中。

结　　论

通过对产品设计预防犯罪的学习和实践，我们能够以全新的眼光去看待熟悉的事物。总体而言，设计预防犯罪是情境预防中相对狭义的一种干预手段，是一种有助于犯罪预防过程每个阶段的一般化方法。关于这一关系的进一步思考可见 Ekblom 的工作（2012b）。

设计预防犯罪永远不能完全解决犯罪问题（尽管迫切需要确凿的证据），而且设计预防犯罪的执行和参与也是一个大问题——如何动员生产者和用户做出抵制犯罪的选择，并使其充分意识到这一点。然而，产品设计将继续作为场所管理、建筑环境或面向犯罪人的干预手段的补充方式帮助减少各种犯罪。随着新技术，尤其是内置的智能和互联性的发展，人们在日常产品、信息系统都能感受到这种产品的存在，它们的作用范围肯定会发生更大的变化。

内 容 回 顾

1. 用智能手机或平板电脑代替汽车，重新绘制表 14.1。

2. 针对表 14.1 各单元所列的犯罪活动，以汽车或手机为对象提出相应的设计解决方案。

3. 政府能否可靠地预测特定产品的特定风险，并迫使制造商来解决这些风险？

4. 提出一些在技术革新或社会变革下产生的产品的潜在新型犯罪风险，并使用违法行为和安全性框架来构建相应的列表。

5. 情境犯罪预防的 25 种技术中，哪一种是产品或场所的设计所不能提供的？是否存在某种设计预防犯罪方法不属于这 25 种技术？

参 考 文 献

Armitage, R. (2012) 'Making a Brave Transition from Research to Reality', in P. Ekblom (ed.) *Design Against Crime: Crime Proofing Everyday Objects*, Boulder, CO: Rienner.

Armitage, R. and Gamman, L. (2009) 'Sustainability via Security: A New Look', *Built Environment*, 35: 297-301.

Booch, G. (1993) *Object-Oriented Analysis and Design with Applications* (2nd edn), Boston, MA: Addison-Wesley Professional.

Bowers, K. Sidebottom, A. and Ekblom, P. (2009) 'CRITIC: A Prospective Planning Tool for Crime Prevention Evaluation Designs', *Crime Prevention and Community Safety*, 11: 48-70.

Brown, R. (2015) 'Reviewing the Effectiveness of Electronic Vehicle Immobilisation: Evidence from four countries', *Security Journal*, 28(4): 329-351.

Brown, R. (2013b) 'Regulating Crime Prevention Design into Consumer Products: Learning the lessons from electronic vehicle immobilisation', in *Trends and Issues in Crime and Criminal Justice*, no. 453. Canberra: Australian Institute of Criminology.

Burrows, J. and Ekblom, P. (1986) 'Preventing Car Crime: An Initiative Affecting Vehicle Import Procedures', *Home Office Research Bulletin* 21, London: Home Office.

Clarke, R. (1997) *Situational Crime Prevention: Successful Case Studies* (2nd edn), New York: Harrow & Heston.

Clarke, R. (1999) Hot Products: Understanding, Anticipating and Reducing Demand for Stolen Goods, Police Research Series Papers 112, London: Home Office.

Clarke, R. and Eck, J. (2003) *Become a Problem-Solving Crime Analyst in 55 Small Steps*, London: Jill Dando Institute, University College London. Available from www.popcenter.org/library/reading/PDFs/55stepsUK.pdf (accessed 17 February 2016).

Clarke, R. and Newman, G. (2005a) (eds) *Designing out Crime from Products and Systems. Crime Prevention Studies, Vol. 18*, Monsey, NY: Criminal Justice Press and Cullompton, UK: Willan Publishing.

Clarke, R. and Newman, G. (2005b) 'Modifying Criminogenic Products: What Role for Government?' in R. Clarke and G. Newman (eds) *Designing out Crime from Products and Systems. Crime Prevention Studies, Vol. 18*, Monsey, NY and Cullompton, UK: Criminal Justice Press and Willan Publishing.

Clarke, R. and Newman, G. (2005c) 'Secured by Design: A Plan for Security Coding of Electronic Products', in R. Clarke and G. Newman (eds) *Designing out Crime from Products and Systems. Crime Prevention Studies, Vol. 18*, Monsey, NY and Cullompton, UK: Criminal Justice Press and Willan Publishing.

Clarke, R., Kemper, R. and Wyckoff, L. (2001) 'Controlling Cell Phone Fraud in the US: Lessons for the UK "Foresight" prevention initiative', *Security Journal*, 14: 7-22.

Cohen, L. and Felson, M. (1979) 'Social Change and Crime Rate Changes: A Routine Activities Approach', *American Sociological Review*, 44: 588-608.

Cornish, D. (1994) 'The Procedural Analysis of Offending and its Relevance for Situational Prevention', in R. Clarke (ed.), *Crime Prevention Studies, Vol. 3*: 151-196. Monsey, NY: Criminal Justice Press.

Department of Trade and Industry (2000) *Turning the Corner*. Report of Foresight Programme's Crime Prevention Panel. London: Department of Trade and Industry.

Design Council (2000) *Design Against Crime: A Report to the Design Council, the Home Office and the Department of Trade and Industry*. Cambridge, Salford and Sheffield Hallam Universities. www.shu.ac.uk/schools/cs/cri/adrc/dac/designagainstcrimereport.pdf (accessed 17 February 2016).

Dorst, K. (2015) *Frame Innovation: Create New Thinking by Design*, Cambridge, MA: MIT Press.

Ekblom, P. (1979) 'A Crime Free Car?' *Home Office Research Bulletin 7*, London: Home Office.

Ekblom, P. (1997) 'Gearing Up Against Crime: A dynamic Framework to Help Designers Keep Up with the Adaptive Criminal in a Changing World', *International*

Journal of Risk, Security and Crime Prevention, 2: 249-265.

Ekblom, P. (1999) 'Can we Make Crime Prevention Adaptive by Learning from other Evolutionary Struggles?', *Studies on Crime and Crime Prevention*, 8/1: 27-51.

Ekblom, P. (2002) 'Future Imperfect: Preparing for the Crimes to Come', *Criminal Justice Matters*, 46 Winter 2001/02: 38-40, London: Centre for Crime and Justice Studies, Kings College.

Ekblom, P. (2005) 'How to Police the Future: Scanning for Scientific and Technological Innovations which Generate Potential Threats and Opportunities in Crime, Policing and Crime Reduction', in M. Smith and N. Tilley (eds), *Crime Science: New Approaches to Preventing and Detecting Crime*, 27-55. Cullompton, UK: Willan.

Ekblom, P. (2010) 'The Conjunction of Criminal Opportunity Theory', *Sage Encyclopaedia of Victimology and Crime Prevention*, 1: 139-146.

Ekblom, P. (2011) *Crime Prevention, Security and Community Safety Using the 5Is Framework*, Basingstoke, UK: Palgrave Macmillan.

Ekblom, P. (2012a). 'The Private Sector and Designing Products against Crime', in B. Welsh and D. Farrington (eds) *The Oxford Handbook on Crime Prevention*, 384-403. Oxford: Oxford University Press.

Ekblom, P. (2012b). 'Happy Returns: Ideas Brought Back from Situational Crime Prevention's Exploration of Design against Crime', in G. Farrell and N. Tilley (eds) *The Reasoning Criminologist: Essays in Honour of Ronald V. Clarke*, 163-198, Crime Science series, Cullompton, UK: Willan.

Ekblom, P. (ed.) (2012c) *Design Against Crime: Crime Proofing Everyday Objects, Crime Prevention Studies, Vol. 27*, Boulder, CO: Rienner.

Ekblom, P. (2012d) 'Citizen Participation in Crime Prevention: Capturing Practice Knowledge Through the 5Is Framework', in M. Coester and E. Marks (eds) *International Perspectives of Crime Prevention 4: Contributions from the 4th and the 5th Annual International Forum 2010 and 2011 within the German Congress on Crime Prevention*, Mönchengladbach: Forum Verlag Godesberg GmbH. www.erich-marks.de/Biografie/InternationalPerspectivesofCrimePrevention42012.pdf (accessed 17 February 2016).

Ekblom, P. (2012e) 'The Security Function Framework', in P. Ekblom (ed.),

Design Against Crime: Crime Proofing Everyday Objects, Crime Prevention Studies, Vol. 27, Boulder, CO: Rienner.

Ekblom, P. (2014) 'Design and Security', in M. Gill (ed.) T*he Handbook of Security* (2nd edn), 133-156,Basingstoke: Palgrave MacMillan.

Ekblom, P. (2016) 'Technology, Opportunity, Crime and Crime Prevention: Current and Evolutionary Perspectives', in B. Leclerc and E. Savona (eds) *Crime Prevention in the 21st Century*, New York: Springer.

Ekblom, P. and Gill, M. (2015) 'Rewriting the Script: Cross-Disciplinary Exploration and Conceptual Consolidation of the Procedural Analysis of Crime', *European Journal of Criminal Policy and Research*, 22(2): 319-339.

Ekblom, P. and Hirschfield, A. (2014) 'Developing an Alternative Formulation of SCP Principles: the Ds (11 and Counting).' *Crime Science*, 3: 2.

Ekblom, P. and Pease, K. (2014) 'Innovation and Crime Prevention', in G. Bruinsma, and D. Weisburd (eds) *Encyclopedia of Criminology and Criminal Justice*. New York: Springer Science + Business Media.

Ekblom, P. and Sidebottom, A. (2008) 'What Do You Mean, "Is It Secure?" Redesigning Language to Be Fit for the Task of Assessing the Security of Domestic and Personal Electronic Goods', *European Journal on Criminal Policy and Research*, 14(2): 61-87.

Ekblom, P. and Tilley, N. (2000) 'Going Equipped: Criminology, Situational Crime Prevention and the Resourceful Offender', *British Journal of Criminology*, 40: 376-398.

Felson, M. (1997) 'Technology, Business, and Crime', in M. Felson and R. Clarke (eds) *Business and Crime Prevention*, Monsey, NY: Criminal Justice Press.

Felson, M. (2006) *Crime and Nature*, Sage: CA: Thousand Oaks.

Gamman, L. and Hughes, B. (2003) ' "Thinking thief" - Designing out Misuse, Abuse and "Criminal Aesthetics" ', *Ingenia*, 15: 36-43. London: Royal Academy of Engineering.

Gamman, L. and Pascoe, T. (eds) (2004) *Seeing is Believing, special issue of Crime Prevention and Community Safety Journal*, 6/4.

Gamman, L., Thorpe, A., Malpass, M. and Liparova, E. (2012) 'Hey Babe - Take a Walk on the Wild Side!: Why Role-Playing and Visualization of User and Abuser

"Scripts" Offer Useful Tools To Effectively "Think Thief " and Build Empathy To Design against Crime', *Design and Culture*, 4/2: 171-193.

Gill, M. (2005) 'Reducing the Capacity to Offend: Restricting Resources for Offending', in N. Tilley (ed.), *Handbook of Crime Prevention and Community Safety*, Cullompton, UK: Willan.

Gill, M. and Clarke, R. (2012) 'Slowing Thefts of Fast-Moving Goods', in P. Ekblom (ed.) *Design Against Crime: Crime Proofing Everyday Products. Crime Prevention Studies, Vol. 27*. Boulder, CO: Lynne Reiner.

Guerette, R. and Bowers, K. (2009) 'Assessing the Extent of Crime Displacement and Diffusion of Benefit: A Systematic Review of Situational Crime Prevention Evaluations', *Criminology*, 47/4: 1331-1368.

Hardie, J. and Hobbs, B. (2005) 'Partners against Crime: The Role of the Corporate Sector in Tackling Crime', in R. Clarke and G. Newman (eds) *Designing out Crime from Products and Systems. Crime Prevention Studies, Vol. 18*, Monsey, NY: Criminal Justice Press.

Harrington, V. and Mayhew, P. (2001) *Mobile Phone Theft*, Home Office Research Study 235, London: Home Office.

Hilton, K. and Irons, A. (2006) 'A "Criminal Personas" Approach to Countering Criminal Creativity.' *Crime Prevention and Community Safety*, 8: 248-259.

Home Office (2006) *Changing Behaviour to Prevent Crime: an Incentives-Based Approach*, Online report 05/06. http://webarchive.nationalarchives.gov. uk/20110218135832/http://uk.sitestat.com/homeoffice/rds/s?rds.rdsolr0506pdf&ns_ type=pdf&ns_url=%5Bhttp://www.homeoffice.gov.uk/rds/pdfs06/rdsolr0506. pdf%5D (accessed 17 February 2016).

Home Office (2007) *Cutting Crime: A New Partnership 2008-2011*, London: Home Office.

Home Office (2014) *Reducing Mobile Phone Theft and Improving Security*, London: Home Office.

Houghton, G. (1992) *Car Theft in England & Wales: The Home Office Car Theft Index*, CPU Paper 33, London: Home Office.

James, P. and Thorpe, N. (1994) *Ancient Inventions*, London: Michael O'Mara Books.

Lester, A. (2001) 'Crime Reduction Through Product Design', *Trends & Issues in Crime and Criminal Justice* No. 206, Canberra: Australian Institute of Criminology. www.aic.gov.au/publications/current%20series/tandi/201-220/tandi206.html (accessed 17 February 2016).

Levi, M. and Handley, J. (1998) *The Prevention of Plastic and Cheque Fraud Revisited*, Home Office Research Study 182, London: Home Office.

Lulham, R., Camacho Duarte, O., Dorst, K. and Kaldor, L. (2012) 'Designing a Counterterrorism Trash Bin', in P. Ekblom (ed.) *Design Against Crime: Crime Proofing Everyday Objects*, Boulder, CO: Rienner.

Mayhew, P., Clarke, R., Sturman, A. and Hough, J. (1976) *Crime as Opportunity*, Home Office Research Study 34, London: Home Office.

Newman, G. (2012) 'A Market Approach to Crime Prevention', in P. Ekblom (ed.) *Design Against Crime: Crime Proofing Everyday Objects*, Boulder, CO: Rienner.

Nettle, D., Nott, K. and Bateson, M. (2012) 'Cycle Thieves, We Are Watching You: Impact of a Simple Signage Intervention Against Bicycle Theft', *PLoS ONE*, 7/12, e51738.

Pease, K. (1997) 'Predicting the Future: The Roles of Routine Activity and Rational Choice Theory', in G. Newman, R. Clarke and S. Shoham (eds), *Rational Choice and Situational Crime Prevention: Theoretical Foundations*, Dartmouth, UK: Ashgate.

Pease, K. (2001) *Cracking Crime through Design*, London: Design Council.

Pease, K. (2009) *The Carbon Cost of Crime and Its Implications*, available at: www.securedbydesign.com/about-secured-by-design/casestudies-research-and-publications/ (accessed 17 February 2016).

Roman, J. and Farrell, G. (2002) 'Cost-Benefit Analysis for Crime Prevention: Opportunity Costs, Routine Savings and Crime Externalities', *Crime Prevention Studies*, 14: 53-92.

Sagarin, R. and Taylor, T. (eds) (2008) *Natural Security. A Darwinian Approach to a Dangerous World*, Berkeley, CA: University of California Press.

Segato, L. (2012) 'Packaging against Counterfeiting', in P. Ekblom (ed.) *Design Against Crime: Crime Proofing Everyday Objects*, Boulder, CO: Rienner.

Shover, N. (1996) *Great Pretenders: Pursuits and Careers of Persistent Thieves*, London: Westview Press/Harper Collins.

Sidebottom, A., Ashby, M. and Johnson, S. (2014) 'Copper Cable Theft: Revisiting the Price-Theft Hypothesis', Journal of Research in Crime and Delinquency, 51/5: 684-700.

Southall, D. and Ekblom, P. (1985) *Designing for Vehicle Security: Towards a Crime Free Car*. Home Office Crime Prevention Unit Paper 4. London: Home Office.

Sutton, M., Schneider, J. and Hetherington, S. (2001) *Tackling Theft with the Market Reduction* Approach, Crime Reduction Research Series Paper 8, London: Home Office.

Tilley (2005). 'Crime Prevention and System Design', in N. Tilley (ed.), *Handbook of Crime Prevention and Community Safety'*, Cullompton, UK: Willan.

Webb, B. (2005) 'Preventing vehicle crime', in N. Tilley (ed.), *Handbook of Crime Prevention and Community Safety*. Cullompton, UK: Willan

Whitehead, S., Mailley, J., Storer, I., McCardle, J., Torrens, G. and Farrell, G. (2008) 'Mobile Phone Anti-Theft Designs: A Review', *European Journal on Criminal Policy and Research*, 14(1): 39-60.

第 15 章 "破窗理论"

Michael Wagers，William Sousa，George Kelling

15.1 引 言

　　环境犯罪学强调在局部层次上来理解犯罪事件。因此，环境犯罪学家不太关心总体的犯罪趋势，而是更关心在特定地点发生的特定问题。通过积累局部层次上的犯罪知识可以更有效地采取干预措施，防止这些地点今后发生犯罪（Clarke，1997）。这种微观层面的方法对社区具有重要意义——人们根据社区的独特性及其问题来努力降低犯罪的发生。

　　了解当地的问题对警方来说尤其重要。虽然警方必须关注严重犯罪和暴力犯罪的预防，但他们也必须对公民希望其维持秩序和改善社区生活质量的要求予以回应。因此，警方不仅必须了解特定地点犯罪活动的独特性特征，而且还必须认识到不同社区产生混乱的原因。

　　在本章中将描述一种在社区进行犯罪和治安管理的策略。我们的讨论将围绕着"破窗假说"来展开，该假说描述了混乱、公民恐惧和犯罪之间的关系。在这里，我们将对之前一些文章介绍的中心原则进行简述。

15.2 "破窗理论"概述

　　关于"破窗理论"的讨论源自 George Kelling 对新泽西州纽瓦克市警察步行巡逻的研究，并以 James Q. Wilson 关于警察工作复杂性的早期著作为基础（Pate et al，1981；Wilson，1968）进行了扩展。这一概念最初发表在文学和文化杂志《大西洋月刊》上，标题为《破窗：警察和社区安全》。Wilson 和 Kelling（1982）推测，一栋建筑中如果存在一扇置之不理的破窗，就表明没有人对其关心并可能招致更多破窗，混乱状态的存在表明没有人关心此事，这会导致公众对犯罪现象的担心并远离公共空间，进而导致社会控制力的瓦解，从而产生更严重的犯罪。Wilson 在评论《大西洋月刊》文章中描述的发展顺序时指出：以公共秩序为背景下的论证过程是为了说明"如果没有人忠实地维护社区安宁，社区是如何变得混乱甚至产生犯罪的"（1996：xv）。

"破窗比喻"是心理学家 Philip Zimbardo（1970）在 20 世纪 60 年代进行的一项研究的知识拓展。他的一个发现是：当一辆汽车被遗弃在一个看起来很稳定的社区时，它通常不会受到附近居民的干扰，相反，在一个犯罪猖獗的社区，一辆类似的汽车会在 10 分钟内遭到袭击，并在三天的时间里多次遭到破坏。Zimbardo 的研究让我们得以一窥城市生活的心理。相应的假说是：当有证据表明某一区域在视觉线索的指引下给人以不受控制的感觉时，就会表明这个区域对犯罪行为的容忍性较高，那么个体就会做出违法行为。令人惊讶的是，被遗弃后不久就遭到破坏的车辆并不一定就在犯罪高发区——已经有迹象表明其附近地区也发生了犯罪。更有教育意义的是，许多故意破坏公物的行为发生在白天，而且许多故意破坏公物的人穿着体面，表面上是"受人尊敬的"成年人。社区缺乏公共控制力，这向所有人都发出了一个信号，表示越轨行为是可以容忍的。

在"破窗理论"发表之前，有关警察职业的社会科学研究才刚刚起步，但发展非常迅速。例如，一些评估对标准、公认的警务随机巡逻和公民报警快速响应的策略的效力提出了质疑。普遍的看法是：无法预测的巡逻造成了一种警察无处不在的感觉，从而阻止了犯罪的发生。然而，Kelling 等人（1974）在堪萨斯城的一项实验中对这一想法进行了测试，发现两者之间没有联系。增加或减少在某一地区随机巡逻的警车数量并不影响犯罪数量或公民担心的程度。正如 Sparrow、Moore 和 Kennedy（1990：15）关于该实验所论述的那样："结果让警务界目瞪口呆"。警方巡逻策略的变化似乎根本没有明显的影响。大约在同一时间，警务工作再一次受到了挑战：对犯罪现场的快速反应能够增加抓住逃犯的机会。但与之相反的是，分析表明缩短响应时间对控制犯罪的影响微不足道，公民报案时间对现场逮捕的可能性影响最大，而不是警方的响应时间（堪萨斯警察局报告，1977；Spelman and Brown，1981）。Sparrow 等人（1990：16）总结了这项早期警察研究结果的影响：

"通过依靠巡逻来预防犯罪和对抓捕犯罪人快速响应，警察已经把自己逼到了一个孤立的、被动的角落。曾经的巡警很自然地从作案模式上发现犯罪：

在他们的地盘上发生的所有事件都是由他们负责，而一连串的入室盗窃或吸毒过量则意味着有盗窃犯或毒贩需要处置。现代的警察只得接受无线电指令的调度，把犯罪看成是一连串无穷无尽的孤立事件。在同一个街区发生的十四起盗窃案可能会引来十四辆不同的警车。"

这些警务工作方面得研究是在 1967 年总统执法和司法委员会发表《自由社会的犯罪挑战》之后进行的。在这份报告发表之前，对警察的科学研究很少。随后的几年中，人们在理解警务工作方面进行了"卓有成效的努力"。

20 世纪 80 年代和 90 年代的各种研究也试图对"破窗理论"进行检验。Skogan（1990）针对美国 40 个城市的研究经常被引用为"破窗理论"的实证支持。他发现恐惧、混乱和犯罪之间存在统计学意义上的联系。然而，正是20 世纪 90 年代纽约市警方做法的变化为"破窗比喻"所呼吁的方法提供了第一次现实世界的考验。如果正如研究表明的那样，混乱导致犯罪，那么对混乱的监管能预防犯罪吗？从 20 世纪 90 年代初的地铁开始，到 20 世纪 90 年代中期至 21 世纪初的全市范围内，"破窗警务"成为了交通和城市警察减少犯罪和恢复公共空间秩序的总体战略的一个组成部分（Bratton，1998；Kelling and Coles，1996）[1]。

在纽约市的地铁系统中，市运输署开始着手解决故意破坏的问题。根据"车辆清洁"计划，他们积极地清除地铁车厢上的涂鸦：车辆被停用，并立即清除掉了这些涂鸦（Sloan-Howitt and Kelling，1990）。涂鸦艺术家不允许出现在地铁站里，也不允许其他人看到他们的"艺术作品"。而且，这种强硬的措施到目前仍在继续。Bratton 被任命为交通警察局局长之后，对该情况的总结如下：

"当时，每天有 350 万人乘坐纽约地铁。然而，地铁系统中存在的各种令人担心的事情使得这些数字已大幅下降——很少有系统的维护，每天铁轨上都会有火灾或者列车出轨事件发生，每天在地铁上都会遇到各种昆虫或跃过闸机门的小贼，所以为了进入地铁，你必须从相邻的门进入，但是随后就会有一个乞丐或小贼站在那里伸出手威胁你给他钱，就像当你遇到红灯时类似的人在街上用橡胶扫帚威胁你一样。"

（Civic Bulletin，2004：4）

直到交警开始处理跃过闸机门逃票的人、咄咄逼人的乞丐和其他形式的不文明行为的问题，情况才发生了变化。他们开始监督治安行为。Bratton 继续进行了描述：

"当我们的计划开始时，警员们发现每七个人中就会有一个人因为逃票而被通缉。通常，这些逮捕令针对的是非常严重的罪行：谋杀、强奸等。在刚开始时，每 21 个逃票者中就会有一个人携带着某种类型的武器——从一把直尺剃须刀到乌兹冲锋枪。最终，这一过程让警方兴奋不已，因为他们很有可能不费多大力气就能抓住重要的犯罪人。"

（Civic Bulletin，2004：5）

并不是所有跃过闸机门的人都是严重的犯罪人，但是会有很多严重的犯罪人跃过闸机门——注意这种形式的逃票行为使得警察能够接触到很多犯罪人。换句话说，通过犯下相对轻微的逃票违法行为，违反者是在进行"自我选择"来接受警方的进一步审查（Roach，2007）[2]。由于这种注重市民无序行为的警务活动，犯罪率最终下降了，地铁的客流量也有所增加（Kelling and Coles，1996）。到 2004 年，地铁系统的犯罪率比 1990 年下降了近 90%，每日的乘车人数呈指数增长（Civic Bulletin，2004）。

当时地铁的混乱状况也反映出了纽约市街头的问题。1990 年该市发生了2 200 多起谋杀案。与此同时，该市每 10 万居民中发生的抢劫案数量居全美国之首（Karmen，2000）。Lardner 和 Reppetto（2000：297）总结了关于犯罪的调查，调查显示了公众在这段时间的看法："完全失控了，政府没有采取任何措施。"《纽约邮报》的一则著名标题恳求时任市长 David Dinkins 解决这一问题。上面写着："DAVE，采取点措施吧！"

Rudolph Giuliani 在 1993 年的选举中击败了 Dinkins，他的竞选纲领主要是强化法律与秩序。1994 年，他任命 Bratton 为纽约警察局局长。在 Bratton 的领导下，纽约警察局将"破窗警务"制度化。"警务策略：回收纽约的公共空间"成为了社会治理的蓝图。1994 年，纽约警察局的文件引用 Wilson 和Kelling 的话，概述了"破窗警务"将如何成为纽约警察局打击犯罪和混乱的关键。该策略指出："通过系统、果断的行动来降低城市的无序程度，纽约警察局将采取行动来动摇那些似乎更严重、长期存在的犯罪根基"（纽约警察局报告，1994：7）。在策略实施的那一年，纽约的犯罪率就降低了 12%；1995年和 1996 年，犯罪率每年下降 16%（Silverman，1999：6-7）。从 20 世纪 90年代到 21 世纪头十年，纽约的犯罪率一直在持续下降。

但是，不管是秘密地还是公开地，纽约市的警察到底做了什么呢？隐喻如何转化为一种运营策略呢？"破窗警务"可以被描述为对轻微犯罪的即时管理（Kelling and Coles，1996）。它经常被当成"秩序维护"或"生活质量警务"的同义使用。Sousa 和 Kelling（2006：78）认为"破窗警务"指"警察对无序行为和轻微犯罪的重视，这些罪行通常被称为'影响生活质量型'犯罪，如卖淫、在公共场所小便和乞讨等"。根据对纽约市警察在"破窗警务"中所做行为的观察研究，他们也将其描述为对轻微犯罪的"关注"（Sousa and Kelling，2006；Kelling and Sousa，2001）。他们指出：

> "有时，对轻微犯罪的关注也会涉及正式的行为，如逮捕或传讯，但更多的时候它根本不涉及任何官方行为。虽然警察没有忽视不文明的行为，但他们更有可能非正式地警告、教育、责骂或口头谴责具有轻微违法行为的公民。"
>
> （Sousa and Kelling，2006：89）

这与纽瓦克徒步巡逻实验中观察到的情况类似，该实验也是"破窗理论"的基础。

当然，纽约市的实验不是随机实验，这也引发了一场关于实际情况的激烈辩论。支持者声称，"破窗理论"是成功实践的原因之一（Bratton，1998；Kelling and Coles，1996；Giuliani，2002）。对于纽约犯罪率下降的原因，人们给出了不同的解释。经济状况的改善、人口结构的改善、暴力毒品市场的衰落、20 世纪 70 年代堕胎的合法化以及铅暴露水平的下降等原因的提出是主要因素（Blumstein and Wallman，2000；Levitt and Dubner，2005；Reyes，2007）。此外，也有一些人认为，工业化国家在过去 20 年的安全措施的改善至少减少了某些类型犯罪的机会（Farrell，Tseloni，Mailley and Tilley，2011），这可能有助于犯罪率的降低，这在包括纽约在内的许多美国城市是显而易见的。

尽管如此，仍有人试图将导致纽约市整体犯罪率下降的部分原因归结于"破窗警务"。例如，Kelling 和 Sousa（2001）在研究了选区层面的数据后，将犯罪率的下降与混乱管理的代理权联系了起来。其他分析也将"破窗警务"与纽约市的犯罪率降低（Corman and Mocan，2005；Cerdá et al，2009；Messner et al，2007；Rosenfeld，Fornango and Rengifo，2007）[3] 和应用该警务策略的其他地区关联起来（Braga，Welsh and Schnell，2015），虽然有些地区找不到这样一个效果，无法将警务策略与犯罪活动的减少相关联，或者根据报告仅有宏观因素与犯罪减少可能更有紧密关联（Baumer and Wolff，2013；Greenberg，2013；Harcourt and Ludwig，2006；Sampson and Raudenbush，1999）。

学者们还认为"破窗警务"会带来意想不到的成本。Harcourt（2001：207）认为，"破窗理论"会将诸如闲逛和乞讨等影响他人生活质量类型的违法行为重新定为犯罪，从"纯粹的骚扰和烦恼变成严重有害的行为"。这种观点被描述为一种定义社区之外的特定人群的方法，一种中产阶级对秩序和礼仪的渴望（Kunen，1994；McCoy，1986）。Bowling（1999）宣称"破窗理论"为警方的"清理社区"扫清了道路。Wilson 和 Kelling 在《大西洋月刊》中承认实施无序的违规行为如扰乱和平、闲逛和流浪等会造成固有的道德困境：犯罪行为经常只处以罚款或社区服务。他们关心如何在确保"警察不成为社区偏见的代表"的同时采取这种办法（Wilson and Kelling，1982：36）。此外，Wilson 和 Kelling（1982：35-36）担心社区控制会演变成"社区治安委员会"。

在 15.3 节中，我们将描述为什么 Wilson 和 Kelling 在最初的文章中推测无序很关键；以及为什么警方应该多关注轻微犯罪。通过讨论《大西洋月刊》文章中描述的核心观点，我们还反驳了许多批评者在质疑"破窗理论"时忽略的观点。

15.3 "破窗理论" 的最初想法

"破窗理论"最初是 Wilson 和 Kelling 在 1982 年提出的假设。他们推测，无意识的混乱会导致公众的担心和更严重的犯罪（Wilson and Kelling，2006）。Kelling 和 Coles（1996）在其著作《修补破碎的窗户：恢复社会秩序和减少犯罪》中进一步阐述了这些观点。"破窗理论"的实质是：没有解决的混乱会增加公众对犯罪的担忧。这种担忧的加剧会导致社区居民不再使用公共空间，并采取各种自我保护措施。例如，当吵闹的年轻人住进来时，一些市民可能会搬到街道的另一边，或者房主可能会在自家窗户上安装栅栏以增加安全性，并停止使用自家的前廊或门廊作为集会场所。因此，这弱化了社区成员、商人和其他社区看护者施加的非正式的社会控制力。它还降低了公民非正式地警告或斥责人们违法行为的可能性，比如年轻人在当地公园里胡闹、乱扔垃圾，幼童使用一些亵渎神灵的语言等。这是一种默认（窗户上的条形标志是一种明确的标志），这种默认使得担忧压倒了曾经可能存在的社区意识。

这种社区控制力的瓦解与混乱相结合，反过来又为发生更严重的犯罪提供了肥沃的土壤。Wilson 和 Kelling（1982）认为，相对较小的问题，如涂鸦和乞讨行为，在字面意义上就相当于建筑物上的破窗。此外，这些轻微的违法行为一旦聚集起来就会向潜在的违法者发出一个信号：这个地区不受居住或工作在此的人或警方的控制。这会导致更多的犯罪，因为这是一个明显的线索，表明被发现或逮捕的风险很低。Wilson 和 Kelling（1982：34）写道：

"对抢劫犯来说，无论是机会主义者还是专业人士，都认为如果他们在那些潜在受害者已经受到当前环境威胁的街道上作案，他们被抓住甚至被指认的机会就会降低。如果社区都无法阻止一个惹人讨厌的乞讨者骚扰路人，那么小偷就可能会认为更不可能有人会打电话给警察指认潜在的抢劫者，或者在抢劫案真的发生时进行干预。"

"破窗理论"提出了一个模型，在这个模型中无序性会间接导致更严重的犯罪。但一些学者错误地定义了这一模型，将这篇论文解读为一篇认为混乱的秩序与犯罪直接相关的论文。但是，对原文的阅读表明，"破窗理论"的前提是：秩序的混乱通过削弱社区控制力间接导致犯罪的发生（Sousa and Kelling，2006：84）。

15.4　八大核心理念

为了更好地理解"破窗理论"，我们有必要回顾一下 Wilson 和 Kelling（1982）的著作。Sousa 和 Kelling（2006：79）概述了"破窗理论"的八个核心思想；它们摘自《大西洋月刊》的原文。"破窗理论"的八个核心理念如下。

（1）混乱和对犯罪的担忧有着紧密的联系。

（2）警察（在例子中指徒步巡逻的警察）应对街道规则进行协商。"街上的人"参与了这些规则的谈判。

（3）不同的社区有不同的规则。

（4）无意识的混乱会导致社区控制力的瓦解。

（5）社区控制力失效的地区容易滋生犯罪行为。

（6）警察在维持秩序方面的作用的实质是加强社区本身的非正式管制机制。

（7）问题的产生与其说是由于个别的扰乱秩序的人，不如说是由于大量扰乱秩序的人的聚集。

（8）不同的社区有不同的处理混乱的能力。

15.4.1　混乱与对犯罪的担忧紧密相联

混乱引发了这一段发展过程：混乱导致对犯罪的担忧增加。Wilson 和

Kelling（1982）认为这种混乱指的是涂鸦、有攻击性的乞讨行为和吵闹的青少年等行为和条件。Kelling 和 Coles（1996：14）认为："在最广泛的社会意义上，混乱是指扰乱生活，尤其是城市生活的不文明、粗野和具有威胁性的行为。"LaGrange、Ferraro 和 Supancic（1992：312）将混乱定义为"对社区标准的违背，标志着对传统上为人接受的规范和价值观的侵蚀"的不文明行为。更一般地说，大多数研究人员从两个方面来描述混乱：物理上的和社会上的（Ferraro，1995；Skogan，1990；Skogan，2015）。物理混乱是指可见的、容易识别的状况，如垃圾、废弃的建筑物、汽车、涂鸦、破碎的和有障碍的窗户，以及不整洁的地段。根据 Ferraro（1995：15）的定义，社会不文明行为可以定义为："具有破坏性的社会行为，如出现吵闹的年轻人、无家可归的人、乞丐、醉汉（街上的'痞子'），或者也许是不体贴的邻居。"混乱可以是一种行为——一个人从事的违反社区或环境价值观的行为，如涂鸦。Skogan 对混乱的定义如下：

> "社会混乱是一种行为：你可以看到它的发生（公共场所饮酒或卖淫），体验它（嘘声或性骚扰），或注意到它的直接表现（涂鸦或故意破坏）。物理上的混乱包括视觉上的疏忽和不受控制的腐烂：废弃的或维修不善的建筑物、破损的街灯、满是垃圾的空地、满是垃圾和老鼠的小巷。总体来说，物理混乱指的是持续的状态，而社会混乱表现为一系列或多或少的偶发性事件。"
>
> （1990：4）

混乱会引起担忧吗？对犯罪的担忧被定义为"一种对人陷入犯罪事件中的一种情感上的恐惧和焦虑"（Ferraro，1995：4）。

1967 年总统委员会注意到直接受害和担忧之间的脱节，以及生态因素的影响。委员会（1967：160）报告是这样的：

> "我们发现，公民对犯罪的态度与其说受到过去受害经历的影响，不如说是受到他们对社区中正在发生的事情的看法的影响。他们担心社会控制力的弱化，他们认为自己的安全和更广泛的社会生活结构最终取决于社会控制力。"

在很大程度上，实证研究已经将担忧与混乱联系起来。Lewis 和 Maxfield（1980）发现，相比于实际犯罪，公民对当地犯罪状况的感知更容易受到混乱状态的影响。Stinchcombe 等人（1980）认为，对犯罪的担忧不同于其他担忧，因为公民会将犯罪与环境线索联系起来。Kenny（1987）发现纽约市地铁系统中感到担忧的乘客也认为公共场所的醉酒、闲逛等混乱行为是问题。Hope 和

Hough（1988）在对英国犯罪调查数据的研究中发现，混乱和担忧之间存在着很强的统计学意义上的联系，这也表明，被感知的不文明程度与担忧程度的关系要比受害程度的关系更为密切。Xu、Fielder 和 Flaming（2005）报道了类似的发现，表明混乱是比严重犯罪更重要的担忧来源。最近，Hinkle 和 Weisburd（2008）得出结论，感知到的社会混乱和观察到的物理混乱与对犯罪的担忧有关。

Skogan（1990）对来自 6 个城市（40 个城市社区）的调查数据的分析也从实证角度证明了混乱与对犯罪的担忧有着显著的联系。在社区混乱程度高的地方，人们感到不安全。在考虑到诸如社区稳定、贫困和种族构成等其他因素时，这种关系的方向性和强度仍然存在。这种担忧心理的加剧可以归因于混乱是犯罪的一种表征，当人们察觉到这一点时，就会加强个人对风险的认识（Skogan，1990；Skogan and Maxfield，1981）。混乱的行为和状况会让人觉得这个社区是一个高犯罪率的区域，潜在的犯罪人在这里存在，这里还曾经发生过犯罪行为。此外，在某一领域中，混乱状态还可以反映出非正式和正式的社会控制水平，从而进一步影响人们对风险和担忧心理的看法。

15.4.2 警察应对街道规则进行协商

第二个核心思想是警察应对街道规则进行协商。这更多的是对警察在进行"破窗执法"时所做的事情的描述（至少，正如最初的出版物中所描述的那样），而不是发展过程的一部分。这个核心思想描述的是混乱如何定义和实施。它还强调了"破窗理论"和"零容忍警务"两种方法之间的区别。在前者中，自由裁量权是警官决策的一部分，但在后者中不是（Clarke and Eck，2005）。

Wilson 和 Kelling（1982）所描述的警方通过正式和非正式的方式强制执行其巡逻的区域中的行为标准。正如他们所描述的那样："这些规则是与街上的'常客'合作制定和执行的"（Wilson and Kelling，1982：30）。因为这个警员被分配到一个特定的区域，他能够了解这个地区的人和这个地区的问题，并且能够培养出对社区标准的一般理解能力。例如，允许喝酒，但只能在主要的十字路口之外，而且酒应该装在一个棕色的袋子里。脏兮兮的人坐在门廊上是可以接受的，但是他们不能躺下。此外，乞讨是允许的，但不能站着不动或在公共汽车站旁边等着（Wilson and Kelling，1982）。因此，在这种自由裁量和协商的环境中，某些（通常）不受欢迎的行为在某些情况下是允许的。

这些情境因素已被发现是"破窗警务"观察研究的重要因素。例如，Kelling 和 Sousa（2001）发现，纽约警察局的警员在做出执法决定之前、期间和之后都会定期评估轻微犯罪的情况。在协商街道规则时，警察通常会解释他们对轻微犯罪做出决定时所处的环境。考虑一下一些警察观察到在纽约市娱乐区域有人在公共场合饮酒的情形：

> "有一次，一名男士问道：'这有什么大不了的？它是无害的，只是一瓶啤酒而已，没有什么影响，没有受害者'。警察回答说："是的，这只是一瓶啤酒，但如果你在几年前的时候在这里，之后你喝醉了酒，也许你碰在了一个恰巧也喝了酒的人身上，这就会引发斗殴与暴力。我们现在这么严格的原因是因为我们试图阻止这种情况发生。"

（Kelling and Sousa，2001：17）

这一观察表明，纽约警察局的警员有能力在某种程度上发挥教育功能，就公共场所的适当规则提供建议。这也标志着"破窗警务"和传统（或标准）警务实践的区别。这名警官提到的"几年前"指的是纽约警察局采用"破窗警务"之前的一段时期，那时警察会对严重袭击事件做出反应，但几乎不在事件最初发生时加以阻止。

15.4.3　不同的社区有不同的规则

与上面讨论的核心思想（警察与某个地区的"常客"一起协商制定街道规则）紧密相关的是，不同的公共空间，无论是居民区、公寓小区、商业区还是公园，都有不同的行为预期。在一种情况下（无论是在空间上还是时间上）可以接受的行为，在另一种情况下可能无法接受。例如，有一种行为在新泽西州纽瓦克的中心区是普遍接受的，即沿着它的主要商业走廊"渡轮街道"分布有热闹的户外街景，如葡萄牙和巴西的餐厅、商店和公寓等，但是这在纽瓦克其他更为安静的居民区是不能接受的，如北部区域。

正如我们所观察到的，在新泽西州的莱克伍德，如果当地人具备相当的责任感的话，警察允许住在公共住房公寓的居民在他们家的有限范围内喝啤酒和白酒。正如警官们所描述的那样，他们之所以允许居民这样做，是因为居民们自己很少或没有私人户外财产。然而，警官们不允许居民们在停车场或该地区主要街道两旁的人行道上喝酒。这是该地区商定的规则之一，由警察和居民共同制定。

这个核心理念，以及警察协商街道规则的理念，指出了警察与社区合作的重要性。警官们需要与一个区域的"常客"——店主、年轻人、街头行人、居民——建立关系，以便了解公共空间的特征，并与这些"常客"进行合作来定义和解决该区域的问题。

15.4.4 无意识的混乱导致社区控制力的瓦解

"破窗理论"发展的一个重要因素是混乱、担忧、社区控制力的瓦解和犯罪之间的关系。混乱和担忧导致社区无法进行自我调节；当这种情况发生时，社会分化就开始了。Kelling 和 Coles（1996：20）将事件链描述如下：

"不受管制和不受检查的行为向公民发出该地区不安全的信号。公民对此将谨慎而担忧地做出回应，他们将远离街道，逃离某些区域，减少他们的正常活动和交往。当公民在生理层面上退出社会活动时，他们也放弃了与街道上的其他公民相互交互的角色，从而放弃了他们以前在社会分化开始时帮助维持的社会控制力。"

对社区特征与犯罪之间关系的研究在美国并不新鲜。它的起源可以追溯到 20 世纪初，当时芝加哥大学的学者们开始将生态学理论应用于犯罪研究，后来被称为芝加哥学派。在这种学派中，犯罪的社会学理论是围绕着这样一种观点发展起来的，即社会的无组织性——非个人的、表面的和短暂的关系是社区的特征，这种关系容易引发犯罪（Williams and McShane，1993）。Shaw 和 McKay（1942：445）在他们的一篇经典著作中指出："高犯罪率的社区具有的社会经济特征使它们有别于低犯罪率的社区。"这一观点在犯罪学上的贡献和对"破窗理论"的意义在于，它关注了非正式社会控制力对社区稳定的重要性（Taylor，2001）。

Bursik 和 Grasmick（1993）、Sampson 和 Raudenbush（1999）等人对传统芝加哥学派进行了研究，试图进一步解释社区环境恶化和犯罪之间的关系。Bursik 和 Grasmick（1993）不仅指出了社区内部控制机制的重要性，还指出了社区如何与外部流程相连接的，例如如何能够将资源（如公共服务）引入社区。Sampson 和 Raudenbush（1999）用"集体效能"来描述社区控制力。集体效能描述了社区在实现共同价值观和维持有效社会控制力方面的不同能力，因此是社区犯罪和暴力的根源。事实上，Sampson 和 Raudenbush 得出的结论是：社区的集体效能水平比混乱程度更能预测犯罪。

芝加哥学派的理论与"破窗理论"描述的发展顺序不同之处在于，他们认为结构变量比混乱程度更重要（Sampson and Raudenbush，1999）。另一些人，如

Taylor（2001）则寻求一个更全面的视角，这种视角考虑到更大的力量，包括种族和阶级，以及对不文明行为的看法。Taylor（2001：23）认为："几十年来，由于城市服务不足、成年人就业机会减少、年轻人受教育机会减少，社区的基本结构受到了破坏。"负责城市二次开发的政府官员"不应该指望打击不良行为的举措本身就能修复社区的基本结构。'破窗理论'并不意味着我们需要改善大量影响城市社区结构的社会力量"。然而，"破窗理论"提供的是一个在短期内解决犯罪问题的框架，这样其他稳定性力量，如学校、教堂、社会服务机构和企业，就可以正常运作。

15.4.5 社区控制力失效的地区容易滋生犯罪行为

混乱的公共空间吸引着潜在的犯罪人。混乱向潜在的犯罪人发出信号，表明该地区是犯罪的机会主义场所。存在一些有形的标志，如涂鸦、垃圾遍地的人行道、用木板封住的房屋和窗户上的安全栏。还有一些社会标志：一群群在街角闲逛的吵闹的年轻人、与市民搭讪的挑衅的乞丐、睡在门口的流浪者。这些标志为大量犯罪人（和目标）聚集在一个地方创造了条件。举个例子，这个地方可能是一个社区、一个公园、一个商业区或者一个地铁系统。

Wilson 和 Kelling 认为，这种滋生更有可能发生在非正式控制力已经瓦解的地区。他们指出，在一个人们对行为规范缺乏信心的环境中："毒品会转手，妓女会拉客，汽车会被洗劫一空"（Wilson and Kelling，1982：32）。

15.4.6 警察在维持秩序方面的作用实质是加强社区本身的非正式管理机制

根据这一核心思想，警察的作用是支持社区。Wilson 和 Kelling（1982）指出，警察不能取代社区控制。他们写道："如果不投入大量资源，警察就无法取代这种非正式的控制力"（Wilson and Kelling，1982：34）。Jane Jacobs 在她开创性的作品《美国大城市的生死》中认识到了这一点。她描写了城市社区的活力，注意到秩序主要不是由警察维持的。她解释说："秩序主要是由人们自己之间复杂的、几乎无意识的、自愿控制的和标准的网络来维持，并由人们自己来实施"（Jacobs，1961：40）。Jacobs 所描述的公民的正常、随机的执法活动也体现在这一核心理念中。公民有责任控制社会。警察的作用是在必要时行使权力，支持社区控制（和标准），并在阻止犯罪发生的社区阻碍因素消失时提供援助。

15.4.7 问题的产生与其说是由于个别的扰乱秩序之人，不如说是由于大量扰乱秩序的人的聚集

在公园等公共场所，一两个醉汉向路人乞讨可能不成问题。当数量达到某个值时——这个数值取决于环境因素的数量——空间可以达到一个临界点。它会从一个有序的状态进行转变，从一个人们并不担忧同时并存有一定程度的混乱的空间向一个犯罪开始更频繁地发生的空间进行转变。Wilson（1996：vx）这样描述聚集现象：

"一个公共空间——一个公共汽车站，一个市场广场，一个地铁入口——不仅仅是每个人的简单总和；这是一种复杂的互动模式，随着互动的规模和频率的增加，这种互动模式可能会变得更具威胁性。随着非传统个体数量的算术增长，令人担忧的行为数量呈几何级数式增长趋势。"

混乱的聚集为随后发生更严重的犯罪创造了条件。"破窗理论"通常不要求对一两个没有立即对某人造成伤害的扰乱秩序之人采取行动。当然，一个乞丐晚上在自动柜员机旁咄咄逼人地要钱是另一种情况。它关注的是一群不守规矩的人可能产生的影响。在最初的文章中，Wilson 和 Kelling（1982：35）写道："逮捕一个醉汉或一个没有伤害任何一个人的流浪汉似乎是不公平的，而且在某种意义上它确实是不公平的。"他们接着说：

"如果对20个酒鬼或100个流浪汉束手无策，就可能会毁掉整个社区。如果没有考虑到一扇无人照管的破窗和一千扇破窗之间的联系，那么这种看法将毫无意义。"

（Wilson and Kelling，1982：35）

15.4.8 不同的社区有不同的处理混乱的能力

这个议题在最初的《大西洋月刊》的那篇文章中是最基本的观点，在"破窗效应"中又再次强调。一些社区有巨大的管理混乱的能力。马萨诸塞州剑桥的哈佛广场就是一个例子。哈佛广场上有很多街头小贩、皮条客和咄咄逼人的行乞者，但这个社区可以容纳他们的行为，同时不会对公民的安全感、商

业意识或社区生活造成重大威胁。然而，你可以找到许多其他社区中心，如果它们具备一半的哈佛广场那种混乱程度，就会逐渐陷入经济和社会停滞。

没错，哈佛广场是一个相对富裕的社区，周围被或许是世界上最负盛名的大学之一所环绕。然而，正如 Sampson 和他的同事们（1997）所证明的那样，他们重申了芝加哥学派的一个关键主题，即使是那些社会和经济处于不利地位但具有集体效能（即非正式社会控制力）的社区，也能够管理和减少混乱行为和严重犯罪。这些机制包括针对反社会行为的抵制、调停冲突的干预措施、阻止逃学、有能力安保人的存在、社区设计和公共空间的使用以及其他手段。

结　　论

自最初有关"破窗理论"的文章发表至今已有 30 多年了。在许多方面，它已成为决策者和实践者的传统智慧，尽管许多学者和公民自由主义者对"破窗理论"提出了批评。在这里，我们回到了最初的那篇文章，并总结了它的核心原则——批评家和倡导者经常歪曲或忽视的原则。回顾过去，无论是在研究还是在实践中，几乎没有发生什么事情能让我们偏离这八个中心观点。我们认为，它们都遵循社区司法和社区警务的传统，并在这些早期运动的关键阶段为其提供了进一步的动力和实质内容。综上所述，我们引用 James Q. Wilson 和 Kelling（2006：172）的话：

"'破窗理论'这一想法有两种作用，一种无疑是有用的，另一种可能是有效的：它鼓励警察严肃对待公共秩序，这是绝大多数人热切希望的；它还提出了一种可能性，即更良好的秩序意味着更少的犯罪。第一个目标不需要证明。第二种观点认为：到目前为止，大多数研究表明，公共秩序（以及其他因素）越良好，掠夺性的街头犯罪数量就越少。"

内　容　回　顾

1. 维持秩序本身在哪些方面是目的，而不需要以其对严重犯罪的影响为理由？

2．"破窗假说"最常用于街头犯罪，这个概念如何适用于其他类型的违法行为，如"白领犯罪"？

3．对"破窗理论"主要的理论性和实践性批判是什么？

4．"破窗警务"和"零容忍警务"有什么区别？每一种例子是什么？

5．回顾一下"破窗警务"和"问题导向警务"，这两个概念如何相互补充？

注　释

1．2005—2015 年左右，"破窗警务"让位于纽约警察局的"盘查、询问和搜检"计划（Rosenfeld，Terry and Chauhan，2014）。随着 Bill Bratton 在 2014 年再次被任命为纽约警察局局长，"破窗警务"再次成为纽约警察局问题管理战略的一部分。

2．这种维持治安的策略也得到了有关犯罪生涯的文献的支持，这些文献表明：那些犯下严重罪行的人往往也会卷入轻微的犯罪。例如，Chenery、Henshaw 和 Pease（1999）发现 20% 非法将汽车停在残疾人道上的人会立即引起警方对更严重犯罪行为的兴趣。正如 Roach（2007）所指出的：某些轻微的犯罪行为可以被看作是警察指向更严重犯罪行为的"触发器"。

3．Austin 和 Jacobson（2013）还认为，纽约市监狱人数下降的原因是警方把重点放在了轻微犯罪上。

参 考 文 献

Austin, J. and Jacobson, M. (2013). *How New York City Reduced Mass Incarceration: A Model for Change?* New York, NY: Vera Institute of Justice, Brennan Center for Justice and JFA Institute.

Baumer, E.P. and Wolff, K.T. (2014). Evaluating contemporary crime drop(s) in America, New York City, and many other places. *Justice Quarterly*, 31(1), 5-38.

Blumstein, A. and Wallman, J. (Eds.) (2000). *The Crime Drop in America*. Cambridge: Cambridge University Press.

Bowling, B. (1999). The rise and fall of New York murder: Zero tolerance or crack's decline. *British Journal of Criminology*, 39(4), 531-554.

Braga, A.A., Welsh, B.C., and Schnell, C. (2015). Can policing disorder reduce crime? A systematic review and meta-analysis. *Journal of Research in Crime and Delinquency*, 52(4), 567-588.

Bratton, W.J. (1998). *Turnaround: How America's Top Cop Reversed the Crime Epidemic*. New York, NY: Random House.

Bursik, R. and Grasmick, H. (1993). *Neighborhoods and Crime: The Dimensions of Effective Community Controls*. New York, NY: Lexington Books.

Cerdá, M., Tracy, M., Messner, S.F., Vlahov, D., Tardiff, K., and Galea, S. (2009). Misdemeanor policing, physical disorder, and gun-related homicide: A spatial analytic test of "broken-windows" theory. *Epidemiology*, 20(4), 533-541.

Chenery, S., Henshaw, C., and Pease, K. (1999). *Illegal Parking in Disabled Bays: A Means of Offender Targeting*. Home Office, Policing and Reducing Crime Unit, Briefing note 1/99. London: Home Office.

Civic Bulletin (2004). *This Works: Crime Prevention and the Future of Broken Windows Policing*. Civic Bulletin No. 36. New York, NY: Manhattan Institute.

Clarke, R.V. (1997). *Situational Crime Prevention (2nd ed.)*. Albany, NY: Harrow & Heston.

Clarke, R.V. and Eck, J.E. (2005). *Crime Analysis for Problem Solvers in 60 Small Steps*. Washington, DC: Office of Community Oriented Policing Services.

Committee to Review Research on Police Policy and Practice (2004). *Fairness and Effectiveness in Policing: The Evidence*. Washington, DC: National Academies Press.

Corman, H. and Mocan, N. (2005). Carrots, sticks, and broken windows. *Journal of Law and Economics*, 48, 235-262.

Farrell, G., Tseloni, A., Mailley, J., and Tilley, N. (2011). The crime drop and the security hypothesis. *Journal of Research in Crime and Delinquency, 48*(2), 147-175.

Ferraro, K.F. (1995). *Fear of Crime: Interpreting Victimization Risk*. Albany, NY: State University of New York Press.

Giuliani, R.W. (2002). *Leadership*. New York, NY: Hyperion Books.

Greenberg, D.F. (2013). Studying New York City's crime decline: methodological issues. *Justice Quarterly, 31*(1), 154-188.

Harcourt, B.E. (2001). *Illusion of Order: The False Promise of Broken Windows Policing*. Cambridge, MA: Harvard University Press.

Harcourt, B.E. and Ludwig, J. (2006). Broken windows: New evidence from New York City and a five-city experiment. *University of Chicago Law Review, 73*, 271-320.

Hinkle, J.C. and Weisburd, D. (2008). The irony of broken windows policing: A micro-place study of the relationship between disorder, focused police crackdowns and fear of crime. *Journal of Criminal Justice, 36*(6), 503-512.

Hope, T. and Hough, M. (1988). Area crime, and incivility: A profile from the British Crime Survey. In Hope, T. and Shaw, M. (Eds.), *Communities and Crime Reduction*. London: Her Majesty's Stationary Office, pp. 30-47.

Jacobs, J. (1961). *The Death and Life of Great American Cities*. New York, NY: Vintage Books.

Kansas City Police Department (1977). *Response Time Analysis*. Kansas City, MO: Kansas City Police Department.

Karmen, A. (2000). *New York Murder Mystery: The True Story Behind the Crime Crash of the 1990s*. New York, NY: New York University Press.

Kelling, G.L. and Coles, C.M. (1996). *Fixing Broken Windows: Restoring Order and Reducing Crime in Our Communities*. New York, NY: The Free Press.

Kelling, G.L. and Sousa, W.H. (2001). *Do Police Matter? An Analysis of the Impact of New York City's Police Reform*. Civic Report No. 22. New York, NY: Manhattan Institute.

Kelling, G.L., Pate, A., Dieckman, D., and Brown, C. (1974). The Kansas City Preventive Patrol Experiment: *Summary Version*. Washington, DC: Police Foundation.

Kenny, D.J. (1987). *Crime, Fear, and the New York City Subways*. New York, NY: Praeger.

Kunen, J.S. (1994). Quality and equality: The mayor tries something that works, at a cost. *The New Yorker* (November 28): 9-10.

LaGrange, R.L., Ferraro, K.F., and Supancic, M. (1992). Perceived risk and fear of crime: Role of social and physical incivilities. *Journal of Research in Crime and Delinquency, 29*, 311-334.

Lardner, J. and Reppetto, T. (2000). *NYPD: A City and Its Police*. New York, NY: Henry Holt.

Levitt, S.D. and Dubner, S.J. (2005). *Freakanomics*. New York: William Morrow.

Lewis, D.A. and Maxfield, M.M. (1980). Fear in the neighborhoods: An investigation of the impact of crime. *Journal of Research in Crime and Delinquency, 17*, 160-189.

McCoy, C. (1986). Policing the homeless. *Criminal Law Bulletin, 22*(3), 266.

Messner, S.F., Galea, S., Tardiff, K.J., Tracy, M., Bucciarelli, A., Piper, T.M., Frye, V., and Vlahov, D. (2007). Policing, drugs, and the homicide decline in New York City in the 1990s. *Criminology, 45*(2), 385-414.

New York Police Department (1994). *Policing Strategy Number 5: Reclaiming the Public Spaces of New York*. New York, NY: NYPD.

Pate, T., Ferrara, A., and Kelling, G. L. (1981). Foot patrol: A discussion of the issues. In *The Newark Foot Patrol Experiment*. Washington, DC: Police Foundation, pp. 9-14.

President's Commission on Law Enforcement and Administration of Justice (1967). *The Crime Commission Report: The Challenge of Crime in a Free Society*. Washington, DC: US Government Printing Office.

Reyes, J.W. (2007). Environmental policy as social policy? The impact of childhood lead exposure on crime. *The B.E. Journal of Economic Analysis*, 7, 1-41.

Roach, J. (2007). Those who do big bad things also usually do little bad things: Identifying active serious offenders using offender self-selection. *International Journal of Police Science and Management, 9*(1), 66-79.

Rosenfeld, R., Fornango, R., and Rengifo, A.F. (2007). The impact of order-maintenance policing on New York City homicide and robbery rates: 1981-2001. *Criminology*, 45(2), 355-384.

Rosenfeld, R., Terry, K., and Chauhan, P. (2014). New York's crime drop puzzle: Introduction to the special issue. *Justice Quarterly, 31*(1), 1-4.

Sampson, R.J. and Raudenbush, S.W. (1999). Systematic social observations of public spaces: A new look at disorder in urban neighborhoods. *American Journal of Sociology, 105*, 603.

Sampson, R.J., Raudenbush, S.W., and Earls, F. (1997). Neighborhoods and violent crime: A multilevel study of collective efficacy. *Science, 27*, 918-924.

Shaw, C.R. and McKay, H.D. (1942). *Juvenile Delinquency in Urban Areas*. Chicago, IL: University of Chicago Press.

Silverman, E.B. (1999). *NYPD Battles Crime: Innovative Strategies in Policing*. Boston, MA: Northeastern University Press.

Skogan, W.G. (1990). *Disorder and Decline: Crime and the Spiral of Decay in American Neighborhoods*. New York, NY: The Free Press.

Skogan, W.G. (2015). Disorder and decline: The state of research. *Journal of Research in Crime and Delinquency, 52*(4), 464-485.

Skogan, W.G. and Maxfield, M.M. (1981). *Coping with Crime*. Beverly Hills, CA: Sage Publications.

Sloan-Howitt, M. and Kelling, G.L., 1990. Subway graffiti in New York City: "Gettin' Up" vs. "Meanin' It and Cleanin' It." *Security Journal, 1*(3), 131-136.

Sousa, W.H. and Kelling, G.L. (2006). Of broken windows, criminology and criminal justice. In Weisburd, D. and Braga, A. (Eds.), *Police Innovation: Contrasting Perspectives*. Cambridge: Cambridge University Press.

Sparrow, M., Moore, M., and Kennedy, D. (1990). *Beyond 911: A New Era for Policing*. New York, NY: Basic Books.

Spelman, W. and Brown, D. (1981). *Calling the Police: A Replication of the Citizen Reporting Component of the Kansas City Response Time Analysis*. Washington, DC: Police Executive Research Forum.

Stinchcombe, A.L., Adams, R., Heimer, C., Scheppele, K., Smith T., and Taylor, D.G. (1980). *Crime and Punishment in Public Opinion*. San Francisco, CA: Jossey-Bass.

Taylor, R.B. (2001) *Breaking Away from Broken Windows: Baltimore Neighborhoods and the Nationwide Fight Against Crime, Grime, Fear, and Decline*. Boulder, CO: Westview Press.

Williams, F.P. and McShane, M.D. (1993). *Criminological Theory: Selected Classic Readings*. Cincinnati, OH: Anderson.

Wilson, J.Q. (1968). *Varieties of Police Behavior*. Cambridge, MA: Harvard University Press.

Wilson, J.Q. (1996). Forward. Kelling, G.L. and Coles, C.M. (1996). *Fixing Broken Windows: Restoring Order and Reducing Crime in Our Communities*. New

York, NY: The Free Press.

Wilson, J.Q. and Kelling, G.L. (1982). Broken windows: The police and neighborhood safety. *The Atlantic Monthly*, (March): 29-38.

Wilson, J.Q. and Kelling, G.L. (2006). A quarter century of broken windows. *The American Interest*, (September-October), 168-172.

Xu, Y., Fielder, M., and Flaming, K. (2005). Discovering the impact of community policing: The broken windows thesis, collective efficacy, and citizens' judgment. *Journal of Research in Crime and Delinquency, 42*(2), 147-186.

Zimbardo, P.G. (1970). *A Social-Psychological Analysis of Vandalism: Making Sense of Senseless Violence*. ONR Technical Report Z-05, Stanford, CA: U.S. Department of the Navy, Office of Naval Research.